Die Drachenblume

Märchen, Fantasie- und Kindergeschichten

D1699283

Sibyl Quinke, Andreas Erdmann, Willi Corsten u.v.a.

Dorante Edition

Die Drachenblume

Märchen, Fantasie- und Kindergeschichten

**Sibyl Quinke, Andreas Erdmann,
Willi Corsten u.v.a.**

Bibliographische Information der Deutschen Bibliothek
Die Drachenblume. Märchen, Fantasie- und Kindergeschichten
Sibyl Quinke, Andreas Erdmann, Willi Corsten u.v.a.

herausgegeben durch das Literaturpodium
© Dorante Edition, Berlin 2007
ISBN 978-3-86703-508-8

Zeichnungen, Cover: Bettina Bechtloff

Technische Unterstützung und Bearbeitung:
Firma Thomas Ferst Computer; www.ferst.de

Monika Jarju

Wie der kleine König kleiner König wurde

Es wird erzählt von einem kleinem Land, das nicht größer als mein Daumennagel auf der Weltkarte ist und sein Name länger als das Land. Es heißt Kaaniree. Wunderliche Dinge passierten dort und drangen bis an das andere Ende der Welt, indem die xonq nop, die Rotohr-Menschen zu Hause sind, wie sie spaßeshalber von den nit ku njul, den schwarzen Menschen aus Kaaniree, genannt werden. In jeder Regenzeit erzählen die Ältesten die Geschichten aus Kaaniree den Jüngsten, besonders wenn die Stürme heftig toben und die Häuser Schiffen gleichen, die mitgerissen werden in ein Meer aus Träumen und der Regen dröhnend die talking drum schlägt.

In Kaaniree regierte ein alter König sein Leben lang das kleine Land mehr schlecht als recht. Er hatte vier Ehefrauen und 22 Kinder und war ein sehr reicher König, denn er befahl seinem Volk hart zu arbeiten, um zu Wohlstand zu gelangen.

Insha´Allah, sprach der alte König und zählte zufrieden das verschwitzte Geld seines Volkes, an dem noch die Erdnussschalen hafteten und an manchen auch noch etwas Palmöl glänzte und Reiskörner klebten. Seine Kinder studierten im Global Village und erlernten in allen Sprachen die große Welt und auch die Welt der Großen. Sie studierten eifrig die Poesie des Internets und der PCs, mit denen man Nachrichten um die ganze Erde bis zu den Ahnen senden konnte. Das ging ganz leise vor sich, nicht so dröhnend wie mit den großen Trommeln, die im Verlaufe der Globalisierung verstummten. Deshalb hörten sie einander nicht mehr und konnten auch nicht mehr tanzen. Stille kehrte ein und Bewegungslosigkeit. Aber das täuschte. E-Mails und Pixel flitzten durch das All und verbanden die Sterne über Funk miteinander. So sehr die Leute von Kaaniree auch schwitzten - wenn sie die jungen Reistriebe setzten, Cassava pflanzten, Hibiskus trockneten, Erdnüsse ernteten und rösteten im heißen Sand, Palmkerne pflückten und zu Palmöl verarbeiteten, welches sie auf dem Bantabamarkt verkauften, den Mais wässerten und die Kinder die lästigen Vögel vertrieben - es reichte am Morgen nicht mal für ein Hirsefrühstück. Die jungen Leute verließen die Dörfer, zogen in die umliegenden Städte und Länder und an die Lächelnde Küste, wie sie ihre Küste nannten. Sie suchten Arbeit in den Werkstätten und an der

Küste des Lächelns, wo sie alle von morgens bis abends gemeinsam die xonq nop anlächelten, mehr hatten sie nicht zum Verkaufen. So gewannen sie schnell deren traurige Herzen und ihre Landeswährung. Den Eltern und Geschwistern schickten sie ihren Lohn in die Dörfer. Daheim fielen die Mangos und Orangen von den Bäumen und verfaulten. Die Gärten verdorrten. Es fehlten die Hände der jungen Leute. Die streunenden Hunde wurden übersatt und verschmähten das Obst. Die letzten Zweige verglommen in den Kochfeuern, die Trockenheit breitete sich aus bis in die Herzen.

Zu dieser Zeit beschloss der kleine König, kleiner König zu werden. Er hatte schon sehr lange davon geträumt. Sofort ging er zur Schule und lernte den Beruf des Kriegers. Es dauerte ein bisschen, doch bald war es soweit. Mutig drang er mit seiner AK-47 auf das Grundstück des alten Königs und drohte:

„Deine Zeit ist um. Verlasse sofort das Land mit deinen Frauen und kehre nie wieder zurück, dann will ich dich am Leben lassen!"

Und so geschah es. Der alte König flüchtete mit seinen Ehefrauen so schnell er konnte aus seiner Hütte und stieg in das U-Boot, das ihn direkt an das andere Ende der Welt brachte.

Sieben Tage und sieben Nächte feierten alle zusammen ein großes Fest, schlachteten Ziegen und Hühner, kochten Reis und Couscous, füllten die Schüsseln mit Fisch und Bittertomaten, Auberginen und roten Zwiebeln immer wieder nach. Eine köstliche Duftwolke nach Chili, Limonen, geröstetem Fleisch lag wie ein Schleier über dem Land und trübte die Sicht ein wenig. Tag und Nacht wurde getrommelt, getanzt und geklatscht. Die Frauen trugen ihre schönsten Kleider und Frisuren zum Lob des kleinen Königs und stampften abwechselnd im Takt die rote Erde zu seinen Füßen. Die alten Männer kauten rote und weiße Kolanüsse und tranken drei Gläser zuckersüßen grünen Tee mit Minze und lächelten zufrieden.

Die jungen Leute aus der Stadt kehrten zurück und mit ihnen Reggae, Hip-Hop-Klänge, Rap und andere fremde Moden und wussten endlos zu erzählen vom anderen Ende der Welt. Dort war das Essen zu jeder Zeit fertig, obwohl keiner kochte. Die Leute arbeiteten nicht mehr, sondern drückten nur noch auf Knöpfe. Niemand wartete mehr auf den Regen, das Wetter wurde im Labor gemacht. Es war Tag und Nacht hell und das Wasser floss immer. Es gab keine staubigen Sandwege, denn der Boden war ganz aus Stein. Die Menschen wohnten im Himmel und der Himmel zeigte sich nur in Ausschnitten. Sie liefen den Uhren hinterher, weil sie die Zeit nicht mehr kannten. Ja, wo sich die Menschen überhaupt nicht mehr erkannten und deshalb auch nicht grüßten. Sie trugen eine Chipkarte, auf der ihr Lebensweg genau vorgezeichnet war und mussten deshalb auch nicht mehr denken. Sie bekamen jede Menge gedruckte Prospekte, in denen alles, was sie zu tun hatten, genau erklärt wurde. Und das war - einkaufen! Niemand betete, es gab keinen Gott mehr, weil die Menschen alles selbst taten und sowieso jeder tat, was er wollte. So funktionierte das Leben am anderen Ende der Welt. Welch wunderbares, glückliches Leben, seufzten die Leute und leckten sich die Finger sauber von den Resten in den noch dampfenden Schüsseln.

Und woher wussten sie das alles? Ein paar ihrer Brüder hatten es geschafft, bis an das andere Ende der Welt und zurück zu kommen. Sie erzählten und erzählten die ganze Nacht, bis allen die Augen zufielen und die Dämmerung graute.

Doch nun war der kleine König da und das Leben würde sein wie eine gereifte Mango, jeder Tag frisch wie eine gefüllte Reisschüssel und aufregend wie die Hüftschwünge der Frauen beim Tanzen. Insha´Allah!

Monika Jarju

Wie der kleine König das Fernsehen einführte

Lange schon war der kleine König neidisch auf den großen König des Nachbarlandes, der eine eigene Fernsehstation besaß und die ganze Welt empfangen konnte. Das wollte er auch haben. Jeden Abend sollten von nun an alle Einwohner sein Bild im TV sehen und nicht nur in der Lokalzeitung. Er ließ die besten Schneider 365 Grand Boubous nähen und lud die Techniker vom anderen Ende der Welt ein. Bevor der Mond wieder flach wie eine leere Reisschüssel am Himmel stand, war alle Arbeit getan. Würdevoll schritt er in seinem neuen Grand Boubou vor die Fernsehkamera und spiegelte sich auf den Monitoren der Zukunft.

Nach zwei Regen- und einer Trockenzeit war es dann soweit. Genau zum Jahreswechsel abends um Acht als die Sonne bereits schlagartig hinter den Atlantik gefallen war, stand in einem Hof der neue Fernseher auf einem kleinen wackligen Holztisch vor der Lehmhütte. 23 Kinder und 32 Erwachsene saßen auf kleinen Hockern, zerbrochenen Holzstühlen, alten Sesseln, umgedrehten Schüsseln und Eimern im Halbkreis davor. Zwei kleine und eine große Ziege, ein streunender Hund, die Katze, fünf magere braune Hühner, 13 fette Kakerlaken, 87 Moskitos und ein Nachtfalter blickten ihrem König und dem versprochenen Fortschritt ins Auge. Zuerst erschien der große König des Nachbarlandes und grüßte routiniert und großzügig die Brüder und Schwestern beider Länder. Dann folgte der historische Moment, der die Ahnen in den Bäumen einen Moment erzittern ließ. Ein verwackelter kleiner, schwarzweißer König wünschte seinem Volk ein Erfolg versprechendes neues Jahr. Er rutschte bei der Aufnahme etwas an den rechten unteren Rand, doch er versprach reiche Ernten, satte Mägen und volle Schüsseln und eine neue Straße, die direkt in die Zukunft führte.

Alle Kaanireer besaßen nun eine Fernsehstation und drei von ihnen sogar ein Fernsehgerät. Der Aufschwung hielt an. Wenige Regenzeiten später gab es mehr Fernsehgeräte und Videorecorder als Strom im Lande. Zöllner und Mechaniker profitierten besonders vom Fernsehen. Die Einfuhr der Geräte versprach den Zöllnern ein gutes Nebengeschäft und die Mechaniker verteilten die Autobatterien um, wie fast jedermann. Denn alle waren Freunde und Brüder und dein war auch mein. Eine Welle der Solidarität erfasste auch den letzten. Wer gestern noch einen

Freund mit Auto und Batterie besaß, der hatte heute eine Batterie für seinen Fernseher und ein anderer den Freund zum Freund. Die Menschen tauschten sich aus und wurden immer austauschbarer.

Bald darauf verlangte dem kleinen König nach Programmen der ganzen Welt. Sofort schickte er E-Mails an die großen Versandhäuser. Noch vor dem Ende des Harmattans ließ er eine riesige Satelliten-Schüssel einfliegen und auf sein Dach setzen. Seine Lehmhütte brach sofort entzwei. Die Schüssel war zu schwer, in ihr fanden alle Filme, Nachrichten, Fußballspiele, Musikclips und Kriegsschauplätze der ganzen Welt Platz. Ein Palast aus Stein musste her - unter die Schüssel!

Er blätterte noch einmal im Katalog, fand das Richtige und nach dem nächsten Vollmond stand der Palast, komplett mit allem drum und dran. Das andere Ende der Welt gab ihm eine Menge Rabatt. Sein Ansehen stieg international. Er erhielt Einladungen, ja, er wurde bekannt über die Grenzen seiner Palmenhaine.

Jeden Abend zwischen acht und neun, wenn die Sonne wieder einmal mit Getöse hinter den Atlantik fiel, spazierte der kleine König durch die Fernsehgeräte der ganzen Welt und schüttelte schwarze, weiße, gelbe und auch nicht ganz so saubere Hände, verlas phantasievolle Reden und versprach jedem alles und immer mehr. Er lernte durch seine Reisen über die Reisfelder am Horizont hinaus zu sehen und setzte sie als Praktikum in den Provinzen des eigenen Landes fort. Doch das ist schon wieder eine andere Geschichte.

Willi Corsten

Die alte Tanne. Ein Weihnachtsmärchen

Vogelstimmen wispern durch den stillverträumten Winterwald. Der weise Rabe hockt auf einem Ast und putzt sein schwarzglänzendes Federkleid. Nach einer Weile wendet er sich an den Dompfaff, nickt mit dem Kopf und krächzt: „Es stimmt, mein Freund! Wenn der Mond bald wieder sein volles Gesicht zeigt, ist es Weihnachten überall auf der Welt."

Dann hört er wieder der Tanne zu, die nun ein wenig Schnee von ihren Zweigen schüttelt und traurig sagt: „Als ich klein war, wollte ich ein Christbaum werden, bunte Kugeln tragen und fröhlichen Liedern lauschen. Doch weil mir der raue Novemberwind die Spitze verbogen hatte, holten die Menschen meine Schwester zu sich in die gute Stube. Aber die Jugendzeit liegt nun weit zurück, und heute ist es zu spät für meinen Wunschtraum."

In der Nacht denkt der weise Rabe lange nach und ruft am nächsten Morgen die Bewohner des Waldes zu sich. Drossel, Buchfink, Dompfaff und Buntspecht kommen. Auch der muntere Sperling findet sich ein, die Elster, der dunkle, geheimnisvolle Waldkauz und die Kohlmeise. Sogar der Zaunkönig erscheint und bringt seine Frau gleich mit. Selbst das Eichhörnchen hüpft herbei. Es ist von dem ungewohnten Lärm aus der Winterruhe erwacht und hört nun aufmerksam dem schwarzen Gesellen zu, der mit krächzender Stimme vom Leid der alten Tanne erzählt. „Der Baum ist unser bester Freund", sagt er. „Er schützt uns vor Regen und Schnee, trägt geduldig unser Nest und ist Jahr für Jahr die traute Kinderstube für manchen Piepmatz. Daher sollt ihr gut überlegen, wie wir seinen Lebenstraum erfüllen können."

Sogleich machen sich die Tiere auf den Weg. Der Sperling schleppt feine Schafwolle heran, die sich im Weidenzaun verfangen hatte. Buchfink, Kohlmeise und Dompfaff ziehen gemeinsam los. Neben dem Forsthaus finden sie eine alte Strickweste und zupfen blaue Fäden daraus hervor. Der Rabe hüpft durch ein offenes Küchenfenster und entwendet ein rotes Seidentuch. Die Drossel fliegt zur Holzfällerhütte und bittet das Arbeitspferd dort um ein Büschel Haar. Auch Buntspecht und Waldkauz sind emsig bei der Arbeit. Sie tragen vom Futterplatz der Rehe Heu und Stroh herbei. Die Elster denkt sich etwas Besonderes aus. Auf der Suche nach glitzernden Ringen hat sie auf dem Dachboden der alten Schule einen Karton mit Weihnachtsschmuck entdeckt. Vorsichtig schlüpft sie durch den Lüftungsschacht und sieht nun aus wie ein Jahrmarktskrämer. Lametta hängt um ihren Hals und in den Krallen trägt sie eine Christbaumspitze.

Das Eichhörnchen schleppt aus dem Vorratslager Eicheln und Nüsse heran. Dann klettert es in die Bäume, sammelt Harz und alte Spinnweben, rollt sie zu feinen Fäden aus und klebt die Früchte sorgsam daran fest.

Wenige Tage später läuten die Glocken den Heiligen Abend ein. Glutrot versinkt die Sonne hinter den Bergen, der tief verschneite Wald hüllt sich in feierliches Schweigen. Doch als am Himmel die ersten Sterne blinken, erwacht die frostklare Vollmondnacht zu neuem Leben. In den Bäumen huschen putzmuntere Wesen umher und verrichten mancherlei ungewohnte Arbeit. Und als die Waldbauerbuben Weihnachten zur Messe gehen, entdecken sie unterwegs eine wundersam geschmückte Tanne. Schafwolle hängt an ihren Zweigen, Lametta und Pferdehaar, blaue Fäden und Heu, Nüsse und Stroh. Ein rotes Seidentuch wetteifert mit der goldenen Christbaumspitze, die wie tausend Diamanten im hellen Mondlicht funkelt. Die Tanne wiegt sich freudig im Wind und das Rauschen ihrer Zweige klingt wie leise Musik. Und hoch oben in dem Baum sitzen unzählige Vögel und singen ein Lied, wie es schöner in keiner Weihnachtsstube je erklungen ist. Das Lied berichtet von der Geburt des Herrn und erzählt vom Frieden, der da kommen soll für alle Geschöpfe auf Erden. Und der weise Rabe hört andächtig zu und freut sich sehr.

Willi Corsten

Leon, der kleine Kobold

Der kleine Kobold Leon und seine beste Freundin, die liebreizende Elfe Lilo, hatten sich im Zauberwald verirrt und waren versehentlich ins Reich der bösen Hexe geraten. Seltsam still war es dort. Kein Vogelruf lockte, kein Rascheln bewegte das Laub und kein Wispern ertönte in den Zweigen. Nur die Krähe Rabenaas lärmte vom Dach der aus groben Hölzern gezimmerten Hütte, in der die Hexe Kira wohnte. Mit krächzender Stimme meldete der schwarze Vogel sogleich die Ankunft der Eindringlinge.

Knarrend öffnete sich die Tür. Kira humpelte ins Freie, streckte die knorrige Hand aus und packte die kleine Elfe Lilo. „Endlich finde ich wieder eine Magd, die meine Hütte fegt, mir das Essen kocht und die Kleidung wäscht", keifte die Hexe und lachte boshaft. Sie packte das Elfenkind an seinem seidenen Gewand und schüttelte es zornig, als es sich wehren wollte.

Leon klammerte sich an den langen, schwarzen Rock der garstigen Alten und trat mit dem Fuß nach ihrem Schienbein. Vergeblich, denn nun versuchte die Hexe, auch ihn zu fangen und sagte: „Auch dich kann ich gut gebrauchen. Holz hacken sollst du, meinen Ziegenbock hüten und im Wald nach Alraunwurzeln graben."

Der kleine Kobold aber riss sich im letzten Augenblick los und eilte davon. So schnell ihn seine kurzen Beine tragen wollten, rannte er auf den Waldrand zu. Dort hielt er erschöpft inne und schaute zurück zu seiner liebsten Freundin. Auch Lilo blickte sich ängstlich nach ihm um und rief verzweifelt um Hilfe. Doch da zerrte die böse Hexe das Elfenkind schon in die Hütte.

Nachdenklich lehnte sich der Kobold an den Stamm einer alten Eiche und überlegte, wie er seine Freundin befreien könnte. Allmählich fiel die Dämmerung ein in das Reich der Hexe. Ein Stern blinkte am Himmel und weit im Osten begann der Mond seine nächtliche Reise. Leon setzte sich ins Moos, schloss müde die Augen und fiel alsbald in einen unruhigen Schlaf.

Plötzlich hörte er ein leises Rascheln im Gebüsch. Er richtete sich erschrocken auf und schaute sich suchend um. Da stand mit einem Mal das geheimnisumwobene Einhorn vor ihm und fragte: „Warum so traurig, kleiner Kobold? So kenne ich dich Wildfang doch gar nicht. Was ist denn geschehen?"

Leon erzählte aufgeregt von dem Unglück, das Lilo widerfahren war und schluchzte: „Wie holen wir unser liebes Elfenmädchen da nur wieder heraus?"

„Geduld, Geduld", antwortete das Einhorn und scharrte leise mit den Hufen. „Die Hexe Kira ist eine schlimme Plage im Land. Sie hat eine Lektion verdient. Und das schon lange! Hör zu, was wir mit ihr anstellen werden. An ihre Hütte kommen wir zwar nicht unbemerkt heran, weil die Krähe Tag und Nacht aufpasst und unser Kommen sofort verraten würde. Aber um die Mitternachtsstunde schlurft die Hexe immer hinaus in den Wald, um Zauberkräuter zu sammeln. Dabei nimmt sie ihren Hexenbesen mit. Und diesen Besen brauchen wir für kurze Zeit. Dann gelingt unser Plan und alles wird wieder gut."

Das Einhorn hob den Kopf und fuhr fort: „Ruhe dich noch eine Weile aus, kleiner Kobold. Ich muss verschiedenes vorbereiten und bin bald wieder da."

Leon aber war viel zu aufgeregt, um weiter schlafen zu können. Und als das Einhorn kurz vor Mitternacht zurück kam, war er schon reisefertig. Das große Abenteuer konnte beginnen. Leon und das Einhorn wanderten an den gegenüber liegenden Rand der Lichtung, auf der die Zauberkräuter wuchsen, und warteten dort auf die Hexe. Ganz leise waren sie und versteckten sich hinter einem mit Moos bedeckten Felsen.

Bald darauf schlurfte Kira heran, lehnte den Hexenbesen an einen Baum und begann Kräuter zu sammeln. Leon nahm das Geschenk, den Teufelsbesen, heimlich fort, trug ihn zu einem Ameisenhügel und bat die fleißigen Tierchen dort, den Stiel kunstvoll von innen auszuhöhlen. Dann stellte er den Besen wieder zurück an seinen Platz.

Als Kira eine Stunde später den Heimweg antreten wollte, brach der Zauber los. Rund um die Lichtung stürmten Gnome aus dem Gebüsch, schlugen sich lärmend auf die Schenkel und führten einen irrwitzigen Tanz auf. Das Einhorn trabte auf die Hexe zu, drohte sie aufzuspießen und erschreckte sie dadurch fast zu Tode. Glimmerchen, der kleine feuerspeiende Drache, öffnete weit das Maul, watschelte hinter Kira her und schnappte mit seinen spitzen Zähnen nach ihren krummen Füßen. Dabei stieß er blaugelbe Flammen aus Nasenlöchern und Ohren und versengte das mottenzerfressene Tuch, das die Hexe um die Schultern trug.

Kreischend humpelte Kira zu ihrem Besen, klemmte den Stiel zwischen die Beine und erhob sich in die Luft. Leon hielt den Atem an, denn gleich musste die Entscheidung fallen. Und richtig! Kaum hatte das fliegende Hexenweib die Baumwipfel erreicht, da brach der ausgehöhlte Besenstiel mitten entzwei. Kopfüber purzelte Kira in den Wald und riss Blätter und Zweige mit in die Tiefe.

Leon und das Einhorn stürmten hin zu der Stelle und wunderten sich sehr, dass niemand dort auf dem Boden lag. Als sie jedoch zu den Bäumen hochschauten, entdeckten sie die garstige Hexe. Sie hatte sich mit dem Gürtel in einem Ast verfangen und ruderte nun hilflos mit Armen und Beinen in der Luft herum. „Helft mir", rief sie gellend, „helft mir hier herunter, dann mache ich alles, was ihr wollt."

„Gut", antwortete das Einhorn, „das ist ein Wort! Nachdem wir dich gerettet haben, lässt du zuerst einmal das Elfenkind frei. Dann änderst du dein Leben und hörst mit der bösen Hexerei auf. Drittens fügst du dich in die Gemeinschaft ein und teilst dein Reich mit den übrigen Waldbewohnern. Willst du das?"

Kira stöhnte und nickte gequält. War es nun die Notlage, in der sie steckte, oder sah sie wirklich ein, dass es besser ist, ein friedliches Leben zu führen? Egal, die Hexe willigte ein und war schon viel freundlicher, als Leon zu ihr in den Baum stieg. Als er jedoch anfing, mit einem scharfkantigen Stein den Gürtel zu bearbeiten, rief sie entsetzt: „Nein, du kleiner Unvernunft! Wenn du den Gürtel durchtrennst, stürze ich doch ab. Und das auf meine alten Tage, wo mich eh das Rheuma so plagt."

„Keine Sorge", meldete sich das Einhorn und sah neugierig hoch zu dem Baum. „Wir werfen ein Seil über den Ast, binden es um deinen Bauch und lassen dich sanft hinunter auf den Boden gleiten."

So geschah es denn auch.

Ächzend richtete sich die Alte später auf, zupfte Blätter und Tannennadeln aus ihrem struppigen Haar, humpelte zurück zur Hütte und öffnete den Verschlag, in dem das Elfenkind eingesperrt war.

Als der Morgen graute, bot sich den Bewohnern des fernen Zauberreiches ein seltsames Bild. Ein Einhorn trabte heran, übermütig und voller Lebensfreude. Und auf seinem Rücken saßen Lilo, das Elfenkind, und Leon, der kleine Kobold. Ach ja, noch jemand hockte auf dem Rücken des Tieres, krumm, alt und wund geritten. Doch davon erzählen wir ein andermal.

Willi Corsten

Nina Nimmersatt

Meister Lampe war mit knapper Not einem Knecht entkommen, der auf der Wiese Gras mähte. Der Mann schimpfte, weil er sich über den Hasen erschrocken hatte und rief ihm hinterher: „Ihr Tiere seid alle faul und sitzt den lieben, langen Tag nur in der Sonne herum. Und dumm seid ihr auch, weil ihr weder lesen noch schreiben könnt."

„Du bist selber dumm", murmelte der Hasenvater zornig und hoppelte in den nahen Wald. Dort rief er sogleich die anderen Tiere herbei und sagte: „Die Menschen reden schlecht über uns und denken, wir wären einfältige Geschöpfe. Das lassen wir uns nicht länger bieten. Darum sollten wir für unsere Kinder endlich eine Tierschule gründen."

Igel und Dachs, Wiesel und Marder, Iltis und Eichhörnchen stimmten begeistert zu, Reinecke Fuchs aber wollte davon nichts wissen. Er fürchtete heimlich, dass die Kleinen durch die Schulbildung später klüger sein würden als er. Seine Laune besserte sich erst, als man ihn feierlich zum Lehrer der neuen Wald- und Wiesenschule ernannte.

Wenige Tage danach eilten die Kleinen zur ersten Unterrichtsstunde. Sie setzten sich ins taufrische Gras und sahen neugierig auf die große Tafel, auf die der Fuchs seltsame Zahlen und Buchstaben gekritzelt hatte. Nur das Hasenmädchen Nina Nimmersatt tanzte aus der Reihe. Missmutig träumte es vor sich hin und dachte wehmütig an zu Hause. „Dort kann man wenigstens Nachlaufen und Verstecken spielen", seufzte Nina, „aber hier ist es ja total langweilig."

Nach einer Weile schlief das Hasenmädchen sogar ein. Ihr Kopf sank zur Seite und landete unsanft auf Igor Tausendstachels Rücken. Nina sprang entsetzt auf und schimpfte erbost mit dem kleinen Igeljungen. „Morgen rasierst du dir gefälligst die borstigen Stoppeln ab", sagte sie und rieb sich die böse zerkratzte Wange. Dann kramte sie zwei blankgeputzte Möhren aus dem Tornister, knabberte laut schmatzend daran und störte so den ganzen Unterricht. Da verlor der Lehrer Fuchs endgültig die Geduld. Er eilte herbei und zog dem Hasenmädchen gehörig die Ohren lang.

Nina Nimmersatt aber trieb weiterhin Unfug und handelte sich dafür immer wieder die gleiche Strafe ein. Mit schlimmen Folgen, wie wir gleich sehen werden.

Ninas Ohren wurden nämlich von Tag zu Tag länger und baumelten ihr beinahe schon bis zu den Schultern herab. Meister Lampe schüttelte darüber besorgt den Kopf und sagte: „Hasenohren waren seit undenklichen Zeiten immer nur so groß wie ein Daumennagel - und wie sehen deine Löffel jetzt aus? Fast so riesig wie Windmühlenflügel. Sofort gehst du damit zu unserer Kräuterfee."

Die weise Frau verordnete Umschläge mit Kamille und Salbei, aber auch diese Heilpflanzen halfen nicht gegen das seltsame Übel des vorlauten Hasenmädchens.

Als Monate später der erste Schnee fiel, gab es Winterferien. Lehrer Fuchs teilte mit ernstem Gesicht die Zeugnisse aus. Nina brachte natürlich lauter Fünfen heim und wurde mit Schimpf und Schande aus der Tierschule entlassen.

Im nächsten Jahr lernte sie einen stolzen Hasenmann kennen und heiratete ihn kurz darauf. Und als sie wenig später Mutter wurde, kamen alle ihre Kinder mit langen Hasenohren zur Welt.

Diese unerhörte Neuigkeit eilte wie ein Lauffeuer durch das ganze Land. Sogar die überheblichen Menschen hörten davon. Zuerst spotteten sie, aber weil sie ja auch nicht klüger als die Tiere sind, hieß es bald auch an ihren Schulen: „Wenn du nicht sofort lieb und artig bist, ziehe ich dir zur Strafe gehörig die Ohren lang."

Willi Corsten

Verzaubert

Vor langer Zeit lebten am Hof des Königs ein Jäger und seine Frau. Die beiden hatten einen fast erwachsenen Sohn, den sie Heinrich Wagemut nannten, weil er schon als kleiner Bub waghalsig in die höchsten Bäume des Waldes geklettert war.

An einem heiteren Sommertag war der Jäger mit seinem Gehilfen ausgeritten, um Wölfe zu jagen, die sich in der Gegend herumtrieben. Heinrich aber saß in der Stube, säuberte den Balg eines Fuchses und hörte dabei neugierig seiner Mutter zu, die manch spannende Geschichte von Räubern und Wilddieben erzählte.

Plötzlich öffnete sich knarrend die Tür und herein humpelte eine garstige Hexe. Sie trat näher, musterte Heinrich von Kopf bis Fuß und sagte zu der Mutter: „Verkaufe mir den jungen Mann. Hundert Goldstücke gebe ich dir dafür. Er soll fortan mein Diener sein und alles tun, was ich ihm befehle."

„Nein", antwortete die Jägers-Frau entrüstet, „meinen Sohn bekommst nicht, nicht für alle Schätze der Welt. Scher dich fort, du böses Hexenweib! Zum Teufel mit dir!"

Da stampfte die Hexe zornig mit dem Fuß auf und murmelte den Zauberspruch:

Ein heulender Hund sollst du sein
und nur eine holde Prinzessin fein
kann mit ihrem Kuss den Fluch beenden,
und so dein hartes Schicksal wenden.

Dann berührte sie Heinrichs Arm und verwandelte den Jüngling in einen großen Hund. Sie jagte das winselnde Tier auf den Hof, lachte boshaft und verzauberte gleich darauf auch die Mutter des jungen Mannes.

Als der Jäger am Abend heim kam und die leere Wohnung sah, weinte er sehr. Da flog ein Rabe herbei, setzte sich zutraulich auf die Schulter des Jägers und erzählte, was mit Heinrich geschehen war. Der Rabe berichtete auch, durch welche Tat der Sohn erlöst werden konnte. Allein, der Jäger durfte sein Wissen niemandem verraten, durfte auch nicht sagen, was mit seiner Frau passiert war, weil der Bann sonst für alle Zeit galt.

Viele Prinzessinnen kamen im Laufe der Zeit an den Königshof, feierten dort rauschende Feste und drehten sich lustig im Tanz. Doch den Hund, der ständig draußen vor der Tür des Palastes saß und sie sehnsüchtig anschaute, beachteten sie nicht.

Sieben Jahre zogen in das Land, sieben Jahre und ein Tag. Da näherte sich eine schöne Prinzessin dem Königsschloss. Sie hatte sich im Wald verirrt und wollte nach der Aufregung nun auf der Bank, gleich unter dem Kastanienbaum, ein wenig ausruhen. Verträumt spielte sie mit dem großen Hund, der drüben gelegen hatte und vertrauensvoll näher gekommen war. Die Prinzessin nahm den Kopf des Tieres in die Hände und sah ihm in die traurigen Augen. Der Hund winselte leise. Da öffnete sich das Herz der holden Prinzessin. Sie schmiegte ihr Gesicht an das samtweiche Fell des Tieres, hauchte einen Kuss hinein und sagte mit zärtlicher Stimme:

Mein liebes, treues Tier
nun bleibe ich bei dir
will nah am Schloss verweilen
und deinen Kummer teilen.

Zitternd vor Freude stellte sich der Hund auf die Hinterläufe, wurde größer und größer und verwandelte sich wieder zurück in Heinrich Wagemut. Die Prinzessin erschrak, doch als der junge Mann ihr dankbar die Hand reichte, freute sie sich mit ihm.

Plötzlich tauchte am Waldrand die garstige Hexe auf und wollte den Jüngling ein zweites Mal verzaubern. Heinrich aber erinnerte sich an die waghalsigen Streiche seiner Kinderzeit, kletterte geschwind auf den Kastanienbaum und rief hinunter zu dem bösen Weib: „Diesmal versagt deine Zauberkraft, denn du kannst ja meinen Arm nicht berühren."

„Wirst schon sehen", keifte die Hexe, „du entkommst mir nicht."

Sie lehnte den Krückstock an den Stamm des Baumes, setzte einen Fuß darauf und begann mühsam den Stamm hoch zu klettern. Heinrich musste weiter und weiter hinaufsteigen, weil die Alte immer näher kam. Ast für Ast kämpfte er sich voran und hatte nun fast schon die Baumspitze erreicht. Es gab wohl kein Entrinnen mehr, denn das Weib folgte ihm auch dorthin. Schon streckte sie die verkrümmten Hände nach ihm aus - da hörte Heinrich ein Rauschen in der Luft. Er wendete den Kopf und sah einen großen Raben, der rasch näher kam. Der schwarze Vogel schoss geradewegs auf die Hexe zu, krallte sich in ihren Haaren fest und hackte mit dem Schnabel nach ihren boshaft funkelnden Augen. Die

Hexe wehrte sich, so gut sie konnte. Vergeblich! Ihr Lumpengewand verhedderte sich im Gewirr der Äste, dann verlor sie den Halt und stürzte kopfüber hinunter.

Der Rabe krächzte triumphierend und breitete siegestrunken die Flügel aus. Heinrich atmete erleichtert auf. Dann stutzte er und rieb sich verwundert die Augen, denn unter dem Flügelpaar des Raben glitzerte karmesinrot das Kleid seiner Mutter. Sie war es in der Tat. Die Hexe hatte sie damals nämlich zur Strafe in einen Raben verwandelt. Ihr Bann war nun auch gebrochen.

Von dem polternden Lärm war der Jäger aufgewacht. Er hatte in der Nacht zuvor kaum geschlafen, weil er immer wieder an das schwere Los seiner Lieben denken musste. Nun eilte er aus dem Haus, umarmte Frau und Sohn und freute sich sehr. Als er der Prinzessin herzlich dankte, netzten Tränen der Rührung sein Gesicht.

Später holte Heinrich des Vaters Pferd aus dem Stall und half der Prinzessin in den Sattel. Er schwang sich auch auf den Rücken des treuen Tieres und trabte zu der Burg, in der die Prinzessin wohnte. Dort wartete Ritter Egbert schon sorgenvoll auf seine Tochter. Heinrich bat um die Hand der liebreizenden Jungfrau - und der Ritter willigte freudig ein.

Die Verlobten heirateten noch im gleichen Jahr und wurden überaus glücklich miteinander. Oft noch dachten sie an den seltsamen Zufall zurück, der sie zusammengeführt hatte. Und manchmal, wenn sie abends mit ihren Kindern am knisternden Kamin saßen, erzählten sie von der garstigen Hexe, die damals wohl im Auftrag des Teufels die Seele von Heinrichs Mutter kaufen wollte. Gottlob schmort das Hexenweib nun wieder dort, wo es hingehört: Tief unten in der Hölle.

Willi Corsten

Oma Lenchen

Es war immer ein Freudenfest, wenn wir Oma Lenchen besuchen durften. Bei ihr wartete ein Zauberkästchen auf uns, in dem lauter Überraschungen steckten. Nein, keine Bonbons und auch keine Schokolade, unzählige Sagen und Märchen waren es, die darin schlummerten.
Wir setzten uns an den Küchentisch und sahen zu, wie Oma das Kästchen öffnete und daraus ein Bündel Wollfäden hervor kramte. Jeder Faden hatte eine andere Farbe, und in jedem schlummerte ein anderes Märchen. Niemand wusste vorher, welche Geschichte sich in dem blauen Faden versteckte, oder in dem roten oder in dem goldfarbenen. Die Märchen waren ja nicht in dicken Büchern aufgeschrieben, sondern auf geheimnisvolle Weise in die Wollfäden eingewoben. Und nur Oma Lenchen konnte die Geschichten lesen und die unsichtbaren Zeichen deuten.
Ungeduldig rückten wir die Stühle zurecht. Dann durfte einer von uns mit verbundenen Augen den ersten Faden ziehen. Diesmal fing die Märchenstunde mit der weißen Wolle an.
Oma trank ein Schlückchen Pfefferminztee, tupfte mit dem Taschentuch sorgsam den Mund ab und sagte: „Weiß wie Schnee und schwarz wie Ebenholz. Schneewittchen wartet wohl auf uns."
Sie beugte sich über den Faden, schnupperte mit ihrer feinen Nase daran und flüsterte: „Nein, Schneewittchen schläft noch, aber Frau Holle meldet sich zu Wort und bittet euch, aufmerksam zu lauschen."
Mit leiser Stimme erzählte Oma das Märchen, und als sie fertig damit war, zupften wir einen roten Faden aus dem Knäuel. Meine Schwester jubelte, weil Rot doch ihre Lieblingsfarbe war. Sie schaute Oma mit großen Augen an und fragte: „Besuchen uns heute Schneeweißchen und Rosenrot?"
Oma Lenchen nahm die Wolle in die Hand, rieb sie zwischen Daumen und Zeigefinger und schüttelte den Kopf: „Nein, leider nicht. Es sind feine Kuchenkrümel in der Wolle, und es duftet nach Wein, nach Rotkäppchen und ein wenig nach bösem Wolf."
Über dieses Märchen freute sich meine Schwester auch, denn es war einfach alles schön, was Oma erzählte.
Als wir in der Schule Lesen und Schreiben gelernt hatten, überraschte

uns Oma Lenchen mit einem anderen Spiel. Sie holte Zettel aus dem Kästchen, legte Buntstifte dazu und ließ uns Märchenfiguren zeichnen. Dann stellte sie eine Rechenaufgabe, und wer sie am schnellsten löste, durfte mit dem Märchen beginnen, zu dem seine Figuren gehörten. Sie erzählten nun mit flüsternden Stimmen, was sich in ihrem Leben zugetragen hatte.

Irgendwo in der Geschichte sagte Oma: „Simbalo, Simbalo." Nun war das nächste Kind an der Reihe und fügte mitten in die Erzählung die Abenteuer seiner Helden ein. Heraus kam ein buntes Märchen, bei dem die Bösen hart bestraft und die Guten reichlich belohnt wurden.

Nach dem Spiel nahm Oma Lenchen uns in den Arm und nannte uns ‚Kleine Fantasie-Träumer'. Und wir waren sehr stolz auf dieses Lob.

An eines der erdachten Märchen erinnere ich mich bis heute und erzähle es gerne allen Leuten, die den Glauben an geheimnisvolle Zauberwelten noch nicht verloren haben und ihn wie einen kostbaren Schatz hüten.

„Hänsel und Gretel verirrten sich im Wald. - Simbalo, Simbalo. - Da gesellte sich der böse Wolf zu ihnen und fragte, wo hier die sieben Geißlein wohnen. - Simbalo, Simbalo. - Dort triffst du keinen mehr an, lieber Wolf, denn vorhin kam das tapfere Schneiderlein aus ihrem Haus. Es setzte sich draußen auf die Bank, holte Nadel und Faden aus der Tasche und stickte vier Worte auf seinen breiten Gürtel. Ich lief neugierig zu ihm und sah, dass dort geschrieben stand: ‚Sieben auf einen Streich'. Folglich leben die Geißlein also nicht mehr, darum kannst du dir den weiten Weg ersparen und wieder nach Hause gehen."

So eilten wir durch das Reich der Märchen, verweilten kurz am Dornröschenschloss, schickten Hase und Igel zu den Bremer Stadtmusikanten und achteten auch darauf, dass der Wolf den ‚Knüppel aus dem Sack' zu spüren bekam.

Wir liebten dieses Spiel über alles und lernten dabei in wenigen Stunden mehr als während der ganzen Woche im Unterricht.

Oma Lenchen ist nun schon lange tot. Sie hat ihren Mut nie verloren und die Fantasie der Kinderzeit bis ins hohe Alter retten können. In meiner Erinnerung bleibt sie die beste Oma der Welt und ist die erste Frau, die ich richtig gern hatte. Gewiss sitzt sie nun oben im Himmel, kramt bunte Wollfäden aus dem Kästchen und erzählt den kleinen Engeln von Elfen, Gnomen und Menschenkindern, die begeistert ihr Erdenleben geteilt haben.

Willi Corsten

Männche Männche

Heute wohne ich im Spessart, doch die leise Sehnsucht nach dem Ort, in dem ich geboren und aufgewachsen bin, bleibt wohl ein Leben lang. Und wenn ich an langen Winterabenden vor dem knisternden Kamin sitze, kommt oft die Erinnerung an damals zurück. Manchmal traurig, weil wir als Kinder ja kaum Rechte hatten, immer aber auch dankbar für die schönen Tage und Jahre, die wir dort erleben durften.

Zehn war ich und mein Bruder, der Heinz, erst acht. Wir stellten in unserem Heimatdorf die unmöglichsten Sachen an, doch bestraft wurde immer nur ich, weil ich ja der Ältere war. Aber diesmal wendete sich das Blatt. Diesmal sollte ausgerechnet der Kleine schuld gewesen sein an der Verwüstung, die wir angerichtet hatten.

Unser Garten lag außerhalb des Dorfes, fast einen halben Kilometer vom Elternhaus entfernt. Das war unser bevorzugter Spielplatz und dort bauten wir auch wochenlang an einer Hütte, die uns allein gehören sollte. Den freien Platz neben den Johannisbeersträuchern hatten wir als Standort ausgesucht. Das Baumaterial schleppten wir von einer wilden Müllkippe heran: halbvermoderte Bretter für die Wände, ausgefranste Teppiche für den Boden, Plastikfolie für das Fenster und ein verrostetes Ofenrohr, das den Rauch unserer Friedenspfeife ins Freie leiten sollte. Das beste Stück der Sammlung aber war ein alter Linoleumläufer, den wir an Stelle von Büffelfellen aufs Dach nagelten.

Die Gärten ringsum waren tagsüber verwaist, weil die Männer erst nach Feierabend dorthin kamen. Nur unser Nachbar störte in dem kleinen Paradies. Wir nannten ihn Männche Männche, weil er jeden Jungen im Dorf freundlich mit diesen Worten begrüßte. Männche Männche arbeitete jeden Nachmittag nebenan und ruhte sich danach auf der Gartenbank aus. Seine Anwesenheit war mehr als ärgerlich, weil wir nun keine Zaunpfähle und Bretter mehr aus den anderen Gärten organisieren konnten, Sachen, die wir unbedingt noch für unsere Hütte brauchten. Wir mussten den Mann also los werden, egal wie.

Zuerst warf ich Steine in den Holunderstrauch, der neben seiner Gartenbank stand. Doch statt zu fliehen, suchte Männche Männche nun das vermeintliche Tier, das da geraschelt hatte. Am nächsten Tag raubten wir das Sitzbrett der Bank, pinselten halbvertrocknete Farbe darüber und hängten es als Jagdtrophäe in unserer Hütte auf. Als Männche Männche den Diebstahl bemerkte, schimpfte er wie ein Cowboy, dem man das Pferd gestohlen hatte, eilte nach Hause, holte ein neues Brett und schraubte es fachmännisch auf dem alten Stützbalken fest.

Jetzt durfte mein Bruder sein Geschick beweisen. Nicht weniger fachmännisch sägte Heinz das Brett von unten her dreiviertel durch. Ohne Erfolg übrigens, denn selbst das letzte Viertel trug das Fliegengewicht von Männche Männche.

Kurz vor den Sommerferien war die Hütte endlich fertig, wir wähnten uns vor den neugierigen Nachbarn in Sicherheit. Doch halt, was passierte, wenn Indianer oder Banditen die Festung stürmten? Wie dumm von uns: Wir hatten doch glatt den unterirdischen Fluchttunnel vergessen.

Nun war guter Rat teuer, denn im Erdreich wollte Heinz auf keinen Fall buddeln, weil er Vaters Strafe fürchtete. Ich überlegte lange, wie ich den Kleinen umstimmen könnte und kam dann auf die verrückte Idee, sein Meerschweinchen ins Spiel zu bringen. Für den heiß geliebten Purzel würde mein Bruder nämlich alles tun.

Schon am nächsten Tag war ich mit dem Meerschweinchen allein im Garten, Heinz wollte später nachkommen. Ich sperrte das Tierchen in eine kleine Kiste und versteckte sie hinter den Komposthaufen. Dann eilte ich zurück in die Hütte, nahm den Spaten und begann den Fluchttunnel auszuheben. Plötzlich klopfte jemand an die Tür, Heinz war gekommen.

„Purzel ist in Gefahr", rief ich. „Komm, beeil dich!"

„Wo steckt das Meerschweinchen?"

„Das dumme Tier hat sich in die Erde gebuddelt. Wir müssen es sofort ausgraben, sonst erstickt es. Du arbeitest hier drinnen weiter, und ich grabe draußen ein Loch, um ihm den Weg abzuschneiden."

Ich hatte gewonnen. Der Kleine schaufelte, als ginge es um Leben oder Tod. Wie ein Maulwurf wühlte er sich in die Erde und förderte Steine und Lehm ans Tageslicht. Derweil holte ich heimlich Purzel aus dem Versteck, wartete, bis mein Bruder den Durchbruch nach draußen fast geschafft hatte und bugsierte das arme Tierchen in seine tastende Hand. Heinz war selig.

Da die Zeit drängte, legten wir provisorisch ein Blech über den Tunnelausgang und streuten Erde und Laub darüber, um die Spuren unserer Freveltat zu tarnen. Keine Minute zu früh, denn kurz darauf bog Vater auf seinem Fahrrad um die Ecke. Er stieg ab, schob das rostige Klappergestell in den Garten und lehnte es an den Kirchbaum. Als ich den Eimer sah, der an der Lenkstange baumelte, wurde mir heiß und kalt. Erst jetzt fiel mir ein, dass wir heute Johannisbeeren pflücken wollten.

Es kam, wie es kommen musste. Vater eilte zu den Sträuchern, pflückte ein paar Beeren, tat sie in den Eimer, machte einen halben Schritt zur Seite - und war plötzlich fünfundsiebzig Zentimeter kleiner.

Vater erschrak heftig, dann blickte er sich wütend um und schrie: „Wer war das?"

Wir verkniffen uns ein Lachen, obwohl die Lage verdammt ernst war.

„Da... da... das Meerschweinchen...", stotterte Heinz endlich und zupfte die letzten Reste Lehm aus dem Fell des Tierchens. „Es buddelte..." Weiter kam er nicht in seiner Erklärung, weil der Klaps auf den Allerwertesten ihm die Sprache verschlagen hatte. Dafür heulte er nun wie ein Bleichgesicht am Marterpfahl.

Doch plötzlich verstummte sein klägliches Wehgeschrei. Er zog schniefend die Nase hoch, wischte die Tränen aus dem Gesicht und blinzelte erwartungsvoll in den Nachbargarten. Dort schlurfte Männche Männchens Frau den Pfad entlang und steuerte zielstrebig die Sitzbank an.

Das angesägte Brett dort hatte dutzende Male 130 Pfund getragen - und sich nie darüber beklagt. Gegen die plötzlich aufgesetzten 130 Kilogramm protestierte es jedoch mit einem berstenden Krrr...

Willi Corsten

Fremdes Bett

Da stand er nun, der kleine Hosenmatz, müde, hungrig - und noch ganze zwei Pfennige in der Tasche. Dabei hatte alles so gut angefangen. Sein Sparschweinchen rückte, ermuntert durch zwei Hammerschläge auf den Hinterkopf, das Geld des letzten Jahres heraus. Michael ordnete die Münzen, die da zwischen den blauweißen Scherben vor ihm lagen, zu kleinen Türmchen, jedes im Wert von fünf Mark. Sechs Türmchen zählte der Junge, rechnete die Kupfermünzen hinzu und kam auf die stolze Summe von 30 Mark und 52 Pfennigen.

Er steckte das Geld in seine Hosentasche, wo sich die Münzen einen Weg zwischen all den Sachen suchten, die der achtjährige Lausbub in den letzten Tagen aufgelesen hatte. Die ölverschmierte Schraube rückte bereitwillig zur Seite. Der klebrige Kaugummi schmiegte sich freundschaftssuchend an ein silberglänzendes Zweimarkstück. Der Frosch, auf den gleich dutzendweise die Münzen prasselten, blieb teilnahmslos; er war schon seit Wochen tot. Nur die große Weinbergschnecke tanzte aus der Reihe. Sie zog sich, erbost über den unsanften Rempler eines grünspanüberzogenen Groschens, beleidigt in ihr Häuschen zurück.

Derweil suchte Michael in der Küche nach Proviant, den er mit auf die große Reise nehmen wollte. Er holte das Messer aus der Schublade und säbelte neun Scheiben Brot ab, die so dick waren, dass ein Krokodil aus Angst vor der Maulsperre sicherlich die Flucht ergriffen hätte.

Zeit hatte der Junge genug, denn die Eltern würden nicht vor sechs Uhr abends daheim sein. Michael schüttelte den Kopf. Dass Papi bei Müller und Hartmann Überstunden machen musste, konnte er noch verstehen, aber warum arbeitete Mami den ganzen Tag über im Haushalt von Doktor Winkler? Nur damit Frau Winkler Zeit blieb für den Schönheitssalon, für das Tennisspiel, für Reitstunden und sonstigen Unsinn? Und wer hatte Zeit für ihn?

Entschlossen verschnürte Michael sein Bündel, überlegte, ob der geliebte Fußball noch mit sollte, ließ ihn dann doch zu Hause. Der Junge kämpfte sich in die Trainingsjacke, zog die alten Turnschuhe an und eilte zum Bahnhof.

„Einmal Alpenhausen bitte", sagte er zu dem Mann am Schalter und kramte umständlich das Geld aus der Tasche. Alpenhausen kannte er nicht, wusste aber von dem bunten Werbeplakat aus der Vorhalle, dass die Fahrt 30 Mark und 50 Pfennige kostete. Lieber würde Michael ja bis Innsbruck fahren, oder gar bis Mailand, denn dann wäre er noch weiter weg gewesen, noch weiter weg von der Schelte seiner Eltern. Aber sein Sparschweinchen hatte entschieden: ‚Alpenhausen! Mehr holst du selbst mit dem großen Schmiedehammer bei mir nicht heraus.'

Alpenhausen ist schön, doch das interessierte den Jungen nicht. Er war auf der langen Fahrt eingeschlafen und hatte beim überstürzten Ausstieg sein Bündel vergessen. Und als der Zug mit dem Gepäckstück aus dem Bahnhof rollte, brach die Nacht an in der fremden Stadt.

„Was nun" überlegte der Kleine. „Kein Abendessen, kein Bett zum Schlafen, keine Eltern zum Trösten - und noch ganze zwei Pfennige in der ausgebeulten Hosentasche."

Doch Schutzengel sind immer zur Stelle, wenn man sie dringend braucht, und sie verkleiden sich manchmal sogar als Polizisten. Michas Schutzengel hörte auf den Namen Franzelhuber, Alois Franzelhuber. Der Oberwachtmeister war auf Fußstreife und entdeckte den Jungen, der verzweifelt an einer Straßenecke stand und sich keinen Rat mehr wusste. Und da Franzelhuber einen Sohn im gleichen Alter hatte, entschied er kurzerhand, dass die Amtsstube nicht der rechte Schlafplatz für den Ausreißer sei. Seine Frau machte zwar große Augen, als er den Kleinen heimbrachte, sie gewann aber bald das Vertrauen des Jungen und erfuhr von ihm, wo er wohnte. Und während ihr Mann zur Dienststelle eilte und Michas Eltern benachrichtigte, stellte sie ein verspätetes Abendbrot auf den Tisch und machte im Gästezimmer das Bett für die Nacht bereit.

War es die schon hochstehende Vormittagssonne, die Michael weckte, oder waren es seine Eltern. Der Junge wusste es nicht. Es spielte auch keine Rolle, denn wichtig war nur, dass sie hier waren, und dass keiner von ihnen schimpfte.

„Papi... das Zeugnis, nicht..., nicht versetzt", stammelte Michael und kämpfte mit den Tränen. Er sah die Enttäuschung in Papis Gesicht, sah dann, wie die väterliche Liebe den Zorn verscheuchte.

„Sohnemann, diesmal war es also nichts mit dem Aufstieg in die höhere Klasse. Schade drum! Ab sofort bereiten wir uns besser vor, denn Mami arbeitet nach den Ferien nur noch vormittags. So bleibt auch Zeit genug für dich. Und du wirst sehen, kleiner, großer Fußballspieler, im nächsten Jahr schaffen wir den ersehnten Aufstieg mit vielen Punkten Vorsprung."

Und Michael weinte. Doch es waren Tränen der Erleichterung und der Freude.

26

Willi Corsten

Des Schöpfers Tabakpfeife

Als Gott am sechsten Tag die Tiere und die Menschen erschaffen hatte, betrachtete er prüfend sein Werk. Er mischte noch ein wenig blaue Farbe ins Meer, kleidete die Gipfel der höchsten Berge in ewigen Schnee und ließ sich zufrieden auf einem Felsen nieder. Umständlich kramte er die Pfeife aus seiner Tasche und stopfte eine Prise Tabak hinein. Dann holte er mit mächtiger Hand einen Blitz vom Himmel, setzte das würzige Kraut in Brand und sog genüsslich den Rauch ein. Weil die Tabakblätter aber noch keine Zeit zum Trocknen gefunden hatten, triefte das Mundstück bald schon von Seiber. Der Herrgott spuckte den braunen Sud aus und murmelte: „Womit kann ich den Pfeifenstiel nur reinigen."

Auf einem Zedernbaum saß das Eichhörnchen und sah neugierig dem verdrießlichen Treiben zu. Es huschte den Stamm hinunter, näherte sich zutraulich seinem Herrn und sagte: „Bei der Schöpfung teilte man mir nur einen kurzen Stummelschwanz zu, daher mache ich dir einen Vorschlag. Wenn du mir statt des kleinen Büschels einen schönen, bauschigen Schweif mit auf den Lebensweg gibst, putze ich Deine Pfeife, dass sie blank wird wie der junge Morgen."

Gott Vater legte den Tabak zum Trocknen aus, strich nachdenklich über seinen weißen Bart, rief das Häschen herbei und sprach: „Aus Versehen gab ich dir einen Schweif, der so gar nicht zu dir passt. Er verrät deinen Feinden sogleich, in welcher Sasse du dich versteckt hast. Wenn es dir recht ist, geben wir diesem klugen Waldbewohner hier den langen Schweif und du bekommst dafür sein Stummelschwänzchen."

Meister Lampe war zufrieden mit der Weisung, zumal er seine liebe Mühe mit der Lunte hatte, die sich wieder und wieder im Unterholz verfing.

So holte der Herrgott das goldene Messer aus seiner Werkstatt, schenkte den Beiden einen tiefen Schlaf und tauschte die Rute gegen das Stummelschwänzchen aus. Dankbar nahm das Eichhörnchen nun des Schöpfers Pfeife und wienerte und putzte das Mundstück mit dem neuen Schweif, dass es eine helle Freude war.

Und als die Sonne hinter den Hügeln versank und der sechste Tag zu Ende ging, lehnte sich Gottvater behaglich zurück. Er entlockte der Pfeife wunderschöne Rauchkringel und schickte sie als Schäfchenwolken hinauf zum Himmelszelt.

Willi Corsten

Die Prinzessin

Vor langer Zeit lebte in einem fernen Land ein gefährlicher Wolf. Er trieb sein Unwesen beim Schloss des Königs, tötete viele Schafe dort und jagte den prächtigen Pferden Angst und Schrecken ein. Der König war sehr zornig darüber. Er befahl seinem Jäger, Tag und Nacht Wache zu halten und den Unhold zu töten. Doch der Wolf überlistete den Jäger Mal für Mal und konnte immer wieder in den Wald entweichen, sobald sein Verfolger sich ihm näherte.

An einem wunderschönen Sommertag wanderte die Tochter des Königs durch den Wald und lauschte dem Gesang der Vögel. Nach einer Weile kam sie an den Ort, wo der Wolf sein Versteck hatte. Der Bösewicht lauerte hinter einem Baum und beobachtete die arglose Prinzessin. Er leckte gierig sein Maul und dachte bei sich: ‚Ihr zartes Fleisch wird mir vorzüglich schmecken.'

Doch als der gefräßige Räuber sich auf die Königstochter stürzen wollte, fingen die Vögel in den Zweigen zu kreischen und zu lärmen an. Zornig drehte der Wolf sich um. Da packte die Prinzessin den Bösewicht bei seinem Schwanz und schleuderte ihn gegen eine Eiche. Die Vögel verstummten einen Augenblick. Dann zwitscherten sie begeistert:

Holde Marie, holde Marie - keine ist so stark wie sie.

Der Wolf aber sprang wieder auf und schlug seine scharfen Zähne in den Arm der Prinzessin. Sie schüttelte das Tier ab und flüchtete tiefer in den Wald hinein. Da traf sie auf einen Brunnen und davor lag ein großer Wackerstein. Mutig nahm die Königstochter den Stein in beide Hände und schmetterte ihn auf den Kopf des heran stürmenden Räubers. Dann warf sie den Bösewicht in den Brunnen.

In den Bäumen war es mucksmäuschenstill gewesen, entsetzt hatten die Vögel das Schauspiel verfolgt. Doch während der Wolf jämmerlich im Brunnen ertrank, hüpften sie freudig näher und zwitscherten munter im Chor:

Holde Marie, holde Marie - keine ist so stark wie sie.

Erschöpft sank die Prinzessin ins Moos und betrachtete ihren verletzten Arm. Da kam ein Prinz des Weges daher geritten. Als er die Prinzessin da liegen sah, stieg er von seinem Pferd, verneigte sich galant und sagte: „Du bist schön wie eine Zauberfee."
Dann half er der Königstochter in den Sattel und brachte sie zu einer weisen Frau, die sich im Reich der Heilkräuter vorzüglich auskannte.
Als die Prinzessin wieder genesen war, eilten die beiden zum Schloss. Der Prinz bat um die Hand der Prinzessin und versprach, sie für immer glücklich zu machen. Frohen Herzens willigte der König ein.
Zu der Hochzeitsfeier erschienen viele Gäste. Auch die Vögel aus dem Wald waren gekommen. Sie saßen in den Bäumen und sangen:

Dem jungvermählten Paar - bringen wir ein Ständchen dar.

Und wenn die Brautleute nicht gestorben sind, dann leben sie noch heute in dem prachtvollen Königspalast, weit draußen, in einem fernen Land.

Willi Corsten

Schlittenpferdchen Lara

Ein Weihnachtsmärchen

Der kleine Engel Balthasar arbeitete am Schlittengespann und beeilte sich sehr, denn die Kinder auf der Erde warteten sicher schon ungeduldig auf die Bescherung. Balthasar kämmte die Mähne der Schimmelstute Nokk und knüpfte die Zügel an der Trense fest. Nokk scharrte mit den Hufen, knabberte schalkhaft an Balthasars Flügeln herum und prustete ihm scherzhaft ins Ohr.

„Sapperlot", schimpfte der kleine Engel erbost. Doch dann schlug er erschrocken die Hand vor den Mund, weil darüber das Christkind in den Stall gekommen war und das Schimpfwort wohl gehört hatte. Aber das Christkind lächelte nur, spannte das Pferd vor den Schlitten und machte sich für die Fahrt zur Erde bereit.

Derweil schaute das Fohlen Lara sehnsüchtig dem geschäftigen Treiben zu. Heimlich hatte es doch gehofft, schon in diesem Jahr den Schlitten ziehen zu dürfen. Seine Neugier war groß. Es wollte endlich erfahren, wie es bei den Menschenkindern dort unten war. Aber Grischa, der alte Pferdepfleger, winkte ab. Er hatte sich als junger Engel bei einem waghalsigen Flugmanöver die Flügel gebrochen, und sagte nun aus bitterer Erfahrung: „Die Fahrt zur Erde ist kein Kinderspiel. Ich musste damals schon nach kurzer Zeit umkehren. Auch du bist noch viel zu schwach, um den Winterstürmen zu trotzen. Vielleicht darfst du im nächsten Jahr das Christkind begleiten, wenn du etwas älter bist."

Lara nickte traurig und bettete den Kopf in das Stroh, weil sie fürchtete, gleich weinen zu müssen, wenn Mami auf die große Reise ging. Darüber muss das Pferdchen wohl eingeschlafen sein, denn es glaubte noch zu träumen, als Grischa sagte: „Auf der Erde tobt ein schlimmer Krieg. Viele Mädchen und Jungen haben ihre Eltern verloren und wohnen nun in einem Kinderdorf. Auch sie sollen Weihnachten feiern dürfen, darum braucht das Christkind weitere Geschenke. Wir müssen also Nachschub zur Erde bringen."

Von Grischas Rede war auch Balthasar aufgewacht. Schlaftrunken kraxelte er aus der Futterkrippe, in die er vorhin gekrochen war. Grischa zupfte ihm eine halbe Fuhre Heu aus den Haaren und sagte: „Hole den kleinen Schlitten herbei und bringe Süßigkeiten und Spiele mit, soviel du tragen kannst."

Dann nahm er das Zaumzeug und streifte es über Laras Kopf. Das Fohlen strahlte und konnte sein Glück kaum fassen. Hurtig wurde es eingespannt und trabte kurz darauf aus dem Himmelstor. Auf dem Kutschbock saßen Grischa und Balthasar und lauschten ängstlich dem Brausen des Windes. Auch Balthasar machte die weite Reise zum ersten Mal, und Grischa kannte ja nur einen Teil der Strecke. In sausender Fahrt kurvte das Gespann am Mond vorbei und steuerte auf die Erde zu. Lara wich aufmerksam einer Gewitterfront aus und suchte sich einen anderen Weg nach unten.

Dann ging alles rasend schnell. Polternd landete der Schlitten in einem Wald. Schnee wirbelte auf, und ein Reh, das unter den Bäumen geschlafen hatte, lief entsetzt davon. Der Lärm weckte auch den Dachs. Er steckte den Kopf aus dem Bau und schimpfte über die Störung der Winterruhe. Balthasar war vom Schlitten gefallen. Aufgeregt schlug er mit den Flügeln und lief dem Gespann hinterher. Als er wieder auf den Kutschbock steigen wollte, begann es zu schneien. Nun war guter Rat teuer, denn keiner von ihnen wusste den Weg zu der Hütte, wo das Christkind auf sie wartete.

Von einer knorrigen Eiche aus beobachtete die weise Eule das Treiben. Sie flog herunter von dem Baum, setzte sich auf den Kopf des Pferdchens und flüsterte: „Wohin so eilig? Ich kenne jeden Weg und Steg im Land."

„Du musst mir helfen", entgegnete Lara und schaute sich heimlich nach ihren Begleitern um. Doch weil die beiden nur ratlos in das Schneetreiben blinzelten, bemerkten sie die Eule nicht. Sie wunderten sich aber sehr, dass ihr Pferdchen mit einem Mal zielstrebig davon trabte. Noch erstaunter waren sie jedoch, als das Fohlen wenig später aus dem Wald heraus gefunden hatte und bald darauf die Hütte entdeckte. Das Christkind lobte Lara, streichelte ihren Hals und schenkte ihr eine Handvoll Zuckerstücke. Da nickte das Pferdchen stolz und dankte der Eule für die wertvolle Hilfe.

Grischa, Balthasar und Nokk fuhren mit dem großen Schlitten zurück in den Himmel, Lara aber durfte bleiben und das Christkind auf seinem weiteren Weg begleiten. Leise trabten sie in das Kinderdorf und hielten bei der kleinen Kapelle an. Das Christkind nahm die Geschenke vom Schlitten und eilte in eines der Häuser. Neugierig schaute das Pferdchen durchs Fenster. Als es dann die Kinder jubeln hörte und ihre Augen leuchten sah, wurde ihm ganz seltsam zu Mute. Tief in seinem Herzen hatte es erkannt, dass Freude erst richtig schön ist, wenn man sie mit anderen teilen kann.

Bettina Bechtloff

Der schöne Waldemar und die stille Mina

Der schöne Waldemar lebte mit seiner Bärenfamilie in einer Höhle in den Siebenbürgischen Wäldern. Alle Tiere des Waldes bewunderten ihn. Sie fanden, dass er der schönste Bär war, den sie jemals zu Gesicht bekommen hatten und manchmal fand Waldemar das auch. Besonders dann, wenn es ihm gut ging, er zum See hinunter lief, und mit Entzükken sein Spiegelbild im Wasser betrachten konnte. Aus seinem dicken rotbraunen Fell, das in der Sonne glänzte, schauten ihm dann zwei große dunkle Augen entgegen, wie schwarze glänzende Murmeln umrahmt von langen dichten Wimpern, und er dachte voller Stolz: „Ja, ich bin wirklich ein prächtiger Kerl".

Aber da gab es auch andere Tage, an denen er sich ganz elend vorkam. Das waren die Tage, an denen er sich furchtbar alleine fühlte, weil niemand da war, niemand seinesgleichen, der sich die Zeit mit ihm vertrieb, mit ihm redete oder im See badete, nach Fischen jagte, Zapfenweitwurf spielte und über dieselben Dinge lachen konnte wie er. Eben all die Dinge, die einem jungen Bären zu zweit nun einmal mehr Freude machten als allein. Und dann war da ja noch Mina. Die stille Mina, eine schüchterne Bärin, die im gleichen Wald wohnte. Manchmal schlich sie an ihm vorbei, einfach so, ohne ein Wort zu verlieren. Und jedes Mal, wenn er etwas sagen wollte, schaute sie ihn gar so grimmig an, bevor sie im Unterholz verschwand, dass ihn sogleich wieder der Mut verließ. Dann überlegte er, ob sie ihn nicht leiden konnte und warum, wo er doch so ein schöner Bär war. Nur allzu gerne, hätte er einmal mit ihr geredet. Nicht, dass er sie besonders mochte ... nein, eine Schönheit war sie wirklich nicht, noch dazu hatte sie ein paar Jährchen mehr auf ihrem Bärenbuckel und immer ging sie mit gesenktem Kopf, so dass Ihre große schwarze Bärennase dabei fast den Waldboden berührte. Ihr Fell war ganz zottelig und glänzte auch beim schönsten Sonnenschein nicht. Aber schließlich war sie wie er ein Bär und vielleicht hätten sie viel Spaß miteinander haben können. In der Hoffnung, dass sich eines Tages ein anderer Spielkamerad in seinen Wald verirren würde, dachte er einfach nicht mehr darüber nach.

Eines Morgens, die Sonne stand schon hoch am Himmel, schreckte Waldemar aus seinem Schlaf. Es war spät geworden gestern abend. Die alten Bären hatten sich, müde vom Tag, in ihren Höhlen bereits zur Ruhe gelegt, aber Waldemar konnte noch nicht schlafen. So hatte er den Fuchs und die Eichhörnchen zu einer Runde Zapfenweitwurf überredet. Lustig war's, sie spielten und wollten gar nicht mehr aufhören, bis schließlich der Mond am Himmelszelt erschien. Kein Wunder also, dass Waldemar an diesem Tag länger als gewöhnlich schlief.

Aber nun hatte ihn etwas aufgeweckt. Hatte da nicht jemand um Hilfe geschrieen? Er hielt inne, doch scheinbar hatte er sich geirrt. Besser gesagt, er hatte schlecht geträumt. Noch ganz verschlafen streckte und reckte er sich auf dem weichen Waldboden, schüttelte die Tannennadeln aus dem Pelz und gähnte einmal kräftig, als er plötzlich wieder den Schrei vernahm. Schnell rappelte er sich auf und lief in Richtung See, aus der der Hilferuf kam.

Die Stimme kannte er nicht. Er wusste nur, dass sich eine fremde Bärin in den Wald verirrt haben musste. Der Schrei klang so ängstlich, dass er lief, so schnell er nur konnte. Vor lauter Aufregung purzelte er kopfüber durch die Brombeersträucher, landete im staubigen Ufersand und mit der Nase voran im See. Als er wieder auf allen Vieren stand und auf die Wasseroberfläche starrte, glaubte er seinen Augen nicht zu trauen. Genau in der Mitte, dort wo der See am tiefsten war, strampelte Mina mit den Tatzen, um sich über Wasser zu halten. Vor lauter Schreck blieb er zunächst regungslos.

Dann aber stürzte er sich ohne nachzudenken ins dunkle Nass und schwamm auf die Brummbärin zu. Als er endlich die Mitte des Sees erreichte, hatte er Mühe, Mina zu helfen. Allzu wild strampelte die ängstliche Bärin um sich. Wie ein Brummkreisel drehte sie sich wieder und wieder um ihre eigene Achse und das Wasser schlug Waldemar in Wellen entgegen. So sehr, dass er sich daran verschluckte und hustend und prustend vor ihr auf der Stelle schwamm. Nachdem er sich von dem unfreiwilligen Trunk erholt hatte, redete er beruhigend auf sie ein, und als ihre Kräfte nachließen, konnte er sie schließlich an ihrem Bärenpelz fassen und ans sichere Ufer retten.

Da lag sie nun vor ihm, nass und erschöpft im Sande des Seeufers, und er bemerkte, das ihr Fell gar nicht mehr grau und zottelig war. Nein, als die Sonnenstrahlen nach und nach ihren Pelz trockneten, erinnerte es ihn an glänzende Kastanien.Waldemar sah die Bärin verwundert an, denn Mina blinzelte immer noch grimmig und hätte sich ja eigentlich bei ihrem Bärenretter bedanken können. Doch diesmal wich er ihrem Blick nicht aus und da lächelte sie plötzlich schüchtern. Das Eis war gebrochen und Mina erzählte Waldemar, das sie in den See gegangen war, um ihr staubiges Fell zu waschen. Denn weil sie nicht schwimmen konnte, hatte sie Angst gehabt in den See zu gehen und sich seit einer Ewigkeit nicht mehr gebadet. Als sie sich aber mit den Tatzen hineingetraut hatte, gefiel ihr das so sehr, dass sie immer weiter hineinging und schließlich einem Fisch hinterherlief, der an ihr vorbei schwamm und sie alle Vorsicht vergaß. Irgendwann bemerkte sie aber, dass sie den Boden unter ihren Füßen verloren hatte. Sie war zu weit gegangen und fühlte, wie ihr nasser Pelz sie immer weiter in die Tiefe zog. Da bekam sie plötzlich furchtbare Angst, strampelte mit ihren Tatzen, um sich über Wasser zu halten, und schrie so laut sie konnte um Hilfe. Wie gut, dass Waldemar in der Nähe war.

Sie saßen noch eine ganze Weile am See, aßen selbstgefangenen Lachs mit Brombeeren. Als Waldemar Mina fragte, warum sie ihn immer so grimmig angesehen hatte, erzählte Mina ihm alles. Dass sie mit gesenktem Kopf durch die Wälder schlich, weil sie sich wegen ihres staubigen Felles so schämte und dass sie Waldemar wohl bemerkt, ihn aber nie angesprochen hätte. Wo er doch der schönste Bär im Wald war, wie die anderen sagten. So schaute sie ihn, hinter den Büschen versteckt, immer nur verstohlen an.

Am heutigen Tag aber hatte sie sich vorgenommen ihren ganzen Mut zusammen zu nehmen, im See zu baden und ihn anzusprechen. Denn wie sollte sie wissen, ob Waldemar sie nicht doch mochte, wenn sie ihm nicht die Gelegenheit gab, das herauszufinden. Da hatte sie Recht und Waldemar fand das auch. Er sah Mina an und bemerkte, dass sie gar nicht mehr hässlich und zottelig war, nein sie war sogar sehr hübsch, wenn sie lächelte. „Kastanienbraune Mina mit den schönsten Knopfaugen von der ganzen Welt", dachte er ein wenig verlegen und schob ihr verstohlen den Rest des Fisches zu, „wie gut, dass du nicht schwimmen kannst". Und dann versprach er, es ihr beizubringen.

Bettina Bechtloff

Drachenblume

Die Sonne schickte ihre warmen Strahlen über die Bergkuppe und ein neuer Tag brach an im Blumental. An diesem Sommermorgen lag der Tau noch kristallklar auf den Gräsern, obgleich man schon ein emsiges Summen und Brummen über die Wiese vernehmen konnte. Ein paar verschlafene Hummeln naschten vom roten Klee, flogen dabei von Blüte zu Blüte; und eine Vielzahl von unterschiedlichen Insekten tat es ihnen gleich. Was für ein fleißiges Getümmel in diesem wahrhaft schönen Blütenmeer! Roter Mohn schmiegte sich im Wind an blaue Kornblumen, violetter Salbei verströmte seinen Duft über unzählige Glockenblumen und die Maßliebchen wiegten schüchtern ihre weißrosa Blütenköpfchen hin und her. In all dieser unerschöpflichen Fülle der Natur bemerkte niemand die traurige Melodie, die leise aus dem angrenzenden Wald drang und deren Klang am Wiesenrand verstummte. Nur ein kleiner Bläuling verirrte sich an diesem Morgen ins Unterholz und landete zunächst behutsam auf einem Busch Vergissmeinnicht. Als er ihren Nektar aufgesogen und schon zum Flug ansetzen wollte, bemerkte er eine einzelne Blume auf der Waldlichtung, von der eine seltsame Stimmung ausging und deren Schönheit nicht zu beschreiben war. Neugierig flatterte er auf sie zu und bemerkte zu spät den dunklen Schatten, der plötzlich über dem Wald auftauchte, ihn für den Bruchteil von Sekunden in Dunkelheit hüllte, um schließlich unter ohrenbetäubendem Lärm auf der Lichtung zu landen. Glutfarbene Augen schauten sich drohend um, der Boden bebte jäh in Anwesenheit der riesigen Gestalt und unter dem grünschuppigen Panzer schlug wild ein großes Herz. Er war es, Ferrox, und jeder, der die unheimlichen Geschichten über ihn verbreitete, hätte es wohl erst geglaubt, wenn er es mit eigenen Augen sah. Niemand wusste um sein Geheimnis, das der Drache dort wie seinen Augapfel hütete. und nur ein Narr hätte versucht seinen Fuß auf die Lichtung zu setzen, um die Blume an sich zu nehmen.

Wie ein Orkan hatte Ferrox' mächtiger Flügelschlag den Bläuling zurück an den Waldrand befördert. Zu Tode erschrocken hing dieser nun zwischen den Halmen der Gräser und kehrte erst wieder auf die Wiese zurück, als die Sonne sich hinter dem Horizont zur Ruhe begeben hatte. Hinter den Fenstern der Häuser im Blumental schien das Licht der

Kerzen in der Dunkelheit. Juridistan öffnete die Speisekammer, um kurz darauf mit einem Krug Milch zurückzukehren. Er goss die Milch in einen Tonbecher und reichte ihn seinem Großvater Anselm, der in der Stube vorm offenen Feuer saß. „Ich danke dir, mein Junge. Komm, setz dich eine Weile zu mir, dann können wir ein wenig reden." Der Junge griff nach einem kleinen Schemel aus knorrigem Wurzelholz und setzte sich neben den alten Mann. In dem hellen Schein des Feuers musterte er das Gesicht des Großvaters. Sein faltiges, von der Sonne gegerbtes Antlitz zeugte von einem langen, bewegten Leben, nur seine leuchtend blauen Augen blitzten manchmal noch spitzbübisch wie die eines jungen Mannes. Mit zitternden Händen hob der alte Mann den Tonbecher an seinen Mund und setzte erst wieder ab, nachdem er diesen bis auf den letzten Tropfen geleert hatte. Schweigend schaute der Junge ihm zu. „Nun, Juri, wie war dein Tag?" Juridistan wurde unmerklich kleiner auf seinem Schemel, er fühlte sich ertappt: „Ich ... gut, gut", flüsterte er. Anselm sah ihn nachdenklich an und erwiderte mit sorgenvoller Miene: „Warst du etwa wieder am Wildenstein-Hof?" Der Junge senkte schweigend den Kopf. „Ja Großvater, verzeiht." Seufzend hob Anselm seine knochige Hand und strich dem Jungen über sein dunkelbraunes Haar: „Ach Bub, vor mir brauchst du's doch nicht geheim halten. Ich weiß, dass du nichts unrechtes tust. Nur wie es scheint, kannst du dem alten Aargon nicht helfen. Niemand kann das. Es ist eine schlimme Geschichte, die sich die Leute im Dorf über ihn erzählen, aber die Wahrheit kennt nur er. Auch wenn du nicht vergessen kannst, dich trifft keine Schuld!" Juridistan versuchte die aufkommenden Tränen runterzuschlucken, er nickte stumm und starrte ins Feuer. Die Flammen züngelten rotblau im Kamin und forderten ein paar Funken zum Tanze auf. Er dachte darüber nach, was sein Großvater ihm erzählt hatte und seine eigene Erinnerung ließ ihn erschaudern.

Lange bevor er geboren wurde, begann alles. Damals lebten fast doppelt so viele Menschen im Blumental. Es gab einfache Bauern, Kaufleute und sogar ein paar Ritter, besser gesagt, solche, die es einmal waren. Müde von den großen Schlachten und aus dem Dienst ihres Königs entlassen, wollten sie nun ein friedliches Leben führen. Einer war unter ihnen mit Namen Aargon. ‚Aargon Trahho von Wildenstein'. Ein stattlicher Mann mit rabenschwarz gelocktem Haar und smaragdgrünen Augen. Man erzählte sich, dass er gegen Drachen gekämpft, einige davon sogar getötet hatte. Von den Jungfern des Dorfes umschwärmt, hatte er jedoch nur Augen für die rothaarige Elzlin gehabt, die er bald darauf zur Frau nahm. Ein Jahr später gebar Elzlin eine Tochter, zwei Tage nachdem auch Juridistan das Licht der Welt im Blumental erblickt hatte. Sie gaben ihr den Namen Betterdin. Ein zartes Band der Freundschaft wuchs zwischen den beiden und wo der eine war, konnte auch der andere nicht weit sein. Im Sommer sah man sie über die Wiesen und Felder laufen, dabei war nicht zu überhören, dass Betterdin eine ganz besondere Gabe hatte. Sie sang mit einer so betörenden Stimme, dass jedermann der ihren Weg kreuzte, verstummte und bewundernd ihrem Gesang lauschte. Auch Juridistan liebte ihre Lieder und begleitete sie dabei auf seiner Flöte.

Die Zeit verging, die beiden Kinder zählten nun schon sieben Lenze, und allmählich bemerkte Juridistan die seltsame Wandlung, die mit Aargon vor sich ging. Zuerst hatte er Aragons Worten geglaubt, als er Betterdin, wie sooft zum Spiel abholen wollte. „Betterdin ist krank und kann nicht vor die Tür", hatte er gesagt, „tut mir leid Juri. Komm einfach in ein paar Tagen noch einmal vorbei." Da war er enttäuscht und in Sorge um seine Freundin gegangen. Er zählte ungeduldig die Tage, bevor er erneut nach ihr sah. Aber wieder hatte Aargon ihn abgewiesen, und diesmal war er kaum wiederzuerkennen. Aus dem einst so stolzen Mann und liebevollen Vater war ein ernster und zornig dreinblickender Mensch geworden. Dunkle Ränder unter seinen Augen verrieten schlaflose Nächte. Verstört war Juridistan gegangen und auf dem Weg durchs Dorf hatte er die Menschen auf den Straßen gesehen, wie sie zusammenstanden, und einige Wortfetzen aufgeschnappt. „Wisst ihrs schon?" wisperte die Frau vom Schmied der Müllerin aufgeregt zu: „Den Aargon holt die Vergangenheit ein und nun sperrt er Frau und Kind vor dem Sonnenlicht weg!" - „Ja, ich hörte es ist wegen der Geschichten, die man über ihn erzählt. Ein Widersacher ist aufgetaucht und will sich nun an ihm rächen!" Juridistan lief so schnell er konnte. Die Angst schnürte ihm die Kehle zu, wenn er den Worten glauben schenken wollte. Er stolperte fast, als er plötzlich den dunklen Schatten über dem Dorf auftauchen sah. Die Menschenmengen stoben auseinander, Frauen schrieen ängstlich und suchten mit ihren Kindern den Schutz ihrer Häuser. Nur die Männer blieben regungslos stehen und starrten mit geöffneten Mündern gen Himmel. Ohne sich noch einmal umzusehen, erreichte Juridistan endlich die Tür seines Elternhauses. Als diese hinter ihm ins Schloss fiel, meinte er, dass ihm sein klopfendes Herz aus der Brust springen würde, dann sank er zu Boden. Seine Eltern fanden den Jungen zusammengekauert in der Stube liegen, als sie das Haus betraten. Bestürzt hatte sich Torina zu ihrem weinenden Sohn hinuntergebeugt. Sein Vater Jure hatte ihn aufgehoben und auf sein Lager getragen. Wie im Fieber stammelte

Juridistan: „Betterdin ist krank. Der Aargon hat sie weggesperrt ... die Leute im Dorf reden böse Dinge und am Himmel war ein Ungetüm". Er umklammerte die Hand seiner Mutter, die ihn besorgt ansah, dann schlief er vor Erschöpfung ein. Torina saß vorm Kamin, als er spät am Abend erwachte. Mit wackligen Beinen lief er auf sie zu und ließ sich in ihre Arme fallen. Erleichtert hielt sie ihn fest und wiegte den Jungen hin und her. Juri sah sie fragend an, aber noch bevor er etwas sagen konnte, sprach sie: „Mein lieber Juri, du darfst jetzt nicht traurig sein, versprichst du's mir?" Juri schluckte und konnte nur ein heiseres „Ja" hervorbringen. „Die bösen Dinge, von denen die Leute im Dorf erzählen sind nur halb so wahr wie sie vielleicht meinen. Wahr ist, dass Aargon seine Familie über alles liebt und beschützen wird, was immer auch kommen mag. Wahr ist auch, dass er sich in Acht nehmen muss vor jemanden, dem er einst großes Unrecht getan hat. Deshalb hat er sie im Haus versteckt, jedoch keineswegs eingesperrt. Und, Juri, es kann sein, dass er sein Kind für eine Weile von hier fortbringen muss. Es tut mir so leid, mein Junge.", sie brach ab. Über den Schatten, der an diesem Tag am Himmel erschienen war, schwieg sie vorerst. Schluchzend vergrub Juridistan seinen Kopf an ihrer Schulter. Er konnte nicht verstehen was da geschah, und nun würde er Betterdin für sehr lange Zeit nicht mehr sehen. Wo würde Aargon sie hinbringen und wie würde es ihr dort ergehen? Wenn er sich doch wenigstens von ihr verabschieden könnte! Aber seine Angst, dem wütenden Aargon zu begegnen war allzu groß, und am nächsten Tag war sie bereits fort.

Die Nachricht war wie ein Lauffeuer durchs Dorf gegangen, und der Anblick des Drachen hatte die Menschen in Angst und Schrecken versetzt. Die Straßen waren leer. Keine Menschenseele wagte sich aus den Häusern, und diejenigen, die es doch mussten, taten dies eilig und schauten sich dabei ängstlich nach allen Seiten um. Obwohl sich niemand die unheimlichen Geschehnisse erklären konnte, wurde kein Wort mehr über den Vorfall verloren und die Leute schalten Juridistan, sobald dieser den Namen Betterdin in ihrer Gegenwart auch nur erwähnte.

Dann kam der Tag, an dem auch Elzlin fortging. Es brach ihr fast das Herz, aber es schien, als ob nichts und niemand Aargon über den Verlust seiner Tochter hinweg trösten konnte. Seitdem ihr Gesang das Haus nicht mehr mit Leben erfüllte, war er nicht mehr derselbe. Mit Betterdin war auch der einst so stolze und freundliche Aargon Trahho von Wildenstein gegangen, zurückgeblieben war nur ein zorniger, gebrochener Mann, der nicht einmal mehr ein gutes Wort für seine Frau übrig hatte. So blieb er allein auf dem Hof zurück. Die Leute im Dorf mieden

den Wildensteiner nun und meinten, er wäre verflucht und würde Unheil über sie bringen. Nicht zuletzt, weil am Tage von Betterdins Verschwinden der Drache in seiner Wut ein Haus niedergebrannt und sich kurz darauf in den angrenzenden Wald zurückgezogen hatte, wovon Juridistan erst viel später erfahren sollte. So kam es, dass immer mehr Menschen Haus und Hof räumten und das Blumental für immer verließen.

*

Zehn Jahre waren nun schon ins Land gegangen, und in dieser Zeit hatte Juridistan nicht aufgehört über Betterdins Verschwinden nachzudenken. Jeden Tag war er zum Wildenstein-Hof geschlichen und hatte Aargon aus der Ferne beobachtet. Es tat ihm in der Seele weh zu sehen, wie der Wildensteiner in seiner Verzweiflung hilflos und betrunken dem süßem Wein mehr und mehr verfiel. Immer wieder nahm sich der Junge vor ihn zur Rede zu stellen, doch er fand nicht den Mut dazu. Trost fand er einzig und allein wenn er übers Feld lief und sich auf einer Anhöhe, von der aus er die Blumenwiese in ihrer ganzen Schönheit betrachten konnte, niederließ. Dort saß er stundenlang und spielte auf seiner Flöte die Lieder, zu denen Betterdin gesungen hatte. Auch wenn sie nicht bei ihm war, fühlte er doch ihre Anwesenheit, wenn er die vertrauten Klänge seinem Instrument entlockte. So war es auch an diesem Tag. Juri schloss die Augen, spürte den lauen Sommerwind, der durch sein Haar blies, und die wärmenden Sonnenstrahlen auf seinem Gesicht. Gerade als er wieder mit dem Spiel beginnen wollte, drang eine traurige Melodie aus dem Wald an sein Ohr. Herzzerreißend und zugleich so wunderschön, dass er ihr wie gebannt folgte. Er dachte nicht daran, dass er sich in Gefahr begeben könnte und ging immer tiefer in den Wald hinein. Das Unterholz gab krachend unter seinen Schritten nach, er spürte die frische Kühle, welche von den Bäumen ausging und sog den Geruch von Moos und Veilchen tief in sich ein. Nach einer Weile erreichte er die Lichtung und erstarrte. Sogleich kam die Erinnerung an seine Kindheit in ihm hoch und er spürte die gleiche Angst, die ihn befallen hatte, als der dunkle Schatten an jenem Tag über dem Dorf auftauchte. Dort vor ihm auf der Lichtung lag ein riesiger Drache, unter dessen grünschuppigem Panzer wild ein großes Herz schlug. Er schlief. Juridistan schluckte, er war bleich geworden und hatte das Gefühl die Sinne würden ihm schwinden. Noch einmal musterte er den Koloss, vor dessen Leib eine wunderschöne Blume im Luftzug seines Atems erzitterte. Von ihrer Schönheit entzückt wusste er doch, dass er den Wald verlassen musste, bevor der Drache erwachte. Ein Luftzug ging durch das Laub, es raschelte und Juridistan glaubte zu hören, wie jemand leise seinen Namen rief. Er hielt den Atem an und drehte sich um. Die Erde begann unter ihm zu beben, das Lied der Vögel auf den Bäumen verstummte und es war, als würde die Zeit stillstehen. Zu spät, Ferrox hatte den Eindringling bemerkt, richtete sich vor ihm auf und kam auf den Jungen zu. Mit seinen glutfarbenen Augen starrte er ihn wütend an, dunkler Rauch quoll aus seinem Maul bevor er sprach: „So ein Bürschchen ganz allein, du hast Mut. Nun gut, ich gebe dir ein Rätsel, hör mir zu." Der Drache umkreiste die Blume und ließ sie dabei nicht aus den Augen, als er weiterredete: „Kannst du ihr einen Namen geben, ist sie frei und ich schenk dir dein Leben. Kannst du es nicht, so laufe geschwind, denn sonst töte ich dich und auch bald Aargons Kind!" Verwirrt und in Todesangst vernahm Juridistan die Worte des Drachen. Er tat langsam einen Schritt zurück, wohl wissend, dass sein Heil nur in der Flucht liegen konnte, dann lief er so schnell wie niemals zuvor in die Richtung, aus der er gekommen war. Der Wind trug das höhnische Gelächter des Drachen hinter ihm her und er spürte den heißen Atem in seinem Nacken. Ferrox hatte sich in die Lüfte erhoben und war ihm auf den Fersen. Keuchend lief Juridistan über den Waldboden, seine Lungen brannten und er spürte die spitzen Steine, die sich in seine Fußsohlen bohrten. Nur noch wenige Meter. Juri sah das Feld schon von weitem und betete inständig, dass der Drache ihn verschonen möge. Er rannte über die Blumenwiese und wurde erst langsamer, als er die Häuser des Dorfes erreichte, dabei hatte er gar nicht bemerkt, dass der Drache bereits umgedreht und in den Wald zurückgekehrt war. Mit allerletzter Kraft schleppte er sich zum Wildenstein-Hof. Er war dem Drachen entkommen, was konnte Aargon ihm jetzt noch anhaben? Die Tür zum Haus war offen, er trat ein und fand Aragon auf dem Boden in einer Lache süßem Most liegend. Unter Aufbietung all seiner Stärke, brachte er ihn hinaus in den Hof und weckte seine Lebensgeister mit einem Eimer kalten Brunnenwassers. Aargon stöhnte und hustete, bevor er das Gesicht des Jungen erkannte. „Verflucht, Juri, was tust du ..." er unterbrach jäh als er den völlig erschöpften Juridistan vor sich sah. „Verzeiht Aargon, aber nun ist es endlich an der Zeit zu reden, und ich werde nicht eher gehen, bis ich weiß, was damals geschah!" Da schlug Aargon die Hände vors Gesicht und weinte wie ein kleines Kind. Juri sah ihn mitfühlend an und legte seine Hand tröstend auf Aargons Schultern, bis dieser sich wieder gefangen hatte. Stockend begann er zu reden: „Vor vielen Jahren, als ich noch im Dienste des Königs stand und so manche Schlacht bestreiten musste, hatte ich die Freundschaft eines Drachen gewonnen, in dem ich ihn einst aus einer misslichen Lage befreit hatte. Von dem Tage an half er mir und meinem Heer, da er zu unserem Schutze voraus flog und den Gegner ausspähte. Fortan gehörte uns der Sieg und das Leben meiner Männer blieb verschont. Sein Name war Ferrox. Er war ein sehr mächtiger Drache, der Zauberkräfte besaß, und ich hatte ihn sicher an meiner Seite. Jedoch gab es jemanden, der den Menschen feindlich gesinnt war und unsere Freundschaft mit Argwohn betrachtete, Rakon, Ferrox Bruder. Viele Male war es Ferox gelungen Rakon zu besänftigen, doch ich traute ihm nicht. Zu Recht, denn als wir wieder einmal auszogen und dank Ferrox um den Weg unseres Gegners wussten, lauerte Rakon im Hinterhalt. Was ich dann tat, galt nur unserem Schutz und obwohl ich Ferrox einst geschworen hatte, niemals einen Drachen zu töten, traf mein Speer Rakon mitten ins Herz. So wahr mir Gott helfe, ich hatte keine andere Wahl. Auf dass er mich nicht auf der Stelle verfluchte, brach Ferrox mit mir und drohte in seinem Zorn, dass er sich rächen würde, wenn ich es am wenigsten erwarte. Dann verschwand er und ich hatte ihn schon fast vergessen, bis …" Aargon sah Juridistan an und der Junge hörte die Erregung in seiner Stimme, fast lautlos fuhr er fort. „Ich spürte, dass er bald kommen würde. An jenem Tag, als er über dem Dorf auftauchte, hatte ich Betterdin schon auf mein Pferd gehoben und wollte sie fortbringen, bis ich die Angelegenheit geklärt hätte. Doch Ferrox hatte uns beobachtet, stellte sich mir in den Weg, entriss mir das Kind und flog davon. Wie ich es einst tat, so nahm auch er mir das liebste!" Angespannt hatte Juridistan zugehört, nun war es an ihm, Aargon zu berichten, welch schreckliche Begegnung ihm heute widerfahren war. Aufmerksam hatte Aargon Juris Geschichte verfolgt. Die Sonne ging bereits unter als er endete. „Versteht ihr Aargon, das heißt, dass eure Tochter lebt, wenn wir dem Drachen glauben können!" In Aargons Augen sah man etwas wie Hoffnung aufkommen, doch nach all der langen Zeit war er müde geworden. Abwehrend hob er die Hand und sagte: „Mag sein, aber es ist nun schon dunkel und der Tag war aufregend. Geh nach Hause Juri und komm morgen wieder. Dann beratschlagen wir, was zu tun ist." Juri öffnete den Mund und wollte zunächst widersprechen, hielt sich aber zurück und nickte nur. „Danke Aargon für eure Worte." - „Ich danke dir, mein Junge!" antwortete er und reichte ihm zum Abschied die Hand.

In dieser Nacht fiel Juri in einen unruhigen Schlaf. Er träumte von einem Heer silberner Ritter, die in wildem Galopp von ihren Rössern über das Feld getragen wurden. An ihrer Spitze ritt Aargon unter Ferrox' Obhut, bis eine Feuersbrunst ihren Weg stoppte, hinter der sich Rakon verbarg. Gierig öffnete er seinen riesigen Schlund und verschluckte nacheinander alle Ritter wie Spielzeugfiguren. Ferrox sah tatenlos zu, er hatte Betterdin in seinen Klauen und verschwand mit ihr im Wald. „Juri, Juri!", wisperte eine Stimme und im Traum stand der Junge plötzlich wieder auf der Lichtung und sah die Blume. Der Drache war fort. Wie magisch fühlte Juri sich von der Blume angezogen, so dass er sie am liebsten auf der Stelle gepflückt hätte. Er wollte sie von nahem betrachten, setzte vorsichtig einen Fuß vor den anderen, schnell, bevor der Drache zurückkam. Dann stand er vor ihr und beugte sich hinunter. Sie schimmerte im Licht der Sonne, das durch die Baumwipfel schien, in den unterschiedlichsten Blautönen. „Juridistan, hier!", wieder hörte er seinen Namen, konnte aber seinen Blick nicht von der Blüte lassen und plötzlich erkannte er in ihr das Gesicht des Mädchens, das er einst auf so schmerzliche Weise verloren hatte. Weinend ließ er sich auf die Knie sinken und drückte seine Hände ins weiche Moos. „Oh Betterdin, du lebst, wenn ich doch nur einen Namen wüsste, du wunderschöne ...!"

Schweißgebadet fuhr Juridistan aus seinem Traum hoch. „Drachenblume", entfuhr es ihm. Verwundert blickte er aus dem Fenster, die Sonne war noch nicht aufgegangen. Aber nun konnte er nicht mehr liegen bleiben, er musste gehen. Eilig sprang er von seinem Lager, zog sich an und schlich aus dem Haus in die Dunkelheit. Aargon wäre sicher böse wenn er allein ginge, aber er hatte keine Zeit zu verlieren. Wild entschlossen lief der Junge über die Wiese. Er spürte den Tau unter seinen Füßen und fröstelte leicht, als er den Waldrand erreichte. Lautlos versuchte Juri sich seinen Weg durchs Unterholz zu bahnen, und jedes Geräusch ließ ihm den Atem stocken. Nervös sah er sich um, aber es waren nur Tiere, die über den Waldboden huschten. Immer tiefer ging er in den Wald hinein, und nicht eine Sekunde war vergangen ohne dass er dabei an den finsteren Ferrox gedacht hatte. Dann trennten ihn nur noch wenige Meter von ihr. Juridistan atmete tief ein, ging auf sie zu und rief mit zitternder Stimme: „Drachenblume! Das ist doch dein Name. Drachenblume, hörst du mich?" Abwartend betrachtete er ihre Gestalt, doch alles war wie vorher. Die Blume stand immer noch dort auf der Lichtung, sanft wiegte sie sich im Morgenwind. Er bemerkte gerade noch die einsetzende Stille, als ihre bittersüße Melodie erklang und eine fürchterliche Ahnung ihn überkam. Donnernd grollte der Himmel über dem Wald und als das rote Licht des Sonnenaufgangs hinter einem dunklen Vorhang verschwand, sah er den Schatten des Drachen. Wie gelähmt stand er da, die Angst war ihm in die Glieder gefahren und er konnte sich nicht mehr bewegen. In schneller werdenden Kreisen zog Ferrox seine Runde über der Lichtung und brüllte dabei: „Wer wagt es, ihren

Namen zu rufen?" bevor er ruckartig vor ihm landete, fast hätte er dabei die Blume unter sich begraben. Juri bemerkte das Feuer in seinen Augen, der Drache war wütend, aber er hatte das Rätsel gelöst und nun musste Ferrox sie freigeben. Als hätte er Juridistans Gedanken lesen können, grunzte er spöttisch: „Ah das Bürschchen ist's, wie fein. Er hat die Lösung, so soll es sein!" Ferrox streckte den Hals in die Höhe und breitete seine Flügel aus, dann aber erhob er sich wieder in den Himmel und kreiste die Lichtung mit seinem Feuerstrahl ein. Die Flammen schlugen hoch und fraßen sich ins Gehölz, in dem der Junge nun gefangen war. Der Drache hatte sein Wort gebrochen, das Feuer umzingelte Juri und der dichte Rauch legte sich wie ein brennender Schleier auf seine Augen. Er konnte die Blume nicht mehr sehen, dann verlor er das Bewusstsein.

Währenddessen hatte Aargon sein Pferd gesattelt und sich auf den Weg gemacht. Er wollte Juri zuvorkommen. Schon klopfte er ungeduldig an Jures Tür, bis Torina ihm öffnete. Erstaunt sah sie ihn an: „Aargon! Wie geht es dir? Was ist der Grund für deinen Besuch?" Der Ausdruck in seinem Gesicht war fast wieder der alte, fest und aufrecht stand er vor ihr: „Verzeiht mir mein stürmisches Eindringen, aber ich wollte zu eurem Jungen, ist er da?" Schweigend ging Torina zur Schlafstätte ihres Sohnes und legte die Hand auf das Laken; es war kalt. Nachdem sie ihm versicherte, dass er schon seit einer ganzen Weile das Haus verlassen haben musste, drehte Aargon sich wortlos um. Er stieg auf sein Pferd und ritt so schnell er konnte Richtung Wald. Schon von weitem sah er den hellen Schein über den Bäumen, und der Geruch von verbranntem Holz schlug ihm entgegen.

Keinen Augenblick zögernd trieb er sein Pferd in den brennenden Wald hinein. Glühende Hitze brannte auf seinem Gesicht, der Rauch schwelte durchs Unterholz und machte seine Augen blind. Eine Ewigkeit schien vergangen zu sein und er rief den Namen des Jungen. Wie sollte er Juridistan in dieser Flammenhölle jemals finden? Eine unsichtbare Macht schien ihn zu führen, bis er ihn schließlich auf der Lichtung entdeckte. Er fühlte, wie das Feuer seine Haut verbrannte, beißender Qualm ihm den Atem nahm, doch er trotzte mutig den Flammen, hob den Jungen so schnell er konnte auf sein Pferd und fand einen letzten Weg, der noch nicht vom Feuer versperrt war.

Mit rußgeschwärzten Gesichtern saßen die beiden nun auf dem Feld und mussten mit ansehen, wie die Flammen den Wald zerstörten. Der Junge war aus seiner Ohnmacht erwacht und Aargon hielt ihn fest im Arm. Längst hatte er sich aller Hoffnung entledigt, nur wie durch einen Nebel nahm er Juridistans entkräftete Stimme wahr: „Ich konnte ihr einen Namen geben, aber Ferrox hat nicht Wort gehalten." - „Mein mutiger Junge, es lag nicht in deiner Hand, dem Himmel sei Dank, dass ich dich nicht auch noch verloren habe", brachte Aargon leise hervor und in seiner Verzweiflung bemerkte er nicht den Tropfen auf seiner Stirn. Da plötzlich öffnete der Himmel seine Schleusen und ein gewaltiger Regen ging auf das Blumental nieder. Wie eine Himmelsflut ergoss sich das Nass über Feld, Wald und Wiese, bis auch die letzte Flamme erloschen war. Aargon erhob sich, seine Kleider waren wie die des Jungen ganz durchnässt: „Komm nun, es ist Zeit zurückzukehren!" Widerwillig war Juri ihm über das Feld gefolgt, als eine zarte Stimme nach ihnen rief: „Juridistan! Vater! So bleibt doch stehen!" Ungläubig drehten sie sich um und sahen ein Mädchen, das wie ein Geist am Waldrand erschienen war. Mit weit aufgerissenen Augen stand Juridistan da und öffnete seinen Mund, doch er brachte kein Wort über seine Lippen. Der Drache hatte ihn betrogen, doch der Himmel hatte sie ihm wiedergeschenkt und er erkannte in dem Mädchen die fast zur Frau gewordene Betterdin. Weinend und lachend zugleich schloss Aargon seine tot geglaubte Tochter in die Arme und Juri spürte, wie die Trauer aus seinem Herzen verschwand. Überglücklich nahm er an, als ihr Vater ihm die Zügel reichte und Betterdin zu ihm in den Sattel hob. Aargon ging, erleichtert und trunken vor Freude, neben ihnen her, und in der Ferne sah man schon die Lichter der Häuser vom Dorf herüber scheinen. Der böse Zauber war endlich gebrochen und für die drei begann ab jetzt ein neues Leben im Blumental.

Eva Liesenberg

Zwei Etwas auf der Mauer

Das Glück hatte genug. Ruhelos ging es an seinem Gartenteich auf und ab, am liebsten hätte es sich vor der ganzen Welt versteckt. „Was hast du denn?", fragte die Amsel das ziemlich unglücklich aussehende Glück. „Ich will nicht mehr, mir reicht`s!", antwortete das Glück aufgebracht und kickte schwungvoll einen Kiesel in den Teich. „Ständig muss ich mit den Menschen teilen, immer wollen sie was von mir und geben mir aber nie was dafür. Das reicht mir jetzt, ich gehe!" Gesagt, getan. Das Glück packte seine Siebensachen und lief hinaus in die Welt, ohne Ziel, ohne Plan. Nach ein paar Stunden der Wanderschaft sah Glück in der Ferne ein Etwas auf einer Mauer sitzen, das mit den Beinchen baumelte. Als Glück näher kam erkannte es das Etwas. „Pech! Pech, altes Haus, schön dich zu sehen!" Pech winkte freudig und Glück beschleunigte seine Schritte. Wenig später angekommen umarmte es seinen Kameraden und die beiden setzten sich nebeneinander auf das mossbewachsene Mäuerchen. „Mensch, Glück, mein Freund," sagte Pech, „was für ein Glück, dich zu treffen! Was suchst du denn hier?" „Das könnte ich dich auch fragen, mein liebes Pech!" „Ach, ich bin losgezogen, weg von diesen grässlichen Menschen.", klagte Pech. „Keiner hat mich gern, immer fluchen und schimpfen sie, wenn ich zu ihnen komme. Das ist gemein, ich will nicht mehr!" „So, so, mein armes Pech! Ach, ich bin auch nicht viel besser dran. Immer und überall wollen die Menschen etwas von mir. Ständig muss ich mit ihnen teilen und dann sind sie so undankbar! Alle denken, dass sie etwas von mir verdienen, aber je mehr ich gebe, desto undankbarer werden sie!", jammerte das Glück. „Das will ich nicht mehr, die können mir gestohlen bleiben!" „Mein liebes Glück, alter Freund", versuchte Pech es zu trösten, „pass auf, jetzt sollen die Menschen sehen, was sie davon haben. Ich bleibe hier und du bei mir und wir machen uns einen Bunten."

So war es. Glück und Pech blieben auf der Mauer sitzen und kamen nicht mehr zu den Menschen. Schon nach kurzer Zeit konnten die Erdbewohner die Folgen spüren: Niemandem geschah etwas besonders Schlimmes, niemand gewann mehr im Lotto. Keiner fand mehr ein vierblättriges Kleeblatt und keiner zerbrach mehr einen Spiegel. Das Leben wurde fad, kein Hoch, kein Runter, kein Hin, kein Her. Es dauerte nicht lange, da klagten die Menschen: „Kein Glück mehr in der Welt und auch kein Pech. So macht das Leben keinen Spaß. Was täten wir nur für etwas Glück oder etwas Unglück!"

Ihre Worte trug der Wind zu den beiden Freunden auf ihrem Mäuerchen, und als diese das Jammern hörten, taten ihnen die Menschen leid. Pech baumelte nicht mehr mit den Beinchen und Glück pfiff sich kein Liedchen mehr. Gemeinsam grübelten sie, wie sie die Sache wieder grade biegen könnten und dann hatten sie eine Idee. Nur Pech oder nur Glück, das ginge nicht, die Waage sollte es sein. Ein guter Tag, darauf ein schlechter Tag, dann wieder ein Glückstag und so weiter. Mit diesem Vorsatz kamen Glück und Pech zu den Menschen zurück, und weil Pech bis dahin der Unbeliebtere gewesen war, durfte er zuerst austeilen.

Da stolperten die Kinder, die Kellner ließen Tabletts fallen, Aktienkurse gingen in den Keller und so manche Mutter schnitt sich in der Küche beim Kartoffelschälen. Man sich kaum vorstellen, was für eine Freude das war. Die Menschen jubelten und schrieen: „Was für ein Pech, juhu, was für ein Pech habe ich heute nur!" und „So viel Pech habe ich mir schon lange gewünscht!" Da lachte Pech und freute sich und tanzte durch die Welt. Am nächsten Tag war Glück an der Reihe. Die Menschen freuten sich wieder und zwar jetzt über Pech und Glück gleichsam.

Seid diesen Tagen halten sich Glück und Unglück die Waage, nicht nur, damit wir alle weiterhin glücklich und dankbar sind, sondern auch, damit unsere beiden Freunde nie die Freude am Teilen verlieren.

Esther Wäcken

Der kleine Meerwassermann und die gestreifte Mütze

Tief unten im Meer lebt der kleine Meerwassermann. Eigentlich unterscheidet er sich gar nicht so sehr von den Menschenjungen, die draußen auf dem trockenen Land leben. Nur dass seine Haare so tiefblau sind wie das Meer an seiner tiefsten Stelle aussieht. Und genau so blau sind seine Augen. Nur im Gegensatz zu den Menschenkindern kann der kleine Meerwassermann seinen Lebensraum nicht verlassen. Wir können uns auch fröhlich im Wasser austoben, er muss draußen im Meer bleiben. Aber der kleine Meerwassermann kannte es nicht anders und war auch nicht traurig darüber. Er verbrachte seine Tage damit, übermütig mit den Fischen um die Wette zu schwimmen. Tja, und da er ein kleiner, frecher Racker war, zog er auch schon mal den Seejungfrauen an ihren schönen, langen, silberblonden Haaren um dann, lachend und blitzschnell, davon zu schwimmen, bevor die schönen Damen des Meeres überhaupt begriffen hatten, was ihnen da widerfahren war. Und neugierig war der kleine Meerwassermann, besonders auf die Menschen, die ihm so ähnlich und doch so verschieden waren. Oft schwamm er so nah wie möglich an den Strand heran und sah ihnen, sorgsam verborgen, beim Schwimmen zu. Merkwürdig war das! Diese Menschen konnten schwimmen, einige sogar tauchen, mehr oder weniger gut, nur mussten sie immer wieder ans Land zurück. Sonst würden sie ertrinken, das wusste der kleine Meerwassermann von seiner Großmutter, die ihm schon viele Geschichten von gesunkenen Schiffen erzählt hatte.

Die Schiffe der Menschen faszinierten den kleinen Meerwassermann ganz besonders. Sooft es eben ging schwamm er nahe an die Fähren heran, welche regelmäßig zwischen der Insel und dem Festland hin und herfuhren, voll beladen mit Urlaubsgästen. Er schaute den Krabbenfischern bei der Arbeit zu, schwamm auch schon mal weit hinaus zu den großen Wasserstraßen, um die riesigen Frachtschiffe und Öltanker aus der Nähe zu bestaunen. Oder all die gewaltigen Schlachtschiffe und U-Boote der Marinebasis! Das war genau das Richtige für unseren kleinen Meerwassermann. Selbst in stürmischer, rauer See folgte er dem Seenotrettungskreuzer um dabei zuzusehen, wie den in Not geratenen Skippern geholfen wurde. So sah der Alltag unseres kleinen Meerwassermannes aus und er hätte sich nichts Schöneres vorstellen können.

An einem wunderschönen Sommertag schaute der kleine Meerwasser-mann wieder einmal den Fähren zu, die zwischen der Insel und dem Festland hin und her pendelten, eine voller als die andere mit Urlaubern, die nach Sonne, Sand und Meer hungerten. Auf einer dieser Fähren befand sich auch der kleine Sven mit seiner Mutter. Sie hatten die Oma auf der Insel besucht und waren jetzt wieder auf dem Heimweg. Sven war stolz auf die Mütze, die Oma ihm geschenkt hatte. Ein fesches Käppi mit ganz vielen bunten Streifen. Diese Mütze war sofort seine Lieblingsmütze geworden. Nun, Sven war auf das, was sich da unten im Wasser abspielte, mindestens ebenso neugierig wie der kleine Meer-wassermann auf alles, was sich dort oben auf der Fähre abspielte. Sven stand mit seiner Mutter an der Reling, schaute hinunter in das von den Schiffsmotoren aufgewirbelte, schäumende Wasser. Und unser kleiner Meerwassermann schaute von unten aus dem Wasser hoch zu all den vielen Menschen auf der Fähre. Und da erblickte er auch Sven und die schicke, bunt gestreifte Mütze auf seinem Kopf. Auch das ist eine Lei-denschaft des kleinen Meerwassermannes; er sammelt die Utensilien, die die Menschen im Wasser verlieren und das sind nicht wenige! So hat er schon eine schöne Sammlung einzelner Badeschuhe und Badekleidung, Sandspielzeuge, Fischnetze, Bälle, sogar einige Brillen, aber auch Fla-schen und Unrat, den achtlose Menschen am Strand wegwerfen und der dann von der Flut ins Meer geschwemmt wird.

Diese Mütze auf Svens Kopf gefiel dem kleinen Meerwassermann wie ihm noch nie etwas gefallen hatte. Nur, wie sollte er sie bekommen? Auf die Fähre zu klettern war ihm nicht möglich, und freiwillig würde der Junge seine Mütze sicher nicht zu ihm herunter ins Wasser werfen. Doch da kam dem kleinen Meerwassermann eine Idee. Da war doch sein Freund, der Windknabe, mit dem er oft munter durch die Wellen jagte. Bestimmt kennt ihr den Windknaben. Zwar ist er für uns Menschen unsichtbar, aber er ist ein stets zu Streichen aufgelegter frecher Schlin-gel. Wann immer euch eine Windbö schwungvoll die Mütze vom Kopf reißt, den Regenschirm umklappt, mit lautem Rums Fenster und Türen zuschmeißt oder, durchs geöffnete Fenster herein wehend, die sauber aufgestapelten Papiere vom Tisch weht, könnt ihr sicher sein, dass der Windknabe sich wieder einen seiner Scherze erlaubt hat. Oh nein, er meint es nicht böse. Er kann sich nur einfach nicht vorstellen, dass wir Menschen seine Späße nicht genau so lustig finden wie er.

Diesen seinen Freund rief der kleine Meerwassermann nun mit lauter Stimme herbei. Für uns klingt seine Stimme wie das stete Rauschen und Glucksen der Wellen. Kurz darauf war der Windknabe zur Stelle.

„Hui, Puuhhhh! Warum störst du mich bei meinem Spiel?", fragte er seinen Freund. „Ich war soeben dabei, ein paar Seemöwen ordentlich durchzupusten."

„Siehst du den Jungen da oben auf der Fähre?", fragte der kleine Meerwassermann. „Den, mit dieser wunder-, wunderschönen, gestreiften Mütze auf dem Kopf. Oh, diese Mütze möchte ich soooo gern haben. Kannst du sie ihm für mich vom Kopf wehen und zu mir herunter ins Wasser werfen?"

„Hui, Puuhhhh! Gar kein Problem!", erwiderte der Windknabe.

Unsichtbar wie er nun mal, war flog er dicht an den kleinen Sven heran und dann, ein kräftiges „Hui Puuhhhh!" und, hast-du-nicht-gesehen wirbelte die Mütze direkt von Svens Kopf hinunter ins Wasser. Überglücklich nahm der kleine Meerwassermann die Mütze an sich, setzte sie auf seinen Kopf und schwamm, seinem Freund, dem Windknaben, nacheilend, freudig davon.

Beide sahen nicht mehr, dass der kleine Sven in verzweifelte Tränen ausbrach über den Verlust seiner Lieblingsmütze, die ihm doch die Oma geschenkt hatte. Vielleicht, ja vielleicht, hätten sie dann ein schlechtes Gewissen bekommen. Doch Svens Mutter war eine kluge Frau, die über all die geheimnisvollen Geschöpfe, die kaum ein Mensch je zu Gesicht bekommt, mehr wusste, als die meisten Menschen je erfahren werden. Sie erzählte Sven vom kleinen Meerwassermann und vom Windknaben, die so neugierig sind auf uns Menschen und uns auch gern einmal Streiche spielen. Diese Geschichte fand Sven so herrlich, dass er darüber den Verlust seiner geliebten Mütze beinahe vergaß.

Beim nächsten Besuch hat ihm die Oma eine neue Mütze geschenkt, die fast so schön war wie die erste. Und der kleine Meerwassermann und der Windknabe haben Sven noch oft beim Spielen am Strand zugesehen, jedes Mal, wenn er wieder bei seiner Oma zu Besuch war.

Esther Wäcken

Wie die Zeitfresser ihre Macht verloren

Sicher habt ihr ihre Bekanntschaft auch schon gemacht, die Bekannt-schaft mit den Zeitfressern. Sie sind bösartige Dämonen, die davon leben den Menschen die Zeit zu stehlen, sie buchstäblich aufzufressen. Wie oft geht es uns so, dass wir eine wichtige Arbeit dringend noch fertig kriegen müssen. Aber ehe wir uns versehen ist die Zeit um und wir sind eben noch nicht fertig geworden. Oder wir müssen dringend noch den Bus oder Zug erwischen, aber in letzter Minute fährt er uns vor der Nase weg. Wir müssen einen wichtigen Termin einhalten und stellen plötzlich fest, verdammt, wir sind viel zu spät dran. Dies alles ist das Werk der Zeitfresser, die uns nicht mal in der schönsten Zeit des Jahres, im Urlaub, verschonen. Kaum sind wir am Urlaubsort eingetroffen, da müssen wir auch schon wieder die Koffer packen und nach Hause fahren, ohne dass wir die Muße hatten uns richtig zu erholen, all das zu tun und zu erleben, was wir im Urlaub eigentlich geplant hatten.

Sie rauben uns selbst den erholsamen Schlaf, indem sie von der Nacht so viel stehlen, dass unsere Wecker lange vor der Zeit klingeln. Die gie-rigen Zeitfresser beißen sich immer wieder mehr oder weniger große Stücke von unserer Zeit ab. Manche begnügen sich mit wenigen Sekun-den, andere fressen ganze Jahre unserer Zeit hinweg. Es gibt sogar welche unter ihnen, die so tödlich boshaft sind, dass sie einem Menschen in Lebensgefahr die wenigen Sekunden wegfressen, die zu seiner Rettung eben noch gefehlt hätten. Somit sind sie für so manchen vorzeitigen Tod verantwortlich und sicher für unzählige Herzinfarkte die den gehetzten, rastlosen Menschen ereilen.

Genau so spielte es sich auch in Relaxia ab, einer weit entfernten Welt. Die Menschen dort lebten glücklich und gemächlich vor sich hin, bis sich die Zeitfresser bei ihnen einnisteten. Seitdem hetzten die Menschen in Relaxia freudlos durchs Leben. Sie waren ständig unausgeschlafen, gereizt, abgeschlafft, sogar krank, weil sie eben für nichts und nieman-den mehr wirklich Zeit hatten. Selbst die Kinder waren schon betrof-fen. Ihnen blieb keine Zeit mehr für fröhliches, entspanntes Spiel. Sicher wäre alles noch viel schlimmer gekommen, hätte es nicht in Relaxia einen weisen, gelehrten Mann gegeben, Professor Zeitheimer. Der Professor war eine Koryphäe auf dem Gebiet der Zeitforschung, hatte es sich zur

Lebensaufgabe gemacht, den Menschen die gestohlene Zeit zurück zu geben. Unermüdlich forschte und experimentierte er, was natürlich sehr viel Zeit beanspruchte. Professor Zeitheimer blieb hartnäckig, gab niemals auf, nahm sich immer und immer wieder die Zeit, die er für seine Forschungen benötigte. Somit war er der erbitterte Feind der Zeitfresser. Und schließlich hatte er Erfolg. Professor Zeitheimer baute eine wundersame Uhr, die jede Manipulation, die die Zeitfresser an der Zeit vornahmen, sofort registrierte, selbst den kleinsten Sekundenbruchteil. Und diese wundersame Uhr war so mächtig, dass sie sämtliche Uhren in Relaxia beeinflussen konnte. Stets drehte die Zeit um genau so viel zurück, wie die Zeitfresser weggenommen hatten, bevor die Menschen überhaupt bemerkten, dass ihnen die Zeit abhanden gekommen war.

Von diesem Moment an waren die Menschen in Relaxia wieder friedlich und ausgeglichen. Jeder schaffte seine Arbeit, ganz ohne sich abzuhetzen. Niemand kam mehr zu spät. Die Menschen verbrachten viel mehr Zeit als je zuvor mit ihren Familien und Freunden, widmeten sich lange vernachlässigten Hobbys. Ja, es gab sogar kaum noch Unfälle, weil den Menschen genug Zeit blieb, eine Gefahr rechtzeitig zu erkennen und richtig darauf zu reagieren. Man kann also sagen, das Leben in Relaxia war wieder völlig in Ordnung.

Die Zeitfresser ärgerten sich gewaltig, dass sie nun immer und immer wieder leer ausgingen. Wieder und wieder versuchten sie gierig, immer größere Stücke der Zeit auf einmal wegzufressen. Sie verschlangen Jahre, Jahrzehnte, Jahrhunderte auf einmal. Allein, es nützte ihnen gar nichts, da Professor Zeitheimers Uhr alles sofort wieder ins richtige Zeitgeschehen brachte. So waren die Zeitfresser gezwungen, sich einen neuen Lebensraum zu suchen. Und, ihr ahnt es sicher schon, jetzt haben sie sich bei uns in unserer Welt angesiedelt. Jetzt sind wir es, die rastlos durchs Leben hetzen. Wir verpassen nicht nur wichtige Termine, den Zug oder den Bus, sondern ganze, entscheidende Abschnitte in unserem Leben. Und leider gibt es bei uns keinen Professor Zeitheimer, der so eine wundersame Uhr für uns erfindet.

Aber vielleicht, nur vielleicht, gelingt es ja dem einen oder anderen von uns, den Zeitfressern ganz individuell ein Schnippchen zu schlagen. Wir müssen uns nur auf die Personen und Dinge in unserem Leben besinnen, die uns wirklich wichtig sind. Und dafür müssen wir uns die Zeit ganz einfach nehmen. Ein erster Schritt wäre es, ganz in Ruhe diese Geschichte zu lesen.

Esther Wäcken

Das Märchen vom Herrn Rotbart, Herrn Schwarzbart und der Undankbarkeit

Einst lebte ein reicher Gutsherr, der den Namen Roberto Rotbart trug. Sein Name war gewissermaßen Familientradition. Der Vorname Roberto wurde schon seit Generationen immer dem ältesten Sohn gegeben. Der Familienname Rotbart rührte daher, dass alle Söhne dieser Familie stets mit dichtem, feuerrotem Haar geboren wurden und sich als erwachsene Männer ebenso dichte, rote Vollbärte wachsen ließen. Der Herr Roberto Rotbart nun besaß ein stattliches, ebenfalls seit Generationen vererbtes Gutshaus, ausgedehnte Ländereien, Ställe voller Vieh und prächtiger Pferde. Praktisch alle Bewohner des kleinen Dorfes, zu welchem das Gutshaus gehörte, fanden dort auch Arbeit, auf den Ländereien, in den Ställen oder in der Hauswirtschaft.

Einst war der Herr Rotbart mit der Kutsche in die Stadt gefahren, um Geschäfte zu tätigen. Wie immer wurde er von seinem treuen Diener Alois und seinem alternden Jagdhund Hasso begleitet. Und wie immer pflegte er seine Gewohnheit, die Kutsche mehr oder weniger weit weg von seinem Haus halten zu lassen, auszusteigen und den Rest des Wegs zu Fuß zurück zu legen. So spazierten also der Herr, der Diener und der Hund durch die Felder, als ein Fremder des Weges kam. Bei seinem Anblick packte den Herrn Rotbart der blanke Neid. Pflegte er doch seinen dichten, roten Vollbart stets liebevoll, freute sich an seinem üppigen Wuchs. Dieser fremde Herr trug einen so langen, dichten, schwarzen Vollbart, dass dem Herrn Rotbart der seinige dagegen recht mickrig vorkam. Der Herr Rotbart nun richtete an den Fremden die Worte: „Wer seid Ihr? Woher kommt Ihr? Und wohin führt Euch Euer Weg? Ihr müsst wissen, dass Ihr Euch hier auf meinem Grund und Boden befindet. Ich bin der Gutsbesitzer Roberto Rotbart."

Der Fremde lüftete höflich den Hut, deutete eine Verbeugung an und erwiderte: „Man nennt mich Sirius Schwarzbart. Ich bin ein weit gereister Gelehrter, der in aller Welt herum gekommen ist und die Kunst der Herstellung von Heiltränken bei den besten Meistern ihres Fachs studiert hat. Hier in dem Kasten auf meinem Rücken führe ich Heilmittel aus aller Herren Länder gegen jegliche Leiden und Gebrechen bei mir."

Der Herr Rotbart lachte verächtlich auf: „Oha, noch so einer von diesen Scharlatanen hat uns gerade noch gefehlt. Ihr Gesindel kommt in ein Dorf, verkauft den Leuten eure Mixturen, die angeblich gegen alle Gebrechen helfen, für teures Geld. Sobald ihr euren Beutel mit Talern gefüllt habt, reist ihr schleunigst weiter bevor die Leute merken, dass eure Mixturen nichts weiter sind als buntes Zuckerwasser, welches keinerlei Heilwirkung hat."

„Ihr befindet Euch im Irrtum", widersprach der Fremde selbstbewusst. „Ich verstehe mich wirklich auf Heiltränke. Stellt mich auf die Probe, wenn Ihr's nicht glauben wollt."

„Nun denn, wie Ihr wünscht", sprach der Herr Rotbart und pfiff seinem Hund. „Mein getreuer Hasso hier war einst ein guter Wachhund, der Haus und Hof vor üblem Gesindel beschützt hat und ein unermüdlicher Begleiter auf der Jagd war, dem kein Wild je entkommen ist. Doch jetzt ist er in die Jahre gekommen. Sein Fell ist stumpf und kahl geworden. Selbst ein kurzer Spaziergang ist ihm oft der Mühe zu viel. Doch bringe ich's nicht über mich, das brave Tier töten zu lassen, welches mir lange Jahre so treu gedient hat. Wenn Ihr's fertig bringt, ihm seine Jugend zurück zu geben, so will ich euch gern Glauben schenken."

Der Herr Schwarzbart hockte sich neben Hasso, untersuchte das Tier gründlich, öffnete den Kasten von seinem Rücken, welchen er im Gras abgestellt hatte. Er durchwühlte die unzähligen Fläschchen, welche mit merkwürdigen Schriftzeichen versehen waren, wie sie der Herr Rotbart noch nie gesehen hatte. Schließlich fand er, wonach er gesucht hatte. Behutsam flößte er dem Hund den Inhalt des Fläschchens ein. Und - der Herr Rotbart und sein Diener Alois wagten ihren Augen kaum zu trauen - das räudige Fell des Hundes wurde wieder dicht und glänzend. In seine Augen kehrte der Glanz der Jugend zurück und mit frohem Gebell setzte er in schnellem Lauf einem Hasen nach, der über das Feld gehoppelt kam.

„Hm, hm", machte der Herr Rotbart. „Das ist ja alles schön und gut. Aber wie sieht es mit Eurer Heilkunst am Menschen aus? Mein Diener Alois hier wird seit Tagen von einem bösen Zahnleiden geplagt. Sein Jammern und Wehklagen ist kaum noch zu ertragen. Sein Dienst leidet erheblich darunter und zur nächtlichen Ruhe findet er nur noch mit einer gehörigen Portion Schnaps."

„Wenn's weiter nichts ist", sprach der Herr Schwarzbart. Er entnahm dem Kasten ein weiteres Fläschchen und reichte es dem Diener Alois. Misstrauisch betrachtete Alois die trübe, ölige Flüssigkeit, entkorkte das Fläschchen um vorsichtig daran zu schnuppern. Der Geruch von Kampfer und Nelken stieg ihm entgegen und von weiteren, nicht so leicht zu identifizierenden, Substanzen. Alois zögerte, doch ein gestrenger Blick seines Herrn reichte aus und er leerte das Fläschchen in einem Zug. Und siehe, der dumpfe Schmerz, der eben noch im Takt seines Herzschlags gepocht hatte, war wie weggeblasen.

Der Herr und sein Diener waren nunmehr überzeugt und der Herr Rotbart sprach: „Einen Mann mit Euren Fertigkeiten kann ich gut gebrauchen. Kommt mit mir. Ich werde Euch Euer eigenes Haus auf meinem Gut zur Verfügung stellen wo Ihr Eure Heilkunst praktizieren könnt."

So geschah es denn und von Stund an half der Herr Schwarzbart den Menschen und Tieren des Gutes und des Dorfes bei jedwedem Leiden und Gebrechen. Für praktisch alles gelang es ihm, einen wirksamen Heiltrank zu brauen und bald waren Mensch und Tier gesünder als je zuvor. Einige Wochen gingen ins Land. So vielen Leuten hatte der Herr Schwarzbart schon geholfen, als endlich der Herr Rotbart sich ein Herz fasste und zu ihm kam mit einem Anliegen, welches ihm wichtiger war als irgendetwas sonst. Er hatte nämlich eine wunderschöne Tochter - Emerelle - frisch und zart wie eine eben erblühte Rose mit einer Stimme, so lieblich wie der Gesang einer Nachtigall. Nur leider war das schöne Mädchen von Geburt an blind, hatte noch nie die Blumen blühen und die bunten Schmetterlinge fliegen sehen. Sie kannte die Menschen, die um sie waren, nicht von Angesicht, hatte keine Ahnung, wie die Welt beschaffen war. Vor langer Zeit bereits hatte der Herr Rotbart den Schwur geleistet, dass derjenige, der Emerelle das Augenlicht geben könne, seine Tochter zur Frau haben solle.

So brachte er Emerelle zu Herrn Schwarzbart und bat ihn, ihre Augen zu heilen. Herr Schwarzbart untersuchte das Mädchen sehr gründlich. Dann begann er gewissenhaft, einen Heiltrank zu brauen. Er verbrachte einen ganzen Tag und eine ganze Nacht damit, dann war der Trank fertig. Inzwischen hatte jeder davon gehört, dass es diesmal um Emerelles Augenlicht ging. So hatte sich viel Volk eingefunden, um dem erhofften Wunder beizuwohnen. Emerelle nahm den Trank zu sich und siehe, der trübe Schleier lüftete sich von ihren Augen. Staunend blickte Emerelle in die Gesichter der verblüfften Menschen mit ihren jetzt sanft leuchtenden Augen, die an ein junges Reh erinnerten.

Nun hätte der Herr Rotbart ja zu seinem Schwur stehen müssen und die Hochzeit mit Emerelle und Herrn Schwarzbart ausrichten müssen. Allein suchte er noch nach einer Ausrede. So eine Hochzeit solle gut geplant sein wenn es sich schon um seine einzige Tochter handelte. Da dürfe man nichts überstürzen. Der Herr Schwarzbart erklärte sich bereit, noch auf seine Braut zu warten ,damit dem Vater genügend Zeit blieb für die Vorbereitung der Hochzeit.

Dieser jedoch hatte ganz andere Absichten. Zwar schätzte er die Fähigkeiten des Herrn Schwarzbart außerordentlich, was ihn jedoch nicht daran hinderte, ihm zutiefst zu misstrauen. Konnte es denn mit rechten Dingen zugehen, dass ein gewöhnlicher Mensch so außergewöhnlich klug und begabt war, solche wundersamen Heilungen vollbringen konnte? Der Mann war ihm - bei allem, was er Gutes vollbracht hatte - so unheimlich, dass er ihm seine Tochter auf keinen Fall anvertrauen wollte. In aller Heimlichkeit wies er die Kammerzofe an, die Reisekoffer seiner Tochter zu packen, befahl dem Kutscher, die Droschke bereit zu halten. Bei Nacht und Nebel schickte er Emerelle auf die Reise zu einer weit entfernt lebenden Tante.

Am anderen Morgen entschuldigte er sich vielmals bei Herrn Schwarzbart, machte ihm weis, Emerelle sei, jetzt, wo sie ihr Augenlicht habe, von einer so unbändigen Lust gepackt worden, sich die Welt anzusehen, dass er sie nicht habe zurück halten können. Die Hochzeit könne noch immer gehalten werden, wenn Emerelle zurückkehre. Herr Schwarzbart bedauerte dies sehr, wäre er doch gern mit Emerelle als seiner Ehefrau auf Reisen gegangen und hätte ihr die Welt gezeigt. Aber er zeigte Verständnis, versprach, geduldig auf seine versprochene Braut zu warten.

Der Herr Rotbart jedoch suchte den Bischof auf, einen verbitterten, alten Mann, der Wissenschaft, Fortschritt und Veränderungen strikt ablehnte, bevorzugt von Sünde und ewiger Verdammnis sprach. Diesem nun brachte er seine Bedenken an, dass ein so kundiger Heiler doch wohl ein böser Hexer sein müsse und mit dem Teufel im Bunde.

Der Bischof wetterte: „Ihr alle habt große Schuld auf euch geladen indem ihr euch diesem Scharlatan anvertraut habt. Die Leiden und Krankheiten der Menschen sind Prüfungen, die der Herr seinen Kindern auferlegt. Es steht keinem Menschen zu, dem Willen des Herrn entgegen zu stehen. Wir müssen dieses Übel aus der Welt schaffen."

Noch am selben Tag wurde dem Herrn Schwarzbart der Prozess gemacht und er wurde auf dem Dorfplatz zum Tod auf dem Scheiterhaufen verurteilt. Die Menschen ahnten nicht, dass sie mit dem Todesurteil über Herrn Schwarzbart ihren eigenen Tod besiegelten. Kurze Zeit später wurde das Dorf von einer unheimlichen Seuche heimgesucht, die Mensch und Tier dahinsiechen ließ, und niemand konnte ihr Einhalt gebieten. Bald waren das Dorf und das Gut völlig ausgestorben. Verschont blieb einzig Emerelle, die ja bei ihrer Tante in der Ferne weilte. Mit Schrecken vernahm sie Monate später von einem reitenden Boten die Kunde, was sich daheim zugetragen hatte und wie es dazu gekommen war.

Sie war es auch, die die Geschichte aufgeschrieben hat als Mahnung an die Menschen, denen Dank zu zeigen, die sich um uns verdient gemacht haben und nicht vorschnell zu verurteilen, was wir nicht verstehen und somit fürchten. Aber werden die Menschen jemals vernünftig?

Esther Wäcken

Dornröschen

(Wie es besser hätte laufen können)

In einem kleinen Königreich, welches jedermann gerne besuchte, da es
für seinen Reichtum an allerlei prächtigen Blumen berühmt war, lebte
einst ein König mit seiner Gemahlin. Die beiden wünschten sich sehn-
lichst ein Kind. Übers Jahr wurde ihnen der Wunsch erfüllt und die
Königin schenkte einem süßen, kleinen Mädchen das Leben. Die Freude
war riesig im ganzen Königreich und der König ließ sogleich ein großes
Freudenfest ausrichten zu welchem er auch die 13 weisen Frauen des
Reiches einladen wollte. Zu seiner Verärgerung musste der König jedoch
feststellen, dass es auf seinem Schloss nur 12 goldene Teller gab, von
welchen die weisen Frauen essen sollten. Es wäre nun ganz undenkbar
gewesen, der 13. Frau stattdessen einen gewöhnlichen, irdenen Teller
vorzusetzen. Erst recht wäre es eine grobe Unhöflichkeit gewesen, gar
nur 12 der weisen Frauen einzuladen und die 13. zu ignorieren. Sogleich
ließ der König nach seinem Goldschmied schicken und sprach zu ihm:
„Fertige er mir sofort einen goldenen Teller an, der diesen 12 Tellern
hier genau gleicht. Nehme er an Gold was er dazu braucht aus meiner
Schatzkammer und bemesse er seinen Lohn nach Belieben. Nur schnell
muss er fertig werden, denn das große Fest zu Ehren meiner neugebore-
nen Tochter ist schon bald."
So war der Tag des Festes gekommen und neben den Verwandten und
den Würdenträgern des Reiches saßen ganz richtig die 13 weisen Frauen
an der Tafel des Königs und jede hatte ihren goldenen Teller vor sich.
Jede der weisen Frauen trat nun nach dem Festmahl an die Wiege des
Mädchens und wünschte ihm eine besondere Gabe. Die 1. wünschte ihm
Schönheit, die 2. Reichtum, die 3. Gesundheit, die 4. ein fröhliches, mitfühlendes Herz, die 5. einen Sinn für alles Schöne, die 6. grenzenlose
Liebe, die 7. ewiges Glück, die 8. besondere Freude an der Natur, die 9.
Klugheit und Wissen, die 10. ein Leben in Frieden, die 11. Mut und Ent-
schlossenheit, die 12. gutes Gelingen für alles, was sie im Leben anpak-
ken möge. Die 13. jedoch machte eine ganz besondere Prophezeiung. Sie
sprach: „An ihrem 15. Geburtstag wird die Prinzessin ihrem künftigen

Ehegemahl begegnen. An der Rose wird sie erkennen, dass er der Rechte ist."

Das Mädchen wuchs heran und alle Wünsche der 12 weisen Frauen erfüllten sich an ihm. Es wurde außergewöhnlich schön, klug und mutig, war stets fröhlich und voller Mitgefühl, wurde niemals krank, liebte die Natur und ihre Mitmenschen, wurde ihrerseits von allen geliebt und lebte ein Leben in Frieden und Wohlstand. Ihre besondere Leidenschaft galt den Rosen. Auf ihren Wunsch wurden Rosen aus allen Ländern der Erde in das Königreich gebracht und in den königlichen Gärten gepflanzt. Wegen dieser Liebe zu den Rosen wurde die Prinzessin bald überall nur noch Dornröschen genannt. Und sie war sich nicht zu fein, den Gärtnern zur Hand zu gehen und die Rosenbeete selbst mit anzulegen.

Jeden Morgen musste ihr die Kammerzofe frische Rosen ins Haar flechten. Die Schneiderin fertigte ihr stets nur Kleider mit Rosenmustern und Dornröschen pflegte sich mit Rosenwasser und Rosenöl, welches aus ihren eigenen Rosen extra für sie hergestellt wurde. Es war ein herrliches, unbeschwertes Leben für die Prinzessin, die selbst einer frischen, blühenden Rose glich.

So kam der 15. Geburtstag der Prinzessin heran und die Prophezeiung der 13. weisen Frau war fast in Vergessenheit geraten. Wieder wurde ein großes Fest gefeiert, zu welchem Dornröschen alle Geschenke bekam, die einem jungen Mädchen Freude bereiten. Schöne Kleider, Geschmeide, Näschereien, Bücher für ihren Wissensdurst, dazu viele Sträucher der neuesten Rosenzüchtungen. Eine ganz besondere Freude jedoch bereitete der König seiner Tochter mit einer prachtvollen, arabischen Schimmelstute. Galt die Liebe seiner Tochter gleich nach den Rosen doch auch den edlen Pferden. Extra aus dem fernen Arabien hatte der König das Tier herbei schaffen lassen. Dornröschen konnte es kaum erwarten, dass das Geburtstagfrühstück vorüber war. So sehr brannte sie darauf, ihr herrliches Pferd endlich reiten zu können. Anmutig setzte sie sich schließlich in dem Damensattel zurecht, das neue Rosenkleid umschmei-chelte ihre zarte Figur. So lenkte sie die Stute hinaus in die Ländereien, welche das Schloss umgaben. Es hätte ein gemächlicher Ausritt werden können, wäre nicht unvermittelt ein Schwarm Krähen vor der Stute aufgeflogen. Die Vögel und ihr lautes Gekrächz machten das Pferd so scheu, dass es in wildem Galopp durchging. Dornröschen geriet in große Angst, denn kein gutes Zureden und kein energisches Anziehen der Zügel bremsten den panischen Galopp des erschreckten Tieres. Bestimmt wären Pferd und Reiterin böse gestürzt, wäre da nicht plötzlich ein fremder Reiter auf einem feurigen Rapphengst an ihrer Seite gewesen. Der Reiter griff mutig hinüber in die Zügel von Dornröschens Pferd und brachte die Stute endlich zum Stehen. Fürsorglich half er Dornröschen aus dem Sattel und hielt die vor Schreck zitternde tröstend im Arm, bis sie sich wieder beruhigt hatte und die rosige Farbe in ihre angstbleichen Wangen zurückgekehrt war.

Endlich wagte Dornröschen, ihren fremden Retter näher zu betrachten und ihr Blick fiel auf eine einzelne Rose, die an seinem Jackenaufschlag steckte. Vor Überraschung schlug sie die Hände vor den Mund und stammelte nur: „Die Prophezeiung!"

Denn wenn es stimmte, was die 13. weise Frau gesagt hatte, dann war sie soeben von ihrem Bräutigam gerettet worden.

„Was meinst du, schönes Kind?", fragte der Fremde.

Da begann Dornröschen zögernd von der 13. weisen Frau zu erzählen und was sie ihr voraus gesagt hatte. Der Fremde erwiderte darauf: „Auch ich bin der Sohn eines Königs und ich reise ebenfalls wegen einer Prophezeiung durch die Lande. Vor dem Schloss meines Vaters wächst ein wundersamer Rosenstrauch. Er blüht stets nur dann, wenn ein Spross unserer Familie das heiratsfähige Alter erreicht hat. Und dann trägt er nur eine einzige Rose. Diese Rose soll dann den Weg zur rechten Braut weisen. Auch du liebst die Rosen, wie ich sehe. Und auf welch wunderbare Weise sind wir uns begegnet! Es kann gar nicht anders sein, als dass wir füreinander bestimmt sind."

Sanft und zart küsste er Dornröschen und es war, als würden neue, ganz unbekannte Gefühle in dem Mädchen erwachen, die bis jetzt geschlafen hatten. Fürsorglich half der Prinz seiner Braut wieder in den Sattel und gemeinsam ritten sie zum Schloss von Dornröschens Eltern.

Die Freude und Verwunderung über den schönen Prinzen, mit dem sich so ganz unerwartet die Prophezeiung erfüllte, war groß. Sogleich ließ der König die Hochzeit seiner Tochter mit dem Prinzen ausrichten.

Und so lebten sie glücklich in Liebe zueinander, zu ihrem Volk, zu den Rosen und den Pferden. Diese Liebe gaben sie schließlich auch an ihre Kinder weiter. Und wenn sie nicht gestorben sind, dann leben sie noch heute.

Esther Wäcken

Hänsel und Gretel

(Wie es gewesen wäre, hätte der Vater Rückgrat bewiesen und sich für seine Kinder eingesetzt)

Einst lebte ein fleißiger, redlicher Holzfäller zusammen mit seiner Frau und 2 Kindern in einem armseligen, kleinen Häuschen am Waldrand. Der Bub hieß Hänsel und das Mädchen Gretel. Beide waren wohl geratene Kinder. Doch obwohl der Vater jeden Tag hart arbeitete lebte die Familie von der Hand in den Mund. Gar zu groß war die Konkurrenz unter den Holzfällern und der Holzpreis war so weit gefallen, dass man selbst für hochwertiges Qualitätsholz kaum einen angemessenen Preis erzielte. So kam oft nur trockenes, altbackenes Brot auf den Tisch der Familie, welches der Bäcker günstig abgab, da es die bessere Kundschaft nicht mehr kaufen wollte. Und manchmal erlaubte der benachbarte Bauer den Kindern, das Fallobst auf seiner Wiese aufzulesen oder er schenkte der Mutter das Gemüse, welches er auf dem Markt nicht hatte verkaufen können, da es bereits welk und fleckig war. Aber alles in allem war es ein karges Leben und immer öfter kam es vor, dass des Holzfällers Familie hungrig zu Bett gehen musste.
Eines Tages war nur noch ein halber Laib Brot im Hause des Holzfällers vorhanden und dieser war schon so hart, dass man sich die Zähne daran ausbeißen konnte. Da sprach die Frau am Abend zum Manne: „So kann das nicht weiter gehen! Ich weiß nicht mehr, was ich noch zum Essen auf den Tisch bringen soll. Und es geht nicht länger an, die beiden unnützen Fresser noch mit durchzufüttern. Sie befinden sich im Wachstum, sind ununterbrochen hungrig und taugen noch nicht zur Arbeit. Lass uns die Kinder in den Wald bringen, dort, wo er am dichtesten ist. Sie finden den Weg nicht mehr nach Haus und wir sind sie los. Dann wird unser Auskommen leichter sein."
Der Mann war mächtig erschrocken von diesem so herzlosen Vorschlag. Niemals hätte er seine Kinder einem so grausamen Schicksal ausliefern können. Jedoch wusste er aus langjähriger Erfahrung, dass es keinen Sinn machte, seiner Frau zu widersprechen. Sie war ein zänkisches, rechthaberisches Weib, das ihn zu Hause ohnehin nicht zu Wort kommen ließ. Alles, was er durfte war, sich für die Familie abzurackern und das wenige

Geld, welches er für seine Arbeit bekam, musste er stets sofort bei seiner Frau abliefern. Verzweifelt sann er nach einem Ausweg, jedoch fiel ihm zunächst nicht besseres ein als seine Frau noch um einen Tag Bedenkzeit zu bitten. Unwillig stimmte die Frau schließlich zu und so hatte der Mann ein wenig Zeit gewonnen, um eine Lösung zu finden.

Da besann er sich darauf, dass er unlängst von einem Fremden hatte reden hören, welcher eine dunkle Haut und dunkles Haar hatte, sich wunderlich kleidete und eine recht sonderbare Sprechweise habe. Dieser Fremde solle behauptet haben, er reise im Auftrag seines Herrn - eines Sultans aus einem fernen, orientalischen Reich - um für diesen die schönsten Jungfrauen weit und breit zu finden für den Harem seines Herrn. Und der Fremde aus dem Orient würde auch noch fürstlich für die schönen Jungfrauen bezahlen. Nun war die Frau des Holzfällers schon lange keine Jungfrau mehr und beileibe auch keine Schönheit. Dennoch beschloss der Mann, den Fremden im Gasthof aufzusuchen und mit ihm wegen seiner Frau zu sprechen. Unter einem Vorwand verließ er noch mal das Haus und traf den Diener des Sultans auch ganz richtig im Gasthof an. Er schüttete ihm sein Herz aus, erklärte, dass er so schnell wie möglich seine Frau weit weg schicken müsse, um seine Kinder zu schützen.

Der Fremde erklärte, dass er des Holzfällers Weib sicher nicht als Frau für den Harem des Sultans mitbringen könnte. Jedoch würden überall in seinem Heimatland Sklavinnen für niedere Arbeiten gesucht und als eine solche wolle er einen guten Preis für die Frau zahlen. Jedoch würde er schon am nächsten Morgen in aller Frühe wieder in seine Heimat zurück reisen, da sein Auftrag inzwischen erfüllt sei. Der Holzfäller versprach, seine Frau beizeiten zum Hafen auf das Schiff des Fremden zu schaffen.

Wieder zu Hause machte er seiner Frau weis, er habe über ihre Idee, die Kinder im Wald auszusetzen nachgedacht und sei nun bereit, sich ihrem Willen zu fügen, Hänsel und Gretel gleich am nächsten Morgen fort in den Wald zu führen. Dann nahm er den letzten Wein, den sie im Hause hatten, mischte ihn heimlich mit einem starken Schlaftrunk und reichte ihn der Frau, um mit ihr auf das Gelingen ihres Plans zu trinken. Die Frau trank arglos und fiel kurz darauf in einen bleiernen Schlaf. Er lud sie auf einen hölzernen Karren und schaffte sie so zum Hafen, lieferte sie auf dem Schiff des Fremden ab.

Wie staunte er, als er die Bezahlung für seine Frau erhielt. Nie zuvor hatte er so viel Gold besessen, sich nicht einmal davon träumen lassen. Der Anblick des Goldes und der Gedanke daran, wie viel besser sein

Leben jetzt mit den Kindern aussehen würde, ließen sein aufkommendes schlechtes Gewissen im Keim ersticken.

Am anderen Morgen wunderten sich die Kinder, weshalb die Mutter nicht im Hause war. Der Vater erzählte ihnen, die Mutter habe weit weg von daheim eine Arbeit angenommen, um die Finanzen der Familie zu verbessern. Zwar waren Hänsel und Gretel traurig darüber, dass die Mutter sie ohne jeden Abschied verlassen hatte, aber sie schickten sich drein, nicht zuletzt, weil die Mutter ohnehin immer viel strenger zu ihnen gewesen war als der Vater und sie ihn stets viel lieber gehabt hatten. Der Vater machte sich gleich daran, für eine gute Zukunft zu sorgen. So ließ er von dem Gold eine Sägemühle bauen mit einem schönen Haus dabei und einem Stall, in welchem er fortan eine Kuh für die Milch und Hühner für die Eier hielt. Alle Holzfäller der Gegend kamen von nun an in die neue Sägemühle und ließen dort ihr Holz zurecht sägen. So hatte der Vater ein geregeltes Einkommen, lebte mit Hänsel und Gretel in bescheidenem Wohlstand.

Wie aber war es der Frau inzwischen ergangen? Was war sie erschrokken gewesen, als die Wirkung des Schlaftrunks nachließ und sie feststellen musste, dass sie sich auf einem Schiff auf hoher See befand. Viele Wochen hatte die Fahrt gedauert, bis das Schiff mit dem Diener des Sultans, den schönen Jungfrauen und der Frau des Holzfällers die Heimat erreichte. Dort wurde die Frau auf dem Sklavenmarkt verkauft und hatte von nun an den ganzen Tag schwere Arbeit zu verrichten. Schon vor dem Sonnenaufgang musste sie aufstehen und praktisch ohne Pause putzen, waschen, kochen und alle Tätigkeiten verrichten, die sonst niemand machen wollte, bis spät in die Nacht. Zu Essen bekam sie nur die Reste, welche ihre Herrschaft vom Tisch zurück gehen ließ und davon nahmen sich die höher gestellten Diener vorher die besten Bissen. So blieb für sie nur das Allerschlechteste, was sonst keiner mehr essen mochte. Nie gab ihr jemand freundliche Worte, dafür bekam sie oft Schläge für jedes Versäumnis, mochte es nun ihre Schuld sein oder nicht. Es war ein elendes Leben und oft dachte die Frau sehnsüchtig an ihr kleines Häuschen daheim, an den guten Mann, den sie gehabt hatte und an Hänsel und Gretel, ihre Kinder, die sie so hartherzig einfach aussetzen wollte. Selbst zu den ärmsten Zeiten war es ihr dort ungleich viel besser ergangen und sie bereute viele Male jedes böse Wort, das sie je zu Mann und Kindern gesagt hatte und ihre so unmütterlichen Absichten. Wie gerne wäre sie noch einmal wieder nach Hause gekommen. Tag und Nacht sann sie auf Flucht. Eines Tages wurde sie angewiesen, die Köchin des Hauses auf den Markt zu begleiten um ihr beim Tragen zu helfen. Während die Köchin mit den Händlern feilschte, sah die Frau ihre Chance gekommen und machte sich schnellen Schrittes davon, tauchte im Gewimmel der Menschen auf dem Marktplatz unter.

Von nun an wurde ihr Leben jedoch noch elender. Sie hatte keine Ahnung, wie sie es erreichen sollte, zurück in die Heimat zu kommen. Was sie zum Überleben brauchte musste sie sich erbetteln und die harte Straße war ihr Nachtlager. Zudem lebte sie in ständiger Furcht, als entflohene Sklavin erkannt zu werden. Dann hätte man sie nämlich unbarmherzig zu Tode gepeitscht. Als die Frau die Hoffnung schon bald aufgegeben hatte, hörte sie von einem Schiff, welches im Hafen lag und demnächst in ihre Heimat aufbrechen würde. Die Frau verkleidete sich als Matrose und heuerte auf dem Schiff an. Auch hier musste sie die schwersten Arbeiten verrichten, die ganze Überfahrt lang das Deck schrubben, zum Essen gab es nur Pökelfleisch und Schiffszwieback und der Kapitän führte ein strenges Regiment. Allein der Gedanke, wieder nach Hause zu kommen, ließ die Frau alle Strapazen aushalten.

Endlich hatte das Schiff seinen Bestimmungsort erreicht. Die Frau bekam ihre Heuer ausbezahlt und war somit aus dem Dienst entlassen. Das Geld reichte eben für eine einfache Mahlzeit in einem billigen Wirtshaus und dafür, dass sie sich ein gebrauchtes Kleid kaufen konnte, da sie ihre Matrosenverkleidung nicht länger tragen mochte. Zu Fuß machte die Frau sich auf den weiten Weg zu ihrem alten Holzfällerhäuschen. Wie groß jedoch war ihr Erschrecken, als sie das Häuschen leer und verfallen vorfand. Sie meinte nichts anderes, als dass ihr Mann und die Kinder inzwischen in elender Armut umgekommen seien. Der Hof des benachbarten Bauern jedoch existierte immer noch, sah schmucker aus denn je. Zaghaft klopfte die Frau dort an die Tür und die Bauersfrau öffnete ihr. So elend und abgemagert, wie sie nach all den entbehrungsreichen Jahren aussah, erkannte die Bauersfrau ihre frühere Nachbarin nicht, meinte, sie müsse eine Bettlerin sein.

„Sagt mit doch, gute Frau, was ist aus dem Holzfäller mit seinen beiden Kindern geworden, der dort in dem verfallenen Häuschen gewohnt hat?", erkundigte sie sich bei der Bauersfrau.

„Oh, der wohnt schon lange nicht mehr dort. Er hat sein Glück gemacht und besitzt jetzt die schönste Sägemühle weit und breit. Der Hans, das ist ein stattlicher, junger Mann geworden, auf den so manches Mädchen ein Auge geworfen hat. Und das kleine Mädchen, die Gretel, ist im Lauf der Jahre eine schöne, sittsame Frau geworden, die ich als meine Schwiegertochter gern willkommen heißen würde." So sprach die Bauersfrau zur freudigen Erleichterung der Mutter. Diese ließ sich den Weg zur Sägemühle beschreiben und machte sich auf den letzten, schweren Gang, ihre Familie wieder zu sehen und ihre Verzeihung zu erbitten.

Am späten Abend kam sie dort an. Jedoch befand sich der Mann noch unterwegs mit einer Fuhre Holz, die dringend noch zu einer großen Baustelle gebracht werden musste. Nur Hänsel und Gretel waren daheim, hatten sich soeben zum Nachtmahl an den Tisch gesetzt.

„Wer mag das sein?", fragte Gretel, als es an der Türe klopfte. „Der Vater wird doch wohl nicht schon zurück sein?"

Sie ging um zu öffnen und schaute verwundert auf die abgemagerte, verhärmt aussehende Frau in dem schäbigen, alten Kleid. Nach all den Jahren und in diesem Zustand erkannte sie ihre Mutter nicht und meinte ebenso wie die Bauersfrau, es müsse eine Bettlerin sein. Da Gretel ein mitfühlendes Herz hatte, lud sie die Frau ein: „Kommt doch herein und esst mit uns zur Nacht. Es ist von allem reichlich da."

Auch Hänsel erkannte seine Mutter nicht, hieß aber die vermeitliche Bettlerin an seinem Tisch herzlich willkommen. So saß nun die Mutter nach vielen Jahren des Leidens wieder unerkannt mit ihren Kindern am Tisch. Vor Freude darüber, wie prächtig sich Hänsel und Gretel heraus gemacht hatten, konnte sie kaum einen Bissen schlucken.

Nach dem Nachtmahl fragte die Mutter schüchtern, ob es wohl möglich wäre, dass sie die Nacht auf einem Strohlager im Stall verbringen könne. Gretel jedoch wies ihr die kleine Dachkammer zu, in welcher stets ein Bett für Gäste bereit stand.

Spät in der Nacht, als niemand mehr auf war, kam der Vater heim. Er ahnte nicht, dass seine Frau sich in seinem Haus befand. Auch er hatte sich in den vergangenen Jahren oft Vorwürfe gemacht, ob er nicht allzu hart gegen seine Frau gewesen war. Jedoch hatte er nichts über ihren Verbleib in Erfahrung bringen können.

So staunte er nicht schlecht, als er des Morgens hungrig in die Küche kam und dort eine fremde Frau bei der Zubereitung des Frühstücks antraf. Nein, dies war keine fremde Frau! Trotz ihres elenden Aussehens erkannte er sogleich sein, ihm vor langen Jahren angetrautes, Weib. Lange standen sie voreinander, keiner brachte ein Wort heraus. Bis sie beide gleichzeitig zu sprechen begannen: „Kannst du mir verzeihen, was ich dir angetan habe?"

Mehr Worte waren nicht nötig, das Verstehen zwischen den Eheleuten unausgesprochen. Soeben waren auch Hänsel und Gretel in der Küche erschienen und verwunderten sich nicht wenig, ihren Vater dort Hand in Hand mit der Bettlerin zu sehen.

„Kinder", sprach der Vater, „diese Frau ist eure Mutter, die nach langen, harten Jahren den Weg zu uns zurück gefunden hat. Wir wollen sie auf ewig bei uns willkommen heißen."

Da umarmten Hänsel und Gretel die Mutter. Aller Groll und die Fehler der Vergangenheit waren vergeben und vergessen. Und glücklich lebte die Familie fortan wieder zusammen.

Thomas Franz

Helmi Hase

Kapitel 1: „Ein guter Freund"

Helmut Hase lebte mit seiner Familie, das waren sein Vater Rudolf, seine Mutter Tine und seine sieben Schwestern und zwei Brüder, am Feldweg 17. Er war der Jüngste und viel zu klein für sein Alter. Seine Freunde nannten ihn deshalb nur Helmi, weil sie fanden, dass dies besser zu ihm passte. Um sie einmal vorzustellen, da sind Siggi der Biber, Ida Igel und schließlich Karl Wurm.

Die Vier hatten schon eine Menge Abenteuer miteinander erlebt. Dabei konnte sich jeder auf die anderen verlassen, denn sie waren Freunde, die dicksten Freunde. Ida hatte sogar aufgehört Würmer zu fressen, nur um nicht Karl oder seine Familie eines Tages versehentlich zu verspeisen. Doch war ihr das nicht sonderlich schwer gefallen. In Wirklichkeit mochte sie nämlich gar keine Würmer. Die waren ihr viel zu glibberig.

Siggi Zahn war der Anführer der Gruppe, denn obwohl sie nie über etwas stritten, brauchten sie doch jemanden, der das letzte Wort hatte. Sie alle hatten Siggi in dieser Rolle begrüßt. Karl und Helmi fühlten sich zu klein für eine so bedeutende Rolle, und Ida wollte die Jungs nicht in Verlegenheit bringen. Der Biber war zudem der Älteste von ihnen. Während die anderen erst zwei Jahre alt waren, stand in einem halben Jahr schon Siggis vierter Geburtstag bevor.

Siggi half ab und an bei seinem Vater aus, der in der Baubranche arbeitete. Später sollte der Filius das Familienunternehmen fortführen. Es befand sich bereits in der fünften Generation in der Familie Zahn. Den Namen hatte es von Siggis Ur-Ur-Urgroßvater erhalten: Zahn-Bau Biber AG. Der Wahlspruch der Familie war denn auch „Hast du ein Haus von Zahn, hast du lange Freude dran". Der Junge war ein guter Schüler und sehr fleißig, um die Familie nicht zu enttäuschen.

Letzten Sommer hatte er für die Clique ein Clubhaus entworfen, an denen die Vier einige Wochen gearbeitet hatten. Für sein erstes eigenes Projekt war es gut geworden. Zwar war die Rückwand ein wenig schief, doch störte das die Freunde nicht weiter. Oft hatten sie es sowieso noch nicht genutzt. Sie spielten lieber im Freien und selbst wenn es regnete, waren sie nur selten in ihrem Clubhaus.

Karl Knapp machte der Regen eh nichts aus; er gehörte ja schließlich zur Familie der Regenwürmer. Er liebte es, wenn der Regen auf die Wiese prasselte. Manchmal schlich Karl sich nachts heimlich aus dem Haus, um die vielen Gerüche aufzunehmen, die nach einem Regenschauer in der Luft lagen.

Gleichwohl wusste er um die Gefahren, die auf ihn warteten, wenn er allein draußen war. Es gab eine Vielzahl von Waldbewohnern und Vögeln, die ihn am liebsten auf ihrer Speisekarte sehen würden. Doch Karl war stets sehr vorsichtig gewesen. Er hatte eine Art sechsten Sinn entwickelt, was gefährliche Situationen betraf. Hierfür trainierte er aber auch hart. Von Zeit zu Zeit ließ er sich von Siggi ins Wasser halten, um die Fische im Teich zu ärgern. Noch nie war ihm dabei etwas passiert, obwohl es schon so manches Mal etwas brenzlig wurde.

Selbst seine Eltern konnten ihn nicht davon abbringen. Sie hatten es deshalb schon längst aufgegeben, ihn zu ermahnen. Und eigentlich waren sie stolz auf ihn. Denn während die meisten anderen ein sehr eingeschränktes Leben unter Tage führten, war Karl ein munteres Kerlchen. Ganz zu schweigen von der Unterstützung, die er von seinen Freunden erhielt. Besonders Ida nahm ihn in Schutz.

Ida Igel war sich, obwohl sie sonst eine sehr vornehme und reife Igeldame war, nie zu schade sich mit ihren Artgenossen zu raufen, damit diese ihren Freund nicht fraßen. Sie war aber auch gebildet. Am liebsten würde sie später mit Büchern arbeiten. Sie konnte sich stundenlang in ihre Wälzer vertiefen.

Mindestens genauso mochte sie jedoch die Zeit, die sie mit ihren Freunden verbringen konnte. Hier lebte Ida ihre wilde Seite aus. Wild konnte sie wirklich sein. Häufig hatte sie die Jungs an Tapferkeit übertroffen; etwa wenn es darum ging, in die „Arena" zu steigen. So bezeichneten die Freunde die Schafsweide. Nicht nur, dass die Herde vielen ein mulmiges Gefühl bereitete. Nein, besonders gefürchtet waren die zwei Schäferhunde. Diese waren sehr angriffslustig und hatten selbst den Tapfersten Respekt abgefordert. Ida dagegen ließ sich von den beiden nicht einschüchtern. Sie wusste, dass sie schnell war, und im Notfall boten ihr ihre Stacheln einen ausreichenden Schutz. Nur Helmi war mit ihr schon in die „Arena" gezogen, weil seine fehlende Körpergröße ihn auf den ersten Blick beinahe unsichtbar machte und er ein guter Sprinter war. Selbst die Hunde konnten ihn nicht fassen. Doch wichtiger waren Helmi seine Träume.

Kapitel 2 „Helmis Traum"

Helmi phantasierte schon sein Leben lang davon, Detektiv zu werden. Er hatte alle Kriminalromane, die er ergattern konnte, nur so verschlungen. Manche hatte er sogar mehr als nur einmal gelesen. Das Dumme war nur, dass in seiner Gegend nie etwas Aufregendes und Geheimnisvolles passierte, bei dem er hätte tätig werden können.

Ständig lag er seinen Geschwistern damit in den Ohren, dass sie ihm alles berichten sollten, das irgendwie merkwürdig war; so merkwürdig, dass es eines Kriminalisten bedurfte. Und bekanntlich sind Hasen besonders empfindlich, wenn ihnen jemand ständig mit etwas in den Ohren liegt. Deshalb hatten ihm seine Brüder schon des Öfteren an seinen Löffeln gezogen, bis sie keine Lust mehr dazu hatten, oder Tine mit ihnen schimpfte.

Nachdem Helmi den ganzen Samstag mit seinen Freunden rumgetollt hatte, legte er sich schließlich müde zu Bett. Diesen Abend wollte er sich aber nicht so einfach geschlagen geben. Deshalb faltete er seine Pfötchen und betete zu Gott. Er bat ihn, dass er doch bitte einmal bei ihnen, hier auf der Wiese, ein Rätsel machen sollte. Helmi bot sich im Gegenzug an, dieses zu lösen. Dann versprach er noch, dass, wenn er es nicht schaffen sollte, er nie wieder jemandem damit auf die Nerven gehen wollte. Nachdem er fertig war, fiel der Kleine in einen tiefen Schlaf und träumte einen langen Traum...

Kapitel 3 „Wie alles begann"

... Es war der erste Tag, an dem Helmi sich alleine vom Hasenbau entfernen durfte. Seine Eltern hatten versucht ihrem Jungen alles, was wichtig ist beizubringen.

Bereits nach kürzester Zeit entdeckte er etwas, das seine ganze Aufmerksamkeit fesselte. So was hatte Helmi bisher noch nicht gesehen und auch zu den Tieren, die ihm seine Eltern beschrieben hatten, schien es nicht zu passen. Er fand Gefallen an dem merkwürdigen Tier. Es hatte einen grünen Kopf, einen braunen Körper und eine gelbe spitze Nase. Sein schwankender Gang amüsierte den Hasen. Es sah aus, als ob das kleine Ding seine ersten Schritte machte, so wackelig stapfte es durch die Gräser. Mit jedem Schritt kippte es von dem einen auf das andere Bein und dann wieder zurück.

Helmi fragte sich, ob dies an den flachen Füßen lag. Unbemerkt folgte er dem Tier. Von zu Hause hatte er sich schon so weit entfernt, dass er es nicht mehr sehen konnte.

Das Ding bewegte sich immer weiter in Richtung Waldrand. Helmi blieb ihm auf den Fersen und ohne dass es ihm auffiel, hatte er vom Hoppeln abgelassen und war ebenfalls in ein Watscheln verfallen. Schließlich warf er einen Blick zurück, doch empfand er keine Furcht. Er wollte sich lediglich orientieren, weil seine Mutter ihm eingeschärft hatte, vorsichtig zu sein.

Als er wieder nach vorne sah, war das merkwürdige Tier verschwunden. Glücklicherweise bemerkte Helmi ein Rascheln in dem Gebüsch zu seiner Linken. Also machte er sich auf und hüpfte blitzschnell in den Strauch. Was Helmi allerdings nicht wusste, war, dass sich dahinter ein See befand.

Mit einem Platschen landete der Kleine im Wasser. Auf einmal war er mit einer Situation konfrontiert, auf die er nicht vorbereitet war. Er hatte bisher nur stehendes Gewässer betreten. Weil aber an dieser Stelle des Sees ein Wasserarm abfloss, war Helmi in eine Strömung geraten. Wild strampelte er mit seinen kleinen Beinchen, doch war er noch nicht stark genug, um bis ans Ufer zu gelangen. Deshalb ließ er sich schließlich treiben, bis er auf einen Holzwall stieß.

Auf dem Damm befand sich ein weiteres lustiges Tier. In gewisser Weise war es ihm ähnlich. Es hatte ebenfalls zwei starke und lange Schneidezähne. Helmi wunderte sich nur darüber, dass es anstelle eines kleinen Stummelschwänzchens ein riesiges Ruder besaß. Dafür fehlten dem Ding die für einen Hasen typischen Löffel. Furchtlos wie Helmi war, sprach er es deshalb an. Es war ein Biber und hieß Siggi.

Siggi war dagegen nicht sehr überrascht. Er hatte in seinem Leben bereits reichlich Erfahrung gesammelt. Weil der Junge bei seinem Vater aushalf, hatte er eine Vielzahl der verschiedensten Feld- und Waldbewohner kennen gelernt. Deswegen sah er gleich, dass der kleine Hase ein wenig verwirrt war. Freundlich wie Siggi war, stellte er sich vor. Beide kamen schnell ins Gespräch und freundeten sich an.

Ganz in der Nähe zog Ida mit ihrer Schwester Sara durch die Gegend, um ein paar Würmer zu fangen. Ida war noch sehr unerfahren und brauchte den Rat eines Älteren. Zwar konnte sie bei anderen Fressereien schon einige Erfolge verbuchen, doch der Wurmfang war für sie noch Premiere.

Sara musste ihr als erstes zeigen, wie man Würmer ausfindig machte. Danach war es ein Kinderspiel, diese auch zu erwischen. Als Sara glaubte, ihre Schuldigkeit getan zu haben, verschwand sie, um ihrem Schwesterchen nicht im Wege zu stehen. Wie es das Schicksal wollte, sollte Idas erste Beute ein Winzling sein, der den Namen Karl trug.

Karl erkannte, dass eine Flucht zwecklos war, weil er auf zu festem Grund war, um in einem Loch zu verschwinden. Doch war er schlau genug, einen altbekannten Trick der Würmer anzuwenden. Er stellte sich einfach tot. Wie erwartet, tastete sich Ida nur langsam an ihn heran. Da sie den Wurm aber für leblos hielt, schnüffelte sie ihn erst einmal ab. Dann nahm sie ihn vorsichtig ins Maul.

Ida spuckte den Wurm aber sogleich wieder aus, weil er so glitschig war. Forsch wie er war, bedankte sich Karl bei ihr. Dies irritierte Ida, so dass sie nur entgegnete, dass es gern geschehen sei. Über diese Situation waren beide sehr amüsiert und mussten herzhaft lachen. Karl kam als Erster wieder zu Wort und stellte sich Ida vor. Die tat es ihm gleich und eine neue Freundschaft war geboren.

Diesen Vorgang hatten nun wiederum zwei andere Gestalten beobachtet. Helmi hüpfte auf die beiden zu, und Siggi folgte ihm auf dem Fuße. Der Rest ist Geschichte…

Kapitel 4 „Der Neue"

Als die Sonne hoch am Himmel stand, weckte Frau Hase ihren Jüngsten. Sie war dies gar nicht gewohnt. Helmi war ein richtiger Frühaufsteher und fast immer der Erste in der Familie. Sein Tatendrang war so groß, dass er Nichts verpassen wollte. Oft musste Tine ihren Sohn regelrecht dazu zwingen ins Bett zu hüpfen, weil Helmi fand, dass der Tag noch nicht vollkommen ausgenutzt sei. Probleme mit dem Aufstehen hatte er am anderen Morgen auch noch nie gehabt.

Doch heute träumte der Kleine davon, wie er ein großes Geheimnis aufklärte und dafür von seinen Freunden gefeiert würde. Dabei bereitete ihm nicht der Jubel solche Freude. Nein, es war die Tatsache, dass sein Wunsch in Erfüllung gegangen war.

Jetzt allerdings war er wach und schon lebte seine Neugierde wieder auf. Nachdem er gefrühstückt und sich gewaschen hatte, hoppelte er in die Sonntagsschule, wo er gerade noch rechtzeitig eintraf.

Seine Freunde erwarteten ihn schon und hatten ihm einen Platz freigehalten. Nachdem der Unterricht beendet war, gingen die drei Jungs zum Waldrand. Ida allerdings hatte andere Pläne, deshalb setzte sie sich von der Gruppe ab.

Erst nach einer halben Stunde traf sie bei den anderen ein. Doch war

Ida nicht allein. Sie hatte einen Neuen im Schlepptau, den sie den Jungs als Ilias vorstellte. Ida erklärte ihren Freunden, dass sie Ilias auf dem Weg zur Sonntagsschule kennen gelernt hatte. Dieser erläuterte noch, dass er hier für einige Wochen zu Besuch sei und sich freute, schon einen Freund gefunden zu haben.

Weil die Truppe immer noch neugierig war, musste Ilias sich ausführlicher vorstellen. Er sei, so sagte er, ein Wombat und vier Jahre alt. Da er gerade Ferien habe, besuche er seine Tante unten im Tal. Doch bisher hatten die Freunde Tante Gerda nicht getroffen. Aber dies lag wohl daran, dass sie sich fast nie im Tal aufhielten.

Ilias war ein wenig besorgt. Denn seine Tante sei in letzter Zeit sehr kränklich geworden, und er wusste nicht, ob sie sich noch einmal erholen würde. Deshalb würde er mit ihr auch so viel Zeit wie möglich verbringen. In die Sonntagsschule konnte er auch nicht, da er für Gerda noch etwas beschaffen musste. Als Ilias mit seiner Geschichte fertig war, stellten sich auch die Freunde nacheinander vor.

Wichtig für einen neuen Freund war es ihm zu zeigen, wo man besonders gut spielen konnte. Aber auch sonst sollte Ilias nicht im Dunkeln tappen. Deshalb führten die Vier ihn gleich durch die Gegend. Zu dem Programm gehörten der See, der Waldrand und die Wiesen. Den nahe gelegenen Bauernhof streiften sie nur, weil Ilias von der Führung müde geworden war. Dies mochte jedoch auch daran gelegen haben, dass es mittlerweile Abend geworden war. Nur Karl konnte nicht klagen, weil Siggi ihn während der ganzen Zeit getragen hatte.

Die Freunde verabschiedeten sich von Ilias und jeder ging Heim, um von den Erlebnissen des Tages zu berichten.

Kapitel 5 „Aufruhr im Hühnerstall"

Den nächsten Tag überschattete eine schlechte Nachricht. Es hatte sich nämlich herumgesprochen, dass im Hühnerstall des Bauern Willi eingebrochen worden war und ein Unbekannter eine handvoll Eier gestohlen hatte. Da Ilias zur verabredeten Zeit nicht zum vereinbarten Treffpunkt kam und die Freunde schon auf die verspätete Ida gewartet hatten, machten sich die Vier schließlich ohne Ilias auf den Weg zum Bauernhof. Karl bevorzugte es dabei, vor dem Stall zu warten. Er wollte nämlich nicht von einem aufgeregten Huhn versehentlich gefressen oder angepickt werden.

Die Hennen befanden sich immer noch in heller Aufregung. Es dauerte etwa eine viertel Stunde, bis die Drei den Hühnern ein paar Informationen aus der Nase ziehen konnten. In der vergangenen Nacht war ein Unbekannter in den Stall eingebrochen. Alle hatten geschlafen und konnten den Täter deshalb nicht beschreiben.

Trotzdem zeigten die Hühner genügend Fantasie: sie vermuteten, es müsse ein Fuchs, ein Bär oder noch etwas Größeres gewesen sein.

Helmi war insgeheim begeistert davon, dass es endlich ein Geheimnis zu lüften gab. Er scheuchte seine Freunde zum Wachhund, um herauszufinden, ob dieser etwas bemerkt hatte. Norbert war nicht mehr der Jüngste. Als er vor zwei Jahren seinen siebten Geburtstag gefeiert hatte, waren seine Augen schon nicht mehr so gut gewesen. Inzwischen war er fast blind. Willi hatte es dennoch nicht über sein Herz gebracht, seinen treuen Norbert zu ersetzen, immerhin hatte er ihn von klein auf um sich gehabt.

Der Wachhund sagte den Freunden zwar, dass ihm der Geruch des Einbrechers bekannt vorgekommen sei. Jedoch fiel ihm einfach nicht ein, woran ihn dieser erinnerte. Bei seinen Rundgängen war er so langsam, dass selbst eine Schildkröte problemlos und unbemerkt in den Hühnerstall einsteigen konnte.

Norbert freute es, dass sich die Freunde der Sache annehmen wollten, um seinen Ruf zu retten. Er wünschte den Vieren viel Erfolg, als diese zur weiteren Spurensuche aufbrachen.

Auf den ersten Blick ließ sich indessen nichts Außergewöhnliches entdecken. Weil der Zaun nicht mehr der Beste war, musste der Eierdieb sich keinen Tunnel graben. Auch Haare waren keine im Zaun hängen geblieben. Helmi war über die Ausbeute ein wenig enttäuscht, ließ sich jedoch von seinem Vorhaben den Dieb zu fassen, nicht abbringen.

Nun beabsichtigten die Freunde, ein kleines Essen einzuschieben. Die Mittagszeit war sowieso schon längst verstrichen. Ida allerdings hatte keinen rechten Hunger. Die Jungs störte es nicht und sie ließen sie in Ruhe.

Kapitel 6 „Endlich, ein Geheimnis"

Karl machte sich dennoch Sorgen, dass mit seiner Freundin etwas nicht stimmte. Er kannte sie nur zu gut. Idas geringer Hunger war verdächtig. Nur Siggi war mit seinem Fressen so sehr beschäftigt, dass er sich durch nichts ablenken ließ. Auf Karls Nachfrage versicherte Ida zögerlich, dass alles in Ordnung sei. Schließlich machte sie sich auf den Weg, um noch bei Ilias vorbei zu sehen. Sie waren heute Vormittag verabredet gewesen. Unterwegs fiel ihr ein, dass sie gar nicht wusste, wo Ilias' Tante genau wohnte. Und das Tal war zu groß, um es nach ihm abzusuchen.

Helmi konnte sein Glück gar nicht fassen; nicht nur dass es galt, den Hühnerdieb zu schnappen. Jetzt hatte auch ihre Freundin ein Geheimnis. Dies musste er allerdings noch ein wenig auf sich beruhen lassen. Denn vorrangig war die Ergreifung des Eierdiebes.

Die Jungs beschlossen nach einer Beratung, Ida bei der Detektivarbeit mit einzuspannen. Als Freunde taten sie eben alles gemeinsam. Siggi schulterte sich Karl auf, und schon trabten die Drei in Richtung Tal. Nach nur kurzer Zeit trafen sie auf Ida, die gedankenverloren am Rande des Tals hockte.

Nachdem die eingeschworene Clique eine halbe Stunde wortlos dagesessen und die dahin ziehenden Wolken beobachtet hatte, kam Ilias daher. Er entschuldigte sein Fehlen vom Morgen damit, dass er verschlafen habe. Gerda sei letzten Abend so kränklich gewesen, dass er sich um sie kümmern musste. Deshalb wusste Ilias auch nicht, was sich im Hühnerstall abgespielt hatte.

Wegen der einbrechenden Dämmerung beschlossen sie, nichts mehr zu unternehmen und sogleich den Nachhauseweg anzutreten. Ida war noch zurückgeblieben, um sich von Ilias zu verabschieden. Dabei machten die beiden einen Termin für den nächsten Tag aus. Helmi kam Idas Verhalten komisch vor. Seitdem der Neue da war, war sie fast nicht wieder zu erkennen. Doch vorerst wollte er seine Beobachtungen für sich behalten.

Kapitel 7 „Der Plan"

Bevor sich Helmi zu Bett legte, ging er die Ereignisse des Tages noch einmal in Gedanken durch. Dabei kam ihm eine gute Idee. Mit einem Lächeln auf den Lippen legte er sich zufrieden schlafen.

Der neue Morgen war noch jung, als Helmi aufstand. Er wusch sich still, machte sich fertig und schlich aus dem Haus. Helmi konnte es nicht abwarten, bis seine Familie bereit zum Frühstücken war. Im Galopp eilte er zu seinen Freunden. Doch weil diese noch im Bett lagen, musste er sich eine Stunde gedulden, bis Siggi und Karl zu ihm stießen. Helmi wartete nicht erst ab, was ihm die zwei zu sagen hatten. Vielmehr weihte er sie in seinen Plan ein, den seine Freunde toll fanden.

Es dauerte noch eine Weile, bis Ida endlich auftauchte. Die Jungs waren schon etwas sauer auf sie. Ihr Ärger steigerte sich als sie erfuhren, dass Ida sich zuvor mit Ilias getroffen hatte. Allerdings hatte dieser nicht viel Zeit für sie gehabt, was Ida scheinbar nicht gefallen hatte.

Bevor Helmi ihr seinen Plan erzählte, wollte er sie auf die Probe stellen. Zu Karl sagte er, dass er Ilias für einen komischen Kerl halte. Wie erwartet protestierte Ida. Nun fing Helmi an zu lachen. Siggi und Karl fielen mit ein in das Lachen, ohne zu wissen warum sie das taten. Dies reizte Ida so sehr, dass sie Helmi grimmig ansah. Nun wollte Helmi seine Freunde aufklären.

Nachdem er die Aufmerksamkeit der anderen auf sich gezogen hatte, unterrichtete der Kleine feierlich die Drei darüber, dass Ida in Ilias verliebt sei. Diese wurde sofort rot, leugnete aber die Unterstellung. Als sie erkennen musste, dass sie ertappt war, gestand sie den Jungs, dass sie wirklich Gefallen an dem Neuen gefunden hatte. Einen kleinen Triumph konnte sie trotzdem davontragen. Sie hatte sich nämlich über das Verhalten von Ilias sehr geärgert und mittlerweile ihr Interesse an ihm verloren.

Ida hatte nicht vorgehabt gemein zu ihren Freunden zu sein. Wegen ihrer Überschwänglichkeit war sie jedoch sauer über sich selbst gewesen. Deshalb entschuldigte sie sich bei den anderen. Helmi bat Ida ebenfalls um Verzeihung, da er sie bloßgestellt hatte.

Als sie dies geklärt hatten, machte sich Helmi endlich daran auch Ida in ihren Plan einzuweihen. Hinsichtlich der Details mussten die Vier allerdings die Köpfe zusammenstecken, um sie gemeinsam auszuarbeiten. Einige Ideen wurden verworfen, andere überarbeitet und wieder einige überzeugten die Freunde auf Anhieb.

Norbert wusste, wo sich die vier kleinen Detektive meistens aufhielten. Aus diesem Grunde trappelte er los, ihre gewohnten Spielplätze aufzusuchen. Der Wachhund hatte Glück, denn bereits sein erster Versuch führte ihn zu den Freunden. Diese waren so in ihr Gespräch vertieft, dass sie Norbert nicht kommen sahen. Erst als sie das Schnauben hörten, drehten die Vier sich nach ihm um. Der arme Hund war völlig aus der Puste und schaute trauriger aus als beim letzten Mal.

Nach einer kurzen, aber herzlichen Begrüßung fing Norbert an zu erzählen. Auch in dieser Nacht hatte der Dieb zugeschlagen und drei Eier mitgehen lassen. Spuren waren wieder keine vorhanden gewesen. Der Wachhund entschuldigte sein Versagen, wie er es schon gegenüber den Hühnern getan hatte. Vielleicht war er ja wirklich schon zu alt für diesen Job. Es dauerte bei ihm einfach zu lange, bis er die Ställe abgelaufen hatte.

Die Freunde sprachen ihm gut zu. Im Vertrauen auf die aufgeweckten Kleinen trippelte Norbert zurück zur Farm. Dort wollte er sich ein wenig ausruhen, um für die nächste Nacht gerüstet zu sein. Die Nachricht, dass der Hühnerdieb erneut zugeschlagen hatte, bekräftigte die Freunde in ihrer Befürchtung, dass sie sofort handeln mussten. Deswegen machten sie sich daran, Helmis Plan in die Tat umzusetzen.

Kapitel 8 „Manchmal muss man Federn lassen"

Jeder hatte eine Aufgabe zu erfüllen. Siggi marschierte zum See. Weil er hier zu Hause war, wusste er am besten, woher er den richtigen Lehm bekommen sollte. Jeder andere hätte vermutlich irgendeinen Schlamm zusammengekratzt. Aber für den benötigten Zweck gab es nur eine Sorte die geeignet war: der schön klebrige. Auf seinem Schwanz transportierte Siggi einen großen Berg davon zum Treffpunkt beim Bauernhof. Diese Prozedur musste er mehrmals wiederholen, um die erforderliche Masse an Lehm anzuhäufen.

Karl war die gefährlichste Angelegenheit übertragen worden. Er sollte die Hühner auf dem Hof versammeln, um sie für die Nacht zu unterweisen. Der Plan setzte äußerste Disziplin von den Hühnern voraus. Doch waren diese noch so aufgebracht, dass Karl seine Mühe hatte, diese ruhig zu halten. Dabei musste der Wurm ständig auf der Hut sein. Denn das eine oder andere Huhn scharrte kopflos mit den Krallen.

Es dauerte eine kleine Ewigkeit, bis Karl der Gefiederschar erläutert hatte, dass sie in der kommenden Nacht gegenseitig auf ihre Eier aufpassen sollten. Jedes Tier musste dabei absolute Ruhe bewahren. Eine Panik würde dazu führen, dass die vier Freunde möglicherweise den Dieb nicht schnappen konnten. Außerdem wäre es für sie zu gefährlich, dem Unbekannten nachzujagen. Immerhin könnte er sich auch gegen sie wenden. Karl war erleichtert, als er seine Aufgabe endlich erledigt hatte.

Währenddessen sammelte Ida alle ausgefallenen Federn auf, die sie in den Hühnerställen finden konnte. Es war schwerer, als sie angenommen hatte. Bauer Willi legte großen Wert darauf, dass seine Tiere unter den bestmöglichen Bedingungen lebten. Deshalb hatte er seinen Burschen angewiesen, die Ställe täglich auszukehren und den Hof in Ordnung zu halten. Ida wanderte schließlich nach draußen. Dort hatte sie wesentlich mehr Erfolg. Die aufgelösten Hühner hatten sich bei ihrem wilden Treiben einige Federn ausgerissen, die Ida zufrieden einsammelte. Da diese aber nicht genügten, mussten die mutigsten Hühner anrücken, damit Ida an die restlichen Federn kam.

Der kleine Helmi schritt den Hof noch einmal komplett ab, um sich zu vergewissern, von wo der Dieb auf den Hof gekommen sein musste. Hieran schloss er seine Verwandlung an. Dazu musste er ein Mehlbad nehmen. Danach wälzte er sich im Lehm und anschließend in dem Gefiederhaufen.

Zu guter Letzt mussten alle Eier noch versteckt werden. Nur zwei Stück behielten sie zurück. Diese schafften die Freunde zu einem Nest, das sich genau in der Mitte des einen Stalls befand. Weil aber auch Norbert seinen Teil zur Ergreifung des Unbekannten beitragen wollte, erhielt er von Helmi einen Platz zugewiesen. Auch der Rest der Truppe nahm seine Position ein. Nachdem dies erledigt war, konnte der Dieb kommen. Die Freunde waren vorbereitet.

Kapitel 9 „Das letzte Wort ist noch nicht gesprochen"

Eines hatten die Vier bei ihrem Plan allerdings nicht bedacht. Sie waren seit dem frühen Morgen auf den Beinen und hatten bei der ganzen Hektik und den Vorbereitungen vergessen, sich ein wenig auszuruhen. Nun überfiel sie allmählich die Müdigkeit. Jeder kämpfte an seinem Standort für sich gegen den Schlaf. Doch die Augenlider wurden schwerer und schwerer.

Von den Freunden bemerkte deshalb auch keiner, dass sich ein Schatten in dunkler Nacht dem Bauernhof näherte. Dieser bewegte sich geschickt vorwärts. Er nutzte jede Deckung, um nicht aufzufallen. Helmi wurde immer müder. Schließlich konnte er sich der Ermattung nicht mehr erwehren und verfiel in einen tiefen Schlummer. Karl war ebenfalls eingeschlafen und Ida packte nun ebenfalls der Schlaf.

Die Schattengestalt hatte mittlerweile den ersten Hühnerstall erreicht. Unbeobachtet schlich sie hinein. Nachdem sich die Gestalt bei den Nestern umgesehen hatte, entwich sie wieder nach draußen.

Nur Siggi war jetzt noch wach. Er war es gewohnt, hart und lange zu arbeiten. Der Schlaf konnte ihm also so schnell nichts anhaben. Von seiner Position aus konnte er die anderen aber nicht sehen. Aus diesem Grund war es ihm nicht möglich, seine Freunde zu wecken, als der Schatten in den Stall geschlichen kam.

Die Gestalt bewegte sich immer näher auf die zwei Eier zu. Dann war sie so nah, dass sie nach dem Köder greifen konnte.

Siggi wurde immer nervöser. Sein Verstand rotierte. Wie sollte er seine

Freunde warnen? Jeder Laut konnte den Dieb aufschrecken. Der kleine Biber war fast versteinert. Was konnte er tun? Ihm fiel einfach nichts ein. So konnte er nur zusehen, wie sich der Dieb die Eier schnappte. Die Spannung war unerträglich.

Kapitel 10 „Um Haares breite"

Der Fremde wandte sich zum Gehen. Daraufhin hielt es Siggi nicht mehr aus. Er setzte gerade an, um aufzuschreien. Da erwachte Helmi. Er sah den Dieb an. Geistesgegenwärtig sprang der Kleine auf. Der Unbekannte wurde hiervon aufgeschreckt. Er drehte sich nach Helmi um. Wegen seiner Verkleidung erkannte er ihn aber nicht. Er sah nämlich aus wie ein Huhn.

Irritiert von Helmis Hüpferei zögerte der Räuber. Dies nutzte Siggi, um Ida zu wecken. Helmi versuchte den Schatten aufzuhalten. Er biss ihm in den Schwanz. Dieser konnte sich jedoch losreißen. Er wollte gerade mit den zwei Eiern fliehen. Da kroch Karl aus dem einen Ei. Dies erschreckte den Dieb noch mehr. Entsetzt sprintete er zum Ausgang des Stalls.

Ida durchschaute sofort die Situation. Sie rollte sich auf zu einer Kugel. Siggi nahm sie auf seinen Schwanz. Mit kräftigem Schwung schleuderte er Ida hinter dem Flüchtenden her. Volltreffer. Der Dieb schrie auf und ließ die Eier fallen. Doch dieser Angriff konnte ihn an seinem Entkommen nicht hindern. Mit riesigen Schritten hastete er davon.

Die Vier nahmen sogleich die Verfolgung auf. Karl hatte große Mühe, sich an Idas Stacheln festzuhalten. Die Jagd wurde immer schneller. Vorneweg rannte Ida. Helmi war Zweiter, holte jedoch rasch auf. Am Schluss war Siggi. Dieser eilte in eine andere Richtung. Er wollte dem Halunken den Weg abschneiden. Der Dieb konnte seinen Vorsprung aber noch vergrößern.

Die Freunde gaben sich jedoch nicht geschlagen. Sie mobilisierten all ihre Kräfte. Schließlich war Helmi fast am Dieb dran. Wieder schnappte er nach ihm, verfehlte ihn aber um Haares breite. Ida versuchte nun ebenfalls, von einer anderen Seite an den Räuber heranzukommen. Karl war schon ganz schwindlig geworden. Tapfer hielt er sich an Idas Stacheln fest. Er wollte dabei sein, wenn der Halunke ergriffen wurde.

Wie erwartet eilte der Dieb auf ein Stück des Zauns zu, der von einem Gebüsch bewachsen war. Bei seiner Untersuchung hatte Helmi dort ein Loch entdeckt. Nur wenige Meter, dann hatte es der Schatten erreicht. Fast war er entkommen. Der Unbekannte setzte zu einem letzten Satz auf den Strauch an.

Da sprang Norbert heraus. Er kam vollends unerwartet. Der Eierdieb konnte nicht mehr bremsen. Trotz seines Alters war der Wachhund auf Draht. Sein alter Kampfgeist lebte auf. Der Flüchtige wollte gerade zur Seite ausweichen. Doch Norbert hatte ihn gefasst. Nun waren auch die Freunde da. Alle fielen über den Dieb her.

Dieser gab seinen Widerstand auf. Er war besiegt. Es dauerte ein wenig, bis sich die Situation gelegt hatte. Erst jetzt sahen die Jäger, wer ihr Gefangener war. Norbert erinnerte sich wieder an den Geruch. Es bestand kein Zweifel mehr. Sie hatten ein Wiesel gestellt. Die Freunde waren entsetzt. Der Dieb war Ilias. Ida war so erbost darüber, dass sie auf ihn einstach.

Kapitel 11 „Ende gut, … "

Ilias wurde, von allen Seiten bewacht, zurück zu den Ställen gebracht. Dort angekommen wurde er einem Verhör unterzogen. Immer wenn der Gefangene sich sträubte, fauchte ihn Ida an. Hierauf hielt sich Ilias den Hintern. Die Igeldame hatte ihm so zugesetzt, dass er noch nach Tagen ein Andenken von dieser Nacht haben würde.

Die Befragung ergab, dass Ilias von dem Bauernhof gehört hatte und deshalb in die Gegend gekommen war. Weil er aber nicht wusste, wo genau dieser sich befand, hatte Ilias sich bei den Freunden eingeschlichen.

Glücklicherweise hatten die Vier ihn in der dritten Nacht gestellt, sodass der Schaden gering geblieben war. Trotzdem war ein solches Verhalten unverzeihlich. Dies musste dem Dieb klargemacht werden.

Die Freunde befahlen Ilias, dass er dahin verschwinden sollte wo er herkam. Um der Aufforderung Nachdruck zu verleihen, scherten sie ihm das Fell. Dann wurde Ilias laufen gelassen. Dieser versuchte so schnell wie möglich, Land zu gewinnen. Bereits nach wenigen Sekunden war er nicht mehr zu sehen und sollte auch nie mehr zurückkehren.

Norbert wurde von der Hühnerschar als Held gefeiert. Sie hatten immer gewusst, dass er der Beste war. Ida, Siggi und Karl fingen unterdessen an zu lachen. Erst jetzt, als die Sonne aufgegangen war, sahen sie wie komisch Helmi in seiner Hühnerverkleidung aussah. Dieser betrachtete sich darauf in einer Pfütze und fiel mit ein in das Gelächter.

Alle Anwesenden waren sehr vergnügt. Ein solches Abenteuer erlebte man nicht alle Tage. Nun war es Zeit für eine Feier, eine große Feier.

Die Tiere ließen Norbert wegen der Ergreifung des Diebes hochleben. Sie feierten Helmi wegen seines Plans. Karl und Siggi wurden um ihre Tapferkeit geehrt und Ida erhielt großen Beifall wegen ihrer einzigartigen Art, mit den Dingen umzugehen.

Helmi konnte sein Glück nicht fassen. Nur durch seinen Plan hatten sie Ilias schnappen können. Er hatte ganze Arbeit geleistet. Im Geheimen dankte er Gott, dass sein Traum sich erfüllt hatte. Und als die Freunde Heim kamen, waren ihre Familien stolz darauf was ihre Kleinen geschafft hatten.

Noch lange nach diesem Tag wurde die Geschichte von dem Eier stehlenden Wiesel erzählt und wie es überwältigt wurde. Diese Geschichte trug dazu bei, dass nie wieder ein Halunke versuchte, im Hühnerstall zu wildern. So war das damals mit Helmi und seinen Freunden.

Ende

Andreas Erdmann

Die Reise nach Ea

Tok. Tok. Tok! klopfte es eines abends an deine Kellertür: Tok. Tok! und noch einmal: Tok! - und du standest im Flur, standest da auf den Dielen wie angewurzelt. Du horchtest, hieltest den Atem an, und dein Herz (bom bomm bommm) schlug hinauf bis zum Hals: Wer konnte das sein? wer besuchte dich dort aus dem Keller? und wer rief jetzt mit dumpfer Stimme von jenseits der Tür, rief dich - deinen Namen - durchs Holz?

Du fasstest Mut und tratest vor, riefst zurück: „Ja?!" und: „Herein!" - Es folgt ein Klacken der Klinke. Wer ... irgendwer drückte und zog, stemmte sich gegen die Holzfläche: „Geht nicht. S' ist abgeschlossen."

„O Entschuldigung!", sagtest du, drehtest den Schlüssel im Schloss. Im nächsten Moment schnappte die Tür auf, sie sprang einen Spalt weit nach innen, schwang weiter - und dabei knarrte und knaatschte sie laut in den Angeln, während sich vor dir der finstere Einstieg zum Keller öffnete. Du spähtest hinein und hinunter, konntest zunächst niemanden entdecken. Dann jedoch stieg dir ein säuerlich fauliger Atem entgegen, und du erkanntest den Umriss eines alten, buckligen Männleins in einem pechschwarzen Pelz, den Kragen hoch aufgestellt und die Fellmütze tief ins Gesicht heruntergezogen.

„Guten Abend!" krächzte es aus dem Dunkel: „Mein Name ist Kurz. Mein Meister schickt mich, Sie abzuholen für Ihre Reise nach Ea!"

„Nach Ea? Na, dann warten Sie kurz, ich hole mir Stiefel und Jacke."

„Neinein", meinte Kurz, „nicht nötig, die brauchen Sie nicht in Ea."

„Einen Moment noch, ich mache uns Licht!", sagtest du, fingertest schon nach dem Lichtschalter.

„Lassen Sie das!", patschte der kleine Mann dir auf die Hand: „Kommen Sie, folgen Sie mir auf der Stelle!"

„A-aber- man sieht dort unten ja nichts."

„Ich für meinen Teil sehe genug, und der Meister verabscheut künstliches Licht", knurrte er noch, kehrte sich um und stieg bereits vor dir die Treppe hinunter.

In deinen Hausschuhen tratest du auf den ausgetretenen Stein der obersten Stufe. Da schlug dir im Rücken krachend der Flügel der Türe ins Schloss. Du legtest die Hand auf den Lauf des Geländers und folgtest dem Fremden schweigend hinab in das gähnende Dunkel.

Stufe um Stufe ging's in die Tiefe. Spinngeweb streifte dein Haar - du ducktest dich. Die felsige Decke schwebte hernieder, der Gang wurde enger und enger. Mit einem Mal wich der Felsen zurück, und sowie du nun von der Treppe in das Kellergewölbe eintratst, wehte dir aus dem offenen Schwarz ein kühlerer Lufthauch entgegen. Du hieltest inne und lauschtest, vernahmst von drüben das Rauschen der Quelle, die im tiefsten Grunde des Kellers entsprang.

„Vorwärts, vorwärts! nicht stehen bleiben!", drängte der Alte, und weiter ging es auf steinigem Boden. Das Gewölbe kam dir tiefer vor als gewöhnlich - ihr hättet längst bei der hintersten Mauer anstoßen müssen. Die Kellerdecke erschien dir viel höher als sonst, und als du den Blick nach oben lenktest, konntest du in der Finsternis etwas erkennen: Du sahst - sahst, dass der Raum grenzenlos war, sahst in der Höhe die blinzelnden Sterne! - Sterne, Sterne blinzelten auch um dich her und tanzten dort auf dem Wasser, das du plötzlich drunten zu deinen Füßen erblicktest: Sternlichter tanzten weit, weithin auf den Wellen eines rauschenden Meeres, und in der Ferne über der wogenden Flut erhob sich lautlos die weiße, vollrunde Scheibe des Mondes.

„W-w- wo sind wir hier?" wolltest du wissen.

„Mensch, fragen Sie nicht, folgen Sie mir!", kraxelte Kurz durch die Klippen zum Ufer. Auf einmal erspähtest du eine Fähre, die unten am Steg zur Abfahrt bereit lag - und am Ende des Stegs stand der Fährmann in einem langen, luftig flatternden Mantel, stand da mit wehendem Haar und schaute hinaus auf die endlose See.

„Halt!", schnellte Kurz auf der untersten Klippe herum, „geben Sie mir jetzt den Fährlohn!"

Da suchtest du in deiner Hosentasche und brachtest einige klimpernde Münzen zum Vorschein.

„O nein, das reicht nicht", meinte der Alte: Geben Sie mir einfach alles!"

„Alles?"

„Nun", grinste er, „wenn Sie erst drüben in Ea sind, brauchen Sie ja nichts mehr."

Daraufhin gabst du ihm all dein Geld. Du drücktest ihm auch deine goldene Uhr in die Hand.

„Das reicht noch nicht hin", bekamst du zu hören: „Geben Sie alles, was Sie beschwert, was Sie mit sich herumschleppen und an Ihrem Leib tragen!"

„A...aber... es ist so kalt und windig hier ..."

„Jammern Sie nicht!"

So stiegst du aus deinen Pantoffeln, schlüpftest aus Hemd und Hosen und reichtest dem Mann all deine Sachen. Völlig unbekleidet standest du da - und er forderte: „Legen Sie auch Ihr Gesicht ab!"

So kam es, dass du dein Lächeln abgabst, jedweden Ausdruck von Freude und Zuversicht und sogar deine Hoffnung.

„Danke, das reicht!", sagte der Fährgehilfe, und nackt wie du warst stiegst du ihm nach, von der Klippe auf die wankenden Bretter des Bootsstegs.

Der Fährmann hatte euch wohl gehört, fuhr herum und kam euch mit langen, stakenden Schritten entgegen.

„Guten Abend!", grüßtest du ihn. Er erwiderte nichts.

„Nun können wir aufbrechen", sagtest du freundlich, und der Mann herrschte dich an: „Was soll das? Sie haben hier gar nichts zu sagen! Die Stunde des Aufbruchs bestimme ich. Ich ... ich allein kenne das Wetter, kenne die Gefahren der Nacht und das Kommen und Gehen der Flut."

„Ja, aber ..."

„Schweigen Sie!", schrie er dich an. Und du schwiegst.

Kurz darauf - „Eeeja hooo!" - erteilte der Fährmann das Zeichen zum Aufbruch. Du folgtest den Männern ins Boot und stiegst durch allerlei Tand und Zeug, das an Deck durcheinander lag, bis zum Bug vor. Der Fährmann stellte sich achtern ans Steuer, und sein Fährknecht hievte den Anker an Bord, löste die Leinen und zog das Segel am Mast auf. „Fääähre ahoi!", rief es vom Steuer, und schon fuhr der Wind in das Segeltuch. Die Fähre setzte sich in Bewegung und trieb nun, von Sternen umwogt, hinaus auf das offene Meer.

Du lehntest im spitzen Winkel des Bugspriets, spähtest voraus und sahst bald, wie Mond und Sterne erloschen. Dein Auge verlor sich im Nichts. Der Himmel war ganz verhangen. Ein dichtes Gewölk hatte sich vor euch zusammengebraut, und ihr steuertet geradewegs darauf zu.

„Ferge, wir müssen einlenken!", riefst du nach hinten.

„Schweigen Sie!", schroffte es da vom Heck. „Ich bin der Käpt'n, und ich bestimme den Kurs! Sie aber kennen ja weder den Weg noch das Ziel Ihrer Reise."

Schneller und schneller brach das Gefährt durch die Wogen. Der Bug stach ins Wasser und warf hohe Wellen auf, von unten her peitschte die Gischt. Dann fuhr ein Ruck durch das Boot. Es schnellte blitzartig nach vorn und du fielst herum an den Fockmast, schlangst die Arme ums Holz und schriest nach hinten: „Wir müssen zurück! Zurück!"

„Das ist unmöglich!" tönte es aus der tosenden Brandung: „Es gibt kein Zurück in den Schnellen der Zeit!"

Schon stürzte das Boot in einen Strudel. Ein Sog erfasste es, zog es durchs brennende Wasser, das im wilden Wirbel über dem Segel zusammenklatschte. Auf einmal ein flammender Blitz! Sofort rollte und grollte der Donner heran. Und schlagartig setzte ein Wolkenbruch ein: Wassermassen prasselten jetzt von droben aufs Deck. Der Boden bebte, alles umher rutschte und rasselte hier im reißenden Strom durcheinander. Du wurdest vom Mast weg nach achtern geschleudert, rudertest mit deinen Armen, wolltest noch mit der Hand nach den schlagenden Tauen vom Ladebaum greifen - langtest ins Leere, stolpertest. Stürztest kopfüber, schlugst der Länge nach auf die Bohlen. Am Grunde ein Bersten. Vom Kiel reißt es das Boot in die Höhe, und du schlitterst bäuchlings zum Heck - saust auf den Fährmann zu, der sich dort fest an das Steuerrad klammert. Über dir steht er, mit flatterndem Mantel, sein kantiger Schädel grell im Gewitter, und aus den schattigen Augenhöhlen sticht eine Flamme: „Zum Teufel mir dir, verfluchte Fähre!", vernimmst du noch seine feurige Stimme: „Fahr doch zur Hölle, zur Hölle!" - Und über ihm, kurz nur, wie eine Sternschnuppe, siehst du den vollen Mond vom Firmament stürzen, dann fällst du herum, knallst mit der Stirn vor die Bordwand, und plötzlich - urplötzlich - ist's stille.

Stille.

Aus einem verschlungenen Schlaf kamst du zu dir und fandest dich, einen entsetzlichen Alptraum vor Augen, auf den Bohlen liegend an backbord wieder. Du hobst den Blick, sahst dich sogleich geblendet, hangeltest dich an der Bordwand hinauf und blinzeltest über die Reling: Es war hell am Tag. Die See stand still, und die Fähre ankerte auf einem schwelenden Nebel in einem gleißenden Licht, in dem alles umher erstrahlte.

„Wir sind in Ea!", vernahmst du den Fährmann irgendwo aus dem Glast, und der Fährknecht raunzte: „Also los, geh' n Sie an Land! Worauf warten Sie noch!?"

In der grellen Lichtflut aber konntest du kein Land entdecken. „Ach, laßt mich doch bleiben!", flehtest du nun: „Ich fürchte mich so vor dem Tod - und fürchte vor allem das Sterben!"

„Sterben, ach was!", sprach der Fährmann: „Bislang ist noch niemand gestorben. Niemand stirbt. Niemand erblickt den Tod. Denn sehen Sie: wenn jemand stürbe, wäre er doch gar nicht mehr da, um dem Tod ins Auge zu blicken."

„Hmmmm", machtest du, und der Fährmann fuhr fort: „Anders gesagt:

Mein Herr, Sie können unmöglich sterben, denn - Sie sind ja schon lange tot!"

„Omeingott! Ich bin - tot?" riefst du tief erschrocken.

„Tja, tot. Tot sind sie. Tot waren Sie, waren es immer. Sie leben nicht, leben nicht wirklich und haben nie - niemals - wirklich gelebt. Sie haben von Anfang an das Leben versäumt. Das Leben hat Sie geliebt, Sie aber liebten es nicht und begaben sich nicht in seine Hand. Sie suchten sich wohl hier und dort in der Welt - aber haben sich nirgends gefunden. So verstrich Ihre Zeit, und Sie blieben ein Außerirdischer auf Ihrem eigenen Planeten."

„Ich? Ich war niemals ich?"

„Bis auf den heutigen Tag! Somit sind Sie auf seltsame Weise unsterblich geworden. Denn wie könnten Sie sterben, ohne gelebt zu haben - ja, ohne jemals geboren zu sein?!"

„Ich verstehe. Also stirbt am Ende niemand."

„Am Ende stirbt nur der Tod", sagte er noch und drängte sodann: „Nun. Es ist höchste Zeit, Sie müssen von Bord. Auf Nimmerwiedersehn!"

„Ja dann, auf Nimmerwiedersehn!" riefst du den Fährleuten zu und stiegst auf das Brett, das dem Ausstieg anlag. Und nackt wie du warst, gingst du im Licht auf dem wackligen Holz, das dich von der Fähre zu einem felsigen Grund hinüberführte.

„Willkommen in Ea!", sprach da der Stein, auf den du tratst. Und du gingst weiter, bis du im Licht einen Schatten erkanntest. Du gingst in den Schatten ein und sahst dich jetzt vor der steinernen Treppe, die aus dem hell erleuchteten Kellergewölbe hinauf in deine Wohnung führte. Und wie du den Fuß auf die unterste Stufe der Treppe setztest, war dir, als hörtest du in deinem Rücken aus der Tiefe des Kellers noch einmal die Stimme des Fährmanns: „Gehe hinauf in dein Leben, Mensch - Lebewohl! und nun lebe! Lebe!"

Andreas Erdmann

Asylum

Worte, Worte um Worte hatten dich bis ans Ufer des Meeres getrieben.
Hier aber... Hier war die Sprache zu Ende. Denn hier verlor sich dein
Weg am äußersten Saum einer Landzunge - und du hieltest inne, ver-
harrtest und standest, die hohen, vom Wind beflüsterten Wogen der
Dünen im Rücken, still schweigend am Rande der Welt. Hier standest du
also, und vor dir, zu deinen Füßen, erstreckte sich weit, weithin über der
schillernden, schaukelnden Fläche des Wassers unfassbar, unendlich das
Namenlose.
Nun ... Du standest nicht lange. Da drängte es dich plötzlich, weiterzu-
gehen. Doch du kamst keinen Schritt mehr voran, denn du konntest die
Sprache unmöglich verlassen. Nein, konntest die Grenze ja nicht über-
schreiten und aus der Welt der Worte heraustreten, konntest nicht über
das Wasser gehen. Konntest nicht. Oder konntest du etwa. Könntest es
immerhin einmal versuchen: Ja. Aber nein, so sagtest du dir und dachtest,
selbst wenn's dir gelänge, den Fuß aufzusetzen und Schritt um Schritt
auf dem Wasser zu wandeln, dann wüsstest du gar nicht wohin. Wohin
denn, wohin solltest du gehen auf den Fluten, die scheinbar nirgendwo
anlangten, sondern sich jenseits des Horizontes verstiegen, wo sie im
flimmernden Blau mit dem leuchtenden Himmel in eins übergingen.
Und weil du nicht auf der See zu gehen, jedoch auch nicht länger zu
stehen vermochtest, setztest du dich an den Strand und ließest dich rücklings auf einem der schwärzlich blau schimmernden Steine nieder - das
heißt, du ließest dich nieder auf dem, was du halt einen Stein nanntest -
und recktest dich, strecktest die Beine von dir.
Krank warst du... Krank wie der Strand, wie der pulvrige, schwarzstaubige Sand unter deiner Sandale, der dich - ach! - an zerfallene Asche erinnerte ... Krank warst du, krank wie das Meer, das sich dir hier in Zungen
an deine Fußspitze spülte. Das Meer, das mit einem Mal wild vor dir auf-
schäumte und sich mit seinen rauschenden Wogen und einer zischenden
Gischt in deine Augenhöhlen ergoss. Es schoss dir durchs Aug'. Salzig
war's, brannte, brannte. Floß es in dich hinein? Floß es aus dir heraus? So
fragtest du dich und kamst dir, zum einen, so vor wie ein leeres Gefäß,
das sich in seinem Inneren mehr und mehr mit Flüssigkeit füllt, zum
anderen aber meintest du überzufließen. Denn wässrig löste es sich dir

von der Wimper, rann dir in Strömen am Flügel der Nase herunter und troff dir vom Mundwinkel, tropfte vom Kinn. Und wie du, noch schnaufend, jetzt deinen Kopf in den Nacken schobst und deinen Blick nach oben erhobst, da ... da sahst du auf einmal den Himmel im Wasser. Sahst in den Lüften ein schwimmendes Meer und alles durchflutet vom Licht. Und alles Licht strömte, verströmte sich hell, ja beinahe grell im gleißenden Weiß, zerfloss dann zu goldnen, nun rötlich verschwommenen, feurig aufflammenden Farben, bis hin zu Purpur, Hellgrün und flirrenden Tönen, für die du gar keinen Namen mehr wusstest. So schwemmte das Licht sich dir in den Blick, ohne dass du seine Quelle hättest ausmachen können. Oder sahst du den Stern? Sahst du ihn? Sahst du?

Den Stern, nein den Stern sahst du nicht: Der Sonnenstern schien in der Tiefe, weit drunten im leuchtenden Lichtmeer versunken - und du erschrakst. Erschrakst jetzt zutiefst, sowie du in deiner Betrachtung bemerktest, dass du gar nicht zum Firmament empor, sondern von oben hinunter, hinab und hinein in die himmlischen Gründe einblicktest. Du sahst dich in schwindelnder Höhe, hoch droben am Ufer über der Lichtflut dasitzen. Und Unten war Oben, und Oben war Unten. Nein, Omeingott!!, durchzuckte es dich: Die Welt steht auf dem Kopf! Auf dem Kopf! Dein Herz schlägt wie wild, und du suchst dich noch mit zitternder Hand am Stein festzuhalten. Bist gepackt von der Furcht, du könntest vornüber ins All hineinstürzen. In diesem Moment fällt dir dein Haupt auf die Brust, die Augen fallen dir zu, die Lider bleischwer. Und um dich herum ist es finster und schwarz. Schwarz. Tiefschwarz.

Langsam, nur langsam und ganz allmählich kamst du aus deiner Ohnmacht zu dir. Fandest dich wieder wie aus einem traumlosen Schlaf. Die Augen verklebt und verkrustet, vom Salz der Tränen vertrocknet. Du sahst nichts. Nichts. Nichts - aber wolltest im Augenblick deines Erwachens auch weder etwas sehen noch erkennen.

Lagst rücklings im Sand. Lasest dich auf, zogst dich blindlings hinauf auf den Stein. Saßest dann da und hobst an zu horchen, horchtest - und hörtest von ferne den Hauch eines wispernden Windes. Erlauschtest dann leise, leise wie von weither, das Rauschen des Wassers. Doch rasch schwoll es an und schien immer näher und näher zu kommen: Lauter und lauter vernahmst du alsbald die Brandung im Kommen und Gehen der Flut: Du hörtest die schlagenden Wogen, die Wellen in schwellenden Tönen aufbrausend, mal brauschend und wauschend. Und dann wieder gluckernd und glucksend. Mitunter ein Murmeln. Sogleich aber klatschte es, geischte und schnalzte dir ins Gehör, als peitsche das Wasser kalt, warm und nass geradewegs durch deine Ohrmuschel in dich hinein. Und du. Du sogst es auf und trankst. Oh, du trankst mit den Ohren, trankst Woge um Woge und Wort um Wort, denn das Meer sprach. Ja, es sprach. Sprach zu dir, sprach sich dir zu und erzählte sich dir. Dabei sprach es, von tausend Zungen bewegt, in tausend Stimmen. Du hingegen warst stumm, stumm wie ein Fisch, hörtest ihm zu und warst stille, vollkommen stille geworden. So saßest du also am Ufer und lauschtest der sagenhaften Geschichte des Meeres. Und fandest es nicht einmal seltsam - nein, wundertest dich nicht im Geringsten - dass du seine ozeanische Sprache verstandest; und du verstandest sie gut, sehr gut! Denn die Sprache des Meeres war deutlich und flüssig und klar, flüssig und klar wie das Wasser. Du aber warst völlig sprachlos. So sprachlos, dass du keinen Deut zu sagen vermocht hättest, was - ja, was dir das Wasser erzählte. Vermutlich wäre es in seiner Erzählung nie- nie- niemals zu einem Ende gekommen, hättest du nicht plötzlich, urplötzlich aus all den Geräuschen heraus eine ganz andere Stimme vernommen. Eine Stimme, die dir vertraut, auf ihre Art durch und durch menschlich vorkam: „Komm!" hörtest du, wie sie dich rief: „Komm, komm zu mir! und fürchte dich nicht!"

Wer, irgendwer rief von wo, irgendwo ... und du riebst dir die Augen, bekamst die verkrusteten Lider einen Spalt weit geöffnet und sahst dich geblendet von einem gleißenden Licht.

Du schirmtest die Hand vor, spähtest zwischen zwei Fingern hindurch, hinein in das leuchtende Abendrot: Da sahst du auf einmal den Stern, ja den Stern, wie er jenseits der wallenden Fluten in seine himmlische Tiefe eintauchte: Sonne versank und brannte im flammenden Feuer den Himmel herauf und herüber über die wogenden Weiten des roten, nun blutroten Meeres. Und, gebrochen im Licht, dort von Strahlen umrahmt, erblicktest du jetzt in einiger Ferne vor dir den Umriss des Schattens: erkanntest darin die Gestalt eines hünenhaft, hoch aufgewachsenen Mannes in einem luftig flatternden, langen Gewand, die Haare im Wind - so stand er dort auf dem offenen Meer!

„Nun, komm schon, worauf wartest du noch?!" winkte er dich zu sich heran.

„Aber - ich ..."

„Mensch, wo willst du denn hin?" rief er dir zu.

„Ich weiß - ich weiß nicht..."

„Du kannst nicht umkehren, kannst nicht zurück, von woher du kamst. Denn dein Land ist verbrannt. Und du kannst auch nicht ewig am Strand sitzen bleiben, denn es wird bald Nacht. S' ist höchste Zeit, dass du aufbrichst!"

„Ja, aber - ich kann nicht schwimmen!"

„Na, steh' auf und geh! Geh und komme herüber!"

„Neinein, ich kann unmöglich zu dir," gabst du lauthals zurück: „Denn ich schaffe es nicht, auf dem Wasser zu gehen!"

„Ach was! Du schaffst es - wenn ich's dir sage."

„Hmmmmm," machtest du und überlegtest kurz - riefst: „So sage mir, wie!?"

„Wie?! Nun, sieh doch, das Licht scheint dir hell auf den Weg. Und sieh nur, wie sich die See beruhigt hat. Sie liegt stille und unbewegt vor dir wie eine Straße. Und eine Straße, mein Freund, kannst du doch sicher betreten!?"

„Sicherlich," meintest du, gabst dir jetzt einen Ruck und erhobst dich in einem Satz von dem Stein. Kamst etwas wankend und schwankend zum Stehen und schobst einen Fuß in der Sandale nach vorn in den schwarzen Sand. Den zweiten Fuß zogst du nach und setztest ihn mit der Sohle aufs Wasser. Dachtest dir noch, das sei menschenunmöglich - und standest bereits auf der spiegelnden Fläche des Wassers wie auf einem trockenen Grund. Du gingst, gingst zwei, drei, vier weitere Schritte und sankst ein wenig ein, bis zur Ferse - ach! da beschleicht dich die Angst. Sinkst ein bis zur Fessel und spürst, wie's feucht deine Knöchel benetzt: „Ich ertrinke!" schreist du: „Ertrinke, ertrinke!"

„Nein, du wirst nicht ertrinken - wenn ich's dir sage."

„Ersaufen werd ich!" schriest du auf, rudertest mit deinen Armen - brachst ein bis zur Wade: „Oh Hilfe, ich kann keinen Meter weit schwimmen!"

„So fürchte dich nicht und glaube mir nur!" rief der Mann aus dem Schatten.

„Ich will dir ja gerne glauben ...", meintest du noch. Und du schöpftest Vertrauen, glaubtest dem anderen und glaubtest dem, was er dir sagte, hobst deinen Fuß aus dem triefenden Nass und fandest erneut einen sicheren Halt. Du tratest fest auf und begannst vorwärts zu schreiten, schrittest schon schneller - und hobst an zu laufen. Ja. Ja, du liefst. Du liefst, liefst und liefst hier mit fliegenden Schritten über das Meer, liefst dort dem Mann im Schatten entgegen, ihm und dem strahlenden Licht. Und du kehrtest dich nicht mehr um. Nein, du blicktest nicht einmal zurück, um von der Welt, aus der du kamst, Abschied zu nehmen. So liefst du hinaus in den Abend und wusstest, am kommenden Morgen wird es den Strand, an dem du vorhin noch hockest, gar nicht mehr geben. Und der Sand, der pulvrige, schwarzstaubige Sand, der wie Asche ausschaute, wird nicht mehr sein. Dann wird auch das Land nicht mehr sein, nicht die Landzunge. Und nicht das Wort, das furchtbare Wort, welches das ganze Land mit einem einzigen Trauerflor überzieht. Dann wird der Stein nicht mehr von seinem Namen verschleiert und werden die Namen wie lumpige Fetzen von allen Dingen herunterhängen. Und dann endlich, dann wird alles licht sein, ist alles gelichtet und nichts mehr verschleiert. Dann ist auch das Meer nicht mehr verschleiert und ist der Himmel über den Wassern nicht mehr verschlossen, sondern steht offen, weit offen für alle.

Andreas Erdmann

Der Mann im Mond

Es war eine sternlose Nacht. Denn ein dichtes Gewölk stand über dem Tal und hatte die himmlischen Lichter verschlungen. Da saßen wir immer noch, Schulter an Schulter, die Füße im Wasser, am Ende vom Steg und ließen den Blick über die schimmernde, schaukelnde Fläche des breiten Gewässers zum jenseits gelegenen Ufer schweifen: Dort über den schattigen, wogenden Wipfeln des Waldes erhob sich, hoch auf dem Berge, der schwarze Umriss des Schlosses gegen den dunkel verhangenen Himmel.

Still war es, unerhört still. Der letzte Vogel im Tal war lange verstummt. Nur das leise Gluckern und Glucksen des Wassers zu unseren Füßen war zu vernehmen sowie der leichte Hauch eines Windes. Nicht lange und uns kam ein Surren zu Ohren: „Mücken!" sprachst du in die Stille hinein: „Mücken, und sie fliegen tief ... Ich fürchte, es droht ein Gewitter."

„Komm, lass uns aufbrechen", gab ich zurück. Ich hob einen Fuß herauf auf den Steg und wollte mich gerade erheben, da griffst du mir in die Armkehle: „Warte, bleib mal kurz sitzen!"

Du neigtest dich vor und lauschtest hinaus: Vom See herüber, aus einiger Ferne, drang nun ein sonderbares Geräusch zu uns vor: Es klang wie ein Schlagen ... ein rhythmisches Schlagen aufs Wasser: „Was ist das?" fragtest du flüsternd. - „Du, was weiß ich?" - Wir drehten die Köpfe und spähten durchs Schilf, gewahrten dahinter jetzt einen Schatten, der sich langsam auf dem Gewässer bewegte. Was immer das war, es kam auf uns zu: „Ein Boot...?" meintest du. - „Ein Ruderboot, ja", wisperte ich, „ein gestrecktes, ein Achter - ach, nein, ein Vierer - jetzt seh ich es deutlich!" - und hinter dem Dollbord sah ich die Gestalt eines Menschen dasitzen: „Ein älterer Mann ist's, ein einsamer Ruderer..." - „Merkwürdig, um diese Zeit", hauchtest du, „es geht allmählich auf Mitternacht zu." - „Ja, und er kommt ohne Licht durch das Dunkel."

„Autsch!" machtest du.

„Was ist los?"

Du riebst dir die Wange. „Hach, eine Mücke! Hat mich gestochen."

„Pscht, nicht so laut! Der Paddler kommt näher ..."

„Ob er uns geseh'n hat?"

„Wohl eher gehört!"

„Wir haben doch nichts zu befürchten", meintest du, zogst dich ein Stück weit zurück auf dem Steg. Ich folgte dir auf dem knarrenden Holz, und wir hockten uns hinter das hochaufgeschossene Schilfgras und sahen den Fremden näher und näher zum Ufersaum rudern: „Er kommt direkt auf uns zu", flispertest du mir ins Ohr.

„Nein, sieh mal, jetzt schwenkt er herum ..."

„Aber ... wohin steuert er da?"

Er lenkte mal hierhin, mal dorthin, fuhr vor und zurück - trieb auf uns zu, entfernte sich wieder. Dann, auf einmal hielt er inne. Unbewegt stand das Boot, und der See schien vollkommen stille. Der alte Mann hob den Kopf in den Nacken und blickte steil in die Luft, empor in den tiefschwarzen Himmel.

„Was starrt er nach oben?" flüsterte ich.

„Ob er nach dem Wetter sieht?"

„Na, es droht jeden Moment zu gewittern!"

„Schau mal, jetzt hievt er die Ruder herein."

„Ja, er verstaut sie an Bord."

Daraufhin beugte der alte Mann sich nach vorne, griff in die Planken und zog sich mit einem Ruck auf die Beine. Er kam zum Stehen, schwankte ein wenig und stemmte die Arme auf seine Hüften. Etwas bucklig und hager wirkte er, wie er dastand, sich reckte und abermals in die Lüfte aufschaute.

„Was", fragte ich, „hat der alte Herr vor?"

„Ich hoffe nur, er beabsichtigt nicht, über Bord zu springen und sich im See zu ertränken..."

„Eh' ein Unglück geschieht, steige ich besser ins Wasser und schwimm zu ihm rüber."

Du nicktest und meintest gleich darauf: „Nein, warte mal, er springt nicht..." - Der Mann wankte nun gesenkten Hauptes durchs schwankende Boot, bewegte sich langsam zum Bug vor und bückte sich nieder: „Er hebt irgendwas aus dem Bootsrumpf...", bemerkte ich, „etwas Sperriges, Schweres ..." - „Doch was?" - „Eine Leiter..." - „Eine Leiter!? Was will er damit auf dem See?" - „Keine Ahnung. Sieh nur, er stemmt sie der Länge nach auf: Ein Riesending, es reicht fast vom Bug bis zum Heck."

„Der wagt es doch nicht, die lange Leiter im wackligen Boot aufzurichten?" meintest du noch. Doch bald stand sie aufrecht in Bootsmitte, und der Mann, die Beine breit von sich gestellt, hielt sie unten mit beiden Armen umklammert, während das andere Ende hoch über ihm hin und her schwang.

„Das Boot droht zu kentern ...", befürchtete ich, wie er sich mit der Last der Bordwand zuneigte. „Schau, er stemmt die Leiter herüber. Er lässt sie der Länge nach in das Wasser..."

„Als wolle er in den See hinabsteigen..."

„Nun ist sie draußen - und steht!" - „Sie steht?" Ja, wahrhaftig, ich traute den eigenen Augen nicht: Der Mann ließ los - und die Leiter, die Leiter stand frei und aufrecht neben dem Boot. Sie stand auf dem offenen Wasser!" - „Du, das glaubt uns niemand!" sprachst du mit zitternder Stimme. - „O nein! Es ist so unglaublich, das kannst du keinem Menschen erzählen."

„Mir, mir ist unheimlich", stammeltest du.

„Also geh'n wir zurück zum Hotel?"

„Nein, warte noch, was geschieht jetzt!?" - Die Leiter stand da, während der Alte im Boot sich nach achtern bewegte. Er ging in die Knie, griff hinter die Planken und hob abermals einen Gegenstand auf, der ausschaute wie - „Eine rundliche Kiste?" flüstertest du. - „Nein, ein Kübel ist's, mit einem Henkel." - Und der Mann neigte sich über die Bordwand und tauchte den hölzernen Eimer, um Wasser zu schöpfen. Anschließend ging er zur Leiter: „Das ist nicht wahr! Der steigt da nicht rauf?"

„Nein, aber - ja ..." - Der alte Mann, den Kübel im Griff, hob den Fuß aus dem Boot und setzte ihn auf die unterste Leitersprosse: „Er steht auf der Leiter - unglaublich!" - „Und doch ist es wahr ..." - Er klomm die Leiter hinauf. Sprosse um Sprosse erhob er sich über das Boot hinaus, über den See - und kletterte höher und höher. Bald bewegte er sich hoch über dem Tal und überstieg die Wipfel des Waldes. Schon stand er über den Bergen, verschnaufte kurz und stieg dann über die finsteren Türme des Schlosses hinweg - und weiter. Er stieg bis zum äußersten Ende der Leiter vor. Droben erst hielt der Mann inne. Dort stand er jetzt in schwindelnder Höhe über der Landschaft, inmitten des tiefschwarzen Himmels.

Er hängte den Kübel auf, langte hinein und zog ein Tuch aus dem Innern. - „Was, um alles in der Welt, geht da vor sich?" fragtest du. - „Keine Ahnung ...", erwiderte ich und sah gerade, wie er sich mit dem Tuch himmelwärts reckte. In dem Moment schreckten wir beide heftig zusammen, als dicht vor dem Mann urplötzlich ein greller Lichtblitz aufzuckte: „D... D... das Gewitter!" stottertest du, zittertest, kralltest dich mir in den Arm. „Der Blitz hat den Mann auf der Leiter erschlagen!"

Du drücktest dich an mich. Dein Körper bebte - ich legte dir meinen Arm um die Schulter; und wie ich erneut nach oben blickte, verschlug's mir den Atem: Dem alten Mann schien nichts passiert zu sein, er stand unbeirrt, über ihm aber klaffte ein Riss im nächtlichen Dunkel! Und aus der Dunkelheit strahlte ein Licht! Ja, ein helllichter Strahl fuhr vom Firmament herab ins Gebirge, geradewegs auf das Schloss. Die Dächer, die Türme erstrahlten im Gold, und die Flanken der Bergspitze versetzte es in einen Glanz, während der Wald und das Tal mit dem See in der Tiefe noch immer stockfinster im Schatten dalagen: „Ich ... ich versteh... nicht ...“

„Wirklich nicht?“ gab ich zurück und zeigte hinauf: „Schau, jetzt tränkt der Mann das Tuch in dem Kübel, er hebt seine Hand - und siehst du? Er wischt mit dem Tuch das Dunkel vom Himmel ...“

„Oh mein Gott, er wischt die Finsternis auf!“

Nach einer Weile ergoss sich das Licht in einem Kegel von oben herunter, verströmte über die Hänge, bis hin zu den Ufern des Sees. - „Wo rührt das Licht her?“

„Das ist mir ein Rätsel“, meinte ich noch. Doch ich staunte nicht schlecht, als ich kurz darauf, zu den gestreckten Händen des Mannes die strahlende Sichel des Mondes entdeckte: „Der Mann putzt den Mond.“

„Nicht zu fassen!“

Bald schien uns ein Halbmond. Dann blickten wir mehr und mehr in ein volles, hell leuchtendes Rund: „Es ist Vollmond ...“

„Ja, zauberhaft schaut er aus!“

Der Alte fuhr mit dem Tuch um den äußeren Rand, und dort blinzelten erste Sternlichter auf. Dann nahm er den Kübel: Es schien, als ob er die Reste des Wassers ausschütte - die Wolkendecke zerriss wie ein Vorhang. Das Dunkel zerstob nach allen Seiten, und aus den nächtlichen Gründen erstrahlte auf einmal das himmlische Lichtermeer in seiner Pracht: Der Mann stand inmitten von Sternen.

„Was geschieht jetzt ...?“

„Er nimmt den Holzeimer, stellt ihn hinauf - hinein in den Mond!“

„In den Mond hinein? Wie geht das zu?“

Ich zuckte die Schultern. In dem Augenblick schwang sich der alte Mann nach oben und gelangte nun selber durchs offene Rund wie in ein hellauf erleuchtetes Fenster.

Der Mann im Mond bückte sich, griff nach der Leiter. Ein Ruck, und am unteren Ende löste sich jetzt das Boot. Es driftete ab und begann über den See zu treiben. - Derweil suchte der Alte, mit einiger Mühe, die Leiter zu sich heraufzuziehen. Langsam zog und zerrte er sie hinein in das Licht. Man sah sie der Länge nach darin entschwinden, wie in einem dahintergelegenen Raum. Erst als sie oben war, setzte er sich und verschnaufte.

Der Mann saß im Mond. Er saß da mit baumelnden Beinen hoch über der Landschaft und schaute hinab auf sein Werk: Das glänzende Schloss und die Berge und Hänge im schönsten Mondenschein, der See voller funkelnder Sterne ... Doch plötzlich neigte der Mann sich in unsere Richtung, als hätte er uns schon lange bemerkt. Nickte er uns etwa zu? Mir schien, er hob seine Hand wie zum Gruß. Rasch erhob ich mich aus dem Schilf, doch ehe ich ihm zurückwinken konnte, hatte er sich auf die Beine gestemmt, kehrte sich um und trat in den Mond ein. Er schritt in das Licht - und entschwand, bis wir letztlich von ihm nur mehr den Hauch eines Schattens erkannten.

„Du, das glaubt uns niemand!" sprachst du und sahst wie gebannt in den Himmel. - „O nein!", sagte ich. „Es ist so unglaublich, das kannst du keinem Menschen erzählen."

Andreas Erdmann

Der Bahnhof von Orx

Es war kurz nach Anbruch des Tages. Ich kam aus der Hütte und stieg, schwer mit meinem Rucksack beladen, den buckligen Pfad steil bergab. Dabei stand mir das hohe Gebirg im Genick und über dem Hut mit der luftigen Feder, auf felsigem Gipfel, das Kreuz. - Schritt um Schritt schlug der Wanderstock auf den Stein, und zu meinen Füßen wogten die grünen Wipfel des Waldes herunter ins Tal, wo mir schon vereinzelt die rot geschindelten Dächer vom Dorf heraufblinkten: „Grüß Gott!" rief ich dem Holzfäller zu, den ich nun an der Weggabelung traf: „Wo, bitte, geht's denn hier runter nach Orx!?"
Er knurrte mich an und wies mit der Axt rechterhand in den Hohlweg. Da bedankte ich mich, hob den Stock und stieg unter die Tannen.
Aus dem Talgrund stieg mir ein Wispern des Windes entgegen, erzählte mir leise von einem fahrenden Zug in der Ferne. Eben noch kreuzte ein Eichhorn den Weg. Dann sprangen die Bäume zurück in das Holz, und der Blick schwebte frei die Felder hinunter, zu den Gehöften und Häusern im Ort. Dort aus der Mitte erhob sich der Kirchturm mit einem Hahn auf der Spitze, der golden im Licht der Sonne aufblitzte.
Ich folgte dem Feldweg. Der wand sich wie eine Schlange durchs Korn und führte vorüber an brennendem Mohn, durchbrach dann den Feldrain und lief zwischen blühenden Gärten einher: „Grüß Gott!" lüftete ich meinen Hut vor der Frau, die mich durch ein Loch in der Hecke beäugte: „'Tschuldigung, gibt es im Ort einen Bahnhof?"
„Na, da muss Er nur immer weiter runter und runter", sprach's aus der Hecke, „da läuft Er direkt mit der Nase davor!"
Kurz darauf ging der Schotter in die gepflasterte Dorfstraße über. Diese fuhr dann in einigen Kurven durch eine Gasse von Häusern, bis sie am Ende an ein Gebäude im Efeu anstieß: ‚AHNHOF' war dort in rostroten Lettern auf einer umrankten Tafel zu lesen. Ein Buchstabe fehlte.
Der Bahnhof von Orx erwies sich als trostlos: Das Tor zur Halle war eingetreten, die Fensterscheiben zerschmissen, die Schalter gänzlich mit Sperrholz verrammelt ... Ein paar Graffities. Am Rand stand ein Fahrkartenautomat, uralt - und defekt: Er schluckte gierig die Münzen und spuckte weder den Fahrschein noch das Geld wieder aus: „Blöde Kiste!" Ich kehrte mich um, stolperte durch einen Haufen von Müll hinaus auf

den Bahnsteig. Hier lehnte ich den Stock an die Wand, schnallte den Rucksack vom Rücken und trat an den Schaukasten, suchte den Fahrplan hinter der ölig verschmierten Scheibe zu lesen: „Im Namen der Bahn!" sprach mich plötzlich wer von der Seite her an. „Ich heiße Sie herzlich willkommen im Bahnhof von Orx!"

Ich drehte erschrocken den Kopf und gewahrte - „Grüß Gott!?" - einen alten, kauzigen Mann mit einem weißen, wauschenden Bart: „Gestatten, mein Name ist Schaurig!" krächzte der Alte und hob mir zum Gruß seinen Arm mit der rotgrünen Kelle: „Gestatten, ich bin der Stationsvorsteher!"

Der greise Herr trug eine Dienstuniform, die wohl, samt der Dienstmütze, ursprünglich blau, doch mittlerweile völlig vergraut und verstaubt war. Glänzend poliert jedoch und hell strahlend baumelte ihm eine silbrige Trillerpfeife von der Kette am Kragen: „Nun, junger Wandersmann, wenn Sie Hilfe bedürfen ... Ich stehe Ihnen auf dieser Station mit Rat und Tat gerne zu Diensten."

„Gut ...", meinte ich zögernd, „so darf ich Sie auf den Automaten in der Halle aufmerksam machen: Der hat sich mein Geld einverleibt, ohne mir dafür ein Ticket---"

„Halt!" fiel mir jetzt der Herr Schaurig ins Wort: „Ich habe Ihnen gerade erklärt: Ich bin hier der Stationsvorsteher, bin also weder vom Reparaturdienst noch Schalterbeamter, geschweige denn der Bedienstete von der Beschwerdestelle. Da sollten Sie sich an die zuständige Ordnungsanstalt in Stadelsbach wenden."

„Aha!", machte ich. „Noch eine Frage: Was ist mit dem Fahrplan? Man kann ihn nicht lesen."

„Dito!" bekam ich zu hören, „die gleiche Auskunft!"

„Dann, bitte, sagen Sie mir, wann hier der nächste Zug nach Stadelsbach fährt?"

„Stadelsbach, Stadelsbach ...?" legte Schaurig die Stirn in Falten, schob sich die Dienstmütze schief in den Nacken und schielte hinauf zu der Bahnhofsuhr: Dort auf dem Ziffernblatt wiesen die Zeiger irgendwohin - doch sie zeigten gewiss nicht die Zeit an.

„Wissen Sie", meinte er schließlich, „ich weiß es auch nicht."

„Wie?" fragte ich. Er stehe hier vor und könne mir nicht die Fahrtzeiten nennen.

Da sei er halt überfragt. „Sehen Sie, es verkehren tagtäglich so viele Züge auf dieser Strecke, verkehren von hier nach dort und von dort nach hier. Aber wann sie verkehren, wann o wann - das ist eine interessante Frage."

„Ich verstehe nicht ganz ...“

„Nun", bekam ich erklärt, „in alter Zeit galt das Motto: Pünktlich wie die Eisenbahnen. Doch heutzutage kommen und gehen die Züge nur mehr mit Verspätung. Alle fahren sie unregelmäßig. Alles fährt hier durcheinander."

„Ach!?"

„Ja, und wenn ich Ihnen die Auskunft erteile, der nächste Bummelzug käme, sagen wir mal, planmäßig in fünf Minuten, und er trifft dann in zehn Minuten noch immer nicht ein, hätte ich Sie doch aufs Gröbste belogen."

„Das wäre wohl wahr."

Darum sage er besser nichts.

„Sehr recht", sagte ich, nickte ihm zu und bedankte mich für die ehrliche Auskunft.

Anschließend pflückte ich meinen Stock von der Wand, stieg in den Rucksack und wanderte nun den Bahnsteig entlang zu der einzigen Sitzbank weit und breit, die ich, fernab des Dachs, am äußersten Ende des Gleises erspähte.

Dort angelangt, hob ich das Gepäck wieder ab, setzte mich auf das knarrende Holz und konnte endlich die müden Beine ausstrecken: Nein, keinen Schritt mehr mochte ich wandern! Nur noch zum Zug - und dann zügig heim!

So saß ich Seite an Seite mit meinem Rucksack und hielt nach dem Zug Ausschau: Mein Blick fuhr zur Linken die Geleise entlang und die Schwellen und Schienenstränge hinauf bis zu dem schwarzen Halbrund des Tunnels, der zwischen den Schenkeln der Hügel aufklaffte. Über dem Tunnel schroffte ein Felsen, und darüber schwebten ein paar wolkige Schäfchen im leuchtenden Blau.

Auf einmal drang drüben vom Bahnsteig ein heller und schriller Ton zu mir vor: Der Bahnhofsvorsteher blies lautstark die Pfeife. - „Na also, der Zug!" Ich stemmte mich auf den Stock, stieg in die Schlaufen und machte mich auf den Weg zurück zu der Haltestation unterm Dach.

Puh! hastete ich dem Bahnhof entgegen. Dort winkte Herr Schaurig mir schon mit der Kelle und rief mir irgendwas zu, was ich über die Entfernung hinweg nicht verstand. Erst als ich, schnappend nach Luft, bei ihm anlangte, konnte ich ihn verstehen: „Junger Wandersmann!", sprach er aufgeregt, senkte die Kelle, stellte sich stramm und legte die Hand an die Hosennaht: „Falscher Alarm, falscher Alarm! Ich habe, ich weiß nicht warum, so aus Versehen die Pfeife geblasen."

„Melden Sie diesen hochpeinlichen Vorfall bitte nicht bei der Beschwerdestelle!" rief er mir noch nach, als ich mich erneut auf den Weg zu der Sitzbank aufmachte.

Erschöpft kam ich an, ließ das Gepäck nieder, pflanzte mich auf das Holz und stellte die schmerzenden Beine von mir. Ich verschnaufte, schloss meine Augen und stellte mir vor, ich sitze im Zug und fahre längst heim.

Die Zeit verging. Es wurde Mittag - im Tunnel regte sich immer noch nichts, während drüben, unter dem Dach, der alte Mann am Spalier der Pfosten entlang marschierte. - Am frühen Nachmittag tauchte hinter ihm eine Gestalt im grünen Overall auf: ‚Ein anderer Fahrgast', sagte ich mir, ‚da wird der Zug ja bald kommen...' - Die grüne Gestalt bewegte sich vor bis zur Bahnsteigkante, wo sie verharrte und in Richtung des Tunnels starrte. Dort aber blieb es finster und stille.

Nach einer geschlagenen Stunde war von dem Overall nichts mehr zu sehen, derweil der Vorsteher in einem fort auf dem Gleis auf und ab patrouillierte.

Wer in Ungeduld wartet, wartet nur länger. Darum übte ich mich in Geduld. Und dann, irgendwann geschah es: Im ersten Moment kam's mir vor wie der Hauch eines Luftzugs, der von den Hügeln herüberwehte. Kurz darauf aber konnte ich aus dem Schlund des Tunnels ein leises Seufzen vernehmen, und jetzt, wie aus einem Säuseln heraus - eindeutig! - das Rauschen eines von ferne nahenden Zuges! - Im Nu hatte ich das Gepäck aufgeschultert und machte mich eilends zum Bahnhofsgebäude. Von dort schallte mir schon das Geträller der Pfeife entgegen. Dazu schwenkte Schaurig die Kelle und tönte: „Der Zug kommt! Der Zug, Bahn sei Dank!"

Ich schleppte mich unter das Dach und trat an die Bahnsteigkante: Noch war vom Zug nichts zu sehen - da fuhr mich von hinterrücks, aus nächster Nähe, ein ohrenbetäubender Pfeifton an. Ich zuckte zusammen, schon schlug mir ein gellender Schrei ins Gehör: „Zurücktreten von der Bahnsteigkante!"

„Ich trete ja schon---"

„Nein, noch weiter zurück! Bis an die Linie!" Schaurig kam, mit feurigem Kopf, um mich rumgeschossen und brüllte: „Ich habe es Ihnen heut morgen ausführlich erklärt: Ich bin hier der Stationsvorsteher. Und Sie als Fahrgast sind dazu verpflichtet, meiner Anweisung unverzüglich Folge zu leisten!"

„Mein lieber Herr Schaurig, dies habe ich---"

„Aber nicht unverzüglich! Nicht unverzüglich!" schienen die rot aufgeblasenen Wangen beinah zu platzen: „Sie haben die Unverzüglichkeit nicht beachtet, wie es die Bahnhofsverordnung von Orx laut Paragraph 7a ausdrücklich vorschreibt!"

Er schnaubte noch - fasste sich mit einem Mal, sowie aus dem Tunnel - ZA ZÜH! - das Signalhorn des nahenden Zuges ertönte. - „Na, wollen' s noch einmal durchgehen lassen" zwinkerte er mir jetzt mit dem Aug, und dann flog sein Blick die Geleise hinauf, dorthin, wo aus dem schwarzen, gähnenden Tunnel urplötzlich die rote Nase der Lokomotive auftauchte: „Sie ist es! Sie, die rote Madame!" jubelte er. „Sie ist mir die Liebste von allen!"

ZA ZÜH! ZA ZÜÜÜHH! zog die rote Madame Wagon um Wagon aus dem Dunkel. Und auf den Schwellen, hoch auf dem glänzenden Schienenpaar sauste und brauste das prächtige Wesen von Stahl in seiner ganzen Länge heran. Lauter und lauter ertönte das Rattern der Räder: RA- TA- TATA! Schlug im trommelnden Rhythmus Metall auf Metall: „Jau, das ist Musike!" jauchzte der Vorsteher, blies in die Pfeife und schwang im Takt seine Kelle. Der Zug preschte näher: Schon war der Umriss des Lokführers vorne im Fenster zu sehen. Er sah uns wohl auch und hob seine Hand wie zum Gruß. Ich winkte zurück - aber nein! Was war das!? Das stählerne Ungetüm bremste nicht ab, sondern rauschte mit ungebremster Geschwindigkeit in den Bahnhof. Es zischte und ratterte - RA- TA- TATTAH!!! - geradewegs an uns vorbei: „H... Ha... Halt!", rief ich aus, als der Fahrer im Fenster lächelnd und winkend vorüberflog. Es flogen die Wagen vor uns dahin, Wagon um Wagon und Fahrgast um Fahrgast - hinter der langen Reihe der Fenster: Ein Herr in Blö schaute heraus, eine lachende Schöne und eine ältere Dame mit Riesenschnauzer... Nun noch das Kind mit der plattgequetschten Nase am Glas. Und am Ende sah man nur mehr das Rücklicht des hintersten Wagens aufblinken: Ein gelbes Flackern, welches mitsamt dem Zug hinter dem blühenden Berghang abtauchte.

Entsetzt wandte ich mich an den Bahnhofsvorsteher: „Hören Sie mal!"

„Ja bitte, ich höre ..."

„Ich wartete sechseinhalb Stunden auf diesen Zug!"

„Ja und?" erhielt ich zur Antwort. Er sei doch gekommen.

„Er kam, er kam - und hielt gar nicht an!"

Da kratzte er sich an der Mütze und meinte: „Tja, mit den Zügen verhält es sich wie mit dem Glück: Es kommt auf uns zu - wir möchten es halten, da rauscht es schon an uns vorbei."

„!?"

„Und, junger Mann, was die Züge betrifft, können Sie hier eine Ewigkeit warten, ohne dass mal ein Zug hält."

„Wie!?" ich, verwirrt.

„Seit gut einem Vierteljahrhundert hielt hier kein einziger Zug. Denn die Haltestation wurde seinerzeit aus dem Verkehrsplan gestrichen."

„Waas?"

„Ja, wissen Sie nicht? Sie befinden sich auf einem Geisterbahnhof."

„G... G... Geisterbahnhof!?"

„Allerdings", griente der Alte, „man munkelt gar, dass es hier spukt!"

„Wieso haben Sie mir nicht vorher gesagt, dass die Züge an dieser Haltestelle nicht halten!?"

„Och, hab ich das nicht?" zupfte er sich seinen Bart. Dann lachte er: „Hah, Sie sind mir gut! Sie haben mich ja auch nicht danach gefragt!"

„Und was bitte haben Sie als Bahnhofsvorsteher an einem Bahnhof zu schaffen, der kein Bahnhof ist!?"

„Ich? Ich stehe wie eh und je meinen Dienst ab", meinte er, ging ein paar Schritte - und drehte sich jäh nach mir um: „Wenn Sie's genau wissen wollen: Ich verrichte den Vorsteherdienst schon eine lange, sehr lange Zeit, genau genommen seit meinem Antritt am 1. Oktober 1889."

„Das kann nicht wahr sein!" rief ich ihm zu, „so lang lebt kein Mensch!"

„Habe ich etwa behauptet, ich lebe?"

„Sie scheinen mir durchaus lebendig..."

„Nichts ist wie es scheint", meinte er grinsend. „Manch einer scheint im Leben zu stehen - und steht dem Tode viel näher. Ich beispielsweise bin bereits über ein halbes Jahrhundert lang tot."

„T... tot!!?"

„In der Tat, bin am 17. Mai des Jahres 1948 gestorben," seufzte der Alte, „litt sehr am Herzen, erlag meinem letzten Infarkt. Doch ich habe den Vorsteherdienst so unendlich geliebt! Ich konnte mich ewig nicht von ihm trennen", sprach er, schritt vor zu der Wand. Er wies mit der Hand hinauf zu dem Schild, das dort verrostet und schief auf dem Putz hing. Ich trat hinzu, hob den Kopf und las eine uralte Inschrift:

Herrn Nepomuk Schaurig zum Angedenken. Er diente uns als Stationsvorsteher des Bahnhofs von Orx, alle Zeit treu und redlich, vom 1. Oktober 1889 bis 17. Mai 1948.

„Das ist ja unglaublich!" Ich senkte den Blick und kehrte mich um: „Hallo? Hallo, Herr Schaurig?!"

Nun spähte ich den Bahnsteig hinauf, den Bahnsteig hinunter, konnte den alten Herrn nirgends entdecken. Ich spähte rundum: Außer mir befand sich hier niemand. Niemand. Nein, niemand! - Mir schoss ein Frösteln den Rücken herunter. Ich hob an zu zittern. Ich wollte den Bahnhof nur noch so schnell wie möglich verlassen, hob den Stock und steuerte schon auf den Ausgang zu, da fuhr mir von hinterrücks, aus nächster Nähe, der schrille Aufschrei der Pfeife ins Ohr.

Bernhard Ost

Die Winde des Lebens

„Sag mir, Herr der Lüfte" - sprach jener Mensch, der in Kürze geboren werden sollte und noch nicht in einen menschlichen Körper transferiert worden war, sondern noch die unermessliche Geistigkeit des Unendlichen hatte und somit auch noch in der Lage war, über Gefühle zu verstehen und über den Verstand auch zu fühlen. „Sag mir, - gibt es wirklich die irdischen Farbwinde - und was bedeuten sie?" „Es gibt die vier Winde des Lebens, und jeder dieser Winde luminisziert in einer anderen Farbe und hat einen anderen Namen. Jeder dieser Winde kann die Menschen streicheln und sie entdecken sich in diesem Wind.

Da gibt es den zartroten Wind „Talisund", den Wind der Sympathie. Er streicht an vielen Menschen vorbei, aber streichelt nur wenige. Die Gestreichelten sehen sich an und haben fortan das Gefühl, sich schon lange zu kennen, - sie suchen einander die Nähe des anderen und das Gespräch und wollen sich wieder sehen. Der gelbe Wind „Quirrigas" ist der Wind der Suchenden und ist selber ein Suchender. Er streift die Gefühle der Menschen und erspürt die Hitze der Sehnsucht. - Er nimmt sie auf und schlägt sie wie nasses Herbstlaub wild um sich und sie kleben auf fremden Herzen. In diesen gelben Wirbeln des Windes erkennen sich Menschen mit gleichen Süchten und Sehnsüchten. Der blaue Wind „Waridas" ist der Wind aller Werte. Er streichelt immer zwei Menschen gleichzeitig und sie empfinden spontan die verschiedensten werthaltigen Gefühle für einander, - wie Liebe, Hochachtung und Freundschaft. Aber der Wind „Zynodas" ist von grauer Farbe und schleicht wie ein Nebel kriechend um alle Menschen. Er wird mit Genuss von all jenen inhaliert, die auf der Erde und im Schlamm kriechen und ihre Freude am Leben im Sterben der anderen sehen. Du wirst in Deinem Leben allen vier Winden begegnen, aber lass Dich nicht von allen vier Winden in alle Richtungen tragen. Lerne die Winde kennen und die Menschen in diesen Winden. Inhaliere den Wind, der zu Dir gehört und Du wirst ihn fortan auch spüren. Probiere den Wind, den Du nicht kennst und wisse am Ende, dass Du dich nicht von allen vier Winden gleichzeitig tragen lassen kannst. Bedenke, dass jeder der vier Farbwinde Dein Leben beeinflusst und völlig verändern kann. Hüte Dich vor Zynodas, denn er kann Deine Seele vergiften und hüte Dich noch mehr vor jenen Menschen, welche

Zynodas inhaliert haben und seinen faulen und klebrigen Atem in Dein Gesicht hauchen. Alle vier Winde sind begleitet von den vier Lichtern des kosmischen Orakels. Das Licht „Xenosol", entsprungen aus dem Licht der Sonne, begleitet den Wind Talisund und gibt ihm seine zart-rote Farbe und lässt ihn in Dunkelheit versinken, wenn das Licht nicht als Leben und nur als Farbe wahrgenommen wird. Das Licht „Stella-cor", entsprungen aus dem Licht der Sterne, begleitet den Wind Quirigas und erlischt sofort, wenn Gefühle kalter Berechnung weichen. Das Licht „Fontasal" entsprungen aus der blauen Quelle der Wahrheit, begleitet den Wind Waridas und erlischt sofort, wenn Ehrlichkeit der Heuchelei weicht und das Licht „Intrigas", entsprungen aus den Morgennebeln des grauen Hadesschlamms, erlischt nur dann, wenn einer der anderen drei Winde zugegen ist. Nun sprach der kleine Mensch, welcher in Kürze geboren werden sollte: „Wie soll ich denn auf die vier Winde achten und zusätzlich auch noch aufpassen, dass ihnen ihre Leuchtkraft nicht verloren geht?" Da sprach der Herr der Lüfte: „Das alles wäre trotz der komplexen Zusammenhänge recht einfach zu erlernen und zu erkennen, aber das ist noch nicht alles, wenn Du es genau wissen willst. Wären da nicht noch die vier Unsichtbaren. Es sind Barda, Korda, Ripa und Wista. Sie vertragen sich gut und sind Gedankenblitze, welche sich ständig spielerisch abwechseln, um Dich zu prüfen und zu erkunden. Sie lassen Dich wie am Roulettetisch in verschiedene Charakterrollen gleiten und Du erkennst Dich mal als Mörder, mal als Geknechteter, mal als Verführer, mal als Held und mal als Verlierer, und in allen Rollen suchst Du Deine wahre Identität." Darauf sprach jener transzendentale Mensch, der gerade vor seinem Leibhaftigwerden stand: „Herr der Lüfte, gib mir bitte etwas mehr mit, mit dem ich die kommenden Erkenntnisprobleme erkennen und beherrschen kann."

Der Herr der Lüfte sprach: „Das Schicksal und das Leben kannst Du zwar beeinflussen, aber nicht abschaffen und Deinen Weg musst Du selber finden. Die Wahrheit, welche Du suchen wirst, ist immer relativ und nur auf Dich bezogen. Die Wahrheit der Welt ist nicht Deine Wahrheit und wie Du Deine Wahrheit finden kannst, erfährst Du nun über eine kleine Geschichte, die ich Dir erzählen möchte. Es ist die Geschichte der kleinen Raupe Manudea.

Eine Erdenbürgerin, wie Du es in Kürze sein wirst, hatte mir vor langer Zeit fast die gleichen Fragen gestellt wie Du, und ich hatte sie ohne weitere Aufklärung auf die Erde geschickt und ihr erst sehr viele Jahre später in ihren Träumen auf ihre Fragen geantwortet. Sie hatte somit einen Traum, den ich sehr genau induziert und geleitet habe. Es war

kein guter Zug von mir. Ich hätte sie schon so frühzeitig wie Dich aufklären können, aber auch ich liebe manchmal kleine Schachspiele des
Schicksals und erfreue mich an ihrem Verlauf. Ich habe ihr im Traum
mit einem Märchen geantwortet. „Ich mag keine Märchen, - Märchen
sind etwas für Kinder und weltfremde Spinner", warf sie in ihrem Traum
dem fahlen, gütigen Gesicht in der Dunkelheit recht barsch an den Kopf,
welches sie sanft geküsst hatte und sich als ihr persönliches Märchen
vorgestellt hatte. „Du - mein persönliches Märchen? - So ein Unsinn.
Ein Märchen ist eine unrealistische Geschichte und Du bist nicht mal
eine Geschichte, nicht mal ein Mensch, und nicht mal ein vollständiges
Wesen, nur ein fahles sprechendes Gesicht." Das fahle Gesicht gewann
plötzlich an Leuchtkraft, - so als wäre es erregt und es antworte: „Märchen sind Wahrheiten. Die Wahrheiten der Märchen sind immer liebevoll, auch wenn die Handlungen manchmal grausam sind, und sie werden
deswegen auch von Menschen immer eher angenommen als die Wahrheiten, mit denen sich Menschen gegenseitig konfrontieren und bekämp-
fen. Ein Märchen sagt Dir niemals, dass Du ein schlechter Mensch bist
oder Unrechtes tust. Es bringt Dich nur zum Nachdenken über Dein
eigenes Tun." „Schon gut", sagte sie, - ich habe Zeit, also lass mich ein
Märchen hören." Das Märchen-gesicht lächelte fast mitleidig: „ Du hast
mir nicht richtig zugehört, - ich bin kein Märchenerzähler, sondern ich
bin Dein Märchen." „Welch ein Unsinn", antwortete sie darauf, „Du? -
mein Märchen? - und wer bin ich denn in dieser komischen Geschichte?"
Das Märchengesicht kam näher. Sein Gesicht war von Falten übersäht.
Es wirkte nachdenklich und lustig zugleich, so als würden die Sorgen-
falten mit den Lachfalten in einem ausgewogenen Verhältnis stehen. Es
schaute sie einige Minuten wortlos an, neigte sich etwas zur Seite und
sprach mit leiser Stimme, welche einen so wohltuenden Klang hatte, dass
jedes weitere Gefühl von Gegenwehr in ihr erstickte. „Du selbst schreibst
Deine Märchen in Gedanken, wenn Du Dich zwischen Deinen Wünschen und der Realität befindest, - nur bist Du Dir dessen nicht bewusst.
Ich bin Dein Märchen und mache aus Deinen Wünschen, Deinen Hoffnungen, Ängsten und Enttäuschungen eine kleine Geschichte, die Du
von mir hören kannst und in denen Du Dich erkennst. Du kannst Deine
Geschichten hören und Dich darüber amüsieren, Du kannst sie ignorieren oder sie begierig aufnehmen. Ich erzähle Dir heute eine Geschichte,
in der Du nicht der Hauptdarsteller, sondern der Dargestellte bist, und
weil Du den Wert eines Märchens so gering schätzt, will ich Dir den
tieferen Sinn dieser Geschichte schon vorweg verraten, damit Du etwas
aufmerksamer zuhörst." Dein Märchen handelt von Deinen Wünschen,

die Du mit Trauer herbeirufst, weil Du sie für unerreichbar hältst, - es handelt von Deinen Hoffnungen, die Du begräbst, sobald Du sie siehst, und es handelt von Wahrheiten des Lebens, an denen Du Dich orientieren kannst, um zu Deinen erfüllten Hoffnungen zu finden." Sie war völlig verstummt und nur ihre großen fragenden Augen signalisierten dem Märchengesicht, das es mit der Geschichte beginnen solle. So begann das Märchengesicht eine kleine Parabel zu erzählen: „Die kleine Schmuckraupe „Manudea" war gerade dem goldenen Ei des kosmischen Falters „Viseon" entschlüpft und kannte ihre Bestimmung und ihre realen Möglichkeiten. Der Name „Manudea" bedeutet „Hand der Göttin", und sie war sich nicht nur wegen des ausgefallenen Namens ihrer besonderen Bedeutung bewusst, sondern auch ihrer Zierlichkeit, ihrer wunderschönen Farbenpracht und ihrer besonders harmonischen Art, sich zu bewegen. Ihre Nahrung bestand aus den Blättern des Zukunftsbaumes, dem „Arbor futuris", welcher immer in einer Symbiose mit dem „Spe destruktor", dem Baum der Zerstörung aller Hoffnungen, ganze Wälder bildet. Äußerlich sind diese beiden Bäume nicht zu unterscheiden und selbst die Raupen können die Blätter mit ihren Sinnesorganen nicht erkennen. Alle Raupen haben nur eine befristete Zeit, ihren Weg und ihre Nahrung zu finden, um sich dann wohl genährt in einen Kokon zu hüllen, aus dem sich ein wunderschöner Schmetterling entpuppt. Die Bäume sind hoch und das Blattwerk auch. Ein vergeblicher Anstieg über viele Tage bis zum ersten Grün kann der falsche Weg gewesen sein und der Abstieg ist neben der Enttäuschung über den falschen Weg genauso gefährlich wie der Aufstieg, weil der suchende Weg über den kahlen Stamm ein schutzloser ist und mancher Raubvogel dem Suchen ein jähes Ende bereitet. Die kleine Raupe „Manudea" wird so manchen Baum vergeblich erklimmen und entweder das Opfer eines Raubvogels werden oder resignieren und den Zeitpunkt der Verpuppung verpassen, weil sie die richtigen Blätter nicht gefunden hat und ohne Kraft keinen Kokon spinnen kann. Die Raupe „Manudea" aber trüge nicht in ihrem Namen den Einfluss der Göttin, wenn sie nicht eine besondere Fähigkeit hätte, alles gleich aussehende dennoch in ihrem Wert für sie zu unterscheiden. So wird sie nur einmal einen sehr hohen Stamm in der Hoffnung auf Erfüllung ihrer Träume erklimmen und auch den gefährlich Weg zurück wagen, - aber sie weiß fortan, woran sie die genießbaren wertvollen Blätter des „arbor futuris" von den ungenießbaren des „Spe desstruktor" unterscheiden kann. Den Unterschied kann man weder sehen noch riechen, und eine falsche Geschmacksprobe ist ein so schwer verdaulicher Prozess für die kleine Raupe, dass sie lange wie gelähmt ist und wertvolle Zeit für einen zweiten Versuch versäumen könnte." - „Das war ein eigenartiges Märchen", dachte sie und suchte in Gedanken nach jener Wahrheit für sie. Das Märchengesicht aber hatte ihre Gedanken längst gelesen und sprach: „Die Raupe „Manudea" bist Du selbst, und Deine Wahrheit in Deinem Märchen liegt darin, dass Du die Gabe hast, diese zu erkennen. Alle Bäume sehen gleich aus und Deine Irrwege sind solange vorgegeben, wie Du nur Bäume und Blätter siehst und diese haben möchtest ohne zu ahnen, welche Dir bekommen und welche nicht. Der kleine Mensch hatte dem Herrn der Winde andächtig zugehört und hatte nun große Angst vor den vielleicht falschen Entscheidungen im Leben, aber es gab kein ZURÜCK mehr. Er fiel anscheinend weich auf die Erde und merkte nicht einmal, dass er in tausende Teile beim Aufprall zerfiel und tausend verschiedene Charaktere sein konnte und sein durfte und er sich nun entscheiden musste, was er zuvor nicht konnte.

Anke Osterhues

Mein Freund Peter

Ich hatte einmal einen Freund. Er war kein gewöhnlicher Freund; beispielsweise war er viel älter als ich. Er sprang nicht herum und ärgerte mich nie. Auch schrie er nicht herum wie andere. Er hieß Peter und war ein Baum. Er stand auf einer Wiese am Rande unseres Dorfes, gar nicht weit weg von unserem Haus.

In dem Dorf, in dem ich damals wohnte, gab es nicht viele Kinder in meinem Alter, und es waren fast nur Mädchen, und mit Mädchen spielte ich nicht! In der Schule hatte ich natürlich einige Jungen, mit denen ich befreundet war, aber die lebten alle in der Stadt, in der meine Schule lag, und die war zu weit entfernt, als dass ich sie nachmittags hätte besuchen können. Wir hatten nämlich nur ein Auto, und damit fuhr mein Vater jeden Tag zur Arbeit. Deshalb hatte ich nachmittags niemanden zum Spielen. Meine kleine Schwester war noch ein Baby, und meine Mutter musste sich um sie kümmern.

Also verbrachte ich die Nachmittage mit Peter. Peter hatte einen Stamm, der so dick war, dass ich ihn nicht einmal zur Hälfte umfassen konnte. Seine Äste waren breit und stark und begannen sehr weit unten, so dass ich gut hinauf klettern konnte. Im Sommer hatte Peter ein dichtes Blätterwerk. Ich kletterte in die Krone hinauf zu meiner Lieblingsastgabel, die besonders bequem war. Dort saß ich, in den Blättern versteckt, und konnte die ganze Gegend beobachten. Ich sah die Bauern, die auf ihren Feldern arbeiteten; ich sah Mütter, die mit ihren Babys spazieren gingen oder einkauften. Ich sah, wie die Frauen Wäsche aufhängten oder im Garten arbeiteten. Und ich sah Kinder, die in den Gärten spielten. Und wenn es einmal nichts zu sehen gab, erzählte ich Peter Geschichten, die ich mir selbst ausdachte. Oder ich berichtete ihm, was in der Schule oder zu Hause passierte. Es war schön, Peter all das zu erzählen. Er war ein guter Zuhörer. Nie hatte er es eilig, nie war er ungeduldig. Und er war auch nicht mit anderen Dingen beschäftigt, so wie meine Mama oder meine Lehrerin. Und Peter schimpfte nie. Aber er gab mir gute Ratschläge. Ja, ich konnte mich mit Peter wirklich unterhalten. Wenn ich in der Krone saß, flüsterten Blätter und Äste mir zu.

Am schönsten jedoch war es im Spätsommer, wenn sich Peters Blätter rot und gelb verfärbten. Wenn dann abends die Sonne auf Peters Krone fiel, dann glitzerte und funkelte das Laub wie tausend Sterne. Ich liebte diesen Augenblick, bevor die Sonne unterging. Ich ging nie nach Hause, bevor ich dieses Schauspiel gesehen hatte.

Im Winter, wenn Peters Äste kahl waren, konnte ich mich nicht mehr so gut in seiner Krone verstecken. Doch auch diese Zeit war schön, denn Peter raunte mir allerlei wundersame Geschichten von Sonne, Regen und Wind, von Blättern, Ästen und Bäumen, von Erde und Wurzeln und von Tieren im Frühjahr zu. Es war herrlich, diesen Geschichten zu lauschen.

Eines schönen Sommertages nun kam ich zu Peter und ein fremder Junge, den ich noch nie gesehen hatte, saß in meiner Lieblingsastgabel. Ich war empört! Dieser Junge konnte doch nicht einfach meine Astgabel besetzen! Peter war mein Freund, und niemand hatte das Recht, sich in seiner Krone niederzulassen. Ich hoffte, dass der Junge sich bald langweilen und verschwinden würde. Doch er dachte gar nicht daran. Den ganzen Tag saßen wir nebeneinander im Baum; er in einer Astgabel, ich in einer anderen. Am nächsten Tag ging ich früher zum Baum als sonst; der fremde Junge war nicht da. Erleichtert stieg ich in meine Lieblingsastgabel. Zu meinem Erstaunen erschien bald darauf der andere Junge. Als er sah, dass ich die Astgabel besetzt hatte, in der er am Vortag gesessen hatte, verzog er einen Moment das Gesicht. Dann kletterte er zu einer anderen Astgabel und ließ sich dort nieder. Wieder saßen wir den ganzen Tag lang nebeneinander, ohne ein Wort miteinander zu wechseln. So ging das fast einen ganzen Sommer lang. Wer von uns zuerst zum Baum kam, setzte sich in die bequemste und höchste Astgabel. Wir verbrachten die Tage in schweigendem Einvernehmen und lauschten auf das Flüstern des Baumes. Peter hatte viel zu erzählen, und so wurde es uns nie langweilig. Auf diese Weise lebten wir bis zum ersten Spätsommerabend. Nachdem die Sonne mit Glitzern und Funkeln untergegangen und der Junge und ich vom Baum heruntergeklettert waren, sagte der Junge plötzlich: „Wo ich herkomme, nennet man diese Zeit den Indianersommer."

Überrascht und ein wenig erschrocken über seine Rede starrte ich ihn an. „Wo kommst du denn her?", fragte ich ihn. Und er begann zu erzählen. Er erzählte mir von seiner Familie, seinem früheren Zuhause und den Freunden, die er dort hatte zurücklassen müssen. Ich hörte ihm zu und staunte. Was Michael, das war sein Name, alles erlebt hatte!

Seit diesem Tag waren wir Freunde. Jeden Tag, den wir miteinander verbrachten, verstanden wir uns besser. Doch je besser wir uns verstanden, desto mehr vergaß ich Peter. Ich hörte nun nicht mehr seine leise geraunten Geschichten, sondern Michaels laut vorgetragene Abenteuer. Irgendwann trafen wir uns nicht mehr am Baum, sondern liefen zusammen durch das Dorf, spielten fangen und verstecken. Ich ging immer seltener zu Peter. Ich hatte jetzt einen neuen Freund, mit dem ich meine Zeit verbrachte. Und zwischen Peter und mir hatte sich plötzlich etwas verändert. Zwar saß ich, wenn ich zu ihm ging, immer noch hoch oben in der Astgabel und überblickte die Gegend, ohne dass mich jemand sehen konnte. Auch flüsterten Äste und Blätter weiterhin ohne Unterlass. Aber ich konnte es nicht mehr verstehen. Wie sehr ich mich auch mühte und konzentrierte, ich hörte nur den Wind, der zwischen den Zweigen hindurch strich und die Blätter rascheln ließ. Traurig stellte ich fest, dass ich die Sprache des Baumes nicht mehr beherrschte.

Einige Jahre später, Michael und ich waren längst nicht mehr in der Grundschule, wurde Peter in einer stürmischen Winternacht mitsamt seinen Wurzeln aus der Erde gerissen. Am nächsten Tag ging ich sofort hin, als ich davon erfuhr. Dort lag mein Baum nun, ausgestreckt auf der Wiese. Ich ging zu ihm, legte eine Hand auf seinen Stamm und lauschte. Doch alles blieb still. Peters Flüstern war verstummt. Traurig sah ich auf die Krone dieses mächtigen Baumes hinab, der einst mein bester Freund gewesen war.

„Oh Peter, es tut mir leid.", sagte ich leise. Mir war, als hörte ich eine geflüsterte Antwort.

Doch dann tauchte der Förster hinter mir auf. Er begann, den Baum zu zersägen und auf einen Wagen zu verladen. Mit einem dumpfen Gefühl der Trauer sah ich, wie Peter sich mehr und mehr auflöste, bis er schließlich nicht mehr zu erkennen war. Auf meine Bitte hin gab mir der Förster eine Astgabel des Baumes. Ich habe sie bis heute aufbewahrt, und sie hat eine große Bedeutung für mich. Nicht nur, weil sie das einzige ist, was mir von Peter, der einmal mein bester Freund war, geblieben ist, sondern auch, weil er den Ort markiert, an dem ich Michael, meinen neuen besten Freund, getroffen und mich mit ihm angefreundet habe.

Ingeborg Schnöke

Das Märchen von der verlorenen Liebe

Es lebte einmal vor langer Zeit in einem fernen Land ein Prinz. Er hieß Sali und war ein hübscher Mann; prächtige Gewänder schmückten seinen schlanken Körper, und sein schwarzes Haar glänzte in der heißen Sonne wie Achat. Wenn am Abend der kühle Wind die Hitze aus der Wüste trieb, saß er am Fenster seines Palastes und spielte auf einer silbernen Flöte leise Melodien. Wehmütig schaute er in die Ferne und wusste nicht so recht, wonach sein Herz sich sehnte.

Eines Tages zog eine Karawane vorbei, die kostbare Waren mit sich führte. Das Kostbarste aber war ein tönernes Gefäß, in dem eine rote Rose wuchs. Diese war so wundervoll und duftete so herrlich, dass sie der junge Prinz um alles in der Welt besitzen wollte. Er bot dem alten, weißbärtigen Mann, dem die Rose gehörte, viel Geld. Der Alte erwiderte freundlich: „Ich brauche dein Geld nicht, mein Prinz. Die Rose will ich dir schenken, weil sie erst seit dem Tag, an dem wir deine Musik hörten, zu dieser Schönheit erblüht ist. Sie soll dir ab heute gehören." Er reichte sie dem Prinzen. „Gib gut auf sie Acht! Sie ist rot und kostbar, wie das Blut des Herzens. Und so Allah will, wird sie dir Glück bringen."

Prinz Sali trug die Rose behutsam in seinen Palast. Am nächsten Tag pflanzte er sie zwischen Palmen und kostbaren Amphoren in den Innenhof des Palastes. Täglich brachte er ihr frisches Wasser. Am Ende des heißen Tages setzte er sich auf die kühle marmorne Einfassung des Rosenbeetes und spielte verträumt auf seiner Flöte. So ging das eine lange Zeit. Sali pflegte die Rose und erfreute sich an ihren roten Blüten und ihrem süßen Duft. Eines Abends aber geschah ein Wunder. Die rote Rose verwandelte sich plötzlich in ein wunderschönes Mädchen. Prinz Sali war überrascht, betrachtete lange das schöne Mädchen, ohne ein Wort zu sagen. Das Mädchen lächelte den Prinzen an, schlang seine zarten Arme um seinen Hals und dankte ihm zärtlich für all seine Liebe. Sali war berauscht und glücklich zugleich. Nun wusste er, wonach sein Herz sich die ganze Zeit gesehnt hatte. Er nannte das Mädchen Rosina und nahm es zu seiner Frau.

Für das junge Paar begann eine Zeit voll zärtlicher Liebe und jeden Morgen sahen sie mit glücklichen Augen die Sonne aufgehen. Der Innenhof des Palastes wurde zu einem blühenden Garten. Hibiskushecken säumten die kostbaren Wege aus buntem Mosaik, Mandel- und Zitronenbäume blühten um die Wette und zwischen den Palmen wuchs ein dichter, prächtiger Blütenteppich. Jeden Tag spazierten der Prinz und die Prinzessin durch ihren duftenden Garten, und wenn der Abend kam, saßen sie gemeinsam auf dem Marmorsockel vor dem Rosenbeet und Sali spielte auf seiner silbernen Flöte. Rosina wurde von Tag zu Tag schöner, ihre Wagen waren zart und rot wie Rosenblüten und ihre schwarzen Augen schienen in der untergehenden Sonne Funken zu sprühen. Sali war glücklich und seine Flöte half ihm, sein Glück in zauberhafte Musik zu verwandeln.

Die Kunde vom wunderbaren Flötenspiel des Prinzen, das eine Rose in ein wunderschönes Mädchen verwandelt hatte, drang bald über das Reich des Prinzen hinaus in alle Lande. Ein jeder wollte den Prinzen auf seiner silbernen Flöte musizieren hören. Er bekam viele Einladungen zu Konzerten in der ganzen Welt. So sprach eines Abends Sali zu Rosina: „Ich will mein Glück mit der ganzen Welt teilen, deshalb werde ich gehen und den Menschen meine Lieder bringen."

„Geh' nicht", bat Rosina traurig. „Lass mich nicht allein! Ich werde sterben ohne dich. Wozu brauchst du die Welt, ist unser Glück nicht vollkommen?"

Doch Sali konnte es nur schwer erklären; er musste diese Einladungen annehmen. Er versprach seiner Frau, nicht lange fort zu bleiben und zog mit der nächsten Karawane davon. Traurig blieb Rosina zurück. Prinz Sali zog von Ort zu Ort und die Menschen waren begeistert von seiner Musik. Man trug ihn auf Händen, kein Konzert ließ er aus, reiste von Land zu Land um die ganze Welt. Er liebte es, sein Publikum glücklich zu machen. So vergingen die Jahre wie in einem Rausch.

Eines Tages, er hatte gerade den Trubel eines Konzertabends verlassen und sich in seinem Hotelzimmer müde auf das Bett gelegt, da wurde er plötzlich ganz traurig. Er dachte an Rosina und sein Versprechen, nicht so lange fort zu bleiben. Mit Schrecken zählte er die Jahre, die er fern von zu Hause verbracht hatte, und voller Reue und Sehnsucht trat er am nächsten Tag den Heimweg an. Wie er nun nach so langer Zeit zurück in seinen Palast kam und seinen Garten betrat, da fand er nichts als Wüstensand. Sali ahnte ein Unglück und rief entsetzt nach seiner Frau: „Rosina, wo bist du, meine Schöne?" Aber keine Antwort kam aus dem dunklen Palast.

Rasend wühlte er mit den bloßen Händen im heißen trockenen Sand und fand schließlich eine verdorrte Rose. Mit großer Anstrengung grub er weiter, legte die Marmoreinfassung des ehemaligen Rosenbeetes frei.

Wie sinnlos doch alles war. Er suchte nach Wasser im Palast und fand einen Krug voll davon. Er stellte die Rose hinein und wachte die ganze Nacht bei ihr. Doch alle Mühe blieb vergebens. Die Rose hatte keine Lebenskraft. Nächte hindurch hörte man im Palast das Wehklagen des verzweifelten Prinzen. Da kam eines Abends ein einsamer Reiter in den Hof. Es war der weißbärtige Alte und er rief laut nach dem Prinzen, forderte erzürnt: „Gib mir die Rose zurück!" Und ehe Sali etwas sagen konnte, hatte der Alte die trockenen Rosenzweige unter seinem weiten Gewand verstaut und war auf und davon.

Sali, einsam und mit gebrochenem Herzen, verkroch sich in seinen Palast. Er trauerte um seine verlorene Liebe, und seine silberne Flöte lag vergessen in einem Winkel des Palastes. Sali wurde immer schwächer, er lag nur noch auf seinem Bett und jammerte in die dicken Seidenkissen. Kein Tier verirrte sich in diese Gegend, kein Vogel sang in dem versandeten Garten und die Karawanen machten einen großen Bogen um den Palast. Bei dem traurigen Prinzen wollten sie nicht mehr Rast machen. Die Zeit verging in einsamer Stille.

Eines Morgens erwachte der Prinz, geweckt von einer zarten Melodie. Sali lauschte gebannt und eine seltsame Ahnung erfasste sein Herz. Er rannte durch den Palast, suchte die Flöte und legte sie endlich mit zitternden Händen an seine alten Lippen. Er fühlte wiederkehrende Freude am Musizieren und ein Lied nach dem anderen erklang und der Palast erwachte zu neuem Leben.

Am Tag räumte Sali die Gemächer auf, befreite sein Land Stück um Stück vom Wüstensand, brachte seinen Brunnen in Ordnung und wässerte den Garten.

Eines Abends, er saß wieder auf dem Marmorsockel und spielte auf seiner Flöte, da glaubte er die Stimme seiner Frau zu hören. Er warf sich zu Boden, senkte den Kopf auf die Hände und flehte: „Allah, hilf mir, meine geliebte Rosina zurückzuholen!"

Da stand mit einem Mal der weißbärtige Alte neben ihm. Er reichte ihm in einem tönernen Töpfchen die vertrocknete Rose. Sali erhob sich schwer atmend und trat beschämt an den Alten heran. Er blickte auf die welke Rose und musste bitterlich weinen. Seine Tränen benetzten die Rose und aus ihrem Wurzelgrund entsprang ein grüner Trieb mit einer dunkelroten Knospe.

„Oh, meine liebe Rosina", schluchzte Sali. „endlich kommst du zurück!"

Der Alte schüttelte traurig sein Haupt. „Nein Sali, der Zauber lässt sich nicht wiederholen." Er legte seinen Arm um den weinenden Prinzen.

„Bewahre die Liebste fest in deinem Herzen und tröste dich mit deiner wunderbaren Musik. Allah möge dir Kraft geben. Die Rose aber wird jedermann daran erinnern, acht zu geben auf die Liebe!" Sali wollte noch etwas sagen, aber da war der Alte schon verschwunden. Der Prinz verließ sein Reich. Die Rose nahm er mit. Niemand sah ihn jemals wieder. Doch viele seiner zauberhaften Melodien dringen noch heute den Verliebten in die Herzen und zahllose, dunkelrote Rosen blühen seither auf der ganzen Welt.

Mario Bossert

Der Wunschbaum

Es war einmal vor langer Zeit, da lebte ein König mit seinen zwei Kindern Irene und Hannes auf einem Schloss. Der König war ein trauriger Herrscher, weil vor ein paar Jahren seine liebe Frau in den Wald gegangen war und seitdem nicht wieder gesehen worden war!

Der König hatte seine Frau im ganzen angrenzenden Wald suchen lassen und nicht gefunden. Deshalb war er traurig und verließ in seiner Trauer nicht mehr das Schloss.

Die beiden Kinder Irene und Hannes waren ebenfalls traurig über das Verschwinden ihrer Mutter, weshalb sie des öfteren zum Spielen in den Wald gingen und nebenbei immer nach der verschwundenen Mutter Ausschau hielten.

Eines Tages waren die beiden Kinder wieder zum Spielen im Wald, als sie plötzlich auf eine Lichtung kamen, die sie noch nie zuvor gesehen hatten. In deren Mitte stand ein großer Baum mit goldenen Blättern, die das Licht der Sonne reflektierten und den ganzen Baum hell leuchten ließen. Die Äste des Baumes schimmerten rot und erweckten den Anschein als wäre die Rinde blutgetränkt. Die Kinder standen am Lichtungsrand und starrten den wunderschönen Baum lange wortlos an. So etwas Schönes hatten sie noch nie zuvor gesehen. Hannes bewegte sich zuerst wieder, nahm seine Schwester bei der Hand und sagte: „Komm, Irene, lass uns zu dem Baum gehen! Ich will mir ein paar von diesen schönen Blättern mit nach Hause nehmen!"

Schnell rannten die beiden zu dem Baum, doch als Hannes gerade hinaufklettern wollte, hörten die Kinder einen lauten Schrei. Erschreckt blickten sie in die Richtung, aus der das Geräusch gekommen war und sahen eine Hexe, die mit einem Besen in der einen Hand auf sie zukam. Sie hatte ein verschrumpeltes Gesicht und eine dicke Warze auf der großen Nase. Irene lief es beim Anblick dieser hässlichen Hexe kalt den Rücken herunter.

Dann löste sich Hannes aus seiner Starre, zog Irene am Arm und rannte mit ihr in Richtung Wald zurück. Hinter ihnen erklang noch das wütende Schimpfen der Alten: „Verschwindet von diesem Baum! Ihr habt dort nichts verloren! Ich will euch hier nicht noch mal sehen!"

114

Als die Kinder, schwer nach Luft schnappend, im Schutz des Waldes anhielten, war die wütende Stimme der Hexe kaum noch zu hören. Hannes sah sich trotzdem suchend um und entdeckte eine kleine Höhle, zu der er Irene hinzog. Im Schutz der Dunkelheit saßen die beiden im kalten Höhleneingang und warteten darauf, dass die Hexe an ihnen vorüberging. Die beiden Kinder warteten nicht lange, bis die Alte, immer noch vor sich hin schimpfend, an der Höhle vorbei rannte.

Als ihre Stimme endgültig verklungen war, atmete Hannes auf, sah seine Schwester an und meinte beruhigend: „Wir haben sie abgehängt! Jetzt brauchst du keine Angst mehr zu haben."

„Die hättet ihr sowieso nicht haben müssen!" sprach eine Stimme aus dem tieferen Schwarz der Höhle. Die Kinder konnten erst nichts erkennen, doch dann trat eine kleine, rothäutige Gestalt aus dem Dunkel und setzte sich neben die beiden. Hannes musterte den Knirps, der sich neben ihn gesetzt hatte. Auf dem Kopf hatte das Wesen zwei schwarze Hörner, eine spitze lange Nase und über seinem Hinterteil wedelte ein kleiner Schwanz.

Irene fragte die Gestalt: „Sie sehen seltsam aus! Wer sind Sie?"

Das Wesen kicherte leise und antwortete dann mit einschmeichelnder Stimme: „Ich bin der Teufel, mein Kind! Das sieht man doch an den Hörnern und dem Schwanz!"

Irene war entsetzt: „Aber dann sind Sie ja böse!"

„Aber nein, wer sagt denn so etwas? Sehe ich böse aus - oder freundlich?"

Irene musterte das Wesen: „Sie sehen eher freundlich aus! Aber jeder sagt, dass Sie böse sind!"

Der Teufel winkte ab: „Aber nein, diese Menschen kennen mich doch gar nicht! Hast du denn schon einmal mit jemandem gesprochen, der mich zuvor gesehen hatte?"

„Nein, aber dann sind das ja alles Lügen!"

Die Gestalt nickte, kicherte und meinte danach: „Vor wem seid ihr beiden denn weggelaufen? Doch nicht etwa vor der alten Hexe?"

Als die Kinder nickten, redete der Teufel weiter: „Ach, vor dem alten Weiblein braucht ihr keine Angst zu haben! Sie will verhindern, dass jemand den Wunschbaum benutzt!"

„Was ist der Wunschbaum?" fragte Hannes sofort.

Der Teufel legte die Arme um die Schultern der Kinder und erzählte leise: „Der Wunschbaum erfüllt euch alle Wünsche, wenn ihr sie ihm sagt, aber die böse Hexe will ihn nicht mit anderen teilen!"

Irene sah ihren Bruder aufgeregt an: „Dann könnten wir ja unsere Mutter zurückwünschen!"

Der Teufel nickte zustimmend: „Genau! Wünscht euch doch eure Mutter zurück!"

Hannes nahm Irene bei der Hand, verließ mit ihr die Höhle und sagte während des Gehens zum Teufel: „Vielleicht machen wir das! Doch zuerst fragen wir Pater Egidius im Schloss unseres Vaters! Der weiß nämlich so allerhand und wird uns schon von dem Wunschbaum erzählen!"

Fluchend blieb der Teufel am Höhleneingang zurück.

Im Schloss des Königs gingen die beiden Kinder sofort zu Pater Egidius. Dieser war ein gutmütiger Mensch mit einem langen schwarzen Bart und vielen kleinen Fältchen in seinem netten Gesicht.

Der Mönch empfing die zwei freundlich: „Na, was treibt euch denn mal wieder zu mir?"

Irene war noch immer sehr aufgeregt und erzählte sogleich ihre Erlebnisse. Nachdem sie mit ihren Erzählungen geendet hatte, sah der Mönch sie an und meinte: „Fallt nicht auf diesen Scharlatan herein! Der Teufel ist ein ganz übler Zeitgenosse, der nichts Gutes im Schilde führt. Es heißt, er hätte den Wunschbaum einmal gepflanzt, um die Menschen sich etwas wünschen zu lassen, doch dies würde nicht in Erfüllung gehen. Stattdessen würde mit jedem gestellten Wunsch ein Fluch des Teufels über den Wünschenden kommen! Also lasst es! Der Wunschbaum wird eure Mutter nicht wieder zurückbringen können!"

Zwar stimmten die Kinder dem Mönch zu, doch nachdem sie ihn verlassen hatten, gingen sie wieder in den Wald zurück. An der Höhle riefen sie nach dem Teufel, der auch einen Augenblick später neben den Kindern aus einer Rauchwolke auftauchte und fragte: „Na, habt ihr dem Wunschbaum schon euren Wunsch gesagt?"

Hannes schüttelte den Kopf: „Nein, Pater Egidius meinte, er sei eine List von dir und würde den Wunsch nicht erfüllen!"

Der Teufel sah beleidigt drein: „Was hat dieser Nichtswisser gesagt? Er hat euch belogen, damit er sich selber etwas wünschen kann! Warum sollte ich euch denn anlügen? Außerdem könntet ihr es wenigstens mal versuchen. Wenn es nicht klappt, dann habt ihr ja auch nichts verloren! Probieren geht über Studieren!"

Das schien den Kindern einzuleuchten, und so schlichen sie sich voll Tatendrang auf die Lichtung, immer bemüht, dass die Hexe sie nicht sah.

Ganz in der Nähe lugte der Teufel hinter einem Baum hervor und sprach vor sich hin: „Ja, ihr Kinder, wünscht euch was! Ihr kleinen, naiven Kinderchen!"

Hannes und Irene standen mittlerweile vor dem Baum und wünschten sich gleichzeitig ihre Mutter zurück.

Doch im nächsten Moment spürten die Kinder, wie ein seltsames Kribbeln durch ihre Körper fuhr. Irene sah ihren Bruder an und wich entsetzt zurück: „Du verwandelst dich ja in einen Wolf!"

Hannes sah von seinen Pfoten zu seiner Schwester hoch: „Aber du doch auch!"

Die Verwandlung setzte sich fort und bald hatten sich die Kinder komplett in schwarze Wölfe verwandelt. Entsetzt heulend rannten die beiden Wölfe ziellos durch den Wald.

Als die Kinder am Abend nicht heimkehrten, schickte der König seine Ritter in den Wald, um nach den beiden suchen zu lassen. Doch keiner der Ausgeschickten fand eine Spur von ihnen! Deshalb wurde der König noch trauriger, denn jetzt hatte er nicht nur seine Königin verloren, sondern auch seine Kinder! Alles, was er jemals geliebt hatte, war verschwunden!

Der Mönch sah die Trauer seines Herrschers und empfand Mitleid. Er dachte über das letzte Gespräch mit den Kindern nach und erinnerte sich an den Wunschbaum. Hatten die Kinder vielleicht doch seinen Rat außer Acht gelassen und sich an dem verfluchten Baum etwas gewünscht? Sollte dies wirklich passiert sein, so waren die beiden wohl tatsächlich mit einem Fluch des Teufels belegt worden!

Der Pater dachte an die Geschichte zurück, die man sich im Kloster über den Wunschbaum erzählt hatte. Dann erinnerte er sich, dass man den Baum anzünden müsse und hierdurch der Fluch ein Ende finden würde. Was in der Hölle alltäglich war, ist auf der Erde ein Zeichen der Liebe und Wärme mit der gegenteiligen Wirkung wie in der Hölle. Pater Egidius verließ noch in der gleichen Nacht mit einer brennenden Fackel das Schloss.

Doch bei seiner Suche im dunklen Wald konnte er nirgends auch nur eine Spur von dem Wunschbaum finden. Er hatte bereits seine Hoffnung aufgegeben und wollte zum Schloss zurück, als am Wegrand der Teufel saß: „Hallo mein Freund! Was führt dich denn zu so später Stunde in dieses dunkle Wäldchen?"

Der Mönch erkannte die Gestalt sofort und stellte sich freundlich: „Ich suche den Wunschbaum! Könnt Ihr mir sagen, wo ich ihn finde?"

Der Teufel nickte kichernd und zeigte dann mit seinen langen dünnen Fingern in die Dunkelheit: „Dort vorne befindet sich eine Lichtung, auf der der Wunschbaum blüht!"

Der Pater bedankte sich freundlich und schritt in die gewiesene Richtung.

Bereits nach wenigen Schritten stand der Mönch auf einer Lichtung und sah zu dem Baum hin, dessen goldene Blätter das Licht der Fackel reflektierten.

Als er auf ihn zuschritt, ertönte ein lautes Wolfsheulen. Danach tauchten zwei schwarze Wölfe auf und kamen zähnefletschend auf den Pater zu. Dieser schwenkte seine Fackel und schlug dadurch die angreifenden Tiere in die Flucht.

Als er anschließend direkt vor dem Wunschbaum stand, hob er die brennende Fackel an die goldfarbenen Blätter. Bereits nach wenigen Augenblicken stand der ganze Baum in hellen, züngelnden Flammen. Durch das Feuer aufmerksam geworden, kam die Hexe kreischend über die Lichtung gerannt. Noch während sie rannte, wurde sie kleiner, die Falten verschwanden aus ihrem Gesicht und ein junges hübsches Gesicht formte sich daraus.

Die junge Frau blieb stehen und befühlte ihr Gesicht. Lachend kam sie auf den Pater zu und umarmte ihn dankend. Auch die Kinder nahmen wieder ihre menschliche Gestalt an, traten aus dem Wald heraus und begannen zu rennen, als sie erkannten, dass ihre Mutter neben dem Mönch stand. Die Königin umarmte ihre zwei Kinder und lachte.

In sicherer Entfernung stand der Teufel wütend an einen Baum gelehnt: „Dieser Bastard! Was fällt diesem Mönch denn ein, dass er meinen schönen Wunschbaum anzündet? Ich hasse das Feuer auf der Erde! Wieso kann es nicht genauso böse sein wie in meiner Hölle? Seid verflucht, Pater Egidius! Seid verflucht!"

Mit diesen Worten verschwand der Teufel in einer Rauchwolke und ward in dem Wald nicht mehr gesehen.

Als der Pater und die Königin mit ihren zwei Kindern aus dem Wald zurückkehrten und vor den weinenden König traten, sah er auf und wischte sich die Tränen aus den Augen. Ein Lachen kam über sein sonst so trauriges Gesicht, denn alles, was er als verloren geglaubt hatte, stand plötzlich wieder vor ihm!

Voller Freude ließ er daraufhin ein großes Fest vorbereiten, das viele Tage andauern sollte.

Von da ab feierte der König mit seiner Königin und den Kindern glücklich auf seinem Schloss. Und wenn der Teufel sie nicht wieder verführt hat, dann feiern sie noch heute!

Sibyl Quinke

Emily

Es ist bekannt, daß Bienen in einem Bienenstock heranwachsen. Erst wenn sie groß genug sind, dürfen sie ihr Heim verlassen, solange bleiben sie in der Obhut ihrer Oberbiene. Diese wacht mit Argusaugen, dass ihren Schützlingen nichts passiert, aber auch, dass sie keinen Unsinn machen, denn unreife Bienen sind sehr empfindlich und können in der rauen Außenwelt schnell umkommen.

In einem solchen Bienestock wächst unsere kleine Emily langsam heran. Sie ist sehr neugierig und lauscht immer bei den großen Bienen, wenn diese sich über ihre Ausflüge unterhalten. Von wunderschönen Blumen ist da die Rede, von Sonnenstrahlen, die den Rücken wärmen oder auch an der Nase kitzeln, oder von Grillen, und den gefährlichen Hornissen.

Öfters schon hatte Emily die Oberbiene gefragt, wann sie endlich den Bienestock verlassen dürfen, aber sie hatte immer eine hinhaltende Antwort erhalten.

Letztens hatte Emily wieder zwei Bienen bei ihren Erzählungen belauscht. Sie schwärmten von einer bunten Blumenwiese und von den großen, blauen Glockenblumen, die wunderbar blühen und einen betörenden Duft ausströmen. Nun war es genug! Länger will sich Emily nicht mehr auf später vertrösten lassen. Heute Nacht, nachts ist die Oberbiene auch immer etwas müde und nicht so wachsam, da will sie ausbüxen und sich die Welt auf eigene Faust ansehen. „Diese blauen Glockenblumen muß ich unbedingt finden und sehen! Und dieser betörende Duft, der unweigerlich alle Bienen anlockt, den werde ich schon finden!"

Emily wartet und wartet. Heute scheint die Oberbiene wohl gar nicht müde zu werden und einzunicken. Ständig blickt die Oberbiene zu Emily, so als ob sie ahnen würde, was unsere kleine Nachwuchsbiene vorhat.

„Ich stelle mich einfach schlafend!" denkt Emily, „dann wird sie ihre Aufmerksamkeit anderen zuwenden!" Sie schließt ihre Augen und tut so als ob sie schliefe. Die anderen Bienen um sie herum summen so schön, dass sie die Melodie davon trägt.

„Emily flieg!" hört sie, und sie fliegt davon, aus dem Bienenstock heraus. Oh wie schön, so hell, die Sonne lacht und wärmt Emily. „Warum lässt uns die Oberbiene so etwas Schönes nicht erleben? Oh, welch ein Duft!" Emily zieht es zu einer wunderschönen, blauen Glockenblume. Emily fliegt hinein und landet in dem Blütentrichter, Fanfaren ertönen. „Was ist los?" Neugierig versucht Emily in den Tiefen der Glockenblume etwas zu erkennen. Langsam, ganz langsam zeichnet sich ein Bild vor ihren Augen ab. Aus den Seitenwänden ragen Fanfaren heraus. Darunter bewegen sich geschäftig Gestalten, die aufgeregt hin- und herlaufen. „Was ist los?" Aus den Tiefen erklimmen Figuren, panzergekleidet, bewaffnet mit Speeren, eilen sie heran. Gestikulieren und Stimmengewirr. Nur Emily versteht es nicht. Sie versucht tiefer in die Glockenblume hineinzukriechen, doch sie ist dafür zu groß. Einer aus der bewaffneten Truppe tritt ihr entgegen. Es ist der Hauptmann: „Was willst Du hier?", herrscht er sie in barschem Ton an, doch lässt sich ein leises Zittern in seiner Stimme nicht völlig verbergen, denn Emily ist viel größer als er.

Emily kriegt große Augen. „Ich bin Emily", stellt sie sich vor. „Ich bin das erste Mal ausgeflogen, um mir die Welt anzusehen. Ich habe von großen, blauen Glockenblumen gehört, die einen betörenden Duft ausströmen. Ich muß die Welt kennenlernen. Ich kann nicht immer in unserem Bienenstock bleiben. Kannst du mir etwas von der Welt zeigen, in der du lebst?"

Der Hauptmann räuspert sich. Es ist noch einmal gut gegangen. Er hatte gedacht, dass dieses Ungetüm am Blüteneingang ihr Untergang sei. Nachdem sich im Glockenblumenreich alles wieder beruhigt hatte, fragte der Hauptmann, ob Emily eintreten und das Schloß besichtigen wolle. Ein Schloß besichtigen, in einer Glockenblume? Wie spannend! Doch wie sollte das gehen, selbst als noch nicht ausgewachsene Biene war sie viel zu groß dazu. Offensichtlich sah der Hauptmann Emilys Zweifel in ihrem Gesicht. „Das ist kein Problem. Für besonders liebe Gäste haben wir ein Zauberpulver. Das macht sie so klein, dass sie in unser Schloß passen. Möchtest du mitkommen?" Wie wurde das aufregend! Natürlich wollte Emily, warum war sie sonst in die Welt hinaus geflogen? Der Hauptmann nestelte an seinem Gürtel und zog einen Beutel hervor, öffnete ihn, entnahm diesem etwas glänzendes Pulver und pustete es Emily entgegen. „Huch, wie wird mir schwindelig", dachte noch Emily und schon begann sie zu schrumpfen. Sie schrumpfte und schrumpfte, bis sie etwa die Größe des Hauptmannes hatte. Sie schüttelte sich, denn es ist schon ein sehr merkwürdiges Gefühl, wenn man auf einmal so klein wird. Nicht nur hatte Emily nun die Größe von Staubblättern erreicht, ihr Gehör hatte sich verändert. Auf einmal nahm sie wunderbare Glockentöne wahr. „Was ist das denn?" fragte Emily, „Was ist was?" wollte der Hauptmann wissen. „Die Musik, diese Glockenklänge, die sind wunderschön!" „Ja, wir haben ein Glockenspiel in unserem Schloß. Immer wenn Sonnenstrahlen auf unsere Blüte fallen, fängt es an zu klingen. Unsere Königin liebt auch diesen Klang, oder genauer gesagt, sie kann ohne diesen Klang gar nicht regieren." „Bei uns im Bienenstock summt und brummt es den ganzen Tag. Das ist auch schön, richtig gemütlich! Hör mal!" Und Emily fing an zu Summen. Das war für die Glockenblume so heftig, dass sie anfing zu vibrieren. In diesem Moment kam aus den Tiefen der Glockenblume ein ganz zartes Wesen hervorgeschossen, ganz zart - man wunderte sich über die Energie, die es verbreitete und zum Blüteneingang eilte. „Was sind das für Töne? Sie unterstreichen wunderschön unser Glockenspiel. Solch ein Konzert hat unser Schloß noch nie erfüllt. Wo kommt das nur her?"

Das zarte Wesen war die Glockenkönigin. Sie trug einen himmelblauen Umhang aus feinstem Gewebe, zart, fast durchsichtig mit einem feinen Pelzbesatz aus Blütenpollen. Auf dem Kopf trug sie eine Krone mit hellblauen, funkelnden Edelsteinen aus Blütennektar. Die größten und schönsten Edelsteine schienen aber ihre hellblauen Augen zu sein. Emily nimmt die Königin erst gar nicht wahr, so ist sie auf ihr Summen konzentriert. Doch als sie so vor ihr steht, zuckt sie vor Schreck kurz zusammen, und schaut die Königin mit großen Augen an. Genauso schaute die Königin, denn sie hatte noch nie ein Bienenkind gesehen. „Wer bist du denn?" fragt sie Emily, und Emily stellt sich vor und erzählt auch von der Einladung, die der Hauptmann ausgesprochen hatte, denn sie bekam Angst, dass sie auf einmal nicht mehr willkommen sei.

„Oh ja, da hat mein Hauptmann recht gehabt. Solch liebe Gäste sind uns immer willkommen, nur leider haben wir recht oft unliebsame Gesellen vor unserer Tür! Darf ich dich durch mein Reich führen? Möchtest du dir alles anschauen?"

Welche Frage! So etwas Aufregendes, und das gleich an ihrem ersten Tag außerhalb des Bienenstockes.

„Na, dann komm' tiefer in mein Reich. Du musst wissen, dass meine Aufgabe als Königin darin besteht, immer dafür zu sorgen, dass unsere Glocken klingen. Nur mit dem Glockenklang locken wir euch Bienen an, auch wenn ihr es nicht direkt hört. Es ist auch der Glockenklang, der die Menschen auf unsere Blumenwiesen lockt. Deshalb finden sie das auch so schön. Alle Blumen versuchen auf ihre Weise am Wiesenkonzert teilzunehmen. Die Menschen und Tiere hören das nicht, aber sie werden davon angelockt und fühlen sich durch diese Klänge besonders wohl. Wir haben deshalb eine große Glockenwerkstatt. Wie du siehst, gibt es hier Glocken, große und kleine, jede hat ihre eigene Klangfarbe. Daneben siehst du, wie meine Untertanen die neuen Glocken ziehen. Jede bekommt eine eigene Form und damit einen eigenen Klang. Es ist sehr schwer, gute Glocken zu ziehen. Deshalb arbeiten hier absolute Spezialisten. Gehen wir weiter: Manchmal geht auch eine Glocke kaputt, dann wird sie repariert. Das geschieht hier. Und hier darf ich dir meinen Obermeister vorstellen, er ist besonders erfahren und schafft es, beschädigte Glocken wieder erklingen zu lassen." Der Obermeister stellte sich vor, machte eine tiefe Verbeugung murmelt etwas vor sich hin, was so klingt wie: „Ich muß weiter arbeiten, sonst klappt das mit der Reparatur nicht."

Im nächsten Raum sind ganz junge, feingliedrige Gestalten. Sie halten alle ein Tuch aus ganz zartem und feinem Gewebe in der Hand und polieren Glocken. „Glocken haben nur einen wirklich schönen Klang, wenn sie sehr gut poliert sind. Es darf nicht zu viel sein, denn wenn sie gescheuert werden, dann scheppern sie nur noch. Das hauchdünne Gewebe muß über ihre ganze Größe mit sensiblen Bewegungen geführt werden. Je feiner sie poliert sind, desto klarer ist der Klang. Unser Glockenkonzert ist auch für uns selbst wichtig, es soll nicht nur Menschen glücklich machen und Bienen und andere Insekten freudig erregen, sondern wir locken damit besonders euch Bienen an, damit ihr kommt und euch in unseren Glockeneingang setzt. Nur so können wir euch von unserem Blütenstaub mitgeben, den ihr dann zu unserer Nachbarin bringt und eine Bestäubung möglich ist. Findet das nicht statt, müssten wir aussterben, das wäre doch zu traurig!" Emily hört gespannt zu und als die Königin vom Aussterben der Glockenblume erzählt, fängt Emily an zu weinen. „Emily, du brauchst nicht zu weinen. Unser Glockenklang ist so schön. Uns kommen jeden Tag Bienen besuchen, und sie tragen den Blütenstaub weiter. Wir müssen uns keine Gedanken über das Aussterben machen. Außerdem, hast du es nicht gerochen? Unser Klang reibt, bevor er die Glockenblume verlässt, an unseren Wänden entlang und produziert diesen herrlichen Duft, den ihr Bienen so mögt und der euch so anlockt. Du siehst, die Glocken und all meine Untertanen haben ganz wichtige Aufgaben zu bewältigen. Ihr Lohn ist, dass sie ein besonders feines Gehör haben und zu den Glockentönen ganz feine Obertöne wahrnehmen können. So belohnen sie sich bei ihrer Arbeit selbst."

Noch während die Glockenkönigin weiter erklärt, wird es Emily ganz mulmig. Ihr Flaum sträubt sich und plustert sich auf.

„Oh ich weiß nicht, was mit mir los ist, ich kann nicht mehr richtig sehen und schwanken tue ich auch!"

„Schnell, schnell zum Eingang zurück! Das Schrumpfpulver verliert seine Wirkung und du erlangst gleich deine ursprüngliche Größe zurück.

Schnell, du musst zum Eingang, sonst zerstörst du mit deiner Größe unsere Glockenblume!"

Emily ist es ganz schwindelig. Der Hauptmann und seine Komparsen helfen Emily, an den Eingang zurückzugelangen. Gerade noch rechtzeitig, denn schon hat sie wieder ihre volle Größe erreicht. Sie winkt mit einem ihrer Flügel, aber der Hauptmann und die Glockenkönigin waren schon tief in der Glockenblume verschwunden, und Emily kann sie gar nicht mehr wahrnehmen.

Während sie noch ihre Augen reibt, brummt es ganz heftig hinter ihr. Ein riesiges Vieh kommt angeflogen. Es sieht ungeheuer gefährlich aus. Das muß eine Hornisse sein, von der die großen Bienen immer so ängstlich berichteten. Sie kommt auf Emily zu und packt sie an der Schulter. Emily schreit:

„Hilfe, Hilfe, tut mir nichts. Ich bin doch noch ganz jung!"

„Emily, Emily, wach auf, was träumst du denn so Schreckliches?" Die Oberbiene und andere Bienen schütteln sie heftig an der Schulter. „Du hast geträumt. Du hast gesummt. Du hast geweint. Du hast gelacht. Aber jetzt zum Schluß muß es schlimm gewesen sein!"

Was war das? Emily hatte ausbüxen wollen, und während sie auf einen günstigen, unbeobachteten Moment gewartet hatte, um an den Ausgang des Bienenstockes zu gelangen, war sie eingeschlafen. Emily hatte alles nur geträumt. Ob die Wirklichkeit auch so aussehen wird? Jetzt war Emily noch neugieriger auf die Außenwelt geworden, allerdings hat sie auch ein bisschen Angst, denn so einer riesigen Hornisse will sie nicht begegnen. Da will sie doch lieber abwarten, bis sie alle zusammen ausfliegen dürfen.

„Hört, meine großen Jungbienen", sagt die Oberbiene, und zu den großen Jungbienen gehörte Emily inzwischen, „morgen ist es günstig, wir werden unseren ersten Ausflug auf die Blumenwiese machen. Die Glockenblumen stehen in voller Blüte, und denen kann niemand widerstehen. Warum, das kann euch niemand erklären, aber es ist so."

Aber Emily wusste woran es lag, an dem wunderschönen Glockenklang aus der Konzerthalle der Glockenblume und dem betörenden Duft, den die Klänge beim Heraustreten von den Blütenblättern reiben und nach außen tragen. Hast du das auch schon mal gerochen?

Sibyl Quinke

Von der Hexe mit den stechend grünen Augen

Es war einmal ein Fischerdorf, das lebte in genauen Grenzen. Am Rande des Dorfes grenzte der Wald, wo auch die Hütte der Hexe mit den stechend grünen Augen stand. Diese Hütte gehörte aber nicht mehr zum Dorf. Die Dorfgrenze verlief genau vor der Hütte.

Vor der Hexe hatten die Dorfbewohner Angst. Sie war ihnen nicht geheuer. Sie hatte stechend grüne Augen, eine große Nase, knochige Hände und spitze Fingernägel. Sie trug einen großen schwarzen Hexenhut, und sie hatte eine Katze. Hinter ihrem Haus stand ihr Hexenbesen, aber den benutzte sie nur sehr selten. Sie konnte nur wenig hexen, z.B. einen Sturm herbeihexen, Fische verderben lassen, Ratten und Läuse herbeizaubern, aber das tat sie nicht oft. Sie besaß ein dickes Hexenbuch, in dem ihre Zaubersprüche aufgeschrieben waren und viele andere Dinge, die für Hexen wichtig sind. Oft ging sie in den Wald, um Kräuter zu sammeln. Sie hängte sie in ihrer Kammer auf und trocknete sie. Andere kochte sie in ihrem Hexenkessel und braute daraus einen Sud, den sie in Töpfe abfüllte.

Eines Tages kamen ein Bub und ein Mädchen zu ihr, Bruder und Schwester. Sie hatten im Wald gespielt, und auf dem Heimweg kamen sie an der Hütte vorbei. Als sie die Hexe sahen, erschraken sie zuerst, denn die Hexe sah anders aus als all die Leute im Dorf sie beschrieben hatten, aber nun wußten sie auch, warum sie die Hexe mit den stechend grünen Augen genannt wurde. „Guten Tag, liebe Hexe", sagten die Kinder, „was machst Du da?" wollten sie wissen. Was hatten die Kinder gesagt: liebe Hexe? Lieb! Das hatte noch nie jemand zu ihr gesagt, und der Hexe mit den stechend grünen Augen wurde es ganz warm ums Herz. „Kommt 'rein in meine Hütte. Ich zeige es Euch." Und die Hexe zeigte ihnen die Kräuter, die an der Decke hingen, die Töpfe, in denen sie Pflanzensud abgefüllt hatte, und sie ließ sie auch in den Hexenkessel schauen, in dem sie gerade ein neues Gebräu ausprobierte. „Wozu brauchst Du das alles?" fragten der Bruder und die Schwester. „Das sind wertvolle Gaben der Natur. Bei schweren Krankheiten können sie helfen zu heilen."

Inzwischen begann es zu dunkeln und die beiden Kinder eilten nach Hause. Das Hexenhaus zog sie aber von nun an immer wieder magisch an, und sie besuchten nun regelmäßig die Hexe mit den stechend grünen

Augen, schauten kurz bei ihr hinein, und die Hexe zeigte ihnen immer neue Kräuter, die sie im Wald gesammelt hatte.

Eines Tages kam das Mädchen alleine und wirkte sehr traurig. „Was ist los?" fragte die Hexe. „Mein Bruder ist krank, sehr krank. Er kriegt kaum noch Luft. Er muß vielleicht sterben." Und sie weinte bitterlich. Die Hexe war eigentlich eine gute Hexe und hexte nur manchmal böse Sachen, dann, wenn man sie zu sehr geärgert hatte. Sie hatte Mitleid mit dem Mädchen und sagte: „Da müssen wir sehen, was wir machen können!" Sie führte das Mädchen in ihre Kräuterkammer, suchte eine Weile und nahm dann ein Bündel Kräuter herunter. Damit ging sie in den nächsten Raum, in dem sie ihre Sudtöpfe aufbewahrte, nahm einen davon aus dem Regal und stellte ihn neben die Kräuter auf den Tisch. Das Mädchen folgte ihr mit stummem Blick. Dann wandte sich die Hexe ihrem großen, dicken Hexenbuch zu, fing an zu blättern und murmelte viele fremde Wörter, die das Mädchen nicht verstand. Schließlich sagte sie: „Ja, das ist es!" Und begann mit ihren Instruktionen: „Mein Mädchen, hör' gut zu! Weil du und dein Bruder immer freundlich zu mir ward, helfe ich euch jetzt gerne. Hier sind getrocknete Blätter. Die nimmst Du mit nach Hause, begießt sie mit heißem Wasser, damit sie etwas aufweichen. Dann legst Du sie Deinem Bruder um den Hals; gleichzeitig gibst du ihm von diesem Sud zu trinken, aber immer nur ganz wenig. Wenn er die Augen zu hat, gehst du an sein Ohr und flüsterst ihm:

Abrakaxo Abraför;
hör, mein lieber Bruder, hör,
Abrakaxo Abratien,
laß' die Krankheit weiterzieh'n,
halt den engen Hals nicht fest,
er hat kein' Platz in uns'rem Nest.
Abrakaxo Abraför;
hör, mein lieber Bruder, hör!

Das musst Du ihm fünf Mal am Tag sagen und vorher immer wenige Tropfen von diesem Sud einflößen. Dein Bruder wird gesund!"

Die Hexe blickte mit ihren grünen Augen besonders stechend auf die Blätter und den Sud und das Mädchen stand neben ihr mit großen Augen. Sie wickelte die Sachen in ein Tuch und eilte nach Hause und folgte den Anweisungen der Hexe. Die Tropfen des Suds und den Spruch gab sie ihrem Bruder nur, wenn niemand zugegen war, sie hatte

Angst, dass ihr jemand den wertvollen Sud wegnehmen würde. Die Blätter, die sie aufgeweicht und um den Hals ihres Bruders gelegt hatte, beäugte ihre Mutter sehr misstrauisch, aber sie ließ sie gewähren. Tatsächlich, der Bruder konnte bald wieder atmen und wurde gesund. Da erzählte das Mädchen seiner Mutter von der Hexe mit den stechend grünen Augen, den Kräutern und dem Pflanzensud. Von dem Zauberspruch, den sie ihrem Bruder regelmäßig ins Ohr geflüstert hatte, berichtete sie lieber nicht, denn sie wusste, dass die Hexe im Dorf nicht gut angesehen war. Die Familie hatte zwar nicht viel Geld, wollte sich aber gegenüber der Hexe erkenntlich zeigen. Die Mutter gab es dem Mädchen und beauftragte es, es der Hexe zu geben und sie zu bitten, es als Zeichen der Dankbarkeit anzunehmen.

Das Mädchen ging alleine zur Hexe, ihr Bruder war noch zu schwach. Die Hexe wollte das Geld nicht annehmen, weil Hexen kein Geld brauchen und sie sagte: „Ich habe das für Dich und Deinen Bruder getan. Ihr ward mir immer wohl gesonnen." Weil die Hexe aber in letzter Zeit wenig gehext hatte - sie war zu sehr mit dem Kräutersammeln beschäftigt - war sie menschlich geworden und verspürte Hunger. Das passiert nur sehr selten bei Hexen, aber bei unserer Hexe mit den stechend grünen Augen war es heute so weit. Sie nahm deshalb doch ein paar Münzen von dem Mädchen und ging in das Dorf, um beim Bäcker ein Brot zu kaufen. Als sie zur Bäckerei kam, liefen alle Kunden schreiend weg. Ihnen war die Hexe mit den stechend grünen Augen unheimlich. Die Bäckersfrau blieb zitternd stehen und blickte gebannt auf die Hexe. Mit ihren spitzen Fingern zeigte sie auf ein Brot: „Das hätte ich gerne!" und legte die Münze auf den Tisch. Die Bäckersfrau gab ihr das Brot, die Knie schlotterten ihr vor Angst. Die Hexe spürte ihre Angst, sie drehte sich um und verließ das Geschäft. In diesem Augenblick kam der Bootsbesitzer des Dorfes. Ihm gehörten die meisten Fischerboote. Er war von seiner Frau gerufen worden. Er war mächtig und der beste Freund des Bürgermeisters. Als er auf die Hexe traf, schrie er sie an: „Verschwinde aus dem Dorf, du hast hier nichts zu suchen. Wir wollen dich hier nicht sehen!" Er traktierte sie mit Fußtritten, dass sie möglichst schnell wieder in ihrer Hütte war.

Die Hexe mit den stechend grünen Augen war sehr zornig über die Behandlung, die man ihr hatte angedeihen lassen. Sie war so wütend, dass sie wieder zu hexen anfing. Als erstes hexte sie, dass alle Fische, die gefangen wurden, sofort verdarben und nicht mehr zu genießen waren. Das traf die Dorfbewohner sehr, denn sie lebten vom Fischfang. Da liefen das Mädchen und der Bub zur Hexe und erzählten ihr, welch

Unglück über sie und ihre Familie gekommen war. „Stell' Dir vor, liebe Hexe, alle Fische, die unser Vater aus dem Meer geholt hat, sind verdorben. Wir haben nichts mehr zu essen und keine Fische zum Verkaufen. Kannst Du uns nicht helfen?" Die Kinder wussten natürlich nicht, dass sie gehext hatte. Und wieder hatten die Kinder „liebe Hexe" gesagt, und sie bekam ein schlechtes Gewissen. Den reichen Bootsbesitzer wollte sie treffen, aber doch nicht die anderen Fischer alle. Aber sie war nicht gut im Hexen. Sie konnte nur alle Fische verderben, aber nicht nur die des reichen Bootsbesitzers. So machte sie ihre Hexerei rückgängig. Aber sie war immer noch sehr zornig über die Fußtritte, die sie erhalten hatte. Deshalb hexte sie für die nächste Nacht, wo der reiche Bootsbesitzer selbst auf See fahren wollte, einen fürchterlichen Sturm herbei.

Als es Nacht wurde, zog der Sturm auf und peitschte über das Meer. Die Fischersleut' kämpften in ihren Booten nicht um Fische, sondern um ihr Leben. Die Daheimgebliebenen zitterten um ihre Väter, Brüder und Ehemänner. Die beiden Kinder hatte die Mutter schon ins Bett gesteckt. Sie selbst saß am Fenster und wollte auf ihren Mann warten. Sie weinte, denn sie befürchtete das Schlimmste. Die Kinder sahen, wie ihrer Mutter die Tränen über die Wangen liefen; sie kleideten sich heimlich an und liefen zur Hexe hinaus. Sie hatte ihnen schon zweimal geholfen. Vielleicht konnte sie auch die See beruhigen. An der Hexenhütte angekommen, klopften sie mit ihren Fäusten an die Tür, damit sie gehört werden. „Hexe, liebe Hexe, bitte, bitte kannst Du uns helfen? Unsere Mutter weint und ängstigt sich zu Tode. Wenn bei diesem Sturm der Vater nicht nach Hause kommt, dann..." und sie brachen ebenfalls in Tränen aus.

Schon wieder hatte die Hexe mit den stechend grünen Augen einen Zauber auf den Weg geschickt, der mehr Unheil anrichtete als ihr lieb war. Sie hatte den großen Bootsbesitzer erschrecken wollen, aber sie wollte keinen Schaden anrichten. Ihr Problem war, sie hatte zwar den Sturm herbeihexen können, aber sie konnte ihn nur schwer beeinflussen. So nahm sie ihre ganze Hexenkraft zusammen, blickte hinaus aufs Meer, ihre Augen wurden noch stechender und das Grün ihrer Augen nahm die Farbe leuchtender Smaragde an. Die beiden Geschwister standen ganz gebannt neben ihr und wagten nicht, sich zu bewegen. Die Hexe hob ihren Arm, streckte ihre knochigen Finger mir dem spitzen Fingernagel gegen den Sturm und rief:

Abrakaxo abrawurm,
mach' Dich fort, du wilder Sturm,

gewütet hast in einem fort,
zieh' davon, zum an'dern Ort.
Abrakaxo abrawurm,
mach' Dich fort, du wilder Sturm.

Und es schien, als ob aus den stechend grünen Augen der Hexe grüne
Blitze gegen das Meer flogen. Es dauerte etwas, und langsam legte sich
der Wind. Am frühen Morgen kamen alle Fischerboote wieder in den
Hafen zurück; gefangen hatte die Männer diese Nacht nichts und waren
hundemüde, aber die Familien waren glücklich, dass sie ihre Väter nach
einer solchen Nacht wieder in ihre Arme schließen konnten.
Die Hexe plagte das schlechte Gewissen sehr, weil sie beinahe Unglück
über viele Familien gebracht hätte. Wenn die beiden Kinder nicht so viel
Mut gehabt hätten, mitten in der Nacht und im Sturm zu ihr zu kommen,
wäre sie gar nicht auf die Idee gekommen, den Sturm wegzuschicken.
Wieder verging eine Zeit, da wurde der reiche Bootsbesitzer krank, sehr
krank. Am ganzen Körper hatte er Beulen. Er hatte hohes Fieber und
redete im Wahn. Die Frau des Bootsbesitzers hörte schon sein letztes
Stündlein schlagen und wandte sich an die Mutter der beiden Kinder. Sie
erinnerte sich, dass ihr Junge damals so schwer krank war und wieder
gesund geworden war. Keiner hatte geglaubt, dass es überleben werde,
und doch war er wieder genesen. Sie wollte wissen, was sie damals
gemacht hatte, und die Mutter erzählte ihr, dass ihre Kinder Kräuter
von der Hexe mitgebracht hätten. „Die Hexe mit den stechend grünen
Augen?" fragte sie erschrocken und riss die Augen dabei weit auf, „Sie
hat geholfen? Nie!"
Sie ging wieder nach Hause, aber als sie ihren Mann so leiden sah, dachte
sie bei sich: „Er stirbt - so oder so - ich werde es mit der Hexe mit den
stechend grünen Augen versuchen."
Sie traute sich jedoch nicht so recht, zur Hexe zu gehen. Sie erinnerte
sich noch lebhaft daran, dass sie ihren Mann geschickt hatte, um sie aus
dem Dorf zu jagen. Sie wusste ja nicht, dass die verdorbenen Fische und
der verheerende Sturm der Hexe Antwort auf sein Verhalten gewesen
war.
Des Bootsbesitzers Frau ging zu dem Haus, wo die beiden Kinder
wohnten und bat sie, ob sie sie nicht zur Hexe begleiten könnten. Sie
traute sich alleine nicht dorthin. Die Kinder nahmen die Frau an die
Hand und führten sie zu dem Hexenhaus. Die Kinder klopften an die
Tür und riefen: „Hexe, liebe Hexe, mach' uns bitte auf. Kannst Du uns
helfen? Wir bitten Dich darum!" Die Hexe öffnete die Tür. Zuerst sah sie

die Kinder, die wieder „liebe Hexe" gesagt hatten und die sie inzwischen auch in ihr Herz geschlossen hatte. Dann blickte sie auf des Bootsbesitzers Frau. Die Hexe mit den stechend grünen Augen fühlte sich unwohl, als so die Frau des reichen Bootsbesitzers vor ihr stand. Die Frau, als sie sie so stehen sah, erinnerte sie an ihre unseligen Hexensprüche, die so viel Unglück gebracht hatten. Die Bootsbesitzers Frau bemerkte von all dem nichts, sie zitterte nur vor dieser Hexe mit den stechend grünen Augen, sie wusste wie sie die Hexe behandelt hatte.

Die beiden Kinder redeten weiter: „Der Bootsbesitzer ist so krank, er hat hohes Fieber, gelbe, rote, grüne und blaue Beulen und seine Frau hat Angst, dass er stirbt!" Die Hexe mit den stechend grünen Augen runzelte die Stirn und sagte: „Das ist ein schwerer Fall! Da weiß ich nicht weiter, und in meinem Hexenbuch steht nichts über Beulen."

Des Bootsbesitzers Frau sank der Mut, und sie fing an zu weinen, denn sie liebte ihren Mann sehr und wollte ihn nicht verlieren.

Die Hexe mit den stechend grünen Augen grübelte eine Weile und sagte schließlich, nein sie flüsterte mehr: „Kommt in drei Tagen wieder, dann kann ich Euch vielleict weiter helfen."

Des Bootsbesitzers Frau war enttäuscht, hatte sie doch all ihren Mut zusammen genommen, um zur Hexe zu gehen, um ihrem Mann zu helfen und musste nun unverrichteter Dinge wieder gehen. Die beiden Kinder jedoch versuchten sie aufzumuntern. „Laß' den Mut nicht sinken. Das ist doch eine liebe Hexe. Der wird schon etwas einfallen, und sie wird Deinem Mann helfen." So ganz mochte die Frau das nicht glauben, aber es blieb ihr nichts anderes übrig als die drei Tage abzuwarten. Die Hexe derweil holte ihren Hexenbesen hinter ihrer Hütte hervor und als es dunkel war, setzte sie sich darauf und flog davon. Nichts ward von ihr gesehen. Die Kinder dachten, die Hexe mit den stechend grünen Augen würde in den Wald gehen und neue Kräuter suchen und einen besonders starken Sud kochen, aber sie war weg und blieb verschwunden - drei Tage lang.

Sie kam zurück, aber nicht alleine. Hinter der Hütte standen drei Hexenbesen. Aus dem Kamin der Hütte rauchte es stark und die drei Hexen in der Hütte rührten kräftig in dem Hexenkessel, kneteten Blätter und murmelten Zaubersprüche dabei. Sie kochten, murmelten und brodelten die ganze Nacht hindurch. Am frühen Morgen konnte man beobachten, wie zwei der Hexen sich auf ihre Besen setzten. Sie hielten ihre Hüte fest und flogen durch die Luft davon.

Unsere Hexe mit den stechend grünen Augen wischte sich unterdessen den Schweiß von der Stirn, denn es war eine sehr anstrengende Nacht gewesen. Sie hatten zu dritt einen Hexensud gebraut, den nur besondere Hexen brauen können und Hexensprüche verwendet, die nur besonders erfahrenen Hexen zustehen und die zwei Hexen, die zu Besuch waren und ihr geholfen hatten, waren sehr erfahrene Hexen.

Mit diesem Sud und den durchgewalkten Blättern machte sich die Hexe mit den stechend grünen Augen auf den Weg zum Haus des reichen Bootsbesitzers. Dort angekommen, erschrak erst die Frau, als die Hexe vor der Tür stand, tat dann doch einen Schritt zur Seite und ließ die Hexe ein. Die Hexe fand leicht zum Bootsbesitzer, denn er jammerte in seinem Fieberwahn laut vor sich hin.

Die Hexe deckte ihn auf und legte erst auf die gelben Beulen die Kräuter mit den runden Blättern, auf die roten Beulen die Kräuter mit den länglichen Blättern, auf die grünen Beulen die Kräuter mit den gefiederten Blättern und auf die braunen Beulen die dunkelbraunen Blätter, die ursprünglich besonders lange getrocknet worden waren und die die drei Hexen so lange hatten durchwalken müssen. Dann gab sie ihm einen großen Schluck von dem Sud, den sie diese Nacht unter Anwendung von Zaubersprüchen gebraut hatten. Die Hexe stellte sich nunmehr an das Fußende des Bettes, nahm ihre ganze Hexenkraft zusammen, streckte ihren Arm aus, zeigte mit ihren knochigen Fingern und den spitzen Fingernägeln auf den kranken Bootsbesitzer, ließ ihre Augen aufglühen, sie nahmen wieder die Farbe glänzender Smaragde an, und grüne Blitze trafen den Mann:

Abrakaxo Abrabiber
feg' hinweg Du böses Fieber!
Abrakaxo Abraräule
verschwinde, Beule über Beule!
Abrakaxo abrasund
guter Mann, werd' schnell gesund!

Des Bootsbesitzers Frau stand gebannt in der Tür und rührte sich nicht. Die Hexe mit den stechend grünen Augen sagte nur zu ihr: „Dieser Tag wird für deinen Mann ganz schrecklich. Er wird schreien, aber wir können ihm nicht helfen. Die Blätter saugen das Gift aus seinem Körper, und das schmerzt sehr. Aber heute Abend wird er in einen tiefen Schlaf fallen, der ihn gesund machen wird." Sagte sie und ging.

Als die Hexe wieder in ihrer Hütte angelangt war, legte sie sich in ihr Bett und fiel in einen tiefen Schlaf, denn sie hatte die letzten drei Tage nicht geschlafen und sie waren sehr anstrengend für sie gewesen. Sie schlief so tief und fest, dass sie nicht hörte, wie der Bootsbesitzer schrie. Er schrie so laut und wild, dass die Dorfbewohner glaubten, er sei verhext worden und haben mit ihm und seiner Frau nichts mehr zu tun wollen.

Als es Abend wurde, nahmen die Schreie ab und der kranke Mann fiel in einen tiefen Schlaf; er schlief sieben Tage und sieben Nächte und ward danach wieder gesund. Jetzt wussten sie, dass hinter der Dorfgrenze, dort am Waldesrand, keine bösartige Hexe lebte, und sie überlegten, wie sie von nun an mit der Hexe mit den stechend grünen Augen umgehen wollten.

Bald darauf feierte das Dorf sein traditionelles Frühjahrsfest. Viele Tische wurden aufgestellt, Musikanten sollten spielen und die Dorfbewohner wollten tanzen. Die beiden Kinder, der Junge und das Mädchen, hatte man vorher zur Hexe mit den stechend grünen Augen geschickt und sie eingeladen, an dem Fest teilzunehmen. Sie konnte es nicht so recht glauben, aber die beiden Geschwister baten: „Bitte, liebe Hexe, bitte komm' doch, wir hätten Dich so gerne dabei!" Das war neu. Noch nie hatte es jemanden gegeben, der sie gerne bei einem Fest hatte dabei haben wollen. Doch sie beschloß in das Dorf zu dem Frühlingsfest zu gehen.

Als die Hexe auf dem Festplatz erschien, hörten die Musiker auf zu spielen, die Dorfbewohner hörten auf zu tanzen und die übrigen auf, sich zu unterhalten. Es war ganz still. Alle starrten die Hexe an. Sie setzte sich an einen Tisch, an dem bisher noch niemand saß. In diesem Augenblick liefen der Bub und das Mädchen auf die Hexe zu und riefen: „Schön, dass Du da bist!" Ihnen folgten die Eltern der Kinder. Sie hatten nicht vergessen, dass sie ihren Bub gesund gemacht hatte. Dann kam der reiche Bootsbesitzer mit seiner Frau. Sie setzten sich ebenfalls an den Tisch und schließlich kam der Bürgermeister. Er war der beste Freund des reichen Bootsbesitzers, und sie waren beide die mächtigsten Männer im Dorf. Und weil alles noch so still war, erhob der Bürgermeister seine Stimme: „Liebe Dorfbewohner, ich lasse euch hiermit wissen, der Ältestenrat hat die Dorfgrenze neu bestimmt. Ab sofort gehört das Hexenhaus mit zu unserem Dorf!"

Die Hexe mit den stechend grünen Augen war sehr gerührt. So etwas war einer Hexe noch nie zuteil geworden. Sie verlor das Stechende in ihrem Blick. Ihre Augen glänzten von nun an grün und klar.

Dieses Frühjahrsfest war das schönste, an das sich die Dorfbewohner zurückerinnern konnten, und von nun an lebten sie glücklich und zufrieden miteinander, und wenn sie nicht gestorben sind, dann leben sie noch heute.

Sibyl Quinke

Von der Eidechse, die sich Tanzschuhe kaufte

Es war einmal ein Eidechsenmädchen. Sie hatte große Augen und lange
dunkle Wimpern und freute sich des Lebens. Wie sie so zwischen den
Büschen und Mauerwerk huschte, hörte sie auf einmal wunderbare
Musik. Sie folgte dem Klang und gelangte an einen Platz, wo sich Grillen
versammelt hatten. Einige Grillen spielten Musik, andere tanzten dazu.
Sie hatten sich hübsch angezogen, eine mit einem rosa Tütü, andere
trugen ein Schirmchen und alle, die tanzten, hatten Tanzschuhe an.
„Das möchte ich auch können! Ich möchte auch tanzen!" beschloß das
Eidechsenmädchen und zog in die Stadt, um sich Tanzschuhe zu besor-
gen. Oh, was gab es für hübsche Sachen. Sie suchte sich zwei Paar rosa
Tanzschuhe aus, einen rosa Rock und ein rosa Schirmchen. Die Füße
musste sie ziemlich in die Schuhe quetschen, denn sie hatte breite Füße
und die Schuhe waren schmal. Sie zog alles an, die Schuhe, den Rock,
kaufte noch ein rosa Hütchen, setzte es auf, spannte das Schirmchen auf
und machte sich auf den Weg zum Grillentanzplatz.
Als sie des Weges entlang ging, begegnete sie ihrer Freundin. Sie fragte:
„Was hast Du denn vor? Mit diesen Schuhen kannst Du doch gar nicht
richtig laufen! Als Eidechse brauchst Du Deine breiten Füße!" Das
Eidechsenmädchen war aber eitel. Sie streckte die Nase in die Höhe und
wollte mit so einer gemeinen Echse nichts mehr zu tun haben, und sie
ging weiter in Richtung Grillentanzplatz.
Magisch wurde sie von den lieblichen Tönen angezogen. Sie kam auf
den Platz und wollte anfangen zu tanzen. Da schauten die Grillen sie
mit ganz großen Augen an, bliesen die Backen auf und prusteten los. Sie
lachten und lachten, hielten sich die Bäuche und hörten gar nicht mehr
auf. Hihihi und Hahaha, es war weit zu hören.
Das Eidechsenmädchen schaute sich um und stellte fest, dass alle ihret-
wegen lachten. Sie versuchte trotzdem zu tanzen. Aber die Tanzschuhe
waren nicht für Eidechsenfüße gemacht. Sie wackelte nur herum, so dass
die Grillen noch mehr lachten.
„Was willst du denn hier? Und wie du aussiehst in deinem rosa Fummel
- hahaha..." und erneut schüttelten sich die Grillen vor Lachen.
Betrübt ging das Eidechsenmädchen davon. So gerne hätte sie dazu
gehört. Als sie zurück zur Eidechsensiedlung ging, liefen ihre Spielkame-

raden vor ihr weg. „Mit einer verkleideten Eidechse wollen wir nichts zu tun haben!"

Dann kam sie zu ihrer Tante, wo sich die ganze Familie versammelt hatte. Als sie dort erschien, schrieen alle auf: „Wie siehst Du denn aus? So sieht keine Eidechse aus! Mit so einem Tier wollen wir nichts zu tun haben!"

Da ging das Eidechsenmädchen davon und weinte dicke Tränen. Langsam tippelte sie den Weg entlang. Die Füße taten ihr weh in den rosa Tanzschuhen, denn sie waren wirklich nicht für Eidechsenfüße geeignet. Da begegnete sie ihrer Freundin, zu der sie so hochnäsig und arrogant gewesen war. Sie nahm dennoch ihr Taschentuch und trocknete ihr erst einmal die Tränen ab, dann schnäuzte das Eidechsenmädchen die Nase und die Freundin sagte zu ihr: „Setz' Dich erst einmal hin." Sie zog ihr die Schuhe aus und badete die Füße des Eidechsenmädchens in einem Lavendelfußbad. Dann trocknete sie ihr die Füße mit einem weichen Handtuch ab und cremte die Füße mit einer wohl duftenden Creme ein. Und da ging es dem Eidechsenmädchen schon wesentlich besser. Schließlich forderte die Freundin unser Eidechsenmädchen auf: „ Zieh' doch endlich diesen albernen rosa Rock aus. Noch nie hat eine Eidechse einen Rock getragen, und dieser Hut und der Schirm - das passt zu Eidechsen überhaupt nicht!" „Meinst Du wirklich? Die Grillen sahen damit so schön aus und mit den wunderbaren Tanzschuhen ..." „Aber Du mußt doch zugeben, wir Eidechsen brauchen breite Füße, mit denen wir auch in Mauerritzen hineinkriechen und uns gut fortbewegen können." Da betrachtete das Eidechsenmädchen seine Füße und dabei stieg ein Lavendelduft in ihre Nase, und sie stellte fest, dass ihre Füße so viel besser zu ihr passten.

Dann gingen die beiden Freundinnen zum Eidechsensammelplatz und wurden mit einem lauten Hallo begrüßt. „Da seid ihr ja!" Beide Eidechsenfreundinnen wurden in den Kreis gezogen, wo alle zusammen den Eidechsentanz tanzten, und das Eidechsenmädchen lachte: „Das ist der schönste Tanz, den ich jemals getanzt habe!" - Glaubst Du das nicht? Wenn Du Glück hast, findest Du den Eidechsentanzplatz und kannst zusehen wie die Eidechsen tanzen.

Sibyl Quinke

Das blaue Licht

Es war einmal ein junger Bursche. Er wanderte von Stadt zu Stadt, von einem Königreich zum nächsten, ständig auf der Suche nach Abenteuern und neuen Erfahrungen.

Eines Tages durchquerte er einen dichten Wald, in dem er eine alte Frau traf. Sie sammelte Holz, um Feuer zu machen. Sie war schwach und das Holz schwer, und so bot sich der junge Bursche ihr an: „Kann ich Dir helfen, liebes Mütterchen?" „Oh ja, gerne, es ist eine schwere Last, die ich zu tragen habe", antwortete sie.

Der Bursche nahm das Holzbündel auf seine Schultern und trug es zu ihrer Hütte. Während er durch das Dickicht stapfte, wurde das Holzbündel schwerer und schwerer. „Was ist das für ein merkwürdiges Bündel," dachte er, „das kann nicht nur das Holz sein, es muss ein Fluch darauf liegen! Es ist unendlich schwer." Er fragte die kleine, alte Frau, aber er bekam keine Antwort.

Als er bei der Hütte des Mütterchens angekommen war, dankte sie ihm und sagte: „Lieber Bursche, nie hat mir irgendein Mensch geholfen, das Holzbündel mit all seiner Last in ihm zu tragen. Ich danke Dir und schenke Dir dafür das blaue Licht. Bewahre es gut auf, eines Tages wird es Dir helfen!" Der junge Wanderer verstand nicht, was die alte Frau meinte, aber er war guter Dinge, nahm das blaue Licht und ging seines Weges.

Es dauerte nicht lange, da kam er in ein Königreich, von dem er bisher noch nie gehört hatte. Es wurde erzählt, dass der König eine junge Tochter hatte, so schön und von so einem betörenden Charme, dass jeder junge Mann der sie sah, sich sofort in sie verliebte. Und der König suchte nach einem Mann für seine Tochter.

Viele junge Männer, junge Prinzen, Handwerker, Kaufleute und Wanderer hatten bereits um die Hand der Prinzessin angehalten. Der König stimmte jedoch nur unter der Bedingung einer Heirat zu, wenn der Freier die Aufgabe meistert, die ihm gestellt würde. Nur dann sollte er die Prinzessin zur Frau bekommen und nach der Hochzeit König über das Königreich werden. Falls es ihm nicht gelingt, müsse er sterben.

Jeder Bursche, der die Prinzessin zu sehen bekam, wurde von ihrer Schönheit und ihrem Liebreiz gefesselt, so auch unser junger Wandersmann. Viele arme Kerle hatten schon ihr Leben gelassen. Unser junger Wandersmann erhielt viele Warnungen, aber er schlug sie in den Wind; denn er war furchtlos. Er ging zu dem König und hielt um die Hand der Königstochter an.

„Lieber Wandersmann", sagte er, „ich gebe sie Dir gerne zur Frau, doch vorher musst Du noch eine schwierige Aufgabe bewältigen!" „Ich fürchte mich nicht! Sage mir, was ich zu tun habe, und ich werde es erfüllen!" Der König runzelte die Stirn, so viele vielversprechende Männer waren schon gestorben. „Lieber Bursche", fuhr der König fort, „Du kannst meine Tochter nur heiraten, wenn Du mir den Ring des blauen Geistes bringst. Dafür musst Du tief in den Brunnen steigen, dort wirst Du Deine Aufgabe erhalten, die Du erfüllen musst, um den Ring zu erlangen. Aber denke daran, es ist keine leichte Aufgabe, so viele sind daran schon gescheitert."

Der junge Mann kletterte den Brunnen hinunter. Am Grunde traf er einen Zwerg. Dieser warnte ihn: „Junger Mann, ich warne Dich, noch nie ist hier jemand aus dem Garten wieder lebend herausgekommen, in den Du jetzt gehen musst, um Deine Aufgabe zu erfüllen!"

Der junge Bursche ließ sich nicht beirren. „Ich wurde beauftragt, den Ring des blauen Geistes zu holen. Kannst Du mir sagen, wo ich ihn finde?"

„Oh, das ist einfach. Er ist in dieser Kassette in der Wand hier. Die Schwierigkeit ist nur, dass Du drei Schlüssel brauchst, um die Kassette zu öffnen." Am Grunde des Brunnens war es dunkel. Der Bursche erinnerte sich an das blaue Licht, das ihm vor einiger Zeit das alte Mütterchen geschenkt hatte. Um besser sehen zu können, leuchtete er damit. Als der Zwerg das sah, wurde er ganz aufgeregt und fragte: „Woher hast Du dieses Licht?" und der Bursche antwortete: „Ich habe es von einem alten Mütterchen geschenkt bekommen, der ich einmal ein Holzbündel nach Hause getragen habe." Der Zwerg strahlte: „Das war meine Schwester, sie ist von diesem alten Fluch befreit. Ich danke Dir! Mit Hilfe des blauen Lichtes wirst Du Deine Aufgabe meistern. Höre mir gut zu: Du gehst jetzt durch dieses Tor. Dahinter ist ein grosser Hund, so gross wie drei Berge, und er wird wütend, wenn er gestört wird. Er hütet einen der Schlüssel, die Du brauchst, und er schläft auf ihm. Wenn Du den Schlüssel hast, dann gehe durch das zweite Tor. Dort triffst du einen Riesen. Er trägt seinen Schlüssel immer in seiner Hosentasche. Wenn er wütend wird, ist es zehn Mal schlimmer als bei dem Hund. Wenn Du den zweiten Schlüssel hast, eile zum dritten Tor. Dort liegt ein Drache mit drei Köpfen. Aus jedem Rachen speit er Feuer. Er wartet auf Dich und schläft nie. Er mag besonders junge Burschen zum Frühstück. Er bewacht den dritten Schlüssel in seinem Nest. Sei schlau, und das blaue Licht wird Dir helfen."

Der junge Bursche schritt durch das erste Tor und sah den riesigen Hund auf der Erde liegen und hörte wie dieser schnarchte. Der Bursche wusste nicht so recht, was er tun sollte. Der Hund war zu gross, um ihn zu bewegen, und er schaute nach seinem blauen Licht, das tanzte herum. Das blaue Licht setzte sich auf die Flanke des Hundes und begann ihn zu kitzeln. Der Hund rollte sich von einer Seite auf die andere, um dem Kitzeln auszuweichen. Während das blaue Licht die Aufmerksamkeit des Hundes auf sich zog, konnte der junge Bursche den Schlüssel holen und sich damit auf und davon machen. Das blaue Licht folgte ihm sogleich durch das zweite Tor.

Dort lag der Riese und schlief. Als der junge Bursche versuchte an seine Hosentasche zu gelangen, ertönte ein ohrenbetäubendes Gebrüll. Der Hund hatte den Verlust des Schlüssels bemerkt, und das Gebrüll war so furchterregend, dass der Riese erwachte. Er sprang auf und bemerkte, dass er ebenfalls bestohlen werden sollte. Der Riese heulte auf. Der junge Bursche begann zu schlottern. Aber das blaue Licht kam zu dem Riesen, tanzte vor ihm und verteilte etwas blaues funkelndes Pulver vor ihm. So kamen dem Riesen blaue Träume bis er sich schließlich zu einem Schläfchen hinlegte. Der Bursche ergriff seine Chance und zog den zweiten Schlüssel aus der Hosentasche des Riesen und beeilte sich, um schnell durch das nächste Tor zu gelangen.

Es galt, nicht einen Moment zu zögern. Der feuerspeiende Drache rannte völlig aufgebracht auf ihn zu. Da blieb keine Chance, sich zu verstecken oder zu flüchten. Das blaue Licht kam wieder und tanzte um sein Leben; erst vor dem ersten Gesicht des Drachens, und es verteilte dabei etwas von dem funkelnden Pulver, dann tanzte es weiter vor dem zweiten Gesicht und wieder verteilte es etwas von dem funkelnden Pulver. Das machte das blaue Licht schon ganz klein und schwach und erschöpfte es sehr. Aber es wusste, es musste dem jungen Burschen helfen, sonst wäre alles umsonst gewesen. In einer letzten Kraftanstrengung tanzte das blaue Licht weiter vor dem dritten Gesicht des Drachens und ein letzter Rest des blauen funkelnden Pulvers verteilte sich, und das blaue Licht gab es nicht mehr.

Das Pulver ließ den Drachen träumen und machte ihn schläfrig. Sofort holte der Bursche den dritten Schlüssel aus dem Nest des Drachens und rannte so schnell er konnte zum Eingang des Gartens zurück. Dort wartete schon der Zwerg auf ihn, nahm die drei Schlüssel, steckte sie in die

Schlüssellöcher der Kassette und öffnete sie. Da lag der Ring des blauen Geistes auf rotem Samt. Der Bursche schaute etwas genauer hin und sah in der Mitte des blauen Edelsteins sein blaues Licht leuchten, das ihm so selbstlos geholfen hatte.

Der junge Bursche kletterte den Brunnen hinauf, wo die junge Prinzessin auf ihn wartete. Sie küsste und liebkoste ihn, da es ihm gelungen war, diese schwere Aufgabe zu erfüllen, und drei Tage später wurde die Hochzeit gefeiert. Von nun trug an die Prinzessin den Ring des blauen Geistes an ihrem Finger. Er brachte Glück und Wohlstand über das ganze Land. Und wenn sie nicht gestorben sind, dann leben sie noch heute.

Sibyl Quinke

Das weiße Mädchen

Am Rande der Stadt stand ein kleines Haus, das von einem hübschen Garten umgeben war. Dort wohnte ein Mädchen voller Liebreiz. Sie hatte ebenmäßige Gesichtszüge und trug immer weiße lange Kleider. Sie liebte die Tiere und war gut zu ihnen. Auf die Fensterbank legte sie Körner, und die weißen Täubchen kamen angeflogen und pickten sie weg. An die Tür stellte sie eine Schüssel mit Milch, und die weißen Kätzchen kamen und leckten sie weg. Sie legte etwas Gemüse und Salatblätter in den Garten zwischen ihre weißen Blumen, und aus der Hecke krochen weiße Igel, um sie zu fressen. Selbst weiße Ratten kamen und wurden von ihr versorgt.

Eines Tages kam durch das Stadttor ein kleines, buckliges Männlein. Es war sehr hässlich, denn es hatte viele Narben im Gesicht. Ihm fehlte sogar ein Auge. Am ersten Haus fragte es: „Liebe Leute, könnt‘ ihr mir etwas Brot geben, denn ich habe so großen Hunger, und für heute Nacht eine Lagerstatt, wo ich mein Haupt niederlegen kann?"

Die Leute waren verwundert über seine gewählte Ausdrucksweise, jagten ihn dennoch davon und riefen: „So einen hässlichen Kerl wie dich wollen wir hier nicht haben!"

Er ging zum nächsten Haus und fragte wieder: „Liebe Leute, könnt‘ ihr mir etwas Brot geben, ich habe so großen Hunger und für heute Nacht eine Lagerstatt, wo ich mein Haupt niederlegen kann?" Auch hier wurde er ausgelacht und fortgejagt, und er hinkte von dannen, denn er hatte auch noch ein verkrüppeltes Bein.

Beim dritten Haus traute er sich nur noch nach einem Stück Brot zu fragen, aber auch da lachte man ihn aus und jagte ihn davon. Einer rief hinterher: „Geh‘ doch in das Haus dort oben am Stadtrand," und deutete auf das Haus des weißen Mädchens. Sie lachten ihm hinterher, weil sie wussten, dass dort oben nur weiße Kreaturen hingingen. Das bucklige, hässliche Männlein wusste das nicht und glaubte, es sei ein ehrlicher Rat gewesen.

So ging er hinauf zu dem Haus des weißen Mädchens und klopfte an die Tür. Das Mädchen öffnete ihm, und er war sehr verwirrt, weil alles weiß war. Die Blumen des Gartens waren weiß, die Täubchen waren weiß, die Kätzchen waren weiß, sogar die Igel und die Ratten und das Mädchen war ganz weiß angezogen. „Was willst Du, Männchen?" fragte das Mädchen. „Oh, ich bin so hungrig und möchte höflich fragen, ob ihr vielleicht ein Stück Brot im Haus habt." „Es tut mir leid, ich habe kein Brot," antwortete das Mädchen, und schon wollte sich das bucklige und hässliche Männlein abwenden als sie weiter sprach: „aber ich habe einen großen Topf Suppe. Wenn Du magst, kannst Du Dich satt essen." Da leuchteten die Augen des Männleins. Er hatte wirklich sehr großen Hunger, und Suppe hatte er schon lange nicht mehr zu essen bekommen. Das weiße Mädchen lud ihn ein, sich an den Tisch zu setzen und schöpfte ihm Teller um Teller auf, bis das hässliche, bucklige Männlein satt war.

Inzwischen war es spät geworden. Da sprach das Mädchen: „Männlein, hast Du schon einen Platz zum Schlafen?" Und es antwortete: „Schöne Maid, nein, aber ich würde es nie wagen, dich um eine Lagerstatt zu bitten!" Auch dem Mädchen fiel seine gewählte Ausdrucksweise auf, aber sie machte sich keine Gedanken darum. Sie sagte nur: „Wenn du willst, kannst du bei mir im Bett am Fußende schlafen!"

Erfreut nahm das Männlein dieses Angebot von dem weißen Mädchen an. Sie fütterte noch die weißen Täubchen, die weißen Kätzchen, die weißen Igel und die weißen Ratten, bevor sie sich selbst zur Ruhe legte. In dieser Nacht schlief sie tief und fest. Und als sie am nächsten Morgen aufwachte, lag kein hässliches, buckliges Männlein mehr in ihrem Bett, sondern ein wunderschöner Prinz. Er sagte: „Guten Morgen, schöne Maid, Du hast mich erlöst. Eine böse Hexe hatte mich mit einem Zauber belegt, und nur wenn ich von einem reinen Mädchen zu essen bekomme und bei ihr schlafen darf, dann würde ich erlöst werden, und beides hast Du getan."

Als sie vor die Tür traten, stand dort der weiße Schimmel des Prinzen. Er setzte sich darauf, hob das Mädchen aufs Pferd und fragte: „Willst Du meine Frau werden?" Sie sagte: „Ja, das will ich!" und daraufhin ritt er mit ihr auf dem weißen Schimmel davon in sein Königreich. Alle ihre Tiere kamen, um an der Hochzeit teilzunehmen. Sie leckten noch vorher ihr Fell oder badeten, damit alles in hellem Weiß erstrahlte. Noch am selben Tag wurde die Hochzeit gefeiert, und wenn sie nicht gestorben sind, dann leben sie noch heute.

Sibyl Quinke

Von den zwölf Prinzen und zwölf Prinzessinnen

Es war einmal ein Land, da lebte der König mit seiner Königin. Sie wünschten sich so sehr ein kleines Töchterchen. Doch sie bekamen einen Sohn, noch einen Sohn und noch einen und das zwölfte Kind wurde auch wieder ein Prinz. Sie wuchsen wohl auf, aber sie hätten sich ein Mädchen am Hofe gewünscht.

Es war ein anderes Königreich, da wünschten sich der König und die Königin einen kleinen Prinzen. Sie bekamen aber ein Töchterchen, und noch eines und noch eines und auch das zwölfte wurde eine Prinzessin. Auch sie wuchsen heran.

Eines Tages, als die jungen Prinzen herangewachsen waren, wollten sie sich Prinzessinnen holen. Sie hörten von dem Königreich, in dem die zwölf Prinzessinnen lebten und beschlossen, sich auf den Weg zu machen, das Land zu finden, und machten sich auf den Weg.

Schon bald begegnete ihnen ein kleiner Zwerg. Sie fragten ihn: „Weißt Du wo das Land ist, in dem die zwölf Prinzessinnen wohnen?" „Ja," antwortete der Zwerg, „der Weg ist jedoch nicht ungefährlich, ihr müsst an dem Riesen Roar vorbei, einen reißenden Fluss überqueren, der durch eine tiefe Schlucht donnert, und durch einen verzauberten Wald gehen und alles unbeschadet überleben. Dann seid ihr im Königreich ange-kommen, aber das heißt noch lange nicht, dass ihr die Prinzessinnen bekommt, denn der Vater der zwölf Schönen hält ein wachsames Auge auf sie!

Liebe Prinzen, ihr müsst einen weiten Weg zurücklegen und könnt Euch verlaufen. Ich möchte auch in dieses Land, kann aber mit meinen kurzen Beinen nur kleine Tippelschritte machen. Kann mich nicht einer von Euch in seine Tasche nehmen? Ich zeige Euch den richtigen Weg."

„Ja, sicher", sagte der älteste von ihnen und bot ihm seine Hosentasche an, in die der Zwerg auch direkt hineinschlüpfte.

Nun machten sich die zwölf Prinzen auf, immer dort entlang, wo ihnen der Zwerg den Weg wies.

Nach einiger Zeit kamen sie zu dem Riesen Roar. Er hieß so, weil er nämlich, wenn er wütend war, ganz fürchterliche Laute ausstieß. Sie klan-gen wie „Roooaaarrr", und je wütender er war, desto lauter tönte es. Genau genommen waren sie noch längst nicht bei dem Riesen angelangt, als sie schon sein lautes Gebrüll hören konnten. Als sie sich näherten, konnten sie die Ursache seines Wutausbruches wahrnehmen: Er stand vor einem riesigen Apfelbaum. Ganz oben in den Baumwipfeln glänzte ein roter Apfel und der Riese konnte ihn nicht erreichen. Und er liebte Äpfel über alles. Der Zwerg zitterte in der Hosentasche des ältesten Prinzen, jedoch es waren immerhin zwölf - sie schritten mutig auf ihn zu und fragten: „Warum brüllst du so, dass einem fast das Herz stehen bleibt?" „Dieser Apfel dort oben, der will nicht runterfallen und ich muss jeden Tag einen Apfel essen, sonst bleibe ich kein Riese!"

Da sagte der älteste Prinz: „Was hältst Du davon, wenn wir uns alle zusammen tun. Ich klettere auf Deine Schultern, der zweitälteste auf meine Schultern, der drittälteste auf dessen Schultern und so weiter, bis der jüngste ganz oben steht. Der müsste dann an den Apfel herankommen." Der Riese war ganz verblüfft, auf so eine Idee war er noch nie gekommen. Gesagt, getan. Der älteste kletterte auf des Riesen Schultern, der zweitälteste auf dessen Schultern und so weiter und so weiter, bis der jüngste ganz oben angelangt war, aber er erreichte den Apfel nicht. Ein klitzekleines Stück fehlte noch. Der Zwerg hatte alles aus der Hosentasche heraus beobachtet und kletterte jetzt wie ein Wiesel ganz nach oben und konnte den Apfel pflücken, kletterte wieder hinab und reichte dem Riesen den Apfel. „Hohoho, ich habe nie geglaubt, dass ein Zwerg von solch einem Nutzen sein kann! Habt herzlichen Dank!" Und schon biss er genüsslich in den Apfel hinein.

Ihr habt mir so sehr geholfen, ich stehe in Eurer Schuld. Wenn ihr mich braucht, lasst es mich wissen. Dann bin ich für Euch zur Stelle!" „Vielen Dank", sagten die Prinzen, „aber wir sind zu zwölft. Wir meistern unseren Weg schon." Die Brüder hatten es noch nicht richtig ausgesprochen, als der Zwerg den ältesten am Hosenbein zupfte und sagte: „Ihr müsst bald über die tiefe Schlucht mit dem reißenden Fluss. Da kommt ihr nicht rüber, da könnt ihr Roar gut gebrauchen!" Und Roar hatte den Zwerg gehört und auch schon ganz schön lieb gewonnen, er war es gewesen, der ihm den Apfel schlussendlich gepflückt hatte.

„Hohoho, nichts leichter als das!" tönte der Riese. Jetzt, nachdem er den Apfel gegessen hatte, war er guter Laune. Der Trupp setzte sich in Bewegung und zog weiter. An der Schlucht angekommen, erkannten die Prinzen schnell, dass sie keine Chance hatten, dieses reißende Wasser und die tiefe Schlucht zu überqueren. Wieder lachte Roar, machte einen großen Schritt über die Schlucht und stand mit einem Bein auf der einen Seite und mit dem anderen Bein auf der anderen Seite und nahm ganz vorsichtig einen Prinzen nach dem anderen und hob sie über dieses große

Hindernis hinweg. „Wo wollt ihr eigentlich hin?" fragte er die zwölf Prinzen, denn es gefiel ihm mit ihnen, und er hätte sie gerne begleitet. „Wir wollen in das Land, wo die zwölf Prinzessinnen leben. Sie sollen eine schöner sein als die andere!" „Uh, das ist nichts für mich!", sagte Roar, „Da muss man durch einen Zauberwald hindurch, das ist nichts für mich!"

So blieb der Riese Roar zurück und die zwölf Prinzen und der Zwerg machten sich weiter auf den Weg.

Unterwegs begegneten sie einem Troll. Als er sah, dass ein Zwerg aus der Hosentasche herausguckte, fragte er, ob sie für ihn auch noch eine Tasche frei hätten, denn sie schienen denselben Weg zu haben. Wie der Zwerg hatte auch der Troll sehr kurze Beine, und er brauchte für solch eine lange Wegstrecke ungemein lange. Der Troll kam in den Rucksack des jüngsten Prinzen und fühlte sich recht wohl.

Nach einiger Zeit erreichten sie den Zauberwald, den sie durchqueren mussten. Gleich zu Beginn begegneten sie der Zauberfee. Sie fragte: „Was wollt ihr denn, auf welchem Weg seid ihr?"

Und die Prinzen antworteten: „Wir sind auf dem Weg in das Land der zwölf Prinzessinnen!" Die Zauberfee warnte: „Überlegt es Euch gut! Noch kein menschliches Wesen, das den Wald betreten hat, ist wieder herausgekommen. Der Wald ist voller verwunschener Burschen, Prinzen und Wanderersleut'!" Als der Troll die Stimme hörte, erkannte er sie, denn die Zauberfee war seine Lieblingstante. „Kannst Du uns nicht helfen, liebe Tante? Diese zwölf Burschen haben mich bis hierher getragen, und ich möchte auch in das Land der zwölf Prinzessinnen, denn dort lebt meine Schwester, die Trolli." Weil die Zauberfee den kleinen Troll besonders gern hatte, schlug sie vor: „Kein menschliches Wesen kommt hier durch den Wald hindurch. Der schwarze Zauberer verzaubert alle in Tiere, die den Wald nicht mehr verlassen können. Was ich machen kann, ich verzaubere Euch alle in Hasen und gebe Euch einen Beutel mit Zaubernüssen mit. Wenn ihr durch den Wald hindurchgekommen seid, reibt ihr etwas von den Zaubernüssen ab und bestreut Euch damit. Seid aber vorsichtig mit den Nüssen. Der schwarze Zauberer will diese Nüsse unbedingt haben, weil sie ihm zu großer Macht verhelfen können."

Der älteste Prinz steckte den Beutel Nüsse in seine Hosentasche und nun ließen sich die zwölf Prinzen in Hasen verzaubern. Sie zogen durch den Wald und begegneten sehr vielen Tieren, die alle etwas traurig dreinschauten. Da war der Fuchs, der keine Anstalten machte, die Hasen zu jagen; da war der Wolf, der kein Häschen fressen wollte; da war das Wiesel, das das Lachen verlernt hatte. Wie sie alle zusammen durch den

Wald hindurchgehoppelt sind, stand auf einmal der schwarze Zauberer vor ihnen. „Wo wollt ihr hin?" Die Häschen, oder genauer gesagt, die verwandelten Prinzen, nannten ihr Ziel, nämlich das Land der zwölf Prinzessinnen. Der schwarze Zauberer fing schallend an zu lachen: „Das hat noch niemand geschafft!" Nachdem aber die Häschen unerschrokken stehen blieben, stutzte der schwarze Zauberer: „oder habt ihr etwa einen Beutel Zaubernüsse?" Und er bekam schon einen ganz gierigen Blick. Und alle Häschen antworteten im Chor einhellig: „Nein, wir haben keine Zaubernüsse!" Aber dieser Einklang machte ihn sehr misstrauisch. „Wenn ihr hier vorbei gehen wollt, müsst ihr mir erst Eure Hände zeigen, damit ich sehen kann, dass ihr wirklich keine Zaubernüsse habt."

Die Häschen, besser die Prinzen, traten in einer Reihe auf. Als erstes der älteste, dann der zweitälteste, dann der drittälteste u.s.w. Der älteste musste seine Pfoten nach vorne zeigen. Vorher hatte er den Beutel mit den Zaubernüssen hinter seinem Rücken seinem Bruder weitergegeben. So tat es auch der zweitälteste bevor er seine Pfoten zeigte, und der drittälteste gab den Beutel an den viertältesten, bevor auch er seine Pfoten vorwies. So ging es bis zum jüngsten und jetzt richteten sich alle Augenpaare auf ihn und sie hielten den Atem an. Was wird jetzt passieren, wenn der jüngste auch seine Pfoten zeigen musste. Aber siehe da, die Pfoten waren leer. Wütend stampfte der schwarze Zauberer auf den Boden, denn er war sich sicher gewesen, dass er dieses Mal in den Besitz der Zaubernüsse gelangen würde. Und weil die Hasen keine menschlichen Wesen waren, musste er sie ziehen lassen.

Die Hasenprinzen zogen weiter und gelangten an das Stadttor und den großen Fluss. Beides gehörte zum Reich, in dem die zwölf Prinzessinnen lebten. Nun waren sie aus der Reichweite des schwarzen Zauberers heraus und fragten ihren jüngsten Bruder: „Wo hast Du nur den Beutel mit den Zaubernüssen gelassen? Wir dachten schon, jetzt nimmt uns der schwarze Zauberer in seine Macht." In diesem Moment kicherte etwas ganz laut und kam zwischen dem Fell des jüngsten Prinzen hervor. Es war der Troll, der sich dort festgeklammert hatte, und er hielt den Beutel mit den Zaubernüssen in seinen Händen. „Der schwarze Zauberer hat in seiner Gier nur nach den Hasen geschaut und ist gar nicht auf die Idee gekommen, dass noch andere Begleiter dabei sein könnten." Der Troll nahm ein paar Zaubernüsse, zerrieb sie und streute das Pulver über die Hasen und schon standen zwölf schöne Prinzen vor ihm.

Wie sie am Flussufer standen und hinüberblickten, sahen sie die zwölf Prinzessinnen, und jeder von ihnen verliebte sich sofort in eine von ihnen. Der älteste verliebte sich in die älteste von ihnen, der zweitälteste in die zweitälteste von ihnen, der drittälteste in die drittälteste von ihnen und so weiter und schließlich der jüngste in die jüngste von ihnen. Als der König die Prinzen entdeckte, befahl er sofort, dass die Prinzessinnen in den Palast zurück müssen, denn er wusste von dem verwunschenen Wald und hatte Angst, dass der schwarze Zauberer sich wieder eine Hinterlist für ihn ausgedacht hatte.

Die zwölf Prinzen, zusammen mit dem Zwerg und dem Troll, zogen vor das Stadttor und wollten hier in die Stadt gelangen. Aber auch hier ward sofort alles verriegelt.

Nun waren die Prinzen einen so langen Weg gegangen, um die Prinzessinnen zu sehen und jetzt sollten sie nicht in die Stadt gelangen. Doch wieder sollte es sich zeigen, wie gut es ist, wenn man die richtigen Freunde hat. Der Zwerg sagte: „Ihr habt mich so weit getragen. Ich danke Euch dafür. Ich werde jetzt durch die Ritze im Stadttor in die Stadt klettern und Erkundigungen einziehen, warum niemand in die Stadt darf."

So lagerten die Prinzen vor der Stadt und der Zwerg zwängte sich durch eine Holzritze hindurch. Er war so klein, dass ihn niemand bemerkte.

Die Prinzen und der Troll warteten geduldig vor der Stadt. Einen Tag, eine Nacht und noch einen Tag, als es abends wieder dämmerte, gesellte sich der Zwerg wieder zu ihnen. Der Zwerg war bei der Zwergenversammlung gewesen und hatte alles erfahren, was er wissen musste. Der schwarze Zauberer hatte vor langer Zeit gedroht, er wolle die Macht über dieses Königreich übernehmen und das einzige, was der König, die Königin und die Prinzessinnen schützen konnte, war, entweder niemals die Stadt zu verlassen und mit keinem Fremden Kontakt aufzunehmen oder ein kleines bisschen von der Zaubernuß zu naschen - das würde sie gegen die Macht des schwarzen Zauberers immun machen.

Da hüpfte der Troll vor Freude und sang: „Die Zaubernuß, die Zauberbuß, die bringt den Prinzen ihren Kuß!"

Zuerst begriffen die Prinzen nicht so recht, was das war. Aber der Troll hielt den Beutel mit den Zaubernüssen hoch in der Hand und sagte: „Wir haben noch genügend Nüsse und können die Königsfamilie von dem Bann befreien und haben sogar noch etwas übrig!" „Wofür brauchen wir das noch?" wunderten sich die Prinzen. „Mit dem Rest" wusste der Zwerg zu berichten, „können wir all die verwunschenen Burschen im Wald befreien."

„Doch wie kommt jetzt die Zaubernuß in das Essen der Königsfamilie." Keiner wollte ihnen das Stadttor öffnen. Da gab der Troll dem Zwerg den Beutel mit den Zaubernüssen, denn der Troll war zu groß, um sich durch die Holzspalte im Stadttor zu zwängen. „Geh' zu meiner Schwester, zur blauen Trolli, die kennt sich aus, die wird's schon richten und an dem Beutel erkennt sie, dass Du von mir kommst."

Der Zwerg nahm den Beutel, zwängte sich wieder durch das Stadttor und mit Hilfe der Stadtzwerge fand er auch schnell die blaue Trolli. Sie machten sich auf den Weg in das Schloss, direkt in die Küche. Dort verrieb sie etwas von den Zaubernüssen und mischte es unter das Essen der Königsfamilie. Als das Essen hereingetragen wurde, und die Königsfamilie ihr Nachtmahl eingenommen hatte, wurde dem König so merkwürdig, und er merkte, dass er auf einmal keine Furcht mehr vor dem schwarzen Zauberer haben musste. Er stand auf, ging zum Stadttor und öffnete es. Die zwölf Prinzen konnten ihre zwölf Prinzessinnen in die Arme schließen, der Troll umarmte seine blaue Trolli, der Zwerg hüpfte vor Freude und am selben Tag wurde noch die Hochzeit gefeiert.

Die blaue Trolli war aber schlau und war noch schnell in den Wald gelaufen und hatte all den verzauberten Burschen, dem Fuchs, dem Wolf, dem Wiesel und all den anderen etwas von der Zaubernuß gegeben, so wurden aus den Tieren wieder die Prinzen, Wandersleut' und all die traurigen Burschen, und der schwarze Zauberer hatte seine Macht verloren.

Und wenn sie nicht gestorben sind, dann leben die zwölf Prinzen mit ihren zwölf Prinzessinnen immer noch glücklich und zufrieden.

Sibyl Quinke

Sonnenperlen

Es war einmal ein Mädchen, dessen Mutter war sehr früh gestorben. Eines Tages heiratete der Vater wieder. Diese Frau mochte das Mädchen nicht besonders und hielt sie ständig zu Arbeiten an. „Los, geh' in den Garten Unkraut jäten! Komm' aber erst nach Hause, wenn alle Beete sauber sind!"

Der Garten war groß und voller Unkraut. Und weil das Mädchen alles gut und ordentlich machen wollte, machte sie sich an die Arbeit und zupfte und zupfte, bis ihr die Hände weh taten. Aber sie arbeitete weiter, weil sie dachte, sie könne damit die Zuneigung und Liebe ihrer Stiefmutter erlangen. Die Stiefmutter aber kam und schaute nach dem Mädchen: „Wenn du nicht schneller arbeitest, wirst du nie fertig. Zur Strafe wird dir das Mittag- und Abendessen gestrichen, in dieser Zeit kannst du weiter die Beete bearbeiten." Müde, völlig erschöpft und mit Blasen an den Händen kam sie spät in der Nacht ins Haus. Die Stiefmutter blickte missmutig und dachte daran: „Wie kann ich sie nur weiter arbeiten lassen?"

Am nächsten Tag schickte sie sie in den Kohlenkeller und beauftragte sie, alle völlig runden Kohlenstücke herauszulesen, weil sie diese der Königin schenken wollte. So ging das Mädchen in den Keller. Es war dunkel und kalt. Aus dem Kohlenberg suchte sie Stück für Stück heraus und hörte von oben nur die Stimme der Stiefmutter: „Wie lange brauchst du noch? Wie lange muß ich noch warten?" Spät am Abend betrachtete die Stiefmutter das Körbchen und zeterte: „Das sollen schöne Kohlestücke sein? Ab in den Keller und ab an die Arbeit! Ich möchte schöne, runde Kohlestücke haben. Sie sind schließlich für die Königin!"

Das Mädchen stieg wieder in den Keller hinab und nahm erneut jedes Stück Kohle in die Hand, betrachtete es. Bevor sie es in das vorgesehene Körbchen legte, wischte sie sie mit ihren Händen ab, ihre Stiefmutter sollte zufrieden sein. Ihre Hände wurden pechrabenschwarz und ihr Gesicht war ebenfalls voller Ruß, nur ihre Augen traten glänzend hervor. Sie schauten traurig, hatten ihren Liebreiz jedoch noch nicht verloren.

Als am nächsten Morgen die Stiefmutter sich die Kohlen geben ließ, dachte sie sich: „Warum soll ich dieses Blag behalten? Soll sie arbeiten und dabei am besten verschwinden!" So schickte sie das Mädchen zu den königlichen Feldern, die gerade abgeerntet waren. „Hier hast du einen

Sack, geh' auf's Feld und sammele das Korn auf und bringe es nachhause! Aber unterstehe dich, dich blicken zu lassen, bevor der Sack voll ist!" Noch immer dachte das Mädchen, wenn sie sich sehr anstrengt und viel arbeitet wird sie die Zuneigung der Stiefmutter erlangen. Eines hatte ihr die Stiefmutter jedoch nicht gesagt: Es war unter Todesstrafe verboten, auf die königlichen Felder zu gehen, und die Restkörner einzusammeln.

Das Mädchen zog frühmorgens los und nahm den Sack mit, immer noch die Stimme in den Ohren: "Sammle die Körner auf und laß' dich erst wieder blicken, wenn der Sack voll ist!"

Auf dem königlichen Feld angekommen, fing sie an zu sammeln und hob eine Ähre und ein Körnchen nach dem anderen auf. Sie hatte sich dort schon einige Stunden aufgehalten als die Schergen des Königs kamen. Sie umkreisten sie und fuhren sie barsch an: "Was machst du da? Weißt du nicht, dass das des Königs ist?" Bevor sie antworten konnte, hatten sie sie schon gepackt und wollten sie zum Henker zerrten. Die Schergen sahen das Mädchen an, völlig verrußt im Gesicht, kohlrabenschwarze Hände, voller Blasen von der Arbeit, aber Augen voller Liebreiz. Die Schergen wussten sogleich, dass das Mädchen nichts Böses im Sinn haben konnte. Aber sie hatten den Auftrag des Königs und konnten sie nicht einfach laufen lassen. So nahmen sie sie mit und steckten sie tief in ein Verließ.

Dort saß sie nun mit geschlossenen Augen. Was sollte sie tun? In ihren Ohren klang immer noch die Stimme der Stiefmutter: "Arbeite endlich und sitze nicht so faul herum!" Aber sie konnte wirklich nichts mehr tun. Ein Kellermäuschen kam und sah das schwarze Mädchen dort sitzen wie es mit geschlossenen Augen still vor sich hin weinte, aber mit so einer schwarzen Gestalt wollte das Mäuschen nichts zu tun haben, drehte sich um und verschwand wieder in seinem Loch. Dann kam eine dicke Kellerratte und betrachtete sich den neuen Kellerbesucher und murmelte vor sich hin: "Was ist das denn für eine dunkle Gestalt?" und drehte sich ebenfalls um. Selbst eine Kellerassel betrachtete das Mädchen und machte sofort kehrt. "So eine dunkle Gestalt und zerschundene Hände!"

Das Mädchen hatte durch einen Lidspalt gesehen wie sich alle abgewendet hatten und wurde sehr, sehr traurig. Von ihrer Stiefmutter blieb nur der Klang in ihren Ohren: "Sitz' nicht so faul herum, tu' endlich was!"

Nun saß sie da, und sah keine Hoffnung wie sie aus dieser misslichen Lage herauskommen sollte und begann bitterlich an zu weinen. Da fiel ein Sonnenstrahl durch eine Mauerritze genau auf das Gesicht des Mädchens und streichelte es als wolle er sagen: "Auch Du wirst noch einmal glücklich werden." Das Mädchen weinte und weinte und jede Träne, auf die der Sonnenstrahl traf, wurde eine Perle, die sich um den Hals des Mädchens legte. Sie blinzelte und schaute nach oben und der Strahl wurde breiter und breiter und ihre Augen fanden ihren alten Liebreiz wieder. Da kam das Mäuschen aus seinem Mäuseloch und sagte vor sich hin: „Schau einmal, was für schöne Augen sie hat!" Die Ratte kam hinzu und meinte: „Haben wir schon einmal einen solch angenehmen Besuch hier unten gehabt? Dass ein Menschenkind einfach für uns da ist!" Und die Kellerassel kam hinzu und freute sich ebenfalls darüber, dass das Mädchen da war. Und alle drei sagten im Chor: „Wie schön, dass es Dich gibt!"

Währenddessen wurde der Sonnenstrahl immer kräftiger und breiter und der Liebreiz in den Augen des Mädchens nahm immer mehr zu, so als wenn sich der Sonnenstrahl und der Liebreiz sich gegenseitig verstärkten. Schließlich war der Sonnenstrahl so kräftig geworden, dass das Mädchen, das Mäuschen, die Ratte und die Kellerassel darauf hochklettern konnten. Sie gelangten auf eine bunte Blumenwiese, die Sonnenstrahlen deuteten dem Mädchen an, sich hinzusetzen. Das Mäuschen, die Ratte und die Kellerassel setzten sich dazu und freuten sich, mit dem Mädchen zusammensein zu dürfen. Nur noch ganz leise hörte das Mädchen im Hintergrund: „Du faules Blag, sitze nicht untätig herum, tu' endlich was!" Doch ihr Blick fiel auf die Sonnenperlen und verdrängte die Stimme. Sonnenperlen saßen auch auf den Grashalmen voller Tau, und sie wuschen dem Mädchen den Ruß aus dem Gesicht, andere ihre Hände, und sie pflegten ihre Blessuren. Die drei Kellerbewohner, das Mäuschen, die Ratte und die Kellerassel blickten stolz auf das Mädchen und sagten zueinander: „Schau nur welch ein Liebreiz von ihr ausgeht und wie schön ihre Kette aus Sonnenperlen ist!" Und das Mädchen saß da und freute sich, mit diesen Freunden zusammen zu sein. Sie strahlte aus den Augen so viel Liebreiz aus, dass nun auch andere Wiesentiere kamen und sich hinzugesellten. Die Grillen kamen, um sie mit einem Geigenkonzert zu erfreuen, Schmetterlinge flogen heran, dunkelblaue mit weißem Rand, rote mit bizarren Mustern auf ihren Flügeln, und sie setzten sich auf ihre Schultern und freuten sich einfach, dass sie da war. Die Stimme: „Tu' endlich ‚was!" war verschwunden und immer mehr Tiere kamen und setzten sich zu dem Mädchen: Igel, Iltisse, ein Dachs, Häschen, der Fuchs und sogar ein Wolf.

Alle genossen es, mit dem Mädchen zusammen sein zu dürfen. Und wie sie sich des Lebens so freuten, kam ein leichter Wind auf, hob sie in die Lüfte und trug sie alle sanft in das Land ihrer Träume.

Reiner Borner

Drago, der Drache mit den großen Schuhen

Es lebte einmal vor langer Zeit, in einem fernen Land ein großer Feuerdrache. Seine Höhle lag versteckt weit oben in den Bergen. Unten im Tal lag ein kleines verschlafenes Dorf, in dem einfache Menschen lebten, die tagsüber ihrer ehrlichen Arbeit nachgingen und abends in ihren kleinen Hütten zusammen saßen und sich Geschichten aus alter Zeit erzählten. Wenn an schönen Tagen die Mittagssonne am höchsten stand, kam der Feuerdrache oft aus seiner Höhle und nahm ein ausgiebiges Sonnenbad. Dann beobachtete er die Menschen unten im Dorf, die hier aus großer Höhe wie emsige Ameisen wirkten.

Der Drache fühlte sich sehr einsam. Die Menschen mieden diese Gegend hoch droben in den Bergen, denn sie hatten große Angst vor dem Drachen. Er war ja auch gräßlich anzusehen mit seinen großen Krallen und den furchterregenden Zähnen, die in der Sonne leuchteten wie Elfenbein. Sein Körper war von einer grünlich braunen Farbe durchzogen und große feuerrote Zacken, die von seinem Rücken entlang bis zum Schwanzende verliefen, erinnerten an die großen Dinosaurier aus vorgeschichtlicher Zeit. Was den Drachen aber so gefährlich machte, war die Tatsache, daß er Feuer speien konnte, und das viele Meter weit. Die Flammen, die aus seinem Maul zischten, konnten das ganze Gras, ja sogar ganze Bäume, die in der unmittelbaren Nähe standen, verbrennen. Der Drache machte seinem Namen „Feuerdrache" alle Ehre. Er stammte aus einem uralten Geschlecht, aber er war der letzte seiner Art. Viele seiner Vorfahren fielen den zahllosen Drachenjägern, die es einst gab, zum Opfer.

Und doch unterschied sich der Drache ganz erheblich von seinen Vorfahren. Er war nämlich überhaupt nicht böse und er konnte keiner Fliege etwas zu leide tun. Ja, er floh sogar, wenn er einen Menschen sah, in seine große dunkle Höhle und verhielt sich sehr still, so daß ihn niemand bemerkte. Ab und zu traute er sich etwas weiter von seiner Höhle weg und beobachtete von einem sicheren Versteck aus die Menschen unten im Tal bei ihrem emsigen Treiben. Abends lag er dann oft traurig in seiner Höhle und träumte von einem schöneren Leben ohne Einsamkeit.

Eines Tages, es war ein heißer Tag im August gewesen, nahm der Feuerdrache, seinen ganzen Mut zusammen und ging den Pfad entlang, der Ihn von seiner Höhle direkt in ein dunkles Waldstück, das zwischen seiner Höhle und dem Tal lag, führte. Er machte kurz Rast an einem kleinen Bächlein um sich an dem kühlen Naß zu erfrischen. Da er seine Einsamkeit nicht mehr aushielt wollte er wenigstens in der Nähe der Menschen sein. Vielleicht gab es doch eine Möglichkeit mit ihnen in Kontakt zu kommen.

Als er auf eine kleine Lichtung stieß geschah es: Die Luft vor seinen Augen begann plötzlich zu flimmern und eine kleine hell leuchtende glitzernde Lichtkugel, schwebte von einem großen dicken Eichenbaum herab, direkt vor seine Füße. Erschrocken wich der Drache zurück. Diese Lichtkugel vor seinen Augen blendete ihn so, dass er seine Augen zu kneifen mußte, um überhaupt etwas erkennen zu können. Als er sich an die Helligkeit gewöhnt hatte, bemerkte er in der Lichtkugel eine kleine Gestalt. Es war eine Baumfee, ein schlankes zierliches Wesen mit einem überaus hübschen Gesicht und langen blonden Haaren, die bis an ihre Füße reichten.

So etwas hatte der Drache noch nie gesehen und ungläubig blickte er auf die Erscheinung, die nun direkt vor ihm stand und keine Angst zu haben schien. Das war auch sein erster Gedanke: Es gab jemand, der keine Angst vor ihm hatte und das war schon etwas ganz besonderes.

Die Baumfee machte eine kleine Bewegung mit der linken Hand und die Lichtkugel, die sie umgab, löste sich wie eine Seifenblase auf. Dann begann die Fee zu ihm zu sprechen.

„Hallo mein Drache, was führt dich hierher in den Wald, zu mir in mein Reich? Ihre Worte klangen wie Musik, so hell und klar und überaus freundlich, so dass der Drache schnell seine Scheu verlor.

„Weißt du", antwortete dieser, und sein Gesicht hatte nun vor Aufregung eine feuerrote Farbe angenommen, „ ich bin alleine und ich möchte gerne in die Nähe der Menschen. Alle denken, ich bin grausam und häßlich. Ich tue aber niemand etwas zuleide".

„Nun ja", begegnete die Fee, „das ist ja wirklich außergewöhnlich. Drachen verbreiten normalerweise überall Angst und Schrecken. Aber du scheinst anders zu sein. Ich will dir gerne helfen, aber dann mußt du mir erst mal beweisen, dass du es gut mit den Menschen meinst".

„Wie soll ich das?" fragte der Drache und sein Gesicht war wieder von Traurigkeit erfüllt." Sieh mich doch an: Ich habe lange spitze Zähne, scharfe Krallen an den Füßen und jeder nimmt Reißaus vor mir."

„Ich habe eine Idee", begann die Baumfee: „Ich kann dir für einige Zeit eine menschliche Gestalt geben. Dann kannst du zu den Menschen ins Dorf gehen, ohne dass jemand deine wahre Gestalt erkennt." Die Augen des Drachen begannen plötzlich zu leuchten. „Wirklich, kannst du das? Willst du das für mich tun? Oh ja bitte, bitte." Und er hatte diesen flehenden traurigen Drachenblick, dem nun wirklich keiner widerstehen konnte.

Die Fee überlegte einen Augenblick und nickte dann zustimmend mit dem Kopf. „Ich werde es versuchen und dir helfen. Aber nur für kurze Zeit. Dann mußt du wieder deine Drachengestalt annehmen. Ich gebe Dir ein paar Wochen. Und sei auf der Hut, nicht jeder meint es gut mit dir".

„Viel Glück", mit diesen Worten erhob sie ihre rechte Hand und machte ein paar magische Zeichen in die Luft. Sogleich begann sich die Luft um den Drachen herum zu drehen und es sah aus, als würde er in die Luft gewirbelt. Ihm wurde ganz schwindelig, so dass er das Gefühl hatte, als würde er vom Boden abheben.

Seine Augen nahmen nur ganz verschwommen wahr, was gerade mit ihm geschah. Er war für einen kurzen Moment nicht Herr seiner Sinne und als er wieder zu sich kam und wieder klar sehen konnte, bemerkte er überrascht, was mit ihm geschehen war. Er wollte sich gerade mit seinen Vorderfüßen die Augen reiben, da bemerkte er, dass er menschliche Hände besaß. Schmale Menschenhände, mit jeweils 5 Fingern daran. Ist denn das wahr? Ungläubiges Erstaunen lag auf seinem Gesicht, das nun kein Drachengesicht mehr war, sondern das eines schönen jungen Mannes von ungefähr 20 Jahren.

Die Baumfee war verschwunden und Stille lag nun auf der Lichtung, wo sich der Drache gerade befand. Feen hatten große Zauberkräfte und ab und zu halfen sie den Menschen, wenn sie gut waren, oder wenn sie sich in Gefahr befanden. Nur eines hatte sie dem Drachen nicht erzählt: Dass sie an diesem Tag schon einigen Menschen mit ihrer Zauberkraft geholfen hatte und sie deswegen ziemlich erschöpft war. Denn Zaubern war ganz schön anstrengend. Und dann konnte es passieren, dass ihre Magie nicht ganz ausreichte, um das Gewünschte herbei zu führen.

Als der Drache nun an seinen Füßen herabsah bemerkte er das Dilemma: „Oh nein", schrie er. Seine Beine hatten sich gar nicht verwandelt. Da waren immer noch häßliche Drachenbeine mit scharfen und furchtein-flößenden Krallen. Der Schrecken saß tief. Aber der Drache wußte auch, dass er durch die Fee eine Chance bekommen hatte. Eine Chance, den Menschen nahe zu kommen, mit ihnen zu plaudern und mit ihnen zu lachen.

Da kam ihm die rettende Idee: Er brauchte Schuhe, richtig schöne lederne Schuhe, allerdings mit einer Übergröße. Der Drache wartete also bis es dunkel wurde und begann dann mit klopfenden Herzen den Abstieg in das Tal. Im Dorf angekommen schlich er hinter den Häusern entlang, so dass ihn niemand erkennen konnte. Bei einem Haus, an dem auf einem großen Schild das Wort „Schuster" stand, blieb er stehen. Das Geschäft hatte noch nicht geschlossen und vorsichtig betrat der Drache den Raum, der mit lauter Schuhwerk versehen war und stark nach Leder roch. Hier im Halbdunkel konnte man seine Füße nicht so schnell erkennen und so nahm er all seinen Mut zusammen und rief nach dem Schuster. Der kam sogleich aus dem Nebenzimmer, überrascht, dass ihn zu so später Stunde noch jemand aufsuchte. „Was kann ich für sie tun, mein Herr ? „

Ich brauche unbedingt ein Paar Schuhe, jammerte der Drache in Menschengestalt. Ich komme von weit her und habe mir die Füße wund gelaufen".

„Ich habe bereits geschlossen", bemerkte der Schuster, „aber ich will Ihnen gerne noch helfen. Welche Größe darf es denn sein?"

„Oh je!" Ein Schreck durchfuhr den Drachen. Welche Antwort sollte er dem Schuster geben? Er wußte nichts von Schuhgrößen. Aber er brauchte ihm nicht mehr zu antworten. Der Schuster sah mit weit aufgerissenen Augen auf seine Füße und entdeckte das, was der Drache doch so sehr verstecken wollte. Seine gräßlichen Beine mit den großen scharfen Krallen.

Der Drache wußte, dass man mit der Wahrheit am besten weiterkam und er sagte: „Erschrecken Sie nicht, mein Herr. Ich bin ein verzauberter Drache und will ihnen nichts Böses antun". Ich möchte nicht, dass die Menschen Angst vor mir haben, darum bitte ich sie um ein paar Schuhe". Der Schuster holte ein paar mal tief Luft und versuchte ein paar Worte seiner Kehle zu entlocken, was ihm anfangs schwer fiel. „Äh, ja, mein Herr, äh", stotterte er und versuchte, nicht den Boden unter den Füßen zu verlieren. „Ich kann Ihnen vielleicht helfen, aber dazu müßte ich ihre Füße abmessen". Mit zitternden Händen holte er ein Maßband aus seiner Hosentasche und begann die überaus großen Füße des Drachen abzumessen. Irgendwie wußte der Schuster, dass von dem Drachen keine Gefahr ausging, und so wurde er zunehmend ruhiger und sicherer. „Oh, Größe 100," staunte der Mann. „Ich werde wohl ein paar Tage brauchen, bis ihre Schuhe fertig sind. Kommen sie doch in drei Tagen wieder zu mir". „Das mache ich gerne" sagte der Drache, und in seinem Gesicht machte sich Erleichterung breit". „Bis dahin, vielen Dank für die

Mühe. Sie sind wirklich ein netter Mensch". Und bevor der Drache die Werkstatt verließ, drehte er sich noch einmal und sah in das verdutzte Gesicht des Schusters: „Nennen sie mich doch einfach Drago. Und noch etwas: Ich bitte sie niemanden von meinem Geheimnis zu erzählen. Sie können gewiß sein, das es nicht zu ihrem Schaden sein wird". Der Schuster nickte kurz mit seinem Kopf und hob die Hand zum Gruß:" Auf Wiedersehen, mein Herr". Daraufhin verschwand der Drache, der sich von nun an „Drago" nannte, im Dunkel des Waldes und begann den Aufstieg zu seiner Höhle.

Nach drei endlos scheinenden Tagen wagte sich Drago wieder ins Tal. Er wartete, bis sich die Dunkelheit über das Dorf legte, dann schlich er sich vorsichtig zum Hause des Schusters, der in seiner Werkstatt schon auf ihn wartete. Die Schuhe standen schon fertig zur Anprobe auf dem Tisch. Der Schuster bat Drago, sich zu setzen und dann begann er, ihm die neuen Schuhe anzuziehen. Er sah schon etwas seltsam aus, als Drago vor dem Spiegel stand und sich darin betrachtete. Ein Mensch mit riesengroßen Schuhen. Aber er war sehr zufrieden damit. Das wichtigste war doch, dass er unter die Menschen gehen konnte, ohne sich zu verraten. „Vielen Dank, mein Herr, ist es ihnen recht, wenn ich die Schuhe erst später bezahle. Sie wissen", und dabei mußte Drago schmunzeln, „Drachen haben für gewöhnlich kein Geld in der Tasche". Der Schuster, der sich nun ein breites Grinsen nicht verkneifen konnte, war damit einverstanden, und er wünschte dem Drachen alles Gute. und viel Glück für seinen Weg. Nach einem festen Händedruck verabschiedete sich Drago von dem überaus hilfsbereiten Schuster und froh gelaunt, mit großer Aufregung im Herzen, verließ er die Werkstatt, ohne zu wissen, was ihn als nächstes erwarten würde. Er mußte natürlich sehr vorsichtig sein, und er wußte nicht, wie die Menschen auf seine großen Füße reagierten. Und wenn er manchmal, wenn die Sonne seine Nase kitzelte, niesen mußte, passierte es, dass oft ein kleiner rotgelber Feuerstrahl aus seinem Mund kam. Das konnte ihn verrraten. Aber er war viel zu neugierig, was da auf ihn zukommen würde.

Am nächsten Tag wagte sich Drago mitten in das Dorf hinein. Er betrachtete fasziniert die vielen Menschen, die ihren Geschäften nachgingen, und sein erster Weg führte ihn zu einem Wirtshaus, das in der Mitte des Dorfes lag. Als er das Schild „Zum goldenen Drachen" las, mußte er laut lachen, und mit klopfendem Herzen betrat er die Gaststube. Einige Leute saßen an den Tischen, die sich die aktuellsten Neuigkeiten des Tages erzählten. Drago fiel natürlich sofort auf. Ein Mensch mit so großen Füßen mußte natürlich die Aufmerksamkeit erregen.

Außerdem war er hier ganz fremd, und keiner kannte ihn. Man begegnete ihm aber sehr freundlich und bot ihm einen Platz direkt am Fenster an, von wo aus er den ganzen Raum überblicken konnte. Schnell kam Drago mit den Menschen hier ins Gespräch. Er erzählte, dass er von weit her kam und hier eine Arbeit suchte. Ein älterer Mann, der in der Ecke gesessen hatte, stand plötzlich auf und setzte sich sogleich zu Drago an den Tisch. „Ich könnte schon eine Kraft gebrauchen, mein Herr. Meine Frau ist krank, und mir wird die viele Arbeit zu viel. Ich bin Bauer hier, und ich würde mich freuen, wenn sie mir bei der täglichen Arbeit auf dem Feld helfen könnten". Das war dem Drachen sehr recht, und schnell wurde man sich einig.

Am nächsten Tag trat nun Drago seine neue Stelle bei dem Bauern an. Es war Sommer, und es gab jede Menge zu tun auf dem Feld. Drago lernte schnell, und der Bauer war sehr zufrieden mit seiner Arbeit, denn Drago hatte Riesenkräfte und konnte auch richtig mit anpacken. „Das ist doch etwas anderes als ständig traurig vor der Höhle zu sitzen", dachte er sich. Das wichtigste für ihn aber war, dass er sich nicht mehr allein fühlte. Er lernte auch die Frau des Bauern kennen, die fast den ganzen Tag in einem abgedunkelten Zimmer in ihrem Krankenbett lag. Nach ein paar Tagen traute sich Drago, sie anzusprechen und sie danach zu fragen, was ihr denn fehle. „Ich fühle mich schon seit vielen Wochen schwach", antwortete die arme Frau. „Und die Ärzte wissen auch nicht, was mir fehlt. Mein armer Mann muß die viele Arbeit allein machen, und darum bin ich ihnen sehr dankbar für ihre Hilfe". Drago nickte mit dem Kopf. „Das mach ich doch gerne für sie beide", und beinahe zufällig strich Drago mit seiner Hand zärtlich über das Gesicht der kranken Frau. Die kurze Berührung tat der Frau gut. Sie fühlte eine starke Energie, die aus den Fingern von Drago's Hand zu kommen schien.

Eine Energie, die ihren ganzen Körper durchflutete, vom Kopf ausgehend bis hin zu den Füßen. Sie bat Drago, seine Hand auf ihre Stirn zu legen. Seine Berührungen waren wie Balsam auf ihrem kranken Körper, und sie sah, wie aus Drago's Fingern kleine Funken sprühten und ihr Linderung verschafften.

Von nun an kam Drago jeden Tag in das Zimmer der Bäuerin und legte ihr seine Hände auf. Es dauerte keine Woche, bis sie wieder aufstehen konnte und schon kleinere Arbeiten verrichten konnte. So etwas sprach sich natürlich schnell im Dorf herum und so geschah es, daß viele Menschen, die krank waren, zu Drago kamen und sich Linderung von ihren Leiden erhofften. Nicht jedem konnte er helfen, aber Drago war ein guter Zuhörer und die Menschen fühlten sich wohl in seiner Nähe. Das war auch für Drago ein völlig neues Gefühl, und seine Seele hüpfte vor Freude, als er die glücklichen Gesichter der Menschen sah. Es passiert auch immer öfter, dass das Glück wieder Einzug in die Häuser hielt, wo vorher Unfrieden herrschte und Streit an der Tagesordnung war. Seit der Drache in das Dorf gekommen war, hatte sich vieles zum Positiven verändert. Jeder mochte und respektierte ihn, und seine Heilkräfte wurden weit über das Dorf hinaus bekannt. Hatte da die gute Fee ihre Finger mit im Spiel? Daran mußte Drago öfter denken, und er fürchtete den Tag, an dem er wieder ein Drache sein würde und zurück in seine Höhle mußte.

Nach einigen Wochen des Glücks war es dann auch soweit. Es geschah plötzlich und unerwartet, als sich Drago gerade in der Werkstatt des Schusters, den er öfters besuchte, befand. Wie schon bei seiner ersten Verwandlung begann sich die Luft um ihn herum zu drehen, so dass ihm ganz schwindlig wurde, und es dauerte nur einige wenige Augenblicke, bis sich Drago wieder in einen Drachen verwandelt hatte. Der Schuster wich einige Schritte zurück und war sichtlich erschrocken. Da Drago ihm aber seine Geschichte und sein Erlebnis mit der Fee erzählt hatte, saß der Schock nicht so tief, und so begann sich der Schuster schnell an Drago's neue Gestalt zu gewöhnen. Die Werkstatt wurde dem Drache natürlich viel zu klein und er hatte Mühe, sich durch die Tür des Hauses zu zwängen, wobei der Türrahmen einigen Schaden erlitt. Ohne zu wissen, wie er sich weiter verhalten sollte, verabschiedete sich der Drache von dem Schuster, und schnellen Schrittes verschwand er mit Tränen in den Augen in den Tiefen des nahegelegenen Waldes, den Bergen und seiner Höhle entgegen.

Einige Nächte gingen in das Land, wo der Drache oft weinend auf seiner Schlafstatt lag und an die schönen Zeiten im Tal dachte.

Aber man hatte ihn nicht vergessen. Schnell hatte es sich im Dorf herumgesprochen, was passiert war. Einige Dorfbewohner schüttelten ungläubig den Kopf und konnten diese Geschichte nicht so recht glauben. Da aber die Menschen damals noch sehr naturverbunden waren und an Elfen, Feen und Zauberer glaubten, konnten sie das Erlebte besser annehmen und verstehen. Sie saßen am Abend oft zusammen und überlegten gemeinsam, was man als nächstes tun konnte, um dem Drachen zu helfen. Drago hatte vielen Menschen hier wieder das Glück und Heilung gebracht, so dass man ihn nicht im Stich lassen wollte.

Einige Tage später beschlossen die Mutigsten unter den Dorfbewohnern, Drago's Höhle aufzusuchen, um sich bei dem Drachen zu bedanken. Und so begannen sie den mühevollen Aufstieg zu der Höhle, die versteckt in den Bergen lag. Dort angekommen, sahen sie den Drachen traurig vor seiner Höhle liegen, der sich gerade die Sonne auf seine schuppige Haut scheinen ließ. Die Schwanzspitze des Drachen zuckte vor Freude wie bei einem treuen Hund hin und her, als er die Menschen schon von weitem heraufkommen sah. „Wir haben dich nicht vergessen und wollen uns bei Dir für deine Hilfe bedanken", begann einer von ihnen das Gespräch. „Du hast uns das Glück und die Freude wieder gegeben. Darum haben wir für dich als Geschenk die Früchte unserer letzten Ernte gebracht. Kartoffeln, Mais und anderes Gemüse. Laß es dir wohl bekommen". Drago's Herz schlug vor Freude schneller, und er bedankte sich für die Geschenke, die ihm entgegengebracht wurden. Und so kam es, dass man weit bis in die Nacht hinein vor einem Lagerfeuer saß, das Drago mit seinem großen Maul entzündet hatte, und sich Geschichten erzählte.

Von nun an war der Drache nicht mehr alleine. Viele Menschen, darunter auch Ratsuchende, kamen zu seiner Höhle, wo er jeden freudig begrüßte. Kranken half er und verschaffte ihnen Linderung, indem er ihnen zuhörte und ihnen Heilenergie schickte. Sogar die Kinder saßen auf seinem schuppigen Rücken, und er erzählte ihnen von seinen Vorfahren, den Feuerdrachen, die früher noch in großer Zahl aufzufinden waren.

Zur Erinnerung schmiedete man aus Metall große und kleine Drachen und nannte sie fortan „Glücksdrachen". Die Geschichte des Feuerdrachen, der zum Mensch wurde, ging um die Welt, sogar bis in das ferne China, und sogar heute noch kann man in kleinen Geschenkeläden einen dieser kleinen goldenen Feuerdrachen entdecken und kaufen. Drago hatte viel Gutes in den Menschen bewirkt und ihre Herzen angerührt. Äußerlich sah er furchterregend aus, aber im Herzen war es ein liebevolles und gütiges Geschöpf Gottes. Das hatten die Menschen damals nicht vergessen, und auch heute noch sitzen sie abends oft beisammen und erzählen sich die Geschichte des Drachen, der viel zu große Schuhe hatte. Die Schuhe sind heute leider verschollen, aber vielleicht findest gerade du sie irgendwo, irgendwann, versteckt hinter Bäumen, Büschen oder Hecken. Das Leben ist voller Geheimnisse.

Siegfried Kyek

Rose der Nacht

Seit vielen hundert Jahren steht Burg Eisenstein auf einem Hügel über dem kleinen Ort mit gleichem Namen. Viele bekannte Persönlichkeiten aus der Ritterzeit entstammen diesem Geschlecht. Der heutige Burgherr, Graf Raimund Eisenstein, ist wegen seiner Hilfsbereitschaft im ganzen Land ein beliebter Mann und wohnt mit seiner Frau Brunhilde, Sohn Rüdiger und mit einigen Angestellten auf der mittelalterlichen Burg. Seine große Leidenschaft ist ein kleiner Reitstall, um den sich Sohn Rüdiger, immer wenn er Zeit hat, mit viel Liebe kümmert. Im Dorf nennen sie Rüdiger Eisenstein den „Prinzen", mag es ihm selbst noch so peinlich sein, so lässt er es doch geschehen, wenn ihm auf seinen Wegen, „Grüß Gott, Prinz Rüdiger" zugerufen wird. Weil er in der Stadt als Ingenieur arbeitet, hat er nur am Wochenende Zeit, um mit Salomon, seinem Lieblingspferd, auszureiten, und das ist für ihn immer ein ganz besonderes Vergnügen.

Am Ostersamstag frühmorgens, ritt er wieder einmal mit wehendem Gewand über die Felder, doch irgendetwas kam ihm heute anders vor. Salomon galoppierte so leicht, er war so beschwingt, als eilten sie dahin wie auf einer Wolke. Alles war heute nicht so wie sonst. War es der Frühling, waren es die Vögel, die auf den Bäumen sangen, oder war es ... ?

Ja, jetzt hatte er es: ein ganz besonderer Duft, er wehte über Flur und Felder. „Wo kommt er nur her, dieser wunderbare, ja fast märchenhafte Duft", dachte Rüdiger. Salomon musste es auch gemerkt haben, denn er labte sich öfter wie sonst an dieser herrlichen Luft, und seine Nüstern blähten sich auf mit Schnauben.

Als Rüdiger einen Bauern auf dem Feld nach diesem eigenartigen Duft fragte, zuckte dieser nur mit den Schultern, er bemerkte ihn wohl nicht, denn er hatte sich schon an das geheimnisvolle Duften gewöhnt. Als ein Bauer mit seinem Gespann vom Markt zurückkam, fragte Rüdiger auch ihn. Der Bauer sagte: „Was weiß ich, ich rieche nichts, es ist doch Frühling, und da duftet es überall!" Ein Mädchen kam mit Blumen vom Markt zurück, die es nicht verkaufen konnte. „Weißt du, liebes Mädchen, wo er wohl herkommt, dieser liebliche Duft?", fragte Rüdiger das Mädchen und hielt Salomon fest an den Zügeln. „Werter Herr", sprach das Mädchen, „meine Blumen sind es nicht, doch bemerkte ich sehr stark diesen seltsamen Duft, als ich in der Stadt an der Gärtnerei vorbeikam."

So ritt Rüdiger weiter der Stadt entgegen, geradewegs zur Gärtnerei, denn er wollte unbedingt diesen betörenden Duft, der überall in der Luft zu schweben schien, ergründen. Vor der Gärtnerei band er Salomon an den Zaun und ging durch die mit Blumen umwachsene Eingangstüre in den Garten der Gärtnerei. Immer wieder wollte er die Richtung herausfinden, aus der dieser seltsame, doch wunderbare Duft herkam, aber er fand nicht die Stelle oder das Blumenbeet, so sehr er sich bemühte. Seltsamerweise wurde der Duft, je weiter er in den Garten kam, immer schwächer, so meinte er. Mit einem Schubkarren mit frischer Erde beladen, kam ein Gärtner des Weges, und ihn fragte er: „Entschuldigen sie, Herr Gärtner, können Sie mir vielleicht helfen, ich möchte gerne wissen, von wo in Ihrem Garten der zauberhafte Duft kommt." Der Gärtner zupfte sich leicht am Bart und sagte: „Mein lieber Herr, den Duft den Ihr sucht, und der Euch wohl von weit her geleitet hat, kann nur der Duft einer besonderen Rose im Glashaus dort drüben sein, von dem dort ohne Dach. Tamara, unser Blumenmädchen, die reizende Tochter von unserem Obergärtner, züchtet in diesem Glashaus Rosen, und es muss ihr ein ganz besonderes, einmaliges Exemplar einer wunderschönen Rose gelungen sein, so sagt man." „Danke, Herr Gärtner", sagte Rüdiger sehr zufrieden und ging weiter bis zum Glashaus, das er jedoch leider verschlossen vorfand.

Inzwischen war es schon später Nachmittag geworden, Rüdiger war etwas müde, und sein Pferd wusste er gut aufgehoben auf der nahrhaften Wiese am Gartenzaun. So legte er sich unter einen nahen Apfelbaum, um auszuruhen, und vielleicht, so dachte er, kommt inzwischen Tamara, das Blumenmädchen, und schaut nach ihrer duftenden Rose.

Als er eine Weile so dalag im weichen Gras unter dem Apfelbaum im wunderschönen Garten mit dem betörenden Duft, musste er wohl eingeschlafen sein, dabei träumte er einen seltsamen, doch sehr reizvollen Traum.

Er träumte, dass ein wunderschönes Mädchen in das Gartenhaus ging, halb tanzend, halb singend, und alle Blumen um sie hoben ihre Köpfchen, obwohl es doch mitten in der Nacht war, und verneigten sich, wenn auch kaum merklich, vor dem Mädchen. Es war etwas dunkel im Glashaus, nur eine bescheidene kleine Lampe beleuchtete das Innere von der Eingangstür her. Das Mädchen verneigte sich auch vor allen Blumen und ging dann gleich in die Mitte des Glashauses, wo ein großer Trog mit einer, ja nur einer Rose stand. Sie verneigte sich auch vor der einzelnen Rose und tanzte singend vor Freude um den runden Trog, in dem mitten drin die wunderschöne, wohlduftende, einzigartige Rose stand.

Dann sprach sie mit der Blume mit ruhigem Ton, gab ihr Wasser und streichelte dabei liebevoll ihre Blätter. Nun geschah etwas ganz Unglaubliches. Rings um die Rose sprossen drei neue Rosen aus dem Erdreich, dabei war das Mädchen hoch erfreut und wollte am liebsten die ganze Blumenpracht umarmen und liebkosen. Doch da wachte Rüdiger auf und dachte: „Schade, dies ist ja alles nur ein Traum", dann ritt er mit sehr frohem Herzen nach Hause.

Am nächsten Tag zog es ihn wieder, er wusste selbst nicht genau warum, in die Stadt hinunter zur Gärtnerei. Er nahm den gleichen Weg wie am vorigen Tag, wobei er sogar mit seinem Pferd den Weg mit verschlossenen Augen gefunden hätte, so stark war heute der liebliche Duft, dem er entgegen ritt. Er band Salomon an eine andere Stelle des Gartenzaunes, damit er wieder frisches, saftiges Gras fressen konnte, und begab sich dann in die Gärtnerei. Leider war das Glashaus wie am vorigen Tag verschlossen, so legte er sich wieder zum Ausruhen in den länger werdenden Schatten unter den Apfelbaum. Sein Wunsch war es aber, diesmal schnell einzuschlafen, um dann wieder, so hoffte er, nach einem wunderschönen Traum aufzuwachen. Tatsächlich war er auch bald eingeschlafen und träumte wieder. Er träumte von einem Mädchen mit blonden Haaren, das vergnügt und singend in das Glashaus tanzte. Da sah er auch ganz deutlich, wie eine rosa Schleife noch vor der Glashaustüre sich aus ihrem Haar löste und in das Gras fiel. Wieder verneigte sich das Mädchen vor allen Blumen, begab sich aber sogleich in die Mitte des Hauses, wo ihre wunderschöne, große, duftende Rose und ringsum drei gleichschöne kleinere Rosen standen. Das Mädchen pflegte nun alle vier Rosen, streichelte sie, sprach mit ihnen und tanzte vergnügt um die Blumenschale. Zum Schluss umarmte sie alle Rosen, als wolle sie alle liebkosen und dann, ... ja dann wachte Rüdiger auf und seufzte, „wie schade, es ist ja leider nur ein Traum."

Doch erinnerte er sich an seinen Traum ganz genau, es fiel ihm auch die rosa Schleife ein, die dem Mädchen im Traum aus dem Haar gefallen war. Das veranlasste ihn, doch vor dem Gartenhaus nachzusehen. Was denkt ihr, was da lag? Da lag, er traute zuerst seinen Augen nicht, tatsächlich eine rosarote Schleife im Gras. Er wollte sie aufheben, dachte aber doch, „darf ich das überhaupt", denn irgendjemand wird die Schleife doch morgen suchen und traurig sein, wenn sie nicht da ist. Doch nahm er sich vor, die Schleife morgen einem Gärtner abzugeben, bevor sie von schmutzigen Gartenstiefeln zertreten würde. Voller Ungeduld machte er sich auf den Heimweg und konnte kaum schlafen, weil er den nächsten Tag fast gar nicht erwarten konnte.

Die Sonne strahlte, ein leichter, warmer Wind wehte ihm entgegen und der zärtliche Duft begleitete ihn auf seinem Weg, als er am nächsten Tag mit klopfendem Herzen mit Salomon in die Stadt zur Gärtnerei ritt. Natürlich hatte er die rosa Schleife in seine Jackentasche gesteckt, denn die wollte er ja heute bei dem Gärtner abgeben. Salomon freute sich auch auf seinen schönen Platz im saftigen Gras am Gartenzaun, denn auch er schien heute recht vergnügt zu sein. In der Gärtnerei angekommen, fiel Rüdiger ein, dass ja heute Feiertag war, weil er keinen Gärtner weit und breit im Garten sehen konnte.

So legte er sich wieder unter den Apfelbaum und freute sich auf seinen Traum. Er musste wohl, weil er sehr müde war, bald eingeschlafen sein, und tatsächlich träumte er wieder denselben Traum.

Das wunderschöne Mädchen sang und tanzte wieder um ihre Rosen, streichelte sie und wieder geschah dieses Wunder, denn zwischen den drei Rosen, die um die mittlere standen, spross überall ein neues, gleich schönes Röschen hervor. Das Mädchen jauchzte vor Glück und Freude, umarmte nun alle sieben Rosen, pflegte sie, liebkoste sie und ...

Doch was geschah dann? Etwas berührte Rüdiger am Ärmel, erst einmal, dann zweimal, dann immer fester, bis er ... ja, bis er aufwachte aus seinem schönen Traum. Er blinzelte etwas verärgert und dachte, wer ihn da wohl aus dem schönen Traum entriss, schaute auf und sah genau in die Augen dieses schönen Mädchens, des Mädchens aus seinem Traum. Ganz sprachlos brachte er keine Silbe heraus, doch da fragte ihn schon das Mädchen: „Was liegen Sie hier herum, sind Sie bei der Gartenarbeit eingeschlafen?" „Nein, nein", stotterte Rüdiger ganz aufgeregt, „mich führt dieser eigenartige, wunderbare Duft hierher." Er erhob sich von seinem Platz und sagte noch zu seiner Entschuldigung, „eigentlich wollte ich bei einem Gärtner diese rosarote Schleife abgeben, die ich gestern hier gefunden habe." Dabei reichte er dem Mädchen die Schleife. Sie errötete etwas und sagte: „Verehrter Herr, die habe ich gestern wohl hier verloren und habe sie auch heute schon sehr vermisst, danke für die Mühe. Dafür möchte ich Ihnen die schönste Rose geben, die ich besitze." „Nein, nein, das kann ich nicht annehmen", sagte Rüdiger, „denn ich weiß, wie du deine Rosen liebst." Da wurde das Mädchen sehr neugierig und dachte: „Woher er das wohl weiß, vielleicht hat er mit einem Gärtner darüber gesprochen." Rüdiger stellte sich zuerst mit seinem Namen vor, und auch das Mädchen sagte: „Ich heiße Tamara, ich bin hier das Blumenmädchen und nun sage, woher wisst Ihr etwas über mich."

Da erzählte Rüdiger, er wäre schon das dritte Mal hier im Garten, und er berichtete auch davon, dass er immer unter dem Apfelbaum einge-schlafen sei und dabei einen seltsamen Traum gehabt habe. Auf Bitten von Tamara erzählte er von seinen Träumen aus jeder Nacht und Tamara hörte ganz gespannt und aufmerksam zu.

Dann sagte sie: „Wisst Ihr, Rüdiger, alles, was Ihr geträumt habt, ist wahr, denn es ist wirklich geschehen. Was seid Ihr nur für ein Mensch, der wahre Träume erleben kann, Ihr Glücklicher. Da habe ich ja auch noch Hoffnung, dass sich auch mein Traum eines Tages erfüllt", und wollte schon die Hand zum Abschied ausstrecken, doch Rüdiger sagte: „Tamara, du sagtest, ich bekomme von dir die schönste Rose im Garten, doch ich möchte, dass sie bei dir bleibt, denn bei dir hat sie die allerbeste Pflege, das weiß ich ganz bestimmt, bitte, bitte erzähle mir dafür deinen Traum."

Sehr zögerlich begann Tamara, von ihrem Traum zu erzählen. „Seit drei Nächten habe ich immer denselben Traum, ... ich weiß nicht, ob ich ihn Euch erzählen darf." „Doch, erzähle nur", sagte Rüdiger, „ich habe ja meinen auch erzählt." Tamara erzählte, dass ihr in diesen Träumen jede Nacht immer ein Prinz begegnet sei, „doch ich weiß, das gibt es ja heute nicht mehr", sagte sie. „Und dieser Prinz streckt mir im Traum immer seine Hand entgegen und sagt, komm, geh' mit mir."

Wenn es nicht dunkel gewesen wäre, hätte man sehen können, wie Tamara dabei verlegen wurde. „Bitte erzähle weiter, was ist noch mit dem Prinzen", drängte Rüdiger. „Ja, da ist noch etwas, was mich jede Nacht im Traum beschäftigt, oder eigentlich erst dann, wenn ich aufwache, ... nun, der Prinz hat, und das sehe ich in jedem Traum ganz genau, auf dem rechten Unterarm, wenn er seine Hand nach mir ausstreckt und der Ärmel etwas zurückrutscht, einen Zaun mit einem Vogel darauf täto-wiert, ich glaube es ist ein Zaunkönig."

Nun war die Verblüffung auf Rüdigers Seite, er rollte seinen rechten Ärmel hoch und sagte: „Seit 700 Jahren ist das Zeichen unserer Familie der Zaun mit dem Zaunkönig, du, meine liebe Tamara, was sagst du nun?"

Sie sagte nichts mehr, denn im nächsten Moment fielen sie sich in die Arme und sagten: „Mein Traum, du bist mein Traum!"

Ihre Hochzeitskutsche schmückten im nächsten Jahr die wunderschön-sten Rosen, doch die allerschönsten Rosen, die Rosen der Nacht, schenk-ten sie sich selber.

Eve Herzogenrath

Das „Pinguentchen"

„Mami, warum sehe ich nicht so aus wie du oder wie Papa?" fragt Lisa, das Pinguentchen seine Entenmama. Treuherzig schaut es sie an. Die Entenmama muss innerlich lachen, denn Lisa sieht allzu drollig aus mit ihren Pinguinfüßen und ihrem Entengesicht. Es war ja abzusehen, dass Lisa diese Frage irgendwann stellen musste.

„Also", begann die Entenmama, „als ich noch ein kleines Entchen war, lebte ich mit meiner Entenfamilie an einem großen Teich. Ich liebte das Wasser sehr, denn es war mein Element. Die Natur hatte mir ja auch extra Schwimmhäute geschenkt, damit ich mich auf dem Teich fortbewegen und nicht untergehen konnte. Tauchen - wie die anderen Entchen das so gern taten - mochte ich gar nicht, weil ich unter Wasser Angst hatte und keine Luft bekam. Immer, wenn meine Spielgefährten sich fröhlich schnatternd weit vom Ufer entfernten und emsig zu einer kleinen Insel mitten auf dem Teich paddelten, blieb ich zurück und träumte vor mich hin oder dachte mir Geschichten aus. Gern spielte ich auch mit den kleinen Kieselsteinen am Ufer, die, wenn sie noch nass waren, so wunderschön glänzten. Aber manchmal war ich so allein auch ein bisschen traurig.

Im Winter, wenn es kalt wurde, fror ich entsetzlich. Zitternd und bibbernd bestieg ich den Entenexpress und machte mich mit meiner Familie auf den Weg in den Süden, wo es schön sonnig und warm war. Eine meiner Entenfreundinnen, die alle älter und größer waren als ich, fuhr fast immer mit. Wir beide hatten dann viel Spaß. Wir lernten viele einheimische Schwimm- und Wasservögel kennen und spielten mit ihnen am Meeresstrand, wo das Wasser nicht so tief war. Aber es kam vor, dass die anderen weit hinaus schwammen. Ich sah ihnen sehnsüchtig nach und schalt mich selbst wegen meiner Ängstlichkeit. Eigentlich konnte ich ja gut schwimmen, aber ich hatte immer Angst, unterzugehen und keine Luft zu bekommen.

Eines Tages wollte ich ganz mutig sein und schwamm einfach mit den anderen. Ich schaffte es auch bis zu der kleinen Insel. Ganz stolz plusterte ich meine Federn auf und spähte Beifall heischend in die Runde. Auf der Insel hielten wir uns lange auf, fanden wunderbare Regenwürmer und erfanden lustige Spiele. Ich dachte ab und zu etwas besorgt an die Rückkehr, denn ich fühlte mich gar nicht mehr so fit wie am Morgen. Und dann meinte auch noch meine Entenfreundin, dass ich ein ganz blasses Schnäbelchen hätte. Aber allein auf der Insel übernachten, nein, das traute ich mich auch nicht. Die ganze gefiederte Schar schwamm am späten Nachmittag zum Ufer zurück. Ich schloss die Augen und strampelte tapfer neben meiner Entenfreundin her, die mir immer wieder Mut machte und zuschnatterte, dass das Ufer schon ganz nahe sei, her. Mit allerletzter Kraft stieg ich später ans Ufer und legte mich ins Gras mit dem Vorsatz, nun immer vernünftig zu sein und meine Kraft nicht zu überschätzen. Ich nahm mir vor, in mir nach anderen Stärken zu suchen.

Ich spielte viel allein, auch wenn meine ganze Entenfamilie da war. Die hielten mich für eine Träumerin, und die Enteneltern murrten auch manchmal, weil ich mich oft zurückzog. Mir machte das nichts aus, ich träumte weiter. Ab und zu hatte ich allerdings das unbestimmte Gefühl, etwas zu vermissen. Ich wusste aber nicht, was es hätte sein können, denn eigentlich hatte ich doch alles. Jedes Jahr fuhr ich mit dem Entenexpress in die Sonne, oft auch zweimal im Jahr. Ich konnte mir nicht vorstellen, dass sich das einmal würde ändern können.

Aber dann eines Tages lernte ich, als ich wieder einmal verträumt durch die Wiesen watschelte, einen kleinen, munteren Pinguin kennen. Gut, dass der Pinguin nicht von großem Wuchs war, sonst hätte ich mich sicher erschrocken. Vor großwüchsigem Federvieh fürchtete ich mich nämlich ein bisschen. ‚Wo kommst du denn her‘, fragte ich den kleinen Pinguin. ‚Ich komme von ganz weit her, wo es schneebedeckte Berge und große Eisflächen gibt, ähnlich wie in der Arktis‘, antwortete der kleine Pinguin, schüttelte sein Gefieder und verzog seinen Schnabel zu einem freundlichen Grinsen. Das sah so lustig aus, dass ich richtig Mut bekam und wissen wollte, wie es in der Heimat des kleinen Pinguins ausschaut. Der kleine Pinguin schnatterte munter drauf los und erzählte mir von Eisbergen und großen Schneemassen und wie er sich mit seinen Pinguinfreunden dort herumtummle. Dort sei sein Element, obwohl er hier im Zoo geboren sei.

Jedes Jahr fuhr auch der kleine Pinguin mit dem Pinguinexpress in den Schnee. ‚Wenn du willst, kannst du ja mal mitkommen‘, forderte er mich, die ich ihm staunend zugehört hatte, auf. Ich quakte und zitterte ein wenig vor Freude und vielleicht auch in Gedanken an die Kälte und die riesige weiße Schneewelt, die mir ja gar nicht vertraut war. Zu Hause sprach ich mit meinen Entenfreundinnen darüber, aber die konnten mir keinen Rat geben. So entschloss ich mich, selbst weiter darüber nachzudenken und den niedlichen kleinen Pinguin erst noch etwas besser kennen zu lernen.

Wir sahen uns oft, und obwohl wir solch konträren Elementen entstammten, sprachen wir die gleiche Sprache und verstanden uns sehr gut. Wir mochten uns und begannen mit dem Aufbau einer schönen Freundschaft. Ich war lange nicht mehr so fröhlich gewesen. Der kleine Pinguin war so drollig und lachte so schön, dass auch ich wieder richtig froh sein konnte und mitlachte. Manchmal hatte ich ein bisschen Angst, der kleine Pinguin könne eines Tages wieder aus meinem Leben verschwinden.

Der Wettergott schickte Regen und Kälte. So rüstete meine Entenfamlie und meine Freundin, die uns begleitete, mal wieder zum Aufbruch nach Süden. Ich hatte keine rechte Lust und dachte schon mit Schrecken an die lange Fahrt im Entenexpress. Auch der kleine Pinguin machte sich ein wenig Sorgen, weil es mir vor der Abreise gar nicht so gut ging. Er selber fühlte sich bei dieser Witterung wohl.

An unserem Zielort angekommen, wurden wir von Regen und starkem Wind ganz ungastlich empfangen. ‚Hätt' ich auch zu Hause bleiben können', motzte ich rum. Aber ein paar Tage später hatte die Sonne doch noch Erbarmen mit uns und schickte ihre wärmenden Strahlen auf die Erde. Ich lief mit meiner großen Entenfreundin am Meer entlang oder schwamm mit ihr in einem kleinen Teich.

Obwohl es so schön war, und ich so liebe Freunde um mich hatte, die Sonne vom Himmel strahlte und das Wasser lockte, fehlte mir etwas. Auch die Schwimm- und Wasservögel, die ich jedes Jahr hier traf, konnten mich diesmal gar nicht zu lustigen Streichen verführen wie in den vergangenen Jahren. Sie wunderten sich sehr über mich, die ich sonst so unternehmungslustig gewesen war.

Als dann der Abreisetag näher kam, wurde ich zusehends fröhlicher - und da wusste ich, was mir gefehlt hatte. Ich hatte den lustigen kleinen Pinguin vermisst. Ich hätte ihm so gern meine Welt gezeigt. Wenigstens ein bisschen davon. Während der langen Rückreise im Entenexpress dachte ich ganz viel nach und entschloss mich, mit dem kleinen Pinguin auch einmal in seine Heimat zu fahren, um seine Welt kennen zu lernen. Schließlich musste ja einer von uns den Anfang machen. Bei mir hatte die Freude, mit dem kleinen Pinguin dessen Schneewelt zu sehen, über die Angst gesiegt. Da wusste ich, dass ich dem kleinen Pinguin vertraute.

Als ich wieder zu Hause war, machten wir beide Pläne für eine kleine Reise, auf der wir uns etwas besser kennen lernen wollten, und für eine spätere größere Reise. Der kleine Pinguin nahm die Organisation in seine Flosse, da er ja viel mehr Erfahrung hatte als ich. Er kannte auch eine schöne Hütte, in der wir wohnen würden. Ab und zu hatten wir beide etwas Angst, weil wir ja noch nie zusammen verreist waren und uns noch gar nicht so gut kannten. Aber das waren nur immer kurze Momente, denn eigentlich waren wir ja beide verträglich. Der kleine Pinguin war sehr lieb und lachte mich auch nie aus, wenn ich mal wieder vor mich hinträumte und Geschichten ausdachte. Wir hatten trotz unserer verschiedenen Neigungen auch viele Gemeinsamkeiten und viel Spaß miteinander. Der Pinguin war sehr häuslich und hatte keine Tendenz, zu irgendwelchen Inseln zu schwimmen. So war ich auch gar nicht mehr so oft allein.

Eines Tages hatte ich mal nicht richtig auf mich acht gegeben und wurde krank. Der fürsorgliche kleine Pinguin brachte mich zu einer speziellen Entenstation, damit ich schnell wieder gesund werden sollte. Dort wurden mir die Flügel gestutzt, damit ich ruhig im Bettchen liegen blieb. Der kleine Pinguin kümmerte sich ganz viel um mich, machte mir Mut, tröstete mich, erzählte mir Geschichten von fernen Ländern und saß oft an meinem Bettchen, bis ich wieder aufstehen und nach Hause watscheln konnte. Als ich aus dem Entenlazarett entlassen wurde, lud der kleine Pinguin mich zu sich und seiner Pinguinmutter ein, damit sie seine neue Spielgefährtin kennen lernen sollte.

Meine Flügel wuchsen wieder. Zunächst machte ich nur zaghafte Flugversuche. Ich war von meinen Entenfreundinnen immer gewarnt worden, nicht so weit von zu Hause fortzufliegen und womöglich noch abzustürzen. Aber vielleicht hatten die Eltern und Geschwister auch Angst, dass ich ihnen davonfliegen würde. Munter flog ich mit dem kleinen Pinguin durch die Stadt auf Futtersuche. Ich gewöhnte mich rasch an das freie Leben und hing bald nicht mehr nur noch an dem, was war, sondern war auch bereit für eine neue Freundschaft und neue Erkenntnisse. Wir trainierten unsere Flügel und auch die Kraft unserer Seelen. Oft trennten uns einige Flügelschläge voneinander, dann flogen wir wieder dicht nebeneinander. Manchmal stieß ich mich noch an den Klippen der Angst. Doch der kleine Pinguin war so lieb und fürsorglich, dass ich ganz schnell wieder fröhlich und zuversichtlich wurde. Ich gewann auch die Pinguinmutter sehr lieb und war gern in ihrer Nähe. Manchmal übernachtete ich auch im Pinguinhaus. Nachts überließ der kleine Pinguin mir einen Platz auf seinem großen Pinguinlager, so dass ich mich nicht fürchtete und gut schlafen konnte. Die Nächte waren meist sehr kurz, weil wir uns so viel zuzuschnattern hatten aus unserem Pinguin- und Entenleben. Oft kugelten wir uns so vor Lachen, dass die Federn nur so flogen. Wir waren voller Ideen und Pläne für die Zukunft und bauten im

Geiste schon ein Pinguin-Enten-Haus, in dem die Pinguin- und Enten-schar gemeinsam würde leben können. Auch die Pinguinmutter hatte Freude, wenn wir so fröhlich waren. Meine Familie und meine große Entenfreundin hatten sich längst daran gewöhnt, dass ich nun nicht mehr so ängstlich war und freute sich, dass ich nun einen richtigen Freund hatte, der mich verstand.

Aber eines Tages war der Gott des Federviehs schlecht gelaunt oder über irgendetwas verärgert und hängte über uns eine dicke Wolke, dazu sandte er noch kalte Luft und Regen. Vielleicht wollte er uns auch nur eine Prüfung in Bezug auf Pinguin-Enten-Freundschaft schicken. Der Pinguin und ich schnatterten plötzlich völlig aneinander vorbei. Und da wir auch noch jedes in eine andere Richtung schauten, konnten wir nicht den Gesichtsausdruck des anderen erkennen und verstanden alles falsch. Bisher hatten wir doch die gleiche Sprache gesprochen. Doch gleiche Töne ergeben noch keinen Klang und keine Harmonie. Der kleine Pinguin und ich mussten erkennen, dass wir auch Gegensätze hatten, die wir als ein anderes Stück Wirklichkeit zulassen und akzeptieren mussten, damit daraus eine Harmonie entstehen konnte. Für einen kleinen Pinguin und ein Entchen ist dieser Prozess ein schweres Stück Arbeit.

Es ging um gar nichts Ernsthaftes. Wir neckten uns gegenseitig, bis aus dem Geplänkel allmählich Ernst wurde. Das, was so harmlos angefangen hatte, wuchs zu einem Streit aus. Ich war mir dessen noch nicht mal bewusst, ärgerte den kleinen Pinguin und brachte ihn dadurch immer mehr in Rage. Er wurde plötzlich ganz wütend, so dass ich erschrocken die Federn anlegte und ein Weilchen vor dem zornigen Pinguin, den ich nun gar nicht mehr wieder zu erkennen glaubte, flüchtete. Verzagt, mit zerzausten Federn und ganz traurigem Herzchen flog ich allein durch die mir nun schon vertraute Gegend. Es regnete immer stärker, und ich wusste schon gar nicht mehr, was mir mehr die Sicht nahm, meine dicken Ententränen oder die großen Regentropfen. Ich überlegte, ob ich ins Entenlager nach Hause fliegen sollte. Meine große Entenfreundin würde es bestimmt verstehen. Aber andererseits wollte ich so gern noch bei dem kleinen Pinguin sein. Wir hatten doch so viel Spaß gehabt und waren miteinander froh gewesen.

Unschlüssig zog ich noch ein paar Kreise durch die Straßen, an den Schaufenstern vorbei und schnappte mir in einem Laden noch schnell ein blaues Pinguin-Enten-Freundschaftsherzchen, mit dem ich dem kleinen Pinguin eine Freude machen wollte. Denn ich hatte mich entschlossen, einfach zum Pinguinhaus zu fliegen, auch wenn es gar nicht mehr sicher war, ob der kleine Pinguin mich überhaupt noch sehen wollte.

Ich dachte, dass wir doch eigentlich schon Freunde geworden waren, bei denen es auch mal zu Meinungsverschiedenheiten kommen durfte. Und wenn der kleine Pinguin nun immer noch unversöhnlich sein sollte, wäre er eben nie ein richtiger Freund gewesen. Dann musste ich ihn vergessen, so schwer mir das auch fallen würde.

Nahe der Haustür landete ich noch kurz auf einer Angstklippe, an der ich mich ein Weilchen festhalten musste. Dann kam jedoch plötzlich ein starker Wind auf und fegte mich von der Angstklippe bis vor die Haustür. Wild entschlossen flatterte ich mit kräftigen Flügelschlägen durchs Treppenhaus, klopfte an die Tür der Pinguinwohnung und machte mich auf das Schlimmste gefasst. Aber der kleine Pinguin öffnete ganz weit die Tür und hatte wieder sein vertrautes, liebes Pinguingesichtchen. Wir umarmten und vertrugen uns ganz schnell wieder. Der Pinguin und ich lernten daraus, dass es wichtig ist, sich gegenseitig als den anderen und nicht als das, was man will, zu sehen. Wir nahmen uns vor, niemals mehr auf dem anderen herumzuhacken. Manchmal tut man dem anderen weh, weil man selbst ganz hilflos und verletzt ist.

Wir legten mit der Zeit eine gemeinsame Flugstrecke zurück. Mit unseren Erwartungen reisten wir ab und mit unseren Erinnerungen und Erfahrungen kamen wir zurück. Wir konnten uns ein Leben ohne den anderen nicht mehr vorstellen. Als wir ausgewachsen waren, merkten wir, dass es Liebe war, die uns verband. Wir hatten es richtig begonnen, denn zu jeder Liebe gehört Freundschaft.

Du, kleine Lisa, hast einen Teil von deinem Vater geerbt und einen Teil von mir. Und von beiden nur das Beste. Und das macht dich unverwechselbar und einmalig."

Dagmar Buschhauer

Der Märchenerzähler

Wie an jedem Wochenende ging Laila mit ihrer Mutter zum Basar. Die Kleine liebte das lebhafte Markttreiben sehr. Händler boten laut schreiend die unterschiedlichsten Waren feil und über allem lag der feine Duft von Gewürzen, Obst und Zuckerwerk. Immer wieder staunte Laila über Fakire auf ihren Nagelbrettern. Mit ihrem Flötenspiel brachten die Turbanmänner Schlangen zum Tanzen. Während Mama einkaufte, durfte sie selbst bei dem steinalten Geschichtenerzähler auf dicken bunten Kissen sitzen und seinen Märchen lauschen. Der weißbärtige alte Mann, mit dem großen roten Turban, verstand es vortrefflich die Kinder in seinen Bann zu ziehen. Heute wollte der Greis nun eine Geschichte von Hass und Eifersucht erzählen und so begann er:

„Es war einmal ein Sultan, der hatte zwei Söhne, wie sie unterschiedlicher nicht sein konnten. Ali war ein ruhiger und besonnener junger Mann, der stets gut zu den Mitmenschen war. Für die Sorgen der Bevölkerung hatte er immer ein offenes Ohr, allen sollte es gut gehen. Achmed, egoistisch und hartherzig, dachte nur an die eigenen Vorteile. Bekam er seinen Willen nicht, tobte er so laut im Palast, dass es weithin wie Donner hallte.

Eines Tages verliebten sich die Brüder in Suleika, der lieblichen Tochter des Großwesirs. Als die Schöne aber Ali den Vorzug gab und ihm als Braut in den Palast folgte, nahm das Unglück seinen Lauf.

Die Hochzeitsvorbereitungen waren in vollem Gange. Die ganze Stadt wurde aufs Feinste herausgeputzt, überall hingen bunte Fahnen. Große Tische mit erlesenen Speisen und Getränken ließ der Herrscher aufstellen, denn das Volk sollte an dem Glück des jungen Brautpaares teilhaben.

Achmeds Herz verhärtete sich immer mehr, er raste vor Eifersucht. Böse Gedanken kreisten in seinem Kopf, sie ließen ihm keine Ruhe mehr, weder bei Tag, noch in der Nacht. Er fasste einen gemeinen Plan. Kurz darauf ritt Achmed heimlich zur Wüstenoase Hatifa, um dort die berüchtigste Räuberbande des Reiches aufzusuchen. Er bot dem einäugigen Anführer Hakim einen hinterhältigen Handel an:

„Hör gut zu", ich könnte euch verraten, wie ihr in die Schatzkammer des Palastes gelangt. Sie ist übervoll mit Juwelen." Der Räuberhauptmann aber erkannte ihn: „Sag, bist du nicht Achmed, einer der Söhne des Sultans? Wieso dieser Verrat? Du solltest dich schämen, noch nicht einmal einer meiner verwegenen Männer würde so etwas tun. Aber gut, sage uns, wie wir in den Palast kommen." Sein verbliebenes Auge funkelte gierig: „Unsere letzten Beutezüge waren leider nicht sehr erfolgreich, das Geld wird knapp. Was verlangst du als Gegenleistung?"

„Ich möchte nur die Braut meines Bruders", sagte der Verräter, „nehmt sie gefangen und übergebt sie mir nach dem Überfall. Morgen Nacht erwarte ich euch am rückwärtigen Stadttor."

Den Bettler, der unter einer der Palmen lag und alles mit anhörte, bemerkte keiner von ihnen. Nachdem im Räubernest alle schliefen, machte er sich auf den Weg, um den Sultan und sein Volk zu warnen. Der Herrscher war stets mildtätig zu ihm, so wollte er nun seine Dankbarkeit beweisen.

Die Nacht war tiefschwarz, als die Räuberbande am Stadttor eintraf, Stille herrschte ringsum. Unter Achmeds Führung schlichen die Schurken vorsichtig zum Palast. Die Wache war nirgendwo zu sehen, gut so. Als der Sohn des Sultans den Schlüssel ins Schloss steckte und ihn umdrehte, knirschte es laut. Die Bande hielt den Atem an. Vor Schreck standen ihnen die Haare zu Berge.

„Pass doch gefälligst auf, sei leise", zischte der Einäugige ihm zu. Ein Dieb nach dem anderen verschwand nun in dem dunklen Gebäude. Sie freuten sich schon auf die fette Beute, als das Unheil über sie hereinbrach.

Mit einem Mal war der ganze Palast auf den Beinen. Plötzlich erhellten überall Fackeln das Gebäude, und ein mörderischer Tumult brach los. Von allen Seiten stürmte die Palastwache mit ihren Krummsäbeln heran. Sie stürzte sich auf die überraschten Eindringlinge, die vor Entsetzen erstarrten. Nicht nur die kampferprobte Wache, sondern auch viele Bewohner der Stadt, schlugen mit Knüppeln auf sie ein. Damit hatte niemand von ihnen gerechnet. Nach einem fürchterlichen Handgemenge ergriffen die Räuber panisch die Flucht. Wie von Sinnen rannten die Halunken davon. Man hörte nie wieder etwas von ihnen.

Achmed verfolgte das Spektakel bestürzt aus einem sicheren Versteck heraus. In dem wirren Durcheinander flüchtete er und lief um sein Leben. Viel später berichteten Händler, die mit einer Karawane durch das Land zogen, von einem verwirrten Korbmacher, der in einer weit entfernten Oase sein Leben fristet und behauptet, ein Sohn des Sultans zu sein. Doch niemand glaubte es ihm. Vielleicht wollte er sich ja nur wichtig machen, weil er mit einer zänkischen Frau verheiratet war, die ihm und seinen acht Kindern täglich das Leben zur Hölle machte.

Ali und Suleika aber lebten glücklich und in Frieden, geliebt von ihren Untertanen wegen ihrer Herzenswärme und Güte."

Mit hochroten Wangen saßen die Kleinen auf ihren Kissen. So eine spannende Geschichte hatten sie schon lange nicht mehr gehört.

Der alte Mann erhob sich. „So, Kinder, die Märchenstunde ist vorbei. Beim nächsten Mal erzähle ich euch die Geschichte von dem Flaschengeist und…"

„Und was?", riefen die Kinder aufgeregt.

„Nein, nein, das wird nicht verraten", lachte er.

Als Laila an der Hand ihrer Mutter wieder nach Hause ging, dachte sie noch eine ganze Weile über die Erzählung nach. Sie wollte nie so werden wie Achmed und ihr Herz vergiften lassen durch Hass und Eifersucht, das hatte sie sich fest vorgenommen.

Marena Stumpf

Das Pelikanmädchen

Seit einigen Tagen saß das weißgefiederte Pelikanmädchen am Ende der Pier und rührte sich nicht von der Stelle. Der Braunpelikan, der etwas abseits hockte, beobachtete sie seit ihrer Ankunft. Sanft spielte der Wind mit ihren feinen Kopffedern. Sie gefiel Pelé. Noch nie zuvor hatte er an dieser Küste so eine Schönheit gesehen.

Angeberisch breitete er seine großen Flügel aus und schwang sich hoch in die Luft. Einige Male segelte er über ihren schlanken Kopf und stürzte sich abrupt in das tiefe, dunkelblaue Meer. Meistens dauerte es nicht lange, bis er mit einem Fisch im Schnabel wieder auftauchte und ihn verspeiste.

Scheu sah sie zur Seite. Sie wusste genau, was er in seinem Hautsack am Unterkiefer verbarg. Fische, frische Fische! Sie konnte diese Köstlichkeit fast schmecken.

„Wer bist du und was bringt dich zu uns", fragte der Braunpelikan sie neugierig. „Ich beobachte dich schon seit einigen Tagen. Du bewegst dich überhaupt nicht und holst dir auch kein Futter. Hast du keinen Hunger?"

Das Pelikanmädchen nickte beschämt. Ihre Federn standen struppig von ihrem abgemagerten Körper ab. Sie wusste, dass sie dringend Hilfe brauchte und einen Freund, dem sie vertrauen konnte. Pelé war der Einzige, der sie jemals angesprochen hatte. Die anderen Wasservögel mieden sie, da sie anders aussah.

Fast kraftlos begann sie zu sprechen. „Mein Name ist Anida. Ich habe eine weite Seereise hinter mir. In Südamerika lebte ich mit meiner Familie an einem flachen Gewässer." Für einen Moment sprach das Krauskopfmädchen nicht weiter. Die Erinnerungen taten ihr zu weh.

„Hast du Heimweh oder fehlt dir etwas?", fragte Pelé besorgt.

Anida sah ihn mit ihren traurigen braunen Augen an. „Du kannst schön fliegen. Hast du eben Fische gefangen?", versuchte sie ihn abzulenken.

Pelé nickte und stellte sich auf die Ruderfüße, um größer zu wirken. Hastig schluckte er den letzten Bissen hinunter. Mit vollem Schnabel wollte er nicht sprechen. Er holte noch einmal tief Luft und konnte es kaum abwarten, ihre Geschichte zu hören. „Also erzähle schon. Mache es nicht so spannend, Anida!", forderte er sie burschikos auf.

Kraftlos versuchte sie ihr Gefieder aufzuplustern und begann zu erzählen. „Weißt du, in der Nähe des Hafens suchte ich mir ein ruhiges Plätzchen zum Ausruhen. In der warmen Sonne schlief ich tief und fest ein. Ich bemerkte gar nicht, dass ich mich auf einem Schiff befand. Erst als ich aufwachte, erkannte ich meinen Irrtum. Ich wollte sofort wieder an Land fliegen, doch so weit mein Auge reichte, war ich von Wasser umgeben. Plötzlich konnte ich mich nicht mehr erinnern, aus welcher Richtung ich gekommen war. Ein Matrose entdeckte mich unter der Treppe, wo ich mich anfangs versteckte. Er packte mich grob und sperrte mich in einen Käfig. Hin und wieder brachte er mir frischen Fisch vorbei. Nach vielem Schaukeln legte das Schiff im Hafen von Sarasota an. Der mir so vertraute Mann holte mich aus meinem Gefängnis und setzte mich mutterseelenallein an Land aus. Ich habe furchtbaren Hunger und auch entsetzliche Angst, vor dem tiefen dunklen Meer. Wenn ich nicht bald etwas zu essen bekomme, dann werde ich sicherlich verhungern."

Das wollte Pelé auf gar keinen Fall. Tröstend flog er zu Anida auf den Pfahl und setzte sich ganz dicht zu ihr. „Ich freue mich, dass du bei uns bist. Eigentlich ist es doch egal, ob du in deiner Heimat oder hier Fische fängst. Wo liegt da das Problem?"

Anida schüttelte ihren Kopf. „Es ist eben nicht egal. Ich habe beobachtet, wie du auf die Jagd gehst. Das haben wir in Brasilien ganz anders gemacht. Wir sammelten uns und schwammen alle im Halbkreis. Wenn ein Fischschwarm unter uns lag, begannen wir mit den Flügeln zu schlagen. Das trieb die Fische in die Enge und wir brauchten nur noch unsere Schnäbel zu öffnen und die Beute in unserem Hautsack zu sammeln. Du machst das ganz anders. Du fliegst hoch und hältst Ausschau und wenn du etwas entdeckst, machst du dich schmal und schnellst wie ein Pfeil in das Wasser. Das traue ich mich nicht und deshalb werde ich verhungern."

Mädchenkram", dachte Pelé, der das Oberhaupt aller Braunpelikane war. Hier in Florida gingen sie alle so auf Fischfang. Angestrengt überlegte er, wie man dem armen Mädchen helfen konnte. Eine ganze Weile saß er neben ihr und starrte auf das bewegte Wasser. Ihm war klar, wenn er Anidas Herz gewinnen wollte, dann musste er vorerst für sie sorgen. Er war wild entschlossen, ihr alles Wichtige beizubringen.

Schnell machte sich Pelé auf und kam bald mit reicher Beute aus dem Meer zurück. Schwer beladen landete er neben seiner neuen Freundin und hielt ihr seinen geöffneten Schnabel hin. Sie pickte gierig die frischen Fische aus seinem Kehlsack. Dankbar sah Anida ihn an und fühlte sich nach der ausgiebigen Mahlzeit etwas kräftiger. Von jetzt an waren die beiden unzertrennlich und es dauerte nicht lange, da bauten sie sich an einem ruhig gelegenen Kanal ein kuscheliges Nest.

Im Frühjahr schlüpften ihre ersten braun-weißen Jungen. Pelé musste nun den lieben langen Tag für seine nimmersatte Familie auf Futtersuche gehen. So anstrengend hatte er sich das nicht vorgestellt. Für ihn stand fest, sobald die Jungvögel alt genug waren, wollte er ihnen das Jagen beibringen. Er sehnte die Zeit herbei, wieder gemütlich an Anidas Seite, in der Sonne, zu faulenzen.

Marena Stumpf

Eichhörnchen-Kindergarten

Waghalsig tobten Wuschel und Puschel in der Baumkrone herum. Frau Eichhorn blieb vor Angst fast das Herz stehen. „Tjuk, tjuk, tjuk", rief sie den Kleinen zu und trommelte energisch mit ihren Vorderpfoten gegen den Baumstamm. „Genug jetzt Kinder, heute ist euer erster Eichhörnchen-Kindergartentag, kommt vom Baum herunter und setzt euch zu uns auf die Wiese. Wir wollen anfangen." Zur Begrüßung schenkte sie jedem Eichhörnchen eine Haselnuss.

Kuschel mochte die Kindergärtnerin sehr und er setzte sich ganz dicht zu ihr. Er wollte unbedingt alles über Eichhörnchen lernen und nicht so wild herumtollen wie seine Brüder.

„Hat denn jemand eine Frage von euch?", erkundigte sich Frau Eichhorn bei ihren Schützlingen.

Die rothaarige Wally meldete sich: „Wachsen wir Eichhörnchen auf dem Baum oder woher kommen wir?"

Frau Eichhorn schüttelte ihren Kopf und streichelte sich mit ihren Fingern durch das weiße Brustfell. „Nein, Wally, eure Muttis haben euch ausgetragen. Ihr seid ganz winzig, nackt und blind, in einem kuscheligen warmen Nest zur Welt gekommen."

„Genau, und dann haben wir ganz viele Nüsse gegessen, das weiß ich noch ganz genau, denn ich habe meiner Mutter immer die Vorräte stibitzt", sagte Wuschel etwas vorlaut.

Kuschel sah Frau Eichhorn etwas verlegen an. „Ich glaube, unsere Mutter hat uns gestillt und erst später, als wir drei Monate alt waren, konnten wir Nüsse knabbern."

„Du hast gut aufgepasst Kuschel, zur Belohnung bekommst du ein paar Beeren von mir geschenkt."

Wuschel fiel es unheimlich schwer ruhig sitzen zu bleiben und er zog seinem Bruder Puschel an dem roten buschigen Schwanz. „Autsch! Lass´ das, das tut doch weh! Soll ich Mal bei dir ziehen, damit du siehst wie schlimm das ist?", schimpfte Puschel mit seinem übermütigen Bruder.

Frau Eichhorn versuchte die Kinder abzulenken und fragte, wer denn von den Kleinen wisse, warum ihre Schwänze so buschig seien.

Naseweiß antwortet Wuschel: „Damit ich Puschel besser daran ziehen kann!"

Jetzt musste auch Frau Eichhorn über die Jungen lachen. „Nein, euer Schwanz dient als Ruder, ihr könnt euren weiten Sprung damit viel besser steuern und ihr landet dann genau dort, wo ihr hin wollt", antwortete sie schnell.

Puschel und Wuschel tobten schon wieder herum. „Also gut ihr Zwei", sagte die Kindergärtnerin, „zeigt uns Mal bitte, wie ein richtiges Eichhörnchen läuft."

Übermütig tollten die beiden über die Wiese und schlugen Purzelbäume.

„Nein, nein, doch nicht so. Setzt euch bitte wieder hin Kinder. Ich mache es euch vor!"

Frau Eichhorn lief auf allen vieren ein paar Schrittchen, richtete sich auf und tat so, als ob sie nach Gefahr Ausschau hielt. Dann rannte sie wieder ein kleines Stückchen und hielt erneut an und sah sich wieder nach allen Seiten um.

„Und, wozu soll das gut sein?", fragte Wuschel trotzig, „ich kann so schnell rennen wie ich will. Mich kann sowieso niemand fangen!"

„Wenn ihr euch umdreht, dann beobachtet ihr kurz die Umgebung", versuchte Frau Eichhorn zu erklären. „Solltet ihr wirklich in Not geraten, dann könnt ihr euch noch rechtzeitig verstecken. So wie Wuschel durch die Gegend saust, merkt er überhaupt nicht, wenn ein Greifvogel über ihm kreist und ihm ans Fell will."

„Siehst du, Wuschel, das hat uns die Mutter auch schon erklärt", antwortete Puschel und drehte sich beim Laufen etwas ängstlich um.

Frau Eichhorn rannte im Garten zu einem Baum und winkte die Kleinen zu sich. „Vorhin habe ich lauter leckere Sachen versteckt. Was denkt ihr, wo würde ein Eichhörnchen zuerst suchen? Überlegt einmal."

Neugierig flitzten Wuschel und Hazel den Baumstamm hoch. Hazel rief zuerst: „Ich habe ein Nest mit Beeren in der Astgabel gefunden!" Gleich darauf meldete sich auch Wuschel: „Oh, wie lecker! Ich habe Samen in der Baumhöhle entdeckt, darf ich die futtern?"

Kuschel blieb lieber in der Nähe von Frau Eichhorn und suchte die Baumwurzeln ab. Stolz hielt er ein paar Haselnüsse in seinen roten Pfötchen. Auch Puschel wurde im Erdloch fündig und knabberte zufrieden an seinen Walnüssen. Mit vollem Mäulchen fragte er: „Frau Eichhorn, ist es schlimm, wenn ich vergesse wo ich meinen Vorrat eingebuddelt habe?"

„Aber nein Puschel, mit etwas Glück keimt der Samen in der Erde und nächstes Jahr wächst ein neues Bäumchen oder ein kleiner Haselnussstrauch daraus."

Hinter der Hecke wurde es etwas unruhig. Die jungen Eichhorn-Muttis warteten schon auf ihre Kinder. Frau Eichhorn verabschiedete sich von ihren Schützlingen und freute sich bereits auf den nächsten Kindergartentag.

Marena Stumpf

Ei, Ei, Ei, was schlüpft denn da

An einem ruhigen See, gleich hinter dem dichten Schilf, brütete die Stockente ihre elf grünlich-grauen Eier aus. Geduldig saß sie auf ihrem weich gepolsterten Nest und wartete darauf, dass ihre Küken schlüpften. Gelangweilt beobachtete sie die Umgebung und entdeckte auf einem Seerosenblatt einen Frosch, der regungslos ins Wasser starrte. „Hey, was machst du da - gibt es etwas Besonderes zu sehen?", rief sie ihm neugierig zu.

Etwas verwundert drehte sich der grüne Frosch um und sah die braunweiß gestreifte Ente an. Er blähte seinen Hals auf und quakte: „Tagchen, vor knapp siebzig Tagen habe ich meinen Laich im See abgelegt. Täglich gucke ich nach, was mein Nachwuchs macht."

Die Ente klapperte mit ihrem gelben Schnabel und schnatterte: „Warum braucht dein Nachwuchs so lange? Du bist doch viel kleiner als ich, und was bitteschön ist Laich?"

Kopfüber sprang der Frosch vom seinem Blatt und schwamm mit kräftigen Stößen an Land. „Quak, quak, das sind ganz viele winzige Froscheier, die ich im Wasser abgelegt habe. Zuerst ist der Laichklumpen bis auf den Grund vom See gesunken. Nach ein paar Tagen quoll das Wasser die glibberigen Eier auf und sie stiegen an die Wasseroberfläche. Etwas ängstlich schlüpften die Larven und hielten sich an ihren klebrigen Hüllen fest. Zwei Wochen später verwandelten sich die scheuen Larven in Kaulquappen. Ich machte mir große Sorgen, weil sie Kiemen und Ruderschwänze hatten. Flink wie kleine Fische schwammen sie durch das Wasser. Sie sahen überhaupt nicht wie meine Kinder aus."

Die Ente sah, mit ihren runden braunen Augen, den Frosch fragend an. „Schnatt, schnatt, schnatt! Wie kann das denn sein, dass deine Jungen nach der Geburt noch keine kleinen Frösche sind?"

Der grüne Frosch hüpfte auf dem Gras noch ein bisschen näher zur Ente, damit er nicht so laut quaken musste. „Es ist ähnlich wie bei dir, Stockente, du legst ja auch erst deine Eier und brütest sie dann aus. Quak, quak, aber lasse mich weiter erzählen: In der Tat, bis die Kaulquappen zu richtigen Fröschen werden, dauert es sehr lange. Von Woche zu Woche veränderten sie ihr Aussehen, ständig waren sie hungrig und knabberten Algen und Wasserpflanzen an. Langsam bildeten sich ihre

Kiemen und Ruderschwänze zurück. Nach fünf Wochen wuchsen an ihren pummeligen Körperchen kräftige Hinterbeine. Weißt du, die sind ganz wichtig, damit sie sich später an Land bewegen können. Immer öfter sah ich die Kaulquappen an der Wasseroberfläche nach Luft schnappen. Endlich begannen ihre Lungen zu arbeiten. Zum Glück veränderte sich auch ihre Kopfform und sie wurden mir immer ähnlicher. Ich habe mich richtig gefreut, als ich das sah. Ihre Vorderbeine müssen jetzt noch ein bisschen wachsen und kräftiger werden. Ich denke, in ein paar Tagen kommen sie ans Ufer gehüpft und dann kannst du meine Jungen aus der Nähe betrachten. Sage mal, Stockente, wie lange wird es bei dir noch dauern, bis deine Küken ihre Eier verlassen?" Unruhig begann der Frosch seine Augen in alle Richtungen zu bewegen. Als eine Mücke genau vor sein breites Maul flog, streckte er, schwuppdi-wuppdi, seine klebrige Zunge heraus und schluckte das summende Insekt herunter.

Die Stockente stellte sich auf ihre orangefarbenen Watschelbeine und schüttelte kräftig ihr Gefieder, danach hockte sie sich wieder auf ihr Nest. „Ach, ich brüte auch schon sechsundzwanzig Tage. Vom vielen sitzen sind meine Glieder ganz steif geworden. Jetzt! Jetzt ist es soweit. Ich kann die Küken ganz leise piepsen hören und sie picken von innen kräftig an ihren Schalen. Upps!", schnatterte sie plötzlich ganz aufgeregt und unter ihrer Brust schaute neugierig ein kleines gelbliches Köpfchen hervor. Das Küken drängelte und strampelte so lange, bis es mit seinem flauschigen schwarz-braunen Körper vor seiner Mutter stand. „Schnatt, schnatt, schnatt, wo willst du denn so schnell hin, mein Kleines? Warte, bis deine restlichen Geschwister geschlüpft sind, dann können wir einen Ausflug machen!" Ganz vorsichtig schob die Stockente das Küken wieder unter ihren Flügel. „Danke, Frosch, dass du mir ein bisschen Gesellschaft geleistet hast. Du siehst ja selber, im Augenblick habe ich keine Zeit mehr mit dir zu plaudern. Ich muss mich jetzt erst einmal um meinen Nachwuchs kümmern."

Imke Ochwat

Die schlaue Suppe

Ein kleines Mädchen mit braunen, zu Zöpfen gebundenen Haaren und blauen Augen saß traurig auf einem Baumstamm und blickte zu den Sternen.

„Lieber Gott", fragte das kleine Mädchen: „Wie werde ich so schlau wie die anderen Mädchen und Jungen in meiner Klasse? Ich bin keine gute Schülerin und schäme mich so sehr, wenn ich schlechte Noten in der Schule schreibe. Die Tränen kullerten an ihren Wangen herunter und es blickte verzweifelt in den nachtblauen Himmel. Plötzlich sah sie die Sterne am Himmel in unterschiedlich hell gelben Farben leuchten und Gesichter waren zu sehn. Das kleine Mädchen wurde von der Schönheit der Farben der Sterne geblendet und die Sterne sprachen zu ihr: „Liebes Mädchen, sei nicht so traurig, uns bricht es das Herz weinende Mädchen auf Baumstämmen sitzen zu sehn. Du bist genauso schlau wie die anderen Mädchen und Jungen in deiner Klasse. Da sind wir Sternen uns sicher. Neben dir steht eine heiße Suppe mit leckerem Gemüse, milden Gewürzen, Buchstaben und Zahlennudeln. Esse von dieser Suppe, nehme die Schüssel und das Rezept mit nach Hause, damit dir deine Mutter diese leckere Suppe kochen kann. Vor dem Nachtgebet zähle einmal von eins bis hundert, sage das ABC auf und deine Traurigkeit wird bald verflogen sein, so schnell wie ein Flugzeug in den Wolken.

Die Suppe sah lustig aus, vor allem die Buchstaben und Zahlen. Sie kämpften um den besten Platz im Suppenteller. Da gab es ein richtiges Gerangel, so dass die Möhren sich auf den Grund des Tellers legten, um in Sicherheit zu sein. Das Mädchen lachte. Nudeln, die in der Suppenschüssel kämpfen, hatte sie noch nie gesehen. Mit ihren Fingerspitzen nahm sie den beigelegten Suppenlöffel in die Hand und aß die Suppe hastig auf. Dann rannte es geschwind nach Hause. Aufgeregt erzählte das kleine Mädchen ihrer Mutter von ihrem Erlebnis im nahegelegenen Wald. Den sprechenden Sternen, die in hellen, freundlichen Farben leuchteten und gab ihrer Mutter die leere Schüssel und das Rezept. „Das ist ja ein unglaubliches Erlebnis", sprach die Mutter und schaute ihre Tochter mit weit geöffneten Augen und ungläubigem Blick an. „Sprechende Sterne, schwindelst Du mich auch nicht an?" „Nein Mama", erwiderte die Tochter, „koche mir bitte jeden Tag diese Suppe, bitte, bitte ich lüge nicht!"

Die Mutter sah den traurigen Blick ihrer Tochter und kaufte im kleinen Lebensmittelladen an der Ecke die Zutaten für die Suppe ein. Sie kochte ihrer Tochter jeden Tag diese Suppe. Das Mädchen schrieb von Schulwoche zu Schulwoche bessere Schulnoten. Ihre Traurigkeit verflog so schnell wie ein Flugzeug in den Wolken. Die Sterne haben nicht gelogen. Nach nur drei Monaten gehörte es zu den Klassenbesten und war der Klassenliebling. Fröhlich lachend mit einem guten Gefühl im Bauch ging sie von nun an in die Schule und das Suppeessen gehört zu ihrem täglichen Ritual.

Also, schaut in den nachtblauen Himmel! Lasst euch von der Schönheit der Sterne verzaubern, geht nach Hause und eßt eine heiße leckere Suppe mit Buchstaben oder Zahlennudeln. Mit viel leckerem Gemüse und milden Gewürzen. Zählt vor dem Nachtgebet von eins bis hundert und sagt das ABC auf. Die Suppe gibt euch über Nacht Kraft und Energie für anstrengende Schultage. Denn allein der Gedanke, eine Suppe hilft schlau zu werden, schlau zu bleiben, kann Berge versetzen.

Schlechte Schulnoten möchten euch nur vor weiteren schlechten Schulnoten beschützen. Wie ein Pfeil mit Bogen treffen sie euch vielleicht mitten ins Herz und es tut weh, aber nach ein paar Tagen ist und sollte die Wunde verheilt sein. Dann ist alles wieder gut und frohen Mutes mit guten Gedanken könnt ihr nicht nur einen Berg versetzen. Die schlaue Suppe ist nur ein Wegbegleiter, Andere warten auch noch auf euch. In eurer Fantasie, in euren Träumen und Gedanken können sie lebendig werden. Ihnen darf die Luft nur nicht so schnell wie einem geplatzten Luftballon ausgehen. Denn geplatzte Träume und Gedanken können nicht mehr gelebt werden.

Kurt May

Tausch

Antonia schlief gern und viel und tief. Aber schlafen gehen wollte sie hingegen abends unter keinen Umständen. Sie meinte, man kann auch wunderschön schlafen, ohne schlafen zu gehen. So quengelte Antonia jeden Abend: „Die Amsel darf noch singen, und ich muss schlafen gehen. Das ist ungerecht."

Eines Tages konnte die Mutti das Quengeln nicht mehr ertragen im Korb der Sorge und der Liebe. Sie sprach zu Antonia: „Heute schläft die Amsel in deinem Bett und du schläfst im Amselnest." Und so geschah es.

Antonia wusch sich, putzte sich die Zähne und zog das Nachtzeug an. Mutti kontrollierte Füße und Ohren und schickte Antonia mit einem Lächeln und Küsschen hinaus zur Amsel. Die Amsel nahm gerade ein leichtes Abendessen aus Pfützenwasser und Würmchen zu sich. Dann flog sie zu Antonias Mutti, sang auf ihrem Fernsehapparat noch ein Gutenachtlied und kuschelt, sich sogleich in Antonias Bettchen.

Antonia lief im Nachthemdchen durch den Garten und vor dem Haus herum. Heute konnte sie wach bleiben so lange sie wollte. Solch eine Gelegenheit muss man halt ausnutzen. Als es dunkelte, wollte sie endlich wie eine richtige Amsel sein. Sie kletterte auf den Gartenzaun und sang. Aber eine Katze miaute mürrisch dazwischen. Ein Nachbar verlangte drohend seinen verdienten Abendfrieden. Die Glühwürmchen löschten das Licht und gingen vorzeitig schlafen. Dabei sang Antonia so ein schönes und lautes und heiteres Lied.

Antonia war enttäuscht von ihrem Auftritt und kroch ins Nest der Amsel. Das Nest hing sehr hoch. Das Nest war sehr klein. Im Nest was es zwar weich, aber es fand sich kein Zudeck. So konnte Antonia lange nicht einschlafen. Sie vermisste Muttis Gutenachtgeschichte, Teddys Gutenachtwärme und die vertrauten Geräusche der Straße und des Hauses. Tausend Sterne guckten neugierig in das Nest und kicherten. Der Mond fiel vor Staunen vom Fahrrad und plumpste in einen Teich.

Endlich schlief Antonia ein. Sie träumte vom Mond und wie sie den armen Kerl aus dem Teich rettete. Das gefiel ihr und auch dem Mond. So schlief Antonia, bis sich die Sonne vor dem Spiegel für den langen Tag kämmte und putzte. Ein fürchterliches Spektakel weckte Antonia plötzlich. Rotschwänzchen zwitscherten. Meisen pinkten. Finken flöteten. Eine Elster jagte keckernd den Mond ins Bett.

Die Amsel saß auf dem Nestrand und rief: „Aufstehen, Antonia! Es gibt viel zu tun."

Antonia war sehr, sehr müde und weigerte sich. Aber schon kam die Amsel mit dem Frühstück. Drei Tautropfen Wasser, sieben Birnenmaden, elf Regenwürmern und einem großen Brummer. Da sprang Antonia mit einem Husch aus dem Nest und rannte nach Hause.

Sie fiel der Mutti um den Hals und sagte weinerlich: „Ich möchte nie wieder in einem Amselnest schlafen." Und die Mutti lachte:

„Auch die Amsel will nicht mehr tauschen und in deinem Bettchen schlafen."

„Habe ich etwa nicht ein schönes Bett?", fragte Antonia.

„Du hast ein sehr schönes Bett. Aber der Amsel hat das Frühstück sehr missfallen, Butterbrot und Honigmilch."

Da lachten Antonia und Mutti. Niemals haben beide diese Geschichte vergessen. Möchtest du auch einmal eine Amsel sein und in einem Amselnest schlafen?

Kurt May

Krähe Krawittchen

Als die Krähe Krawittchen erstmals ihr Nest verließ und sich einem größeren Schwarm fremder und erwachsener Krähen zugesellte, empfing sie höhnisches und tosendes Gelächter.
„Kräh und Krah und Kroh", krächzten und johlten die Krähen. „Du bist keine Krähe! Schau in den Spiegel! Echte Krähen sind schwarz. Was aber was bist du?" Und hackend und roh gingen sie auf Krawittchen los.
Krawittchen flog zu einem Teich und stellte sich der Wahrheit seines Spiegels. Entsetzt erkannte sie ihr ungeheuerliches Aussehen. Sie war nicht schwarz, nicht einmal halbschwarz. Krawittchen war schneeweiß. Verdattert guckte sie ein vorbeischnürender und hungriger Fuchs an. Frösche verschluckten vor Lachen ihre Schunkellieder. Ein Habicht überlegte: Hab ich oder hab ich nicht? Fresse ich oder fresse ich nicht? Selbst ein pirschender Jäger schüttelte den Kopf und ging verstört heim. Da war das schwarze Krähenvolk perplex. Alle Feinde der Krähen ließen Krawittchen in Ruhe. Da gab der Krähenkönig sofort den Befehl: Alle schwarzen Krähen färben sich auf der Stelle schneeweiß. So würde kein Fuchs oder Habicht oder Jäger jemals wieder einer Krähe etwas zu Leid tun.
Krawittchen hingegen weinte aus Verzweiflung den Teich um einen Zentimeter voller. Nein, sie wollte keine Ausnahme sein. Alle Krähen waren schwarz, also färbte sie sich noch in der nächsten Minute kohlrabenkrähenschwarz. Des Schickes wegen mischte sie ein klein wenig braun hinein. Stolz flog nun Krawittchen zu ihrem Brudervolk. Doch hier packte sie eisiges Entsetzen. Alle Krähen waren plötzlich weiß. Sie allein hatte schwarzes Gefieder.
In diesem Augenblick nahten Fuchs und Habicht und der Jäger. Alle waren zu dem Schluss gekommen, wer nicht die Farbe seines Volkes trägt, muss sterben. Er ist eine Ausnahme und verdirbt das Volk und seinen Charakter. Der Jäger zeigte sich am schnellsten. Er legte an und schon lag Krawittchen erschossen auf dem Boden des Waldes. Denkst du auch so?

Kurt May

Sperling Kieks

Es war einmal ein Sperling, den man von Dachrinne zu Dachrinne allgemein Kieks nannte. Aus seiner kleinen Brust flatterten unaufhörlich und unbeschwert fröhliche Jubellieder, ganze Windbeutel voll. Es war aber auch ein unbeschreiblich lieblicher und stürmischer Frühling. Als Kieks an einem Morgen nach dem dritten Fliegenfrückstück auf einem Dachfirst tschilpte, fiel plötzlich ein Dachziegel herunter. Kieks staunte verblüfft und überlegte: Fiel dieser Stein etwa von der Wucht und dem Schmelz meines Gesanges auf die Straße? Oh, was liegt in meinen Lied für eine Macht und Kraft. Da werde ich flugs in eine Großstadt ziehen und mein Glück als Künstler versuchen.

Kieks schnallte sich ein Säbelchen um, schlüpfte in die Hose eines vorbeihuschenden Windes und ließ sich voller Sehnsucht und Vertrauen in die Stadt treiben. Man weiß ja, wenn Spatzen Säbel tragen, müssen die tollsten Mirakel geschehen. Angekommen in der Stadt musste Kieks vorerst auf das Klosettchen. Er traf eine Straßenbahn auf das Dach, entschuldigte sich verschämt bei der ermahnenden Sonne und setzte sich auf den höchsten Turm der Stadt. Er sang, als wollte er Himmel und Erde verheiraten, als würde von einem Tschilp das Glück allen Lebens abhängen.

Da liefen plötzlich alle Verbotsschilder in eine Gastwirtschaft und tranken Kaffee. Da küssten Mädchen alle Polizisten auf die Wangen. Großmütter kamen aus den Häusern und spielten Fußball. Straßenlaternen bogen sich zu Girlanden. Und Artisten turnten an ihnen Flop und Fliegen. Von den Wänden fielen alle alten Plakate. Lehrer unterrichteten in den Kaufhäusern die Kunden im Fach Lachen. Kinder studierten mit Senioren an allen Ecken einen Kanon ein. Die Stadtgärtner pflanzten Herzen und Gesichter in Beete. Im Rathaus der Stadt musste jede Sekretärin ein Gedicht dichten, anstatt Formulare zu beschreiben. Die Kunstmaler bemalten Häuser mit Blumen und Bildgeschichten. Hunde kauften für Katzen Narzissen. Alle Chefs verteilten Kissen und Schokolade in den Wartezimmern.

Und Kieks sang und sang. Er jubelte das Wasser aus den Gossen. Er trällerte die Hast und Hetze von den Bürgersteigen. Er zwitscherte die Lust auf Arbeit in die faulsten Hände. Doch unter Kieks stand ein graues

Haus. Dort wohnte ein griesgrämiger Mann mit einem sauren Gesicht. Dieser Mann besaß ein blitzeblankes Gewehr. Ihn störte der große Jubel aus so einer kleinen Brust. Der Mann nahm sein Gewehr. Und schon lag Kieks erschossen im Staub.

Da wurden die Großmütter wieder Großmütter und nicht Fußballspieler. Die Stadtgärtner machten nur noch Pause. Die Katzen fauchten die Hunde an. Die Chefs knurrten und schimpften mit den Mitarbeitern. Die Kunstmaler gingen nach Hause und malten in diesem Frühling keine Blumen mehr. Und die Straßenlaternen standen wieder steif und mürrisch herum. Der unbeschreiblich liebliche und stürmische Frühling bekam Bauchschmerzen und musste lange von der Sonne gepflegt werden. Als er seinen Freund Kieks beerdigen wollte, fand er nichts als ein kleines Säbelchen. Ob im nächsten Frühling so ein kleiner Sperling auch wieder so schön singt?

Kurt May

Darf man einen Floh verhauen?

Warum ist eine Apfelsine gelb? Damit man sie von einem Elefanten unterscheiden kann. Denn wäre sie grau und hätte einen Rüssel, was dann? Kann man einen Elefanten von einem Floh unterscheiden? Sehr schwer. Beide haben einen Rüssel. Und der Floh macht sich pünktchenklein und fast immer unsichtbar. Darum hat man schnell einen Elefanten zur Hand, aber selten einen Floh. Wie soll man da vergleichen und unterscheiden?

Ja, der Floh ist eine Arztspritze mit Beinchen. Beide stechen und beides schmerzt. Darum darf man ausnahmsweise einen Floh auch mal verhauen. Aber nur ausnahmsweise. Eine Oma oder gar einen Rosenstrauch darf man unter keinen Umständen verhauen. Wie gesagt, einem Floh darf man das Pöpchen ausklopfen, wenn er sticht. Aber was man verhauen möchte, muss man zuerst in den Armen haben. Mit Maik aus der Nachbarstraße geht das wie das Waffel backen. Du sagst Affe zu ihm. Er sagt Dussel. Du spuckst. Er tritt. Und schon ist die Hauerei im Gange. Halt! Wir wissen doch, ein Kind darf man nicht verhauen. Verhauen ist so etwas wie Sport. Und es gibt schönere und spannendere Sportarten als Verhauen. Fußball spielen oder Badewannen tauchen macht viel mehr Spaß.

Du musst auch beim Verhauen eines Flohs immer sportlich und fair bleiben. Zuerst muss dich ein Floh stechen. Dann hast du einen Grund zur Beschwerde. Wie aber lockst du einen Floh unter dein Hemd? Ganz einfach. Du wäschst dich eine Woche lang nicht, wechselst drei Wochen nicht die Unterwäsche, leckst jeden Straßenhund ab, treibst dich auf dem ältesten Abfallhaufen deiner Stadt herum. Sollte das nicht helfen, schläfst du ein paar Wochen in einem Sack voller alter Lumpen auf deinem Dachboden. Jetzt hast du sicher einen Floh. Und er sticht dich. Nun bist du berechtigt, ihn dafür zu verhauen. Doch schon zeigt sich die nächste Schwierigkeit. Der Schlingel ist unfolgsam. Er gehorcht dir nicht und lässt sich nicht fangen. Bei dir ist das ganz was anderes. Mutti wünscht etwas, und du bist sofort zur Stelle.

Es gibt nur eine Möglichkeit. Du musst den Floh einfangen. Wie aber fängt man einen Weltmeister im Hoch - und Weitsprung und Salto? Du streust auf deinen Bauch Pfeffer und liegst wie tot. Der Floh reitet von deinen Beinen zu deinem Hals, stolpert über das erste Pfefferkorn, muss niesen und liegt betäubt. Jetzt greifst du zu. Halt! Nicht das Pfefferkorn, den Floh muss7 du packen.

Nun musst du dich pädagogisch aufführen und drohst dem Bösewicht das Verhauen als Strafe an. Schämt sich der Floh und entschuldigt sich, musst du ihn allerdings laufen lassen. Wer seinen Fehler einsieht, darf nicht verhauen werden. Was? Dein Floh zeigt sich trotzig und rau und frech? Jetzt darfst du ihn verhauen und zu einem ordentlichen Wesen erziehen. Halt! Doch nicht mit einem Knüppel! Das endet als Körperverletzung. Nur mit der flachen Hand. Höschen runter und drei leichte Schläge auf das Pöpchen.

Halt, mein Freund! Aufhören! Du hast ein Flohkind erwischt. Und was hast du gelernt? Ein Kind, eine Oma, selbst einen Saurier darf man nicht verhauen. Du musst dir einen erwachsenen Floh einfangen. Halt! Willst du etwa einen Erwachsenen schlagen? Jetzt hast du es endlich begriffen. Dein Floh hat dich ja gar nicht gestochen, folglich darfst du ihn nicht verhauen.

Kurt May

Timpetu

Alle kennen den Riesen Timpetu und seine seltsame Geschichte. Timpetu schläft. Er verschluckt eine Maus. Er läuft zum Doktor. Der Arzt verschreibt ihm eine Katze als Medizin. Timpetu schluckt die Katze. Die Katze soll die Maus auffressen. Und nun? Nun liegt der Riese Timpetu in seiner Höhle und grübelt:

„Was fange ich mit der Katze in meinem Bauch an? Wenn ich ihr weitere Mäuse schicke, wird sie fett und verwöhnt, aber ich werde sie nicht los. Und Mäuse ohne Pfeffer und Salz schmecken mir auch nicht. Wohin also mit der Katze?" So grübelte Timpetu.

Tief in seinem Bauch hockt die Katze und überlegt auch: „Was soll ich im Bauch des Riesen Timpetu? Muss ein Arzt wegen einer kleinen Maus gleich eine wertvolle Katze als Mausefalle verschreiben? Mit Medizin muss man doch heutzutage sparsam umgehen."

In der Höhle sinnt Timpetu weiter: „Wenn ich der Katze einen Kater schicke, so bekommt sie Junge. Was soll ich mit einem Bauch voller junger Kätzchen? Fresse ich einen Leoparden, der die Katze verschlukken soll, wird es am Ende noch schlimmer. Was mache ich in meinem Bauch mit einem Leoparden? Ach, es bleibt halt eine verzwickte Sache. Hätte ich nur nicht im Schlaf dieses Biest verschluckt." So jammert Timpetu in seiner Höhle.

In seinem Bauch schreit die Katze: „ Miau!"

Und in der Höhle stöhnt der Riese: „Au!"

In diesem Augenblick kommt ein Jäger mit seinem Dackel an der Höhle vorbei. Er hört Timpetu stöhnen. Er fragt nach dem Grund seines Kummers. Und Timpetu erzählt dem Jäger seine eigenartige Krankheitsgeschichte und den komischen Versuch einer Heilung.

Der Jäger lacht: „Wozu bin ich Jäger? Herr Timpetu, siehst du meinen Dackel? Er treibt dir jeden Fuchs oder Dachs aus seinem Bau. Verschlucke meinen Dackel und dir wird schnell Linderung. Er jagt die Katze in Sekunden aus deinem Bauch."

Der Riese zeigt sich interessiert und doch etwas ängstlich: „Wird dein Dackel, Jäger, nach der Jagd meinen Bauch auch wieder verlassen? In meinem Bauch fühlt man sich nämlich sehr wohl. Dort ist es warm. Man ist vor Feinden geschützt. Und man muss nicht arbeiten."

„Mein Dackel gehorcht mir auf's erste Wort", spricht der Jäger.

„Her deinen Dackel!" , sagte Timpetu.

In einem Haps ist der Dackel, obwohl er sich bockig sträubt, im Rachen des Riesen verschwunden. Und ehe man das Wort Maus aussprechen kann, rast die Katze schreiend und fauchend über des Riesen Lippen und entsetzt in den Wald. So schnell haben nur wenige Menschen jemals eine Katze rennen sehen. Und der Dackel? Er kommt nicht. Nicht in einer Stunde. Nicht bis zum Abend. Der Jäger ruft und lockt und schreit und droht. Der Dackel kommt nicht. Was nun? Wollen wir morgen dem Riesen Timpetu einen Krankenbesuch abstatten? Was aber sollten wir mitnehmen?

Ingrid Linnenberger

Das Haus am Meer

Ruben saß gelangweilt in seinem Zimmer. Selbst das Spielen mit seinen
Autos machte ihm keinen Spaß mehr. Seine Bilderbücher lagen in der
Ecke. Die Bausteine waren im Zimmer verstreut.

Es regnete. So ein Mist! Er wollte sich mit seinen Freunden zum Fußball
spielen treffen. Bei dem Wetter, keine Chance. O Gott, ist das langweilig.
Nils lag auf dem Boden und sah sich die Bilder an, die über seinem Bett
hingen. Eins gefiel ihm besonders gut. Es zeigte das tiefblaue Meer und
ein Haus mit grünen Fensterläden. Neben der Eingangstür standen riesige Blumenkübel mit roten Blumen. Die Fensterläden waren geschlossen. Eine Treppe führte direkt zum Strand. Nils liebte dieses Bild.
Es erinnerte ihn an den Urlaub in Spanien. Er spürte regelrecht die
warme Sonne und hörte das Meeresrauschen. Je länger er auf dieses Bild
schaute, um so intensiver wurde das Gefühl, die frische Meeresbrise zu
riechen, das Salz zu schmecken und das Geschrei der Möwen zu hören.

In seiner Fantasie wurde das Bild zur Wirklichkeit und er glaubte zu
sehen, wie sich die Blumen mit dem Wind, sanft hin und her bewegten.
Er fühlte die Wärme der Sonne. Plötzlich öffnete sich die Eingangstür
im Bild. Ein kleiner Junge bekleidet mit kurzer Hose, einem großen Son-
nenhut und barfüßig, stellte sich breitbeinig vor die geöffnete Tür.

Ruben starrte den kleinen Jungen an und sprang auf. Langsam näherte
er sich dem Bild. Der Bursche an der Eingangstür grinste über das ganze
Gesicht. Ruben kam noch näher heran. Als er mit seiner Nase fast das
Bild berührte, wurde es plötzlich sehr laut. Ein heftiger Wind kam auf,
der immer stärker wurde. Die Bücher flogen aus den Regalen, die Lampe
wackelte an der Decke und die Kakteensammlung fiel von der Fensterbank. Ruben bekam kaum noch Luft, so stark war der Wind. Er zitterte
vor Angst. Er hielt sich die Ohren zu und rannte zur Tür. Plötzlich wurde
der Wind so stark, dass er Ruben packte und ihn vom Boden hob. In
Bruchteilen von Sekunden trug er ihn direkt auf das Bild zu. Ruben
schloss die Augen und geriet in Panik.

Dann wurde es totenstill. Merkwürdig. Langsam öffnete er die Augen.
Er lag auf dem Boden und er war noch ganz benommen. Wo war
er? Langsam erhob er sich und sah sich um. Wie konnte das möglich
sein? Das Haus war ihm so vertraut. Er liebte die grünen Fensterläden.

Dort standen die Blumenkübel mit den wunderschönen roten Blumen. Ihr Duft durchströmte seine Nase und er wurde ganz benommen. Die warmen Sonnenstrahlen durchfluteten seinen Körper. Er roch das Meer und atmete die salzige Luft tief ein.

Ein Knirps, braungebrannt und mit fröhlichem Gesicht, sah ihn mit großen Augen an. „Hallo!", rief der kleine Mann. Überschwänglich griff er seinen Hut, warf ihn in die Luft und fing ihn wieder auf.

„Ich heiße Pedro und ich wohne hier mit meinem Großvater. Komm mit ins Haus. Wie heißt du?" „Ruben, und ich weiß nicht wie; aber plötzlich war ich hier ...". „Ich finde das klasse. Mir ist eigentlich egal wie du hierher gekommen bist. Hauptsache ich habe einen neuen Freund gefunden" Pedro öffnete die Tür und verschwand. Nils folgte ihm. Drinnen war es angenehm kühl. Pedro bot Ruben ein Glas Wasser an. Er trank hastig und fragte dann, wo denn sein Großvater sei."Er ist zum Fischen, draußen auf dem Meer, mit dem Boot. Wollen wir zum Strand?" Ruben nickte. Pedro wollte seinem neuen Freund zeigen, an welcher Stelle sein Großvater fischte. Sie rannten aus dem Haus, die Treppe hinunter zum Strand.

Sie standen am Ufer und schauten auf das offene Meer. In der Ferne entdeckten sie das Boot, aber der Großvater war nicht da. Pedro bekam einen großen Schreck. Schnell zog er sich aus und lief ins Meer. Ruben schrie ihm hinter her: „Warte auf mich!" Auch er riss sich die Kleider vom Leib. Beide schwammen hastig in Richtung des Bootes. Die Jungs kämpften sich voran. Zum Glück war Ruben ein guter Schwimmer.

Mit letzter Kraft erreichten sie das Boot. Pedro kletterte hinein. Er packte Ruben an den Händen und zog ihn hoch. Erschöpft lagen sie auf dem schaukelnden Boot und atmeten schwer. Dann bemerkte Pedro, dass das Angelzeug nicht im Boot war. Was hat das zu bedeuten? Was war passiert? Nur die Ruder lagen im Boot. Er machte sich große Sorgen. Schlimme Bilder gingen ihm durch den Kopf. Ruben riss ihn aus seinen Gedanken und machte ihn auf eine Person aufmerksam, die am Strand hin und her lief. Die Gestalt ruderte mit den Armen und schien sehr aufgeregt.

Die Jungs beschlossen der Sache auf den Grund zu gehen. Hier stimmte was nicht. Sie ergriffen die Paddel und ruderten los. Nils taten schon die Arme weh. Er hatte Mühe im Rhythmus zu bleiben. Pedro hielt plötzlich sein Ruder an und schüttelte den Kopf. Dann machte sich ein breites Grinsen breit. Er erkannte in dem aufgeregten Mann seinen Großvater. Die beiden Jungs ruderten aus Leibeskräften. Sie erreichten ihr Ziel.

Der Großvater hielt das Boot fest. Die beiden Jungs sprangen heraus.

Pedro fiel seinem Opa in die Arme. „Ich hatte mir solche Sorgen gemacht", schluchzte der kleine Knirps. Er war den Tränen nahe.

Der Großvater hielt Pedro fest in seinen Armen. „Ich hatte auch Angst um dich und deinen Freund! Was alles hätte passieren können! Ihr alleine da draußen. Ich will euch erklären, was vorgefallen war. Mit meinem Angelzeug ging ich zum Strand. Am Abend vorher lag das Boot noch hier. Und heute Morgen war es weg. Einfach weg! Ich suchte alles ab. Plötzlich entdeckte ich euch weit draußen auf dem Meer, in meinem Boot. Es ist wohl von den Wellen hinaus getrieben worden. Ich hatte es nicht weit genug zum Strand gezogen. Doch jetzt ist alles gut".

Großvater versprach Pedro, ihm sein Lieblingsessen zu kochen. Die Jungs waren sehr hungrig und Pedro schwärmte von diesem leckeren Kartoffelgericht. „Du bist natürlich eingeladen!", sagte er zu Ruben und zwinkerte seinem Großvater zu. Mit knurrendem Magen und müde vom Schwimmen und Rudern beeilten sie sich nach Hause zu kommen. Großvater verkroch sich sofort in der Küche. Ruben und Pedro saßen draußen auf der Treppe und genossen die Abendsonne.

Hier verrate ich euch das Rezept:

Kräuterkartoffeln mit Oliven

Zutaten für 4 Portionen

1 kg Kartoffeln, möglichst große
2 EL Öl, z. B. Olivenöl
150 g Zwiebeln
60 g Oliven, schwarz, ohne Stein
200 g Tomaten, geschält und entkernt
100 g Schafskäse, z.B. Feta
75 g Quark, 20 % Fett
2 EL Joghurt
2 EL Oregano, fein gehackt
½ EL Rosmarin, fein gehackt
1 EL Thymian, fein gehackt
4 EL Basilikum, fein gehackt
½ TL Salz
Pfeffer
30 g Käse, z. B. Parmesan, gerieben

ZUBEREITUNG:

Backofen auf 200°C vorheizen. Kartoffeln sorgfältig bürsten und mit Schale in 1,5 cm dicke, möglichst große Scheiben schneiden, die Rand-stücke dünn abschneiden und anderweitig verwenden. Die Kartoffelscheiben dünn mit 1 EL Olivenöl einpinseln, nebeneinander auf ein Backblech legen und 20 Min. backen. Inzwischen die Zwiebeln in dünne Streifen schneiden und mit dem restlichen Olivenöl anbraten. Die Oliven grob hacken und die Tomaten in Scheiben schneiden. Feta mit Quark und Joghurt glatt rühren, mit den Kräutern, den Oliven und den Zwiebeln mischen und herzhaft mit Salz und Pfeffer abschmecken. Die Mischung auf die Kartoffelscheiben verteilen, mit den Tomatenscheiben belegen und 10 Minuten backen. Parmesan auf die Oberfläche streuen und weitere 5 Min. backen.

Ruben schnupperte und roch den Käse. Er hörte die Regentropfen, die leise gegen das Fenster klopften. Der Duft von Parmesan wurde immer intensiver. Ruben lag auf dem Boden und öffnete langsam die Augen. Seine Mutter rief: „Ruben, kommst du ? Ich habe was leckeres im Backofen".

Cara Bilmer-Sandford

Die Rückkehr des Lichts

Fassungslos starrte Dalirah in den Himmel. Noch nie, seit der großen Weißen Hitze, hatte jemand diese fahle Scheibe am Himmel gesehen. Die junge, schlanke Frau in dem weißen Kaftan, wie ihn jede Frau in ihrer Umgebung trug, stand regungslos vor ihrer gläsernen Kuppelhütte. Plötzlich drehte sie sich um, rannte in ihre Behausung und suchte mit schnellen Bewegungen in ihrer Truhe nach dem alten Buch, das sie wie einen kostbaren Schatz hütete. Vielleicht war dort ein Hinweis auf diese Erscheinung zu finden.

,Gut, dass Mutter mich das Lesen lehrte, bevor sie qualvoll ihre Augen schloss und in die andere Dimension einging', dachte die zierliche Frau. Unter den Textilien, die ihre geliebte Mutter noch handbestickt und liebevoll verziert hatte, fand sie das alte, abgegriffene Buch.

Sie schlug es auf, suchte nach Hinweisen und fand schließlich die gesuchte Stelle: „Bei einer mittleren Entfernung von 149,6 Mio. km, der erdnächste Fixstern, der einzige, der als Scheibe am Himmel erscheint".

„Das muss die Sonne sein!", dachte Dalirah mit klopfendem Herzen, während sie das Buch gedankenverloren an die Seite legte. Das liebe Gesicht ihrer Mutter erstand vor ihrem inneren Auge. Sie fühlte das zärtliche Streicheln, als sie ihr liebevoll über die langen Zöpfe strich. Geduldig beantwortete sie jede der von Dalirah gestellten Fragen. Immer wieder erzählte sie ihr von ihrem Großvater, der aus der Zeit vor der Weißen Hitze zu berichten wusste.

Dalirah's Mutter legte großen Wert darauf, dass die Heranwachsende alle diese Informationen in ihrem Gedächtnis speicherte.

Die junge Frau mit den flammend roten Haaren legte das Buch vorsichtig zurück in die Truhe und bedeckte es sorgfältig mit den kostbaren Textilien. Sie sah sich in ihrer kleinen Hütte mit der Glaskuppel um und bemerkte, dass die Farben in völlig neuer Helligkeit erstrahlten. Der massive, hölzerne Kleiderschrank zeigte erstmals seine nuancierten Intarsienarbeiten, die im bisherigen diffusen Licht der Tage nur zu erahnen waren. Das Linnen der Bettwäsche schimmerte in einer nie dagewesenen Schönheit und selbst der kleine Spiegel an der Wand reflektierte ungekannte Lichtstrahlen.

Dalirah hörte Stimmen, die sich ihrer Hütte näherten. Schon rief jemand

ihren Namen. Sie trat aus der Hütte und bedeckte ihre Augen mit abge-
flachter Hand über den Augenbrauen.

„Hallo Dalirah", rief eine Frauenstimme aufgeregt, „kannst du uns
sagen, was das bedeutet?"

„Hallo Karva, hallo Kirlya", antwortete die Angesprochene gelassen,
„kommt herein und beruhigt euch erst einmal".

„Sag, Dalirah", konnte Karva ihre Aufregung kaum verbergen, „du bist
doch von uns allen diejenige, die meist Antwort auf die verrücktesten
Fragen bereit hält. Sag uns, was das ist".

Dalirah lächelte die stämmige, dunkelhaarige Karva an: „Ich habe von
meiner Mutter gehört, dass es diese Scheibe am Himmel gibt. Sie nannte
sie -Sonne- und in meinem schlauen Buch habe ich eine Beschreibung
gefunden, die dazu passt. Ich vermute daher, dass es sich bei diesem
hellen Licht in Scheibenform um die Sonne handelt".

Die bodenständige Karva, die ihre zierliche, rothaarige Freundin für
ihren ausgeprägten, feinsinnigen Verstand beneidete, konnte ihre Aufregung kaum verbergen. „Aber", überschlug sich ihre Stimme fast, „was
bedeutet das jetzt für uns?"

„Mir macht das Angst", sagte die blonde Kirlya schüchtern.

Wieder lächelte Dalirah: „Meine liebe Karva - woher soll ich das
wissen?" Nach einer kurzen Pause fuhr sie fort: „Nein - wissen kann
das niemand. Die Menschen, die heute auf der Erde leben, haben diese
Scheibe noch nie gesehen. Auch ich kann es deshalb nicht definitiv
sagen, sondern nur vermuten. Wie kann ich also wissen, was das letztlich
bedeutet?"

Karva hörte ihrer Freundin aufmerksam und stumm zu. Sie ließ die
Worte auf sich wirken. Kirlya schaute sich um und fragte unvermittelt:
„Tun dir die Augen auch so weh?"

Dalirah folgte den Blicken ihres Gastes und erwiderte: „Ja, auch meine
Augen schmerzen, siehst du, welche Veränderung in und mit unserem
Umfeld vorgeht? Siehst du den riesengroßen Unterschied zwischen dem,
was bisher die Farben unserer Welt bestimmte und dem, wie sie jetzt aussieht?"

Karva nickte heftig: „Das ist es ja! Ich werde fast geblendet von der
Intensität der Farben. Noch nie habe ich ein solches Braun oder Weiß
gesehen!"

Nach einer kurzen Pause, in der die Frauen Karva' s Gedanken in ihrer
eigenen Wahrnehmung bestätigt fanden, fragte Karva: „Liebste Freundin, du hast nie aus den Erzählungen deines Großvaters gesprochen,
auch wenn du uns immer wieder Andeutungen machtest. Du hast stets

betont, dass du uns alles erzählst, wenn die Zeit dafür reif ist. Ist sie das jetzt nicht?"

Dalirah sah ihr Gegenüber an und lauschte ihren Gedanken und Gefühlen. Lange Zeit schwieg sie, bevor sie bedächtig sprach: „Ja, Karva, du hast Recht. Die Zeit ist gekommen, dass ihr wissen sollt, was Mutter mir von Großvater erzählte."

Plötzlich lachte sie: „Ich hoffe, ihr habt genügend Zeit mitgebracht, denn es ist eine etwas längere Geschichte".

Gerade als Karva und Kirlya in das Lachen ihrer Freundin einstimmten: „Was sollen wir denn schon Großartiges vorhaben?", hörten die drei jungen Frauen das Geräusch eines herannahenden Fuhrwerks. Sie verließen das Haus und sahen Flado in seinem Einspänner sich dem Haus nähern. Flado gehörte zu jenen Wenigen, die das Glück hatten, über ein solches Transportmittel zu verfügen, denn Holz gehörte zu den kostbarsten Gütern der Gegend. Die große Weiße Hitze hatte die meisten Bäume verkohlt zurückgelassen und bislang war noch keinem eine erfolgreiche Neuaufzucht der Bäume gelungen. ‚Vielleicht ändert sich das ja jetzt durch die Sonne', dachte Dalirah hoffnungsfroh.

Flado' s Eltern jedoch hatten in einem großen Raum unter der Erde einen Gegenstand hinterlassen, den sie als Einspänner bezeichneten. Auch Dalirah's Mutter verfügte über einen solchen Raum unter der Erde. Dalirah suchte ihn von Zeit zu Zeit auf und erinnerte sich, wie sie die Kindheit auf diesen wenigen Quadratmetern zubrachte. In dieser Zeit lehrte Mutter sie das Lesen, Schreiben und Rechnen. Sie lehrte sie das Nähen und Sticken, Nahrung zuzubereiten und die Gewinnung sauberen Trinkwassers.

Flado hatte das Frauentrio erreicht und sprang vom Wagen, tätschelte den kleinen Esel und wendete sich erst dann den Frauen zu. Der große, junge Mann mit den warmen, braunen Augen begrüßte die jungen Frauen respektvoll: „Hallo Dalirah, hallo Karva, hallo Kirlya." Nachdem die drei den Gruß erwidert hatten, sah er Dalirah an und sagte: „Die Ratschaft hat mich geschickt. Sie bittet dich, so schnell wie möglich zu kommen. Als Ausdruck ihrer Dankbarkeit für deine Zustimmung soll ich dir dies hier geben." Mit diesen Worten überreichte er ihr eine kleine Flasche mit einer weißen Flüssigkeit.

Dalirah errötete: „Hab Dank, Flado. Ich wäre auch ohne dieses kostbare Geschenk mitgekommen. Meine Freude über diese Gabe ist dennoch ungetrübt."

Dalirah wendete sich ihren Freundinnen zu, die während der ganzen Zeit kein Wort sprachen, sondern nur mit großen Augen das Geschehen beobachteten und sagte zu ihnen bedauernd: „Es tut mir leid, liebe Karva, liebe Kirlya. Es scheint, als müssten wir unser Gespräch auf einen späteren Zeitpunkt verschieben."

Die Freundinnen zeigten Verständnis: „Sollen wir hier auf dich warten, bis du zurückkehrst?"

Flado mischte sich verlegen ein: „Ich glaube, das wäre nicht sinnvoll, denn, so wie ich die Ratschaft verstanden habe, wird Dalirah heute nicht mehr zurückkommen. Ich hörte, wie sie das Herrichten des Gastzimmers für Dalirah anordneten."

Verwundert drehte sich Dalirah zu Flado um: „Aber - das ist ja noch nie vorgekommen! Noch nie hat jemand aus dem Bezirk eine Nacht im großen Saalhaus verbracht!"

Flado reagierte nervös: „Bitte Dalirah, lass uns gehen. Die Oberste Ratschaft bat darum, dass du so schnell wie möglich kommen mögest."

Karva und Kirlya hatten verstanden: „Nun geh schon! Wir kommen zurück, wenn du wieder da bist." Sie lächelten ihrer Freundin noch einmal zu und bekundeten auf diese Weise ihr Einvernehmen.

Dalirah bat Flado um einen kurzen Augenblick Geduld, damit sie ein paar Utensilien für die Nacht einpacken konnte. Doch Flado hielt sie zurück: „Nun, da wir allein sind, kann ich meine gesamte Botschaft vermitteln."

Dalirah stutzte: „Wie meinst du das?"

Flado sah verlegen zu Boden: „Siehst du, dass ich meinen Anhänger eingespannt habe? Du sollst alles mitnehmen, was du für einen dauerhaften Umzug in das Saalhaus benötigst."

Dalirah atmete tief durch: „Das entscheide ich zu einem späteren Zeitpunkt!", sagte sie mit klarer, fester Stimme.

„Noch etwas", fügte Flado zögernd hinzu, „ich soll dir dieses Gewand geben, in das du dich vor unserer Abreise kleiden sollst."

Mit dem Kleid über dem Arm ging Dalirah festen Schrittes in ihr Kuppelhaus, wählte einige Gegenstände aus, ohne die sie niemals ihre Behausung verlassen würde und bat Flado, alles auf den Hänger zu laden. In ihrem neuen, dunkelblauen Gewand befand sie sich kurze Zeit später an Flado's Seite auf dem Weg in die Kernzone, wie die Gegend um das Saalhaus genannt wurde.

Dalirah mochte Flado. Der große, junge und freundliche Mann, der sie um mehr als eine Kopflänge überragte, war nicht ganz so zurückhaltend, wie die Mehrheit seiner Altersgenossen. Flado bewunderte die zierliche Frau an seiner Seite um ihre Selbstsicherheit, die die meisten Frauen zwar ausstrahlten, jedoch von Dalirah nie zur Schau gestellt wurde.

Sie erreichten die Grenze zur Kernzone, an der eine Straßensperre die Neuankömmlinge begrüßte: „Wo wollt ihr hin?" fragte eine der dunkel gekleideten Grenzerinnen aus der Entfernung. Als sie das dunkelblaue Gewand erblickte, zeigte eine angedeutete Verbeugung ihren Respekt: „Hohe Frau, sei gegrüßt." Mit diesen Worten öffneten die Grenzerinnen die Sperre umgehend und Flado konnte mit seinem Einspänner passieren.

Dalirah ließ sich ihre Überraschung nicht anmerken und fragte Flado nach der Bedeutung des soeben Geschehenen. Flado errötete ob der Direktheit, mit der Dalirah ihn ansprach: „Das blaue Gewand gibt Zeugnis ab von deiner hohen Stellung. Nur Frauen, die sich durch Wissen und Taten als würdig erwiesen haben, dürfen es tragen."

Dalirah verstand nicht.

Flado hielt den Wagen vor dem Saalhaus, von dem Dalirah zwar gehört, es jedoch bis zu diesem Zeitpunkt noch nie selbst gesehen hatte. Der imposante Glasbau beeindruckte sie. Durch die große Weiße Hitze, so hatte ihr Mutter erklärt, war der Sand geschmolzen und bot ein ideales Baumaterial für die Behausungen. Gott sei Dank wusste man noch, wie Glas geschmolzen, geformt und gehärtet werden konnte. Das ansonsten trübe, diffuse Licht machte das Leben der Menschen auf diese Weise einigermaßen erträglich.

Zwei junge Frauen in blassblauen Gewändern begrüßten die Neuankömmlinge: „Sei gegrüßt, hohe Frau", wendeten sie sich an Dalirah. Flado nickten sie zwar freundlich zu, schenkten ihm jedoch keine besondere Aufmerksamkeit. Eine der beiden Empfangsdamen begleitete Dalirah zum Haus, während die andere Flado zeigte, wohin die Güter Dalirah's zu bringen waren.

Dalirah drehte sich am Eingang des Gebäudes noch einmal um, winkte Flado zu und verschwand im Haus. Flado errötete, winkte schüchtern zurück und folgte der jungen Dame, die ihm den Weg zum Gastraum, in dem Dalirah für die Dauer ihres Aufenthaltes verweilen sollte, zeigte.

Die Frau, die Dalirah ins Haus führte, meinte, nachdem sich die Glastüren hinter ihnen geschlossen hatten: „Sicherlich möchtest du dich nach dieser anstrengenden Reise ausruhen - oder?"

„Nein, Nein", wehrte Dalirah ab, „Ich möchte mich lediglich ein wenig erfrischen. Und dann möchte ich so schnell wie möglich den Grund für die Einladung erfahren."

„Gern, hohe Frau", sagte die Begleiterin respektvoll.

„Wie heißt du", fragte Dalirah freundlich.

„Latana", antwortete die Begleiterin umgehend.

„Gut, Latana", lächelte Dalirah sie an, „dann zeige mir bitte, wo ich mich erfrischen kann."

Latana führte den Gast zu einem kleinen Raum, der mit einem Gegenstand ausgestattet war, den Dalirah aus den Beschreibungen ihrer Mutter kannte. Sie hatte ihn ‚Waschbecken' genannt. Dalirah sah ihre Begleiterin ratlos an: „Und wo ist das Wasser?"

Latana erläuterte ihr die Handhabung einer Vorrichtung, die sie als ‚Wasserhahn' bezeichnete und ließ Dalirah allein.

Von den Annehmlichkeiten freudig überrascht, genoss Dalirah den Komfort im Saalhaus. ‚Welch ein Unterschied zur mühsamen Herstellung von Wasser in meinem kleinen Kuppelhaus!' dachte sie.

Als sie aus dem ‚Bad', wie die Begleiterin den Raum nannte, wieder heraus trat, führte Latana den Gast in einen größeren, mit edlem Glasmosaik ausgestatteten Raum und bat, sie möge sich einen kurzen Zeitraum in Geduld üben. Die Oberste Frau Rätin würde sie gleich empfangen. Damit verbeugte sie sich vor Dalirah und verließ den Raum.

Noch bevor die Rothaarige sich ein wenig genauer im Raum umsehen konnte, öffnete sich die gegenüber liegende Tür erneut und eine große, stattliche Frau, gekleidet im gleichen dunkelblauen Gewand wie Dalirah es trug, eilte lächelnd auf sie zu: „Sei gegrüßt, Dalirah. Wir freuen uns, dass du unserer Bitte folgtest und hier her gekommen bist."

„Sei auch du gegrüßt, Hohe Frau", sagte Dalirah mit selbstbewusster, fester Stimme, „welchen Dienst kann ich der Ratschaft erweisen?"

Die Frau lachte leise und entgegnete: „Bitte nenne mich Chlia. Das erleichtert das Verstehen. Außerdem müsste ich dich sonst auch ‚Hohe Frau' nennen, eine Bezeichnung, die uns zwar allen nicht gefällt, doch ist uns bisher noch keine zutreffendere eingefallen."

„Doch höre", fuhr sie fort, „unsere Oberste Rätin wünscht dich dringend zu sprechen", und mit einem „Komm", führte sie Dalirah durch einen hellen Gang in das Innerste des Saalbaus. Sie öffnete eine der vielen Türen und bat die Rothaarige, einzutreten.

Dalirah war von der Größe und Helligkeit des Raumes überwältigt. Sie blieb wie angewurzelt im Türrahmen stehen und ließ das, was sie durch zusammen gekniffene Augen erkennen konnte, auf sich wirken. Sie fühlte, wie ein inneres Verstehen, einer Offenbarung gleich, ihren Geist erfasste und wusste augenblicklich, dass sie sich an einer Hauptkreuzung auf ihrem Lebensweg befand.

„Das geht jedem so, der durch diese Tür tritt", sagte eine sanfte, warmherzige Stimme, deren Quelle für Dalirah nicht sofort erkennbar war, denn sie hielt ihre Augen bedeckt, weil dieses helle Licht sie blendete und ihre Augen heftig schmerzen ließ.

Allmählich gewöhnten sich ihre Sehnerven an die Intensität des Lichtes, so dass Dalirah die schemenhaften Umrisse einer hohen Gestalt am Ende des Raumes erkennen konnte.

„Komm näher, Dalirah", ließ sich die sanfte Stimme erneut vernehmen, „hier ist das Licht ein wenig erträglicher für dich."

Die Rothaarige taumelte ein wenig auf ihrem Weg, als sie die Richtung einschlug, aus der die Stimme zu ihr drang. Ein ermunterndes, überraschend warmherziges „Willkommen im Saalhaus" half ihr, die Richtung beizubehalten.

Tatsächlich wurde das Licht erträglicher, je mehr sie sich der Gestalt näherte. Schließlich stand sie vor der in Violett gekleideten Leiterin des Rates. „Sei gegrüßt, liebe Dalirah, mein Name ist Delanea. Ich freue mich sehr und danke dir von Herzen, dass du meiner Einladung so schnell gefolgt bist."

„Sei gegrüßt, Delanea. Ich danke für deine Einladung und ganz besonders für die edle Gabe, die du mir hast überreichen lassen."

Delanea lächelte: „Ich wusste, dass du den Inhalt der Flasche nicht nur kennst, sondern die Milch auch zu schätzen weißt. Komm, setze dich neben mich, damit ich dich besser betrachten kann."

Dalirah's Augen hatten sich nun vollständig an die Lichtverhältnisse angepasst und sie erkannte, dass nicht nur Delanea's Haarfarbe mit der ihren übereinstimmte. Erschrocken rief sie: „Wie ist das möglich?"

„Beruhige dich", reagierte Delanea, „dein Erstaunen ist berechtigt. Ja, ich bin die Schwester deiner Mutter."

„Und ich dachte", entgegnete Dalirah noch immer um Fassung ringend, „dass ich keine Verwandten mehr habe!"

Die Frau in Violett ließ ihrer jungen Nichte gebührend Zeit, ihre Gedanken zu ordnen und ihre Gefühle zu besänftigen. Als sie bemerkte, wie der Gesichtsausdruck ihres Gastes allmählich entspannte, sprach sie: „Lass mich dir die ganze Geschichte erzählen. Bist du einverstanden?"

Als Dalirah heftig mit dem Kopf nickte, fuhr die Ältere fort: „Dann höre! Als die große Weiße Hitze kam, war ich ein Jahr alt. Deine Mutter Lissara hatte vier Wochen vor der Zeitenwende das Licht der Welt erblickt. Meine Mutter war nach der Geburt deiner Mutter noch sehr geschwächt und starb an den Folgen der Weißen Hitze. Als ich alt genug war, zu verstehen, erzählte Vater mir, dass die Weiße Hitze durch eine Atombombe ausgelöst wurde, die damals auf die große Stadt, er nannte sie Berlin, aufschlug. Er berichtete, dass wohl alle großen Städte Europas, wie er unseren Kontinent bezeichnete, das gleiche Schicksal ereilte."

Delanea pausierte einen Augenblick, um ihrer Nichte Zeit zur Verarbeitung des Gehörten zu geben. Als sie sah, dass Dalirah bereit zu sein schien, weitere Informationen aufzunehmen, fuhr sie fort: „Vater erzählte mir alles, was mit der Weißen Hitze zu tun hatte. Er erzählte mir, wie es dazu kam, warum es dazu kam und welche Absichten diejenigen verfolgten, die sie verursachten. Er lehrte mich Schreiben und hielt mich an, alles aufzuschreiben, was er mir berichtete. Als sich die Überlebenden nach der Weißen Hitze zusammen fanden, wussten sie nicht, was sie nun tun sollten. Mein Vater wurde gebeten, die Führung zu übernehmen, weil er über natürliche Autorität verfügte."

Sie lächelte verschmitzt; „Weißt du, dein Großvater war das, was man früher Multitalent nannte. Er konnte aus fast allem etwas basteln und auch alles gut gebrauchen. Du kannst dir sicherlich vorstellen, wie nützlich diese Fähigkeiten waren - angesichts der Tatsache, dass alles in Trümmern war oder geschmolzen herum lag."

Dalirah lächelte. Sie konnte sich gut vorstellen, wie ihr Großvater die Menschen anwies und jedem sagte, was er tun oder wie sie eine Aufgabe erfüllen konnte.

„Dein Großvater starb an den Spätfolgen der Weißen Hitze, als ich fünfzehn Jahre alt war. Deine Mutter und ich blieben bei der Gruppe, die sich zusammengeschlossen hatte. Trotz meines jugendlichen Alters übernahm ich die Leitung der Gruppe wie selbstverständlich, denn ich war für mein Alter reifer, als die meisten anderen Mitglieder. Ich hatte wohl dieselben Gaben, wie Großvater."

Wieder pausierte Delanea und wartete, bis sich die Bereitschaft für Neues auf Dalirah' s Gesicht zeigte.

„Als deine Mutter im Alter von 18 Jahren mit dem damals zwanzigjährigen Triseb verschwand, wusste jeder, warum sie durchgebrannt waren. Lissara konnte meine Argumente einfach nicht akzeptieren. Ich sagte ihr immer wieder, dass sie viel zu jung für eine Partnerschaft sei. Doch - sie liebte Triseb mehr, als alles andere. Niemand wusste, wohin sie gegangen sind. Keiner hatte sie mehr gesehen. So verging die Zeit und ich selbst verspürte nie den Wunsch, mich mit einem Mann einzulassen. Zu schwer wog das, was der Menschheit durch Männer angetan worden war."

Ein bitterer Zug legte sich um Delanea' s Mund. Wieder ereilte sie der Schmerz, den sie schon als junges Mädchen bei den Erzählungen ihres Vaters empfand.

Sie fuhr fort: „Heute weiß ich, dass nicht Männer schlechthin die Verursacher des Leidens waren, sondern, dass sehr wohl unterschieden werden muss zwischen Männern mit Identität und denen ohne Identität. Doch das wussten wir damals, als wir die Gesetze der Zeitenwende beschlossen, noch nicht."

„Erläutere mir bitte den Unterschied zwischen den Männern mit und ohne Identität?", bat Dalirah ihre Tante.

Delanea nickte: „Ja, das ist der Kernpunkt unseres derzeitigen Problems. Männer mit Identität haben erfasst, dass Frauen die Verkörperung ihres eigenen weiblichen Persönlichkeitsanteils darstellen. Erst dadurch ist ihnen das Erkennen der eigenen Identität als Repräsentant des männlichen Persönlichkeitsanteils möglich."

„Bedeutet das", hakte Dalirah nach, „dass Männer ohne Identität diese Zusammenhänge nicht erfasst haben?"

„Ja, Dalirah. Sie waren es, die für die Weiße Hitze verantwortlich sind".

„Nehmen Männer deshalb heute in unserer Gesellschaft nur untergeordnete Positionen ein?", fragte Dalirah, die zu verstehen begann.

„Ja, meine Liebe", stimmte die Ältere zu, „obwohl ich weiß, dass es unserer heutigen Gesellschaft dadurch an Kraft mangelt. Und damit sind wir bei dem Grund, warum ich dich bat, herzukommen".

Neugierig sah Dalirah ihre Tante an. „Was hat das mit mir zu tun?", fragte sie erstaunt.

Delanea lächelt ihre Nichte an, strich zärtlich über deren rote Locken und zog sie in ihre Arme. „Du kannst dir nicht vorstellen, was es mir bedeutet, dass es dich gibt und ich dich gefunden habe", flüsterte sie mit zitternder Stimme. Ihre Ergriffenheit erreichte Dalirah's Gefühle. Tränen rannen über ihre Wangen. Viele Jahre der Einsamkeit hatten sich in der jungen Frau aufgestaut, die nun ihren Ausdruck suchten und fanden.

Lange Zeit saßen die beiden Frauen eng umschlungen da. Keine sprach ein Wort. Alle ihre Sinne waren bis aufs Äußerste geschärft. Sie erlebten eine Zusammengehörigkeit, wie sie nur unter Blutsverwandten möglich zu sein schien.

Delanea löste sich als erste aus der Umarmung, schob Dalirah auf Armeslänge sanft von sich und sagte: „Es hat viele Jahre gedauert, bis ich dich fand. Noch viel mehr Jahre hat es gedauert, dass sich die Sonne wieder ihren Weg durch die Schichten aus Staub und Asche bahnte. Soll es ein Zufall sein, dass beide Ereignisse am selben Tag stattfinden? Das vermag ich nicht zu glauben.

Wir beide - du und ich - wir wissen, dass das kein Zufall ist, nicht wahr?"

Nach kurzem Innehalten nickte Dalirah mit dem Kopf: „Ja, Tante, ich weiß, genau wie du, dass es keine Zufälle gibt. Im großen Buch, das Mutter mir hinterließ, fand ich den Hinweis, dass die große Scheibe Sonne genannt wird."

Delanea lächelte erneut: „Ich wusste, dass, wenn du wirklich Lissara's Tochter bist, deine Mutter dir vieles hinterlassen haben musste, denn sie hat die Erzählungen unseres Vaters genau so aufgenommen, wie ich."

Dalirah erinnerte an ihre Frage: „Und was heißt das jetzt alles für mich?"

Delanea's Lächeln erstarb: „Wie ich schon sagte, mangelt es unserer Gesellschaft heute an männlicher Energie, weil bei der Gesetzgebung nicht zwischen den Männern mit und ohne Identität unterschieden wurde. Wir müssen diesen Fehler unbedingt korrigieren. Verstehst du das?"

Dalirah nickte: „Ich habe stets empfunden, dass den meisten Männern Unrecht geschieht. Nimm zum Beispiel Flado. Er ist ein ausgesprochen sympathischer Mann, der mit Hingabe seine Aufgaben erfüllt. Ich empfinde jedes Mal einen Stich, wenn ich sehe, mit wie wenig Selbstvertrauen er aufwartet."

Bedächtig nickte Delanea: „Genau das meine ich! Nur weil eine Gruppe von Männern ohne Identität die Menschheit fast auslöschte, dürfen diejenigen mit Identität nicht darunter leiden. Die Ratschaft hat entschieden, diesen Irrtum in der Gesetzgebung zu korrigieren.

Du trägst das Blut unseres Geschlechts in dir. Ich musste wissen, ob du die Fähigkeiten ererbt hast, die dich zu meiner würdigen Nachfolgerin erheben. Und, wie ich sehe und erlebe, ist deine Rechtgesinntheit sehr ausgeprägt."

Dalirah schwieg. Ihre Gedanken überschlugen sich. Sie fühlte sich verwirrt. „Meinst du wirklich, dass ich dazu geeignet bin?", fragte sie ihre Tante zweifelnd.

Delanea sah ihre Nichte liebevoll an und entgegnete mit weicher Stimme: „Jetzt, nachdem ich dich kennen gelernt habe - ja! Du bist nicht nur geeignet, sondern du bist die Einzige, die diesen Platz glaubhaft, überzeugend und mit Aussicht auf erfolgreiche Fortsetzung der dauerhaften Friedenserhaltung besetzen kann."

Dalirah erinnerte sich an ihre Mutter. „Als ich noch ein kleines Mädchen war", berichtete sie leise, „sagte meine Mutter mir, dass ich eines Tages eine große Aufgabe zu übernehmen hätte. Damals träumte ich von Prinzen auf rassigen Pferden, von denen sie mir aus alten Märchen erzählte", lächelte die junge Frau und fuhr fort, „doch später, als ich den Unterschied zwischen Märchen und unserer wirklichen Welt erfasste, wiederholte sie diese Worte trotzdem immer wieder. Doch glaubte ich dann, dass sie damit ihren Wünschen Ausdruck verlieh, statt an die Möglichkeit eines kommenden Geschehens."

Wieder entstand ein Schweigen, in dem jede der beiden Frauen, die sich so sehr ähnelten, mit ihren eigenen inneren Bildern beschäftigt war.

Delanea beobachtete, wie ihre Nichte den Körper straffte, tief durchatmete und mit klarer Stimme bekannte: „Ich bin bereit, meine Fähigkeiten in den Dienst der Ratschaft zu stellen."

„Ich habe nichts anderes erwartet", konstatierte die Ältere, „du bist ab sofort eine Novizin der Obersten Rätin - mir. Die Ratschaft hat in ihrer letzten Versammlung bereits ihre Zustimmung gegeben, falls du tatsächlich meine Nichte und geeignet bist, meine Nachfolge anzutreten."

Delanea erhob sich und Dalirah folgte ihrem Beispiel.

Beide Frauen betraten den großen Saal, in dem sich die Ratschaft versammelt hatte. Delanea steuerte auf ihren Stuhl am Ende des Tisches zu und stellte ihre Nichte vor: „Verehrte Hohe Frauen der Ratschaft, ich freue mich, euch meine Nichte Dalirah vorstellen zu können. Ich brauche euch nicht zu bestätigen, dass sie meine Nichte ist - ihr alle könnt es erkennen."

Nach Zustimmung der Versammelten fuhr Delanea fort: „So, wie in der letzten Versammlung beschlossen, bin ich bei meiner Überprüfung zu der Überzeugung gelangt, dass meine Nichte alle erforderlichen Fähigkeiten für meine Nachfolge nicht nur erfüllt, sondern bei Weitem übertrifft."

Freudig bekundeten die anwesenden Frauen ihre Erleichterung und die Oberste Rätin wendete sich an Dalirah: „Gemäß unserer Gesetze frage ich dich, Dalirah, hiermit, ob du bereit bist, deine Kraft und deine Fähigkeiten in den Dienst der Ratschaft zu stellen?"

Mit aufrechter Haltung und klarer, fester Stimme antwortete Dalirah: „Ja, das bin ich."

Delanea fuhr fort: „Gemäß unserer Gesetze frage ich dich, ob du bereit bist, als meine persönliche Novizin für das Amt der Obersten Rätin unseres Gebietes, geschult zu werden?"

Wieder antwortete Dalirah mit ruhigem Selbstbewusstsein: „Ja, das bin ich."

Während Delanea ihre Nichte herzlich umarmte, klatschten die Mitglieder der Ratschaft Beifall. Eine der Hohen Frauen unterbrach die gelöste Atmosphäre der Versammlung, als sie sagte: „Herzlich Willkommen in der Ratschaft, liebe Dalirah. Ich bedaure, dass ich die verständliche Freude der Gemeinschaft störe, doch ich möchte, dass du weißt, wie dringend das bestehende Problem der mangelnden, männlichen Energie nach Lösung verlangt."

Der versammelten Ratschaft zugewendet fuhr sie fort: „Ihr Hohen

Frauen. Als eine eurer ältesten Mitglieder bitte ich um Verständnis für mein Handeln. Soeben erreichte mich die Nachricht, dass es im Quartier der Männer mit Identität eine Versammlung gegeben hat. Es wurde ein Vertreter gewählt, der uns zu sprechen wünscht. Wir haben eine Entscheidung zu treffen, denn der Mann steht vor dem Saalhaus."

Leises Murmeln breitete sich im Saal aus. Das hatte es seit Jahrzehnten nicht gegeben! Jeder im Gebiet wusste, was die Statuten besagten, dass nämlich kein Mann das Saalhaus betreten durfte. Und nun wollte ein Mann die Ratschaft sprechen. Die meisten Frauen im Saal waren irritiert und verwirrt.

Delanea sprach laut: „Meine Damen, bitte!"

Augenblicklich verstummten die Anwesenden und die Oberste Rätin sagte: „Dalirah ist meine Novizin und als solche ab sofort in alle Entscheidungen einbezogen. Deshalb frage ich dich, Dalirah, wie würdest du entscheiden?"

Alle Augen richteten sich auf die junge Frau. Nach einem Augenblick des Nachdenkens äußerte sie ihre Meinung: „Mir sind die Einzelheiten der Statuten nicht bekannt, so dass ich ohne Vorurteil in dieser Angelegenheit wahrnehmen und sprechen kann. Das Problem, wie ihr sagt, ist der Mangel an männlicher Energie in der Gesellschaft. Nun steht vor dem Haus ein Vertreter der Männer mit Identität, der die Ratschaft zu sprechen wünscht. Wenn wir den männlichen Energiespiegel erhöhen wollen, dürfte das nicht möglich sein, ohne die Männer mit Identität einzubeziehen - oder?"

Die versammelten Frauen nickten zustimmend. Eine von ihnen wandte ein: „Und woher wissen wir, dass er tatsächlich zu denen mit Identität gehört?"

Lächelnd antwortete Dalirah: „Wie können wir das herausfinden, wenn wir ihn nicht anhören?"

„Aber", warnte eine andere Hohe Frau, „in den Statuten steht, dass er das Haus nicht betreten darf!"

Wieder antwortete Dalirah entwaffnend: „Was ist wichtiger? Die Statuten - oder die Gegenwart und Zukunft der Menschen unserer Gesellschaft?"

Delanea sah ihre Nichte liebevoll an und sagte stolz und voller Wärme: „Dalirah hat Recht. Wir müssen den Anteil an männlicher Energie so schnell, wie möglich erhöhen. Wir brauchen sie, wenn unser Bezirk noch eine Zukunft haben soll."

Die Zustimmung war ohne Gegenstimme. „Nun", fragte Delanea ihre Novizin, „Was schlägst du vor?"

Dalirah antwortete mit offenem Blick und klarer Stimme: „Lasst uns den Irrtum korrigieren, wenn sich die Gelegenheit ergibt. Und diese Gelegenheit steht vor der Tür. Lasst den Mann mit Identität in den Raum der Obersten Rätin führen, damit geklärt werden kann, welches Ansinnen ihn zu uns führt. Wir sollten dankbar sein, dass er den Weg zu uns gefunden hat. Heißen wir ihn willkommen."

Dalirah hatte den Weg geebnet, dass die Männer mit Identität nach der großen Weißen Hitze wieder in die Gesellschaft eingegliedert wurden - zumindest in ihrem Bezirk.

Sie steuerte mit sicherer Hand die Gegenwart ihres Sektors und legte Grundstein für ein zukünftiges, gleichberechtigtes Miteinander von Männern und Frauen in ihrem Bezirk, unterstützt von Delanea, die sich immer häufiger vom aktuellen Tagesgeschehen der Ratschaft entfernte und sich so der Zukunftsplanung in der Überregionalen Gebietschaft widmen konnte.

Angelika Haymann

Das Geheimnis der Vorratskammer

Es war einmal ein altes Haus. Umgeben von hohen Büschen, hinter einem schiefen Holzzaun, stand es am Dorfrand. Es duckte sich unter einem tief herab gezogenen Reetdach. Niemand wusste, wie lang es leer stand, nicht einmal die alten Leute. Doch nun quoll dicker, stinkender Rauch aus dem Schornstein. Die Dorfkinder erzählten sich flüsternd, das Haus gehöre jetzt einer Hexe, die Kinder in Mäuse oder Steine verzaubere. In den letzten Monaten verschwanden immer wieder Jungen und Mädchen spurlos. Ob die Hexe etwas damit zu tun hatte?

Auf ihrem Schulweg kamen auch Lisa und ihre kleine Schwester Marie an dem Hexenhaus vorüber. Sie liefen immer schnell vorbei. Eines Tages jedoch blieben sie stehen, weil sich etwas im hohen Gras bewegte. Neugierig beugten sie sich über den Zaun. Plötzlich schoss eine dicke graue Katze fauchend auf sie zu. „Huch!", rief Lisa. Erschrocken setzten die Mädchen ihren Heimweg fort. Eine helle Stimme rief ihnen nach: „Tut mir Leid, wenn euch Sebastian erschreckt hat." Eine junge Frau stand hinter dem Zaun. Ein dicker blonder Zopf fiel ihr über die Schulter. Sie hielt die strampelnde Katze fest in ihren Armen. „Kommt bitte zurück. Kann ich euch als Entschädigung für den Schreck einen Kakao anbieten? Du bist Lisa aus dem Nachbarhaus, nicht wahr? Und du ihre Schwester Marie."

Die Eltern ermahnten sie ständig, nicht mit Fremden zu reden. Schon gar nicht sollten sie in deren Haus mitgehen. Aber diese nette Frau konnte einfach nichts Böses im Sinn haben. Sie kannte ja sogar ihre Namen! Wie eine Hexe sah sie auch nicht aus. Diese hatten rote Augen und eine dicke behaarte Warze auf der Nase.

Nachdem die Mädchen das Haus betreten hatten, warf die Frau knallend die Tür hinter ihnen zu. „Setzt euch an den Tisch, ich mache euch Kakao. Sebastian leistet euch Gesellschaft!"

Kurze Zeit später kam sie mit zwei dampfenden Bechern zurück. „Lasst es euch schmecken! Ich heiße übrigens Melissa."

Die beiden nippten an dem heißen Getränk. Das schmeckte aber bitter! Sie stellten die Becher auf den Holztisch.

„Was ist, schmeckt es euch nicht? Schön austrinken! Hat euch eure

Mutter keine Manieren beigebracht, undankbare Bälger?" krächzte sie heiser. Keine Spur mehr von netter Stimme und Freundlichkeit!

„Vielen Dank, wir müssen jetzt nach Hause." Lisa spürte, dass mit der Frau etwas nicht stimmte. Hier ging es nicht mit rechten Dingen zu. Melissa starrte sie aus roten, blitzenden Augen böse an. Ihre Hände, das waren richtige Klauenhände! Die langen spitzen Nägel bohrten sich schmerzhaft in Lisas Arm.

„Nichts da! Ihr bleibt sitzen, bis ihr ausgetrunken habt!"

Lisa kippte das Getränk in eine große Kanne neben sich, als Melissa wegsah. Marie kullerten dicke Tränen die Wangen herab, sie würgte den Inhalt des Bechers hinunter.

„Nun müssen wir wirklich gehen," erklärte Lisa. Sie nahm die Hand ihrer Schwester. „Da wäre ich mir nicht sicher," kicherte die Frau.

Tatsächlich blieb die Kleine wie angewurzelt sitzen, mochte Lisa noch so an ihr zerren und ziehen. „Komm schon! Marie, was ist mit dir?" Marie regte sich nicht, kein Blinzeln, nichts! Lisa kniff sie in den Arm. Sonst heulte ihre Schwester immer los, nun gab sie keinen Mucks von sich.

„Ich fürchte, ihr gefällt es bei mir. Du wirst sie hier lassen müssen oder ihr Gesellschaft leisten. Ganz schön schlau von dir, den Zaubertrank nicht zu trinken!"

Zaubertrank? Oh nein, sie befanden sich wahrhaftig im Haus einer Hexe! Die anderen Kinder hatten Recht! Was sollte Lisa tun?

Langsam ging sie rückwärts und hatte fast die Haustür erreicht, da stand die Hexe mit einem Satz neben ihr. „Glaube nicht, ich lasse dich heraus! Du wirst nicht deinen dummen kleinen Mund aufreißen und den Leuten erzählen, dass ich eine Hexe bin. Du bleibst hier!"

Lisa drückte die Tränen weg, die in ihren Augen brannten.

„Unsere Eltern werden sich Sorgen machen und uns suchen. Bestimmt kommen sie auch zu dir!"

„Dann sag ich, dass ich euch nicht gesehen habe. Allerdings glaube ich nicht, dass jemand solch hässliche Mädchen wie euch, lange vermissen wird. Sie bekommen bald neue Bälger, wirst schon sehen!"

„Aber ...,"

„Spar dir dein Geschwätz! Ihr kommt hier nicht heraus. Schau dir Sebastian einmal genau an!"

Lisa entdeckte nichts Ungewöhnliches.

„Du meinst, er wäre eine normale Katze? Ha, er ist ein mächtiger Zauberer, der mir ins Netz ging! Vorhin wäre er mir beinahe entwischt. Das

Gute daran ist, dass ihr stehen geblieben seid!" Die Katze strich dicht an Lisa vorbei, die sie nur ungläubig anstarrte.

„Er wäre eure Rettung. Leider kann er lediglich miauen, nicht wahr, Sebastian?" Geschickt wich der Kater ihrem Fußtritt aus und schmiegte sich eng an Lisas Beine.

Sebastian? Sollte es etwa der alte Sebastian aus dem Waldhaus sein, den alle Kinder des Dorfes liebten? Wenn dieser ein Zauberer war und die Hexe nicht besiegen konnte, wie sollte es dann ein Kind schaffen?

„Ich verrate dir den Zauber, der ihn wieder verwandelt. Du schaffst es sowieso nicht, euch heraus zu bringen! Vorher habe ich noch eine Überraschung für dich und deine süße kleine Schwester!"

Sie ließ ihre Hände über Marie kreisen und murmelte magische Beschwörungsformeln. Das Mädchen sackte zusammen und wurde immer kleiner, bis an ihrer Stelle eine dicke Kröte auf dem Stuhl hockte.

Melissa hob sie hoch und kicherte: „Na meine Kleine? Schade, dass du dich nicht sehen kannst. Bist richtig hübsch geworden." Sie setzte Marie in ein Glas und trug es in einen Nebenraum. Dessen Tür öffnete und schloss sie mit einem Schlüssel, der an einem Band um ihren Hals hing.

„Gefällt dir das? Vielleicht koche ich heute Abend eine Krötensuppe!" Sie lachte böse und leckte sich die Lippen.

Angst und Grauen lähmten Lisa. Sie musste verhindern, dass Marie und sie in einem Glas als hässliche Kröte endeten! Aber wie?

„Zeigst du mir jetzt den Zauber?" „Hi, hi!" kicherte Melissa. „Du bist ja eine ganz Vorlaute! Das vergeht dir noch, warte ab! Ich brauche jemanden, der hier putzt und kocht." „Ich kann nicht kochen, ich bin doch ein Kind!" „Du kannst ja wohl Ordnung halten oder räumt deine Mutter dir alles hinterher?"

„Was ist also mit dem Zauber?", bohrte Lisa weiter.

„Kannst es nicht abwarten, was? Hör zu:

Eine Hand voll Elfenstaub
eine Hand voll Eichenlaub
eine Hand voll Sternenschein
eine Hand voll Spinnenbein
rasch ins Feuer nun damit.

Und dazu der Zauberspruch:

Sisel, sasel, murlibruch,
dreimal sich im Kreis gedreht,
die dunklen Mächte angefleht,

dann weicht schon der böse Bann
und aus der Katze wird ein Mann.

Die Hexe lachte hässlich: „Tja, mein Kind! Die Zutaten habe ich, bis auf
die Spinnenbeine, dort in meiner Vorratskammer. Den Schlüssel dazu
trage ich um den Hals. Es ist zwecklos zu versuchen, daran zu kommen!"
Tatsächlich hatte Lisa darüber nachgedacht, in einem günstigen Augen-
blick selber den Zaubertrick zu versuchen.
„An die Arbeit! Wie gesagt, fehlen mir Spinnenbeine. Die besorgst du
als Erstes." „Woher soll ich die nehmen?"
„Im Keller gibt es massenweise Spinnen, stell dich nicht so dumm an.
Los jetzt!" Sie gab ihr einen Schubs und schloss die Kellertür hinter ihr.
Lisa blieb einen Augenblick stehen, bis ihre Augen sich an die Dun-
kelheit gewöhnten. Sie ekelte sich vor Spinnen! Ihr schauderte bei dem
Gedanken an den finsteren Keller. Trotzdem musste sie beherzt sein!
Vielleicht gab es dort unten eine Gelegenheit zu fliehen. Schluchzend
tastete sie sich die knarrenden Stufen hinab. Feuchte, muffige Luft schlug
ihr entgegen. Irgend etwas Geheimnisvolles raschelte und wisperte in der
Dunkelheit. Lisa gruselte sich, sie hatte furchtbare Angst, vor dem, was
sie erwarten könnte.
„Nun gut," sagte sie laut, „fangen wir ein paar Spinnen und dann..."
Ja, und dann? Sollte sie ihnen etwa die Beine ausreißen? Das konnte sie
beim besten Willen nicht, selbst Marie zuliebe nicht!
Etwas Weiches, Pelziges strich an ihren nackten Beinen entlang. Ratten!
Lisa zitterte wie Espenlaub.
„Miau!" Es war Sebastian! Erleichtert nahm sie ihn auf den Arm.
„Was soll ich machen? Ach, könntest du mir nur einen Weg zeigen!"
Die Katze hob eine Pfote. Sanft strich sie über Lisas Wange. „Kannst du
mich etwa verstehen?" „Miau!"
Ein Fünkchen Hoffnung glomm in Lisa auf. Gab es etwa Aussicht auf
Rettung? Sebastian sprang von ihrem Arm. Er führte sie zu einem ver-
gitterten Fenster, hoch oben an der Wand.
„Wie soll ich da rankommen?" Sie blickte sich um und entdeckte eine
Holzkiste. Diese schob sie unter das Fenster und stieg hinauf. Obgleich
sie sich reckte und streckte, es reichte nicht!
Verzweifelt weinte Lisa. Ein kleines Mädchen wie sie würde diese
schwere Aufgabe nicht allein bewältigen! Sie musste an die Zutaten für
den Zaubertrick kommen! Dann verwandelte sie Sebastian zurück und er
brächte sie hinaus.
„Sebastian, wenn ich keine Spinnen finde, verzaubert mich die Hexe

auch! Und selbst wenn ich welche finde, kann ich ihnen nicht bei lebendigem Leibe die Beine ausreißen!"

Maunzend lief Sebastian weiter in den Keller hinein.

An einer Wand hingen Hunderte riesige Spinnen tot in ihren Netzen. Rasch sammelte sie die scheußlichen Viecher in ihren Rock. Das Rütteln am Netz weckte die lebendigen Spinnen. Die ersten davon krochen bereits auf Lisas Schuhen herum. Sie schüttelte sie angeekelt herunter, es half nichts, sie durfte sie nicht beachten! Angewidert schluckte Lisa, während sie den toten Spinnen die Beine ausriss.

„Weißt du, Sebastian, irgendwann wird die Hexe schlafen. Dann versuche ich, an den Haustürschlüssel zu kommen. Ich glaube nicht, dass ich es schaffe, dich zu verwandeln."

Traurig stieg sie die Kellertreppe hinauf.

Oben erwartete sie bereits eine wütende Melissa: „Na, das wurde aber langsam Zeit! Zeig her, was du mitgebracht hast!"

Lisa hielt ihr zitternd die Hände entgegen. Mit ihren langen Fingern grabschte die Hexe nach den Spinnenbeinen und verschwand in der Vorratskammer.

„Schluss mit der Trödelei! Putz den Küchenboden, während ich mich ausruhe. Wehe, du machst deine Arbeit nicht ordentlich! Dann leistest du deiner Krötenschwester Gesellschaft!"

In der großen Küche loderte kräftiges Feuer im Herd. Aus einem Topf stiegen Dampfschwaden auf. Brodelte da bereits die Krötensuppe? Lisa erschauderte. Außerdem knurrte ihr Magen. Durfte sie an Essen denken, während Marie auf Rettung wartete? Andererseits musste sie bei Kräften bleiben.

Hastig durchsuchte sie die Küche nach Essbarem, ohne einen Krümel zu entdecken. Wovon lebten Hexen, aßen sie nicht?

In einem Schrank fand sie schließlich einige braune, schrumpelige Wurzeln. Gierig schlang sie den mageren Fund hinunter. Kurz darauf hörte sie jemand neben sich flüstern. Sie schaute sich um und sah niemand, nur Sebastian, der sie aufmerksam beobachtete.

Das Flüstern ging weiter und schließlich verstand sie: „Lisa! Du bist unsere Rettung!"

Wer konnte das sein?

„Lisa, du hast eine Grummwurzel gegessen. Nun können wir beide unsere Gedanken hören!"

Sollte es tatsächlich möglich sein ...? „Sebastian, bist du das?"

„Ja, Lisa! Bin ich froh, dass du zufällig das Richtige getan hast. Jetzt kann ich dir sagen, was du tun musst, ohne dass Melissa es merkt. Hexen können nämlich keine Gedanken hören."

„Wie kann ich uns helfen?"

„Es gibt einen Ersatzschlüssel zur Kammer, da, in dem Schränkchen neben dem Kamin. Du besorgst die Zutaten und führst den Zauber aus. So nehme ich meine alte Gestalt an und bringe euch nach Hause."

Wenn's weiter nichts war! Sebastian stellte sich das so einfach vor.

„Lange schläft die Hexe bestimmt nicht!" gab Lisa zu bedenken. „Möglicherweise nicht. Willst du warten, bis sie mal das Haus verlässt? Wer weiß, wann das sein wird!"

Sebastian hatte Recht, sie musste es versuchen!

Lisa schlich zur Schlafkammer, drückte das Ohr an die Tür und lauschte. Ihr Herz pochte, als wollte es zur Kehle hinausspringen. Lautes Schnarchen verriet, dass die böse Frau fest schlief. Schnell lief sie zu dem Schränkchen. Oh nein, die Hexe hatte es verschlossen! Und nun?

„Der Schlüssel liegt oben drauf," half ihr Sebastian.

Geschwind schob Lisa einen Stuhl heran. Sie griff so hastig nach dem Schlüssel, dass er aus ihren zitternden Fingern rutschte und klirrend zu Boden fiel. Atemlos lauschte sie - rührte sich die Hexe? Nein, noch drang das Schnarchen durch die Tür.

Ein ganzer Berg Schlüssel lag im Schrank. Welchen sollte sie nehmen? Sie hatte keine Zeit, alle auszuprobieren.

Wieder wusste Sebastian Rat: „Es ist ein großer Schlüssel, mit einem M als Kopf."

Endlich fand Lisa den Richtigen! Knarrend drehte sich der Schlüssel im Schloss. Lisa sah sich in der kleinen Kammer um. Die Borde quollen über vor Töpfen, Fläschchen, Kräuterbüscheln und getrockneten Wurzeln. Entsetzt entdeckte sie in einer Reihe von Gläsern Kröten, mit den Gesichtern von Kindern.

Es waren die von der Hexe verzauberten Kinder! Sie fand auch das Glas, in dem ihre arme kleine Schwester kauerte. Dicke Tränen liefen über das hässliche Krötengesicht. Lisas Herz zog sich zusammen. Sie strich über das kalte Glas und flüsterte: „Ich hole dich hier raus, versprochen!"

„Quaak", sagte Marie.

Die Zeit drängte! Jetzt musste sie schnell die Zutaten suchen. Und wenn sie das Falsche erwischte? Darüber dachte sie lieber nicht nach!

Sie rief sich den ersten Teil des Zauberspruchs in Erinnerung:

eine Hand voll Elfenstaub
eine Hand voll Eichenlaub
eine Hand voll Sternenschein

eine Hand voll Spinnenbein.

„Geh damit in die Küche, du brauchst ein Feuer. Dort hinein wirf die Zutaten!" riet Sebastian.

Stunden schienen zu vergehen, bis sie alles fand Sie eilte in die Küche und machte sich ans Werk.

Plötzlich hörte sie die Hexe rufen: „Wo bist du, faules Stück? Hoffentlich hast du deine Arbeit fertig, sonst kannst du was erleben!"

Hurtig öffnete Lisa die Gefäße. Eine Wolke aus Elfenstaub und Sternenschein breitete sich aus. Verzückt sah sie tausende glitzernde Pünktchen durch die Luft flirren.

Polternd kam die Hexe näher.

In höchster Eile warf Lisa die Zauberzutaten in das Herdfeuer und flüsterte:

Sisel, sasel, murlibruch,
dreimal sich im Kreis gedreht,
die dunklen Mächte angefleht,
dann weicht schon der böse Bann
und aus der Katze wird ein Mann.

Krachend flog die Küchentür auf und die Hexe stürzte herein. Lisa stand am offenen Feuer, umgeben von einem Schleier aus Elfenstaub und Sternenschein.

„Was hast du getan? Dafür wirst du büßen!" kreischte das böse Weib Spucke sprühend. Sie griff mit ihren Klauenhänden nach Lisa, die ängstlich zurückwich.

„Keine Furcht Lisa, der Elfenstaub schützt dich!" sagte eine tiefe Stimme.

„Nun zu dir, alte Hexe! Du wirst keinem Kind jemals wieder etwas zu Leide tun!"

Ein großer alter Mann mit langem weißem Bart stand zornig vor der Hexe, die ihn fassungslos anstarrte. Sebastian! Es hatte funktioniert! Lisa fühlte sich plötzlich schwach und sank zu Boden.

„Ich habe nur einen Scherz gemacht, lieber Sebastian. Schon heute wollte ich dich zurück verwandeln." „Ganz bestimmt! Die Kinder wolltest du sicher auch freilassen, was?"

„Natürlich! Bitte, tu mir nichts," bettelte die Hexe.

„Du wirst deiner Strafe nicht entgehen! Lisa wird sie bestimmen." Er wandte sich dem Mädchen zu, das beide vergessen hatten. „Lisa, was ist mit dir?"

„Oh, Herr Sebastian, mir geht's gut. Ich bin so froh," schluchzte Lisa.

„Sprich, wie bestrafen wir die Hexe?"

Lisa musste nicht lange überlegen: „Mit dem, was sie Marie und den anderen Kindern angetan hat."

„Nein, bitte nicht!" flehte die Hexe. Sie fiel händeringend vor Sebastian auf die Knie. „Ich verschwinde von hier und..."

„Und richtest woanders Unheil an! Nein!"

Der Zauberer richtete sich auf und wuchs bis zur Decke. Er murmelte eine Beschwörung.

Die Hexe kreischte und winselte in höchsten Tönen. Sie wand sich wie in großen Schmerzen und schrumpfte, wie vorher Marie. Aus dem Winseln wurde ein Quaken. Statt der Hexe hockte eine dicke, warzige Kröte auf dem Boden.

Geschwind fing Sebastian sie ein und setzte sie in ein Glas, das er mit einem Zauberspruch für immer versiegelte.

Derweil lief Lisa in den Nebenraum. Jungen und Mädchen schnatterten weinend und lachend durcheinander. Es herrschte große Aufregung.

Die Kinder umringten Lisa. Jedes wollte sie umarmen. „Danke, dass du uns erlöst hast. Was hätten wir ohne dich getan?"

Lisa hielt Ausschau nach Marie. Wie ging es ihrer kleinen Schwester? Sie lief auf sie zu und drückte sie fest an sich.

Der Zauberer betrachtete lächelnd das Getümmel.

„Liebe Kinder, geht heim zu euren Eltern. Sie warten sehnsüchtig auf euch. Dieses Glas mit seinem besonderen Inhalt nehme ich mit und werde es sicher verwahren."

„Sebastian, sehen wir uns wieder?" fragte Lisa.

„Ihr könnt mich jederzeit in meinem Waldhaus besuchen."

Die geretteten Kinder verließen glücklich das Hexenhaus. Draußen drehten sie sich noch einmal um. Wo einst das Hexenhaus stand, leuchteten nun bunte Blumen auf einer Wiese.

Und wenn man es nicht wieder aufgebaut hat, ist das bis heute so geblieben.

Walter Kiesenhofer

Die Tränen des Mädchens

Es war einmal ein kleines Mädchen, das wollte gern über die große Bucht fahren, die in der Nähe des Hauses begann, wo es mit seinen Eltern und seiner kleinen Schwester Julia lebte. Doch die Familie war nicht sehr reich und besaß nicht einmal ein Auto. Als das Mädchen dann zur Schule musste und jeden Wochentag mit dem Schulbus auf der Hauptstraße abgeholt wurde, erzählte es den anderen Kindern viel von dem großen Wasser vor seinem Haus. Aber die andern fragten immer nur, ob er viele Fische hätte und wie groß die Fische seien.

Dass sie einmal mit einem Boot an das andere Ufer fahren wollte, dort wo sich die Bucht in einem schmalen Durchlass zur See öffnete, dafür brachten sie kein rechtes Verständnis auf. Sie dachten praktisch und fragten, wenn sie etwas Neues hörten: kann man das essen, was kann man damit tun, welchen Nutzen hat man davon usw.

So ging das Mädchen am Abend, nach den Hausaufgaben, gern allein hinunter zum Seeufer und hielt Zwiesprache mit den Wellen und den Fischen, die dort ihre Köpfe über die Oberfläche zum Himmel hinausstreckten und ihm manchmal, wenn ihnen danach zumute war, auch ein Stück entgegen sprangen.

Leila (so hieß das Mädchen) sah oft zum weit entfernten jenseitigen Ufer hinüber, wo man zwischen den verschwimmenden Landzungen den Beginn des Meeres mehr erahnen als sehen konnte. Selten war Genaueres auszunehmen; sie hatte auch noch nie gehört, dass jemand schon dort gewesen wäre, und wie es dort wirklich aussah.

Es war ein schöner Frühsommerabend zu Beginn der Ferien, die Luft fühlte sich angenehm weich und mild an. Die Lieder der Vögel meinten es gut mit ihr und sie saß wieder allein unten am flachen Ufer. Da hörte sie mit einem Mal ein wohltönendes Klingen, so als ob Gläser leise aneinanderklirrten und viele hübsche Melodien andeuten wollten. Als sie aufsah, glitt ein kleines Boot ans Ufer, das wie aus Glas gemacht aussah und unter einem hellblauen Segel in hundert Farben schillerte. Zwei Frauen saßen darinnen, beide in ein langes hellblaues Gewand aus Seide gekleidet, mit bunten Knöpfen um den Hals und einer langen Kette aus Muscheln um den Hals. Beide waren blond; die eine hatte die Haare lose um ihre Schultern hängen, die andere hatte es zu vielen kleinen Zöpfen geflochten, die lustig baumelten, wenn sie ihren Kopf bewegte. „Hallo Leila, willst du mit uns kommen, wir fahren über den See!"

Oh, wie hatte sie sich das gewünscht. „Freilich, ja ...", antwortete Leila spontan. Erst nach einigen Sekunden kam ihr in den Sinn, dass das nicht so einfach ging. Sie fragte: „Wie lange dauert das, wie es dort, wann bin ich wieder zurück ...?" „Es können vielleicht mehrere Tage sein", erwiderte die Frau mit dem offenen Haar. Das junge Mädchen war enttäuscht: „Ich habe keine Kleider, ich habe nichts zu essen. Wer soll es meinen Eltern sagen?"

Das ganze Boot ist aus Zucker gesponnen. Es wird dich ernähren und für dich sorgen. Uns ist bekannt, wie sehr du Süßigkeiten magst. Das Boot schmeckt nach Erdbeeren und Himbeeren, innen durftet es nach Pfirsichen, und überall darfst du davon naschen!

„Mein Vater, meine Mutter! Ich muss sie vorher fragen!" Leila konnte doch nicht so einfach davonfahren, die Guten würden sich bestimmt bald Sorgen machen. „Keine Angst", entgegneten die Damen einstimmig, „wir sprachen bereits mit ihnen. Sie sind einverstanden, weil sie wissen, wie sehr du dir das immer gewünscht hast. Komm, Kind, komm ..."

Leila erhob sich und war mit einem kleinen Satz an Bord des wundersamen Bootes. Oh, wie das roch und wie das duftete! Und wie freundlich sie empfangen wurde! Als sie vom Ufer abstießen und mit leisem Klingen auf das offene Wasser hinaus glitten, fühlte sie sich so glücklich, dass sie weinen hätte können. Jetzt erst merkte sie, dass der Boden des wundersamen Bootes, in allen Farben schimmernd, gleichfalls durchsichtig war. Oh, wie sie sich freute, als sie die ersten Fische unter ihren Füßen beobachten konnte! Offensichtlich sahen die Fische auch sie im Boot sitzen, weil immer mehr und mehr unter das süße Fahrzeug glitten und sich bald darunter tummelten wie in einem gefüllten Aquarium. „Oh, ihr lustigen Fische, sehe ich euch endlich ganz aus der Nähe!" Sheila klatschte in die Hände, die Fische unter ihr schwänzelten im Takt dazu, manche guckten zu ihr nach oben, als ob sie mit ihr sprechen oder singen wollten ...

So verging der erste Tag. Leila brach sich zum Abendessen ein süßes Stückchen vom hinteren Rand des Bootes, das nach Waldhimbeeren schmeckte und schlief dann unter den Sternen ein, während die beiden Frauen das Segel im leichten Wind hielten und leise Lieder summten. Am zweiten Tag war das Ufer, von dem sie abgestoßen waren, nur noch als dunkler Strich zu erkennen. Das gegenüberliegende Ufer, zu dem sie unterwegs waren, schien jedoch um nichts näher gerückt zu sein. Wasser rund um sie, Wasser - und Fische. Die Fische unter dem Boot erweckten den Anschein, als nähmen sie an Größe und Zahl zu. Es quirlte förmlich unter ihnen. Die beiden Frauen schien das nicht zu kümmern, sie nahmen keinerlei Notiz davon, überwachten bloß das Segel und setzten ihren leisen Singsang fort.

Am dritten Tag hätte Leila nun doch gern mit den Damen gesprochen, weil das jenseitige Ufer immer noch so weit entrückt blieb wie am Beginn ihrer Reise. Sie erwiderten darauf, dass sie gut unterwegs seien, dass alles in Ordnung wäre und dass sie nur tüchtig naschen solle von dem Boote. Das Wasser schöpften sie sich direkt aus der Bucht, es war sauber und rein. So ging es zwei oder drei weitere Tage. Die Luft bewegte sich immer noch nicht; alles um sie herum war vollkommen still.

Am fünften Tag begann Leila zu weinen. Sie vergoss Tränen der Enttäuschung, wohl auch aus Angst und wegen der zunehmenden Sehnsucht nach ihrem Zuhause. Die beiden Damen würden doch hoffentlich die Wahrheit sagen; man würde schließlich das neue Ufer erreichen. Oder doch nicht? Dieses unbekannte Ufer jedoch verharrte in der Ferne, unnahbar und vage; so wie sie es kannte. Jenes Ufer, von wo sie weggefahren waren, das lag nun ebenso fern und ebenso vage, verborgen im Dunst des Tages. Sie befanden sich sicherlich in der Mitte der Bucht, das Mädchen weinte immer heftiger. Je mehr die beiden Damen sie zu trösten suchten, um so mehr weinte es.

Überall, wo eine Träne den Boden des Bootes berührte, entstand augenblicklich eine kleine Lache, und es zischte dabei, als bestünden sie aus Salzsäure. Leila, Kind, hör auf! Unser Boot kann alles ertragen und aushalten, nur keine Menschentränen. Komm, sei vernünftig, erzähl etwas von der Schule, von daheim. Bitte höre auf zu weinen!

Von daheim? Da begann sie noch lauter zu schluchzen und noch größere Tränen zu vergießen. Wie würde es Vater und Mutter gehen; ob sie wohl ebenfalls Sehnsucht nach ihr hatten, und auch ihre Schwester Julia, vielleicht sogar ihr Hamster Brutus. Wie gern wäre sie jetzt zuhause gewesen! Das ganze Boot aus gesponnenem Zucker hätte sie dafür gegeben. Und so war des Schluchzens und Weinens überhaupt kein Ende mehr.

Jeder Tropfen ihrer salzigen Tränen aber löste den Zucker des Bootes auf. Wohin ein Tropfen fiel, löste er ein kleines Stück des Bootskörpers auf - und machte nicht halt, bis er durch den schimmernden Schiffsboden gedrungen war, wo er im Wasser des Sees aufging. Auf diese Weise entstanden allmählich zehn, zwanzig, fünfzig kleine Löcher im Boden des Bootes. Durch diese begann Wasser einzudringen, langsam und stetig. Das Boot sank mit seinen Passagieren tiefer und tiefer.

So sind sie schließlich alle miteinander untergegangen. Die beiden Damen, das Boot aus gesponnenem Zucker und Leila. Ganz nahe sah sie die großen Augen der Fische, ganz ganz nahe ... und schaute hinein und - sah mit einem Mal in die warmen braunen Augen ihrer Mutter.

Sie fand sich in ihren Armen, im weichen Gras am Ufer, wo sie offenbar eingeschlafen war und geträumt hatte. „Ich habe mir Sorgen gemacht, Kind, weil du heute nicht zu deiner Zeit nach Hause gekommen bist. Gehen wir, es sieht ein wenig nach Gewitter aus dort im Westen, komm." In der Tat waren Wolken aufgezogen. Im Westen, wo sich die Bucht ins weite Meer öffnete, sah man nichts mehr als eine graue Wolkenwand. „Ja, Mutter, gehen wir." Sie schlang den rechten Arm um ihre Mutter und küsste sie ganz dankbar, bevor sie beide aufstanden und zum Haus zurück schritten.

Dennis Ullrich

Gemeine Bande

Der Spielplatz meiner Kindheit lag im Grünen, ganz in der Nähe des Hauses meiner Eltern. Nur ein winziges, kaum überhaupt sichtbares Wäldchen befand sich dazwischen und trennte mich von ihm. Aber ehe wir diesen außerordentlich seltsamen Ort näher besprechen wollen, da soll erst mal erzählt werden, was es so alles gab auf meinem Lieblingsspielplatz. Zum Beispiel eine aufregende Kletterlandschaft mit Seilbahn und Hexenhaus, bunte Karusselle, Wippen, Schaukeln und Rutschen. Doch leider zogen all die spaßigen Dinge auch Neider an. Wo wir wieder bei dem winzigen, fast unsichtbaren Wäldchen angelangt wären. Denn wenn man es auch kaum glauben mag und ich schlechterdings bis zum heutigen Tag, Hohn und Spott seitens meiner besten Freunde ertragen muss, ist es doch Tatsache, dass in jenem spärlichen kaum überhaupt vorhandenen Gehölz ein paar unfreundliche Wichtel hausten, die mir nicht selten die Freude an meinem geliebten Spielplatz zu verderben wussten. Und ich bin mir sicher, dass ich nicht ihr einziges Opfer war.
Zur ersten Begegnung mit ihnen kam es, als ich im zarten Alter von nur sechs Jahren, auf meinem Lieblingsspielplatz friedlich schaukelte. Mein Freund Hannes, der damals wahrhaftig noch fetter war als er heute ist, tat gerade am Rand des Sandkastens eine Duftmarkierung setzen, was ihn wohl so sehr ablenkte, dass ihm das freche Kerlchen entgangen sein muss, der mir nicht nur einen so festen Stoß versetzte, dank dem ich kopfüber in der Schneebeerenhecke landete, sondern darüber hinaus auch noch die Dreistigkeit besaß, mir feixend die Zunge herauszustrekken. Der Sturz hatte mir damals so hart zugesetzt, dass ich meinen linken Arm für sage und schreibe drei Wochen in einer Schlinge tragen musste, und die Leute meinten, ich hätte wohl auch etwas am Kopf davon getragen. Besonders meine Mutter saß diesem Trugschluss auf. Anfänglich hielt sie meine Berichte über die heimtückischen Wichtel für eine Ausgeburt meines kindlichen Hirnes um Aufmerksamkeit zu erhaschen. Als es über die Jahre aber eher schlechter denn besser wurde, wandelte sich ihre Einstellung dramatisch. Sie wurde nämlich nur noch wütend, wenn ich ihr von einer neu geschehenen Untat berichten wollte. So wie einmal, als ich mein erstes BMX Rad bekam und damit hinüber rasen wollte zu meinen Freuden, die wie immer am Spielplatz auf mich warteten.

Mit stolz geschwellter Brust sauste ich durch die kleine Kuhle im Wäldchen und muss dabei wohl den heimtückisch gespannten Draht übersehen haben, der mich unsanft zu Boden riss und obendrein mein Rad unbrauchbar machte. Ein weiterer arglistiger Angriff auf mein Wohl erfolgte an einem lauen Herbstabend. Ich war gerade 12 geworden und hatte mich mit Lizzy, meiner ersten Liebe am Karussell verabredet. Wie ich so da saß und auf Lizzy wartete, schlichen sich ein paar der herzlosen Wichtel hinter meinem Rücken heran. Leider bemerkte ich sie erst als es längst zu spät war. Mit ihren kleinen patschigen Händen ergriffen sie die Stange des Karussells und flitzten los. Gut und gerne eine halbe Stunde drehten sie mich im Kreis, bis sie sich erbarmten, mich langsam austrudeln ließen und ich mich eine weitere Stunde in Lizzys Armen übergab, die nach diesem Abend selbstverständlich nichts mehr von mir wissen wollte.

Was ich damals als nicht so schlimm empfand, erwarben doch meine Eltern noch im selben Monat einen Hund namens Lary. Einen kleinen Mischlingsrüden, der mehr als einmal Opfer der Wichtel und ihrer grausamen Späße wurde. Nur zu gut erinnere ich mich noch an den Tag, als er bis er zum Nachmittag verschollen ging. Und ich den armen Kerl nackt geschert und mit einer roten Zipfelmütze auf dem Kopf wiederfand. Seither hat er nur noch äußerst selten das Haus verlassen. Und für ein paar Wochen tat ich's ihm gleich. Doch verschont blieb ich trotzdem nicht vor den Wichteln. Denn sobald ich in meinem Zimmer an das Fenster trat, da erspähte ich auch schon die grimassenschneidende Bande, wie sie mich hämisch auslachten, mit dem Finger auf mich deuteten und zu guter Letzt meine Fensterscheibe mit fetten Lehmbatzen beschmissen. Sie hörten immer erst damit auf, wenn sie das Auto meines Vaters hörten, der gegen Abend von der Arbeit kam. Dann verschwanden die dreisten Wichtel flugs in ihr winziges kaum überhaupt sichtbares Wäldchen zurück. Und ich musste mich für die schmutzigen Scheiben rechtfertigen.

Auf Grund dieser Ereignisse war ich fortan sehr furchtsam. Ich blieb den ganzen Tag zu Hause, sah fern und mied die Nähe der Fenster.

Doch irgendwann hielt ich dieses kinderunwürdige Leben nicht mehr aus. Die Sehsucht nach dem Spielplatz machte meine Angst vergessen.

Ganz früh am Morgen kurz vor Sonnenaufgang schlich ich mich, über einen weiten Umweg hinüber zu dem Platz meiner Träume.

Und das, was ich dort erblicken musste, ließ mir mein Blut in den Adern gefrieren. Auf den Schaukeln, da schaukelten Wichtel. Auf den Rutschen, rutschten Wichtelinnen und auf dem Klettergerüst, da tobten ihre kleinen Wichtelkinder. Alle gemeinsam sangen, lachten und schlugen Purzelbäume. Kurzum sie hatten einen Spaß, wie ich es den Unholden nie und nimmer zugetraut hätte. Nichtsdestotrotz sann ich auf Rache. Ohne gesehen zu werden kehrte ich nach Hause zurück, um am darauffolgenden Morgen noch vor den Wichteln dort zu sein. Bei mondleerer Nacht mit Taschenlampe und UHU Alleskleber bewaffnet traf ich am Spielplatz ein. Es war noch kein Wichtel zu sehen. Also tat ich was getan werden musste. Gleichmäßig verteilte ich den Kleber auf den Kletterstangen, Rutschen und extradick auf den Sitzen meiner Lieblingsschaukel. Ich vergaß nichts, weder die Krabbelspinne noch die Coloradowippe. Die würden sich wundern, hoffte ich. Und gerade als ich fertig wurde, kündete Geraschel sowie freudiges Gelächter die Ankunft der Wichtel an. Im letzten Moment gelang es mir in einer Hecke Deckung zu suchen, ehe gut und gerne zwei Dutzend von ihnen auf den Spielplatz strömten und die vielen Attraktionen in Beschlag nehmen wollten. In der Tat, sie wunderten sich mächtig. Was war nur plötzlich geschehen? Egal was die Wichtel berühren oder anfassen wollten, nichts ließ sie wieder gehen. Das ging so weit, dass einige, bei dem Versuch sich loszureißen, mit dem Po oder gar dem Gesicht am jeweiligem Spielgerät kleben blieben und sofort jämmerlich zu klagen begannen. Andere, die es weniger arg erwischt hatte, eröffneten sofort eine wilde Schimpferei. Von gegenseitigen Schuldzuweisungen war da zu hören, bis hin zu Verwünschungen und ernstgemeinten Mordabsichten.

Ich lachte mir eine Weile ins Fäustchen, dann ging ich los, da der zweite Teil meines Planes noch vor mir lag. Etwa gegen fünf Uhr klopfte ich an der Schlafzimmertür meiner Eltern. Zu Anfang schienen sie ein wenig verwirrt, und glaubten sich einem üblen Scherz ausgesetzt, doch als ich ihnen hoch und heilig versprach, dass sie es nicht bereuen würden, zogen sie sich etwas über und folgten mir in den Garten. Auf dem Weg zum Spielplatz spürte ich deutlich ihr Misstrauen, aber ich war mir sicher: noch heute werden sie sich entschuldigen müssen für all die Jahre in denen sie mir, ihrem eigenen Fleisch und Blut, kein Wort geglaubt hatten. Wie man sich täuschen kann. Dauerte es doch ab diesem Morgen geschlagene 3 Jahre bis sie mir überhaupt mal wieder zuzuhören gedachten. Vom monatelangen Hausarrest und Taschengeldentzug mal ganz abgesehen. Natürlich war die ganze Bande verschwunden, sonst wäre ich sicherlich als erster Wichtelfänger der Welt berühmt geworden und hätte nicht diesen Tatsachenbericht verfassen müssen.

In höchstens zehn Minuten muss den kleinen Plagegeistern die eigene Befreiung gelungen sein, denn der Spielplatz war so verlassen wie man ihn sich eben in der Früh so vorstellte. Nein, nicht ganz. Die Reste des Klebers hatten die Wichtel selbstverständlich zurückgelassen. So dass ich bis zum Abend damit beschäftigt war, die hartnäckigen Schmutzflecken zu entfernen. Im Übrigen war das mein letzter Besuch am Spielplatz.

Bianca-Maria Feser-Zimmer

Nachrichten vom Zauberwald

Keiner der Stadtbewohner kennt dieses Fleckchen Erde wirklich. Niemand weiß, was sich tagtäglich, oder des nachts, dort ereignet. Der Tag entschwindet, und die Lichter der großen Stadt erleuchten den Himmel weit bis dorthin. Der Lärm der Straßen, der Industrien dringt nur schwach vor bis zu diesem Ort, aber keiner der hektischen Menschen aus den Hochhäusern mit viel Glas und Spiegeln hat sich jemals für diesen Platz wirklich interessiert. Niemand, aber auch wirklich niemand, hat jemals richtig Notiz davon genommen. Die Menschen sind so mit sich selbst beschäftigt, mit ihrer Arbeit, ihren Hobbys, ihren Sorgen und Nöten. Und es können auch nur sehr wenige wahrnehmen. Denn ein völlig reines Gewissen muss der Mensch haben, der es erleben darf. Aber welcher dieser Menschen hat noch niemals einen Fehler begangen? Wer von ihnen hat noch niemals gelogen oder gesündigt? Nein, solch einen Menschen gibt es nicht in dieser großen Stadt. Jedenfalls keinen Erwachsenen!

Die Kinder erfüllen da schon eher diese Voraussetzung des guten Gewissens. Aber wie sollen sie zu diesem geheimnisvollen Ort kommen? Allein sicher nicht! Der Weg zu diesem seltsamen Platz ist einfach zu weit. So bleibt dieses Stück Land also unbehelligt und unerkannt direkt vor den Toren der Stadt. Der Zauberwald! Er ist nicht sehr groß für einen Wald! Nur zwei Tage würde es dauern, ihn zu Fuß mit wackerem Schritt zu durchqueren, davon einen Tag im Dickicht und einen Tag zwischen den Himmel hohen Bäumen mit ihren das Tageslicht abschirmenden riesigen Baumkronen. Es ist deshalb immer dunkel dort, sehr dunkel und unheimlich. Das Spiel von Licht und Schatten ist hier ein anderes als in jedem anderen Wald auf dieser Welt. Die Schatten sind nicht dunkel hier, sie sind schwarz, ein Schwarz, das tiefer nicht sein könnte. Sie huschen, stehen niemals still. Es scheint so, als würden diese Schatten getrieben werden. Es sind große und winzige Schatten, mit runden und mit eckigen Umrissen, mit geschlossenen oder fedrigen Rändern. Es sind Schatten, die nicht wie andere Schatten bei Eintritt der Dunkelheit verschwinden. Nein! Die Dunkelheit ist noch nie so dunkel gewesen, dass man diese Schatten nicht mehr hätte erkennen können.

Die Geräusche des Waldes tun dazu ihr übriges. Äste, die unter den

Schritten des Wildes knacken, altes Laub das im Wind raschelt, der Gesang der Vögel, die Schreie der Eichelhäher, all das gibt diesem Wald sein Geheimnis. Nirgends sonst auf dieser Welt kann man solch einen Wald noch einmal finden. Kein Mensch will an diesem scheinbar unheimlichen und unwirtlichen Ort sein. Der Wald ist aber keineswegs unbewohnt. Merkwürdige Wesen sind dort schon vor langer Zeit heimisch geworden. Sie haben ihre Freude an diesem unheimlichen Wald, an diesen Schatten. Ihnen macht es nichts aus, dass es im Dickicht niemals richtig Tag wird. Sie lieben die Himmel hohen Bäume mit ihren schlanken Stämmen genauso, wie das Dickicht. Diese Wesen sind eben etwas einmaliges, von Menschen unerkanntes auf dieser Welt.

Serafin ist einer von ihnen. Er ist nicht groß, vielleicht so groß wie ein 8-jähriges Kind. Er hat dichte, tiefrote Haare, die wie ungekochte Spaghettinudeln von seinem Kopf abstehen. Seine riesigen Ohren schauen zwischen den Haaren heraus und sind einem Korkenzieher nicht unähnlich. Die kleinen, blitzenden Augen sind smaragdgrün und umrahmt von feinen glitzernden Wimpern, die geschliffenen Diamanten gleichkommen. Die Nase ist lang und spitz, einer Mohrrübe nicht unähnlich und die vollen Lippen blutrot. Serafin hat schöne Zähne; sie strahlen weiß, wenn er laut und inbrünstig über seine Waldgefährten lacht. Und das kann er oft. Denn sie sind eine sehr lebenslustige Gesellschaft dort im Zauberwald.

Serafins Bekleidung besteht aus einem tiefgrünen, seidig schimmernden Gewand, das die Fülle seiner kleinen Figur geschickt verdeckt. Das Gewand ist übersät mit goldenfunkelnden Sternen, was ihn prächtig aussehen lässt. Das bringt ihm wohl auch den Ruf bei seinen Freunden ein, ein ganz edler Kobold zu sein. Er mag es gar nicht, dass ihn die anderen Kobolde darum beneiden, aber er kann nichts dagegen setzen. Dieses Gewand hat er nun mal sein Leben lang zu tragen. Es nutzt sich niemals ab, auch wenn er sich wieder im Dickicht herumtreibt. Ein Riss im Stoff wird stets wieder wie von Geisterhand geschlossen, Schmutz scheint es abzustoßen. Ein Glück, so sieht Serafin immer überaus gepflegt aus!

Wie viele Kobolde es im Zauberwald gibt, das weiß niemand von ihnen. Das ist auch nicht wichtig. Sie wollen nur ihren Spaß haben und ihre Streiche spielen. Und das tun sie, und nicht zu wenig. Die Straße, die mitten durch den Wald führt, ist ein bevorzugtes Spielrefugium der lustigen Gesellen. Zwar hat noch nie ein erwachsener Mensch einen der Kobolde gesehen, aber merkwürdige Geschehen werden immer mal, wenn auch sehr selten, berichtet. Sogar die große Tageszeitung veröffentlicht so manches Mal eine lustige Begebenheit, die vielleicht auch der Polizei angezeigt worden ist.

So wie dereinst: Familie Lohmann war mit ihrem PKW unterwegs. Vater, Mutter Lohmann und Svenja und Martin, die Kinder der Lohmanns. Martin, der Jüngste war erst vier Jahre alt. Er schlief meistens beim Autofahren ein, egal ob bei Tag oder Nacht. Dieses Fahrgeräusch des Wagens und das Geschaukel beförderten ihn regelmäßig ganz schnell in die schöne Traumwelt. Lohmanns waren bei Freunden gewesen, Weihnachten nachfeiern. Die Kinder hatten den ganzen Nachmittag gespielt und getobt, die Erwachsenen geplaudert. Gemütlich war es gewesen. Und der Kuchen hatte traumhaft geschmeckt, meinte Svenja. Martin hatte mehr Spaß an den Würstchen zum Abendessen. Für seine 4 Jahre hatte er ordentlich zugeschlagen. Der volle Bauch ließ ihn deshalb vielleicht noch schneller einschlafen als sonst. Vater Lohmann konnte nicht schnell fahren. Es regnete stark und der schwarze Asphalt der Strasse war durch die Nässe schlecht zu überschauen. Mutter Lohmann war ein ziemlich ängstlicher Beifahrer. Hinter jedem Baum sah sie etwas Bedrohliches! Vater Lohmann wurde dadurch auch immer sehr nervös. Svenja spürte das und war deshalb ganz still in ihrem Kindersitz auf der Rückbank. Martin schnarchte leise neben ihr. Die Landstrasse war nicht breit und führte direkt in Richtung des Zauberwaldes, den sie mit ihrem schwarzen Band zerschnitt. Immer näher kam der Waldesrand. Mutter Lohmanns Gesicht war wieder von dieser Angst gezeichnet. Sie sollten nicht mehr so spät Auto fahren, das würde ihr jedenfalls besser bekommen. Kein anderes Auto weit und breit, eine Einsamkeit, die schon beunruhigend war. Wenn man jetzt eine Panne hätte, Mutter Lohmann wollte gar nicht daran denken. Sie würde wohl sterben vor Angst. Vater Lohmann mahnte seine Frau, doch nicht solche Horrorszenen hier zu erzählen, sie würde doch nur die Kinder ängstlich machen. Darauf litt sie zwar weiter, aber eben still. Svenja war froh darüber. Sie mochte diese Redensarten von Mama gar nicht.

Aber jetzt eben schien es Svenja, als ob am Straßenrand etwas gestanden hätte. Ein Mensch? Ein Tier? Svenja rutschte in ihrem Sitz etwas herum, damit sie besser aus dem Wagenfenster schauen konnte. Da war es wieder! Es sah aus wie ein winziger Mensch, aber doch auch wieder nicht. Vater Lohmann fuhr sehr langsam, aber eben doch zu schnell, um genaueres erkennen zu können. Da kam wieder eines in Sicht! Svenja war ganz aufgeregt, aber die Eltern dachten wohl, sie hätte geträumt. Sie selbst konnten ja nichts sehen. Martin wachte jedenfalls auf von Svenjas Unruhe. Wenigstens er war auch in der Lage, diese merkwürdig aussehenden Wesen zu erkennen. Da, gerade wieder einer! Dieser hatte Haare wie ungekochte Spaghetti und Ohren wie Korkenzieher gehabt.In diesem Moment veränderte sich der Regenguss, der auf sie herabprasselte. Was geschah hier nur mit ihnen?

Vater und Mutter Lohmann gerieten in Panik. Dieser Regen, er wechselte seine Farbe. Die Scheibenwischer schrubbten zwar die Frontscheiben blank, aber die Karosserie nahm die Farbe auf, als ob sie neu lackiert würde. Immer mehr, immer intensiver wurde sie. Als sie schließlich den Wald durchquert hatten, war aus dem ehemals roten Auto ein goldenes geworden. Nur noch der Unterboden des Wagens zeigte die ursprüngliche Lackierung. Lohmanns waren restlos geschockt. Sie hatten es nicht gewagt anzuhalten, zu wunderlich war das, was geschehen war. Die Kinder hatten die lachenden Gesichter der Kobolde gesehen, denen es eine diebische Freude zu bereiten schien, die Eltern Lohmann in Angst und Schrecken zu versetzen. Nur die Eltern hatten die Kobolde offenkundig nicht sehen können. Svenja und Martin waren sprachlos.

Vater Lohmann steuerte sofort die nächste Polizeistation an, um die Geschehnisse zu melden und sein völlig verfärbtes Auto vorzuführen. Die Polizisten wollten zunächst den Schilderungen Vater Lohmanns keinen Glauben schenken, aber als sie dann draußen vor der Wache die Bescherung sahen, ein fast vollständig goldenfarbiges Auto, nur die Fenster waren noch wie zuvor, da war das Staunen groß. Sogar ein Pressefotograf wurde gerufen. Deshalb wusste am anderen Tag die ganze Stadt von diesen Erlebnissen der Familie Lohmann. Nur keiner wollte etwas von den Kobolden wissen. Svenja und Martin waren ganz enttäuscht. Vater und Mutter Lohmann hatten ihnen verboten, „diesen ausgesprochenen Quatsch" irgendjemanden zu erzählen. Die Lohmannkinder verstanden die Welt nicht mehr, aber wenn die Eltern so streng redeten, dann wussten sie, dass es ernst von ihnen gemeint war. Und so erfuhr eben niemand etwas von den merkwürdigen Gesellen draußen im Zauberwald. Wie der Farbregen entstanden war, das interessierte nur noch die Laboranten der Polizei, aber irgendwann geriet alles wieder in Vergessenheit.

Das war ein Spaß. Die Kobolde waren außer sich vor Glück. Diese großen Augen der Familie als der Goldregen niederging! Es war eine Wonne, das zu beobachten. Hurtu, der Regenkobold war dafür verantwortlich gewesen. Was hatte er sich über den Losentscheid des Koboldrates gefreut, dass dieses Mal er der Erwählte für einen Koboldspaß sein sollte. Der Koboldrat besteht aus 9 Kobolden, die von allen Kobolden des Zauberwaldes gewählt werden. Jeder der 9 Ratsmitglieder hat eine besondere Befähigung, die nicht jedem Kobold gegeben ist. Deshalb sind sie auch ein ganz besonders wichtiges Gremium, das von allen anderen sehr respektiert und geachtet wird. Serafin ist auch in diesem Rat. Er ist nicht nur sehr weise und bedacht, bei allem, was der Rat beschließt, denn schon so manches Mal hat er den Rat von irgendwelchen dummen Entscheidungen abbringen können, die nur zu Verdruss geführt hätten! Nein, Serafin hat auch ein ganz besonderes Talent, das ihn von den anderen des Rates hervorhebt. Serafin kann in die Seelen der Kinder schauen. Das ist etwas einmaliges.

Hurtu gab sich große Mühe, seiner ihm durch den Losentscheid zugefallenen Aufgabe, Menschen zu verblüffen, gerecht zu werden. Wochenlang brütete er darüber tief im Wald. Keiner sah ihn in dieser Zeit an einem anderen Platz. Es sollte etwas ganz außergewöhnliches werden, etwas, was die Welt noch nie gesehen hatte. Und dann war es soweit. Futuro, der Zukunftskobold, hatte für den kommenden Tag die Fahrt der Lohmanns vorhergesagt. Die sollten es also werden!

Hurtu war bereit. Er fiel in einen tiefen Konzentrationsschlaf, der den Regen schließlich im richtigen Moment zu einem Goldregen werden ließ. Gerade noch rechtzeitig wachte Hurtu auf, um das Ergebnis seiner Wundertat begutachten zu können. Alle Kobolde jubelten ihm zu. Es tat ihm wohl, dass der Spaß bei den anderen so gut angekommen war. Von diesem Erfolg zehrt er Jahrzehnte, denn das Los für Koboldspäße trifft allenfalls alle 50 Jahre wieder dasselbe Ratsmitglied. Das Los wird immer nur alle 5 Jahre gezogen, öfter darf das nicht passieren. Denn andernfalls gerieten die Späße bei den Menschen der Stadt nicht in Vergessenheit. Die Kobolde würden der Gefahr ausgesetzt werden, ihr zauberhaftes und geheimnisvolles Refugium zu verlieren.

Es muss wohl deshalb viele Jahre später gewesen sein, als eine Gruppe Fahrradtouristen sich dem Zauberwald näherte. Teilweise waren sie schwer bepackt, nur die Kinder in der Gruppe mussten keinen Rucksack auf dem Rücken schleppen. Sie hatten ausschließlich ihr Fahrrad zu befördern. Es war ein schöner Tag gewesen, aber nun zog die herbstlich frühe Dämmerung herauf. Sie wollten es heute noch bis zur Stadt schaffen, dem nächsten Etappenziel auf ihrer Fahrradreise. Bernhard war der Gruppenleiter, jedenfalls hatte er alles organisiert und führte die Kolonne der fast 15 Räder an. Die Strasse war wenig befahren. Das hatte sie dazu bewogen, den Fahrradweg, der um den Wald herum führte mit der kürzeren Route, der Strasse quer durch den Zauberwald, einzutauschen.

So würden sie viel Zeit sparen können. Die Fahrradlampen spendeten nur ein spärliches Licht, deshalb war es einigen etwas mulmig zumute. Im Wald war es schon richtig dunkel. Schaute man im Vorbeifahren mal eben so ganz zufällig in das Dickicht gleich neben der Strasse, so schienen sich die Schatten dort einem Tanzwettbewerb zu stellen. Sie huschten förmlich durch das dichte Gestrüpp. Einer schneller als der andere. Diese Schatten waren nie und nimmer die Schatten der Radler. Dieses Schattenspiel entsprach überhaupt nicht den Bewegungen der Gruppe. Viel zu hektisch waren sie, zu sprunghaft. Bernhard feuerte immer wieder die anderen seiner Mitfahrer an, doch etwas schneller in die Pedale zu treten, aber am Ende eines Tages waren die Beine aller schon etwas schwer. Dafür war die heutige Etappe zu lang gewesen.

Da! Loni, die achtjährige Tochter von Bernhard schaute sich verduzt um. Da hatte doch eben ein kleiner Kauz, vielleicht ein Kobold, am Straßenrand gestanden. Sie war so verblüfft, weil er ihr sogar nachwinkte, als sie sich noch einmal nach ihm umschaute, jedenfalls fuhr sie fast vor Erstaunen in den Straßengraben. Bernhard schimpfte im Weiterfahren mit Loni, sie müsse besser aufpassen. Die kleine, sonst sehr kesse Göre, konnte ihrem Papa das eben Gesehene gar nicht mitteilen. Er würde ihr es nie und nimmermehr glauben. Papa hatte den Gesellen zweifelsohne nicht gesehen. Nur Toni, der ein paar Räder hinter ihr fuhr, er hatte diesen merkwürdigen Kobold auch kurz gesehen und war ziemlich erschrocken. Man sah es seinem Gesicht genau an. Ein Stück weiter des Weges standen sogar mehrere dieser kleinen, eigentlich nicht sehr hübsch aussehenden Wesen nebeneinander und winkten der Fahrradgruppe zu, aber wieder nahmen nur die Kinder diese kauzigen Gesellen wahr. Die Erwachsenen fuhren fleißig weiter, sie wollten endlich am Ziel des heutigen Tages ankommen. Das Links und das Rechts der Strasse interessierte keinen von ihnen. Und das Kind, das auf die Kobolde aufmerksam machen wollte, wurde einfach als „Quatschkopf" bezeichnet. So einfach machten es sich die Erwachsenen.

Plötzlich jedoch kamen ihnen aus dem Wald heraus unendlich viele Luftballons entgegengeflogen. Die Äste der Bäume und das Dickicht konnte ihnen offensichtlich nichts anhaben! Es waren wohl keine gewöhnlichen Luftballons. Sie platzten nicht bei der ersten Berührung damit. Zuerst erschienen sie wie kleine silbrige Punkte dort hinten im tiefen Wald, aber als sie näher kamen zur Strasse war es, also ob Tausende kleiner Silbermonde über die Menschen auf ihren Fahrrädern hinwegschwebten. Bernhard hob die Hand, das Zeichen zum Halt. Alle schauten verwundert hinauf zu den Ballons. Es war beängstigend, aber auch sehr schön, dieser Anblick der in der Luft schwebenden Silberkugeln. Dieses Bild würden sie wohl niemals vergessen. Plötzlich fing Erika, Bernhards Frau, an zu husten und wie von Geisterhand verschwanden die Ballons. Keine

Spur hinterließen sie! Nichts würde jemals an sie erinnern! Nur in den Köpfen der Radler würde es wohl nie in Vergessenheit geraten, so merkwürdig und beeindruckend war das Geschehnis gewesen.

Als die Radler am Abend in ihrer Pension davon erzählten, wollte keiner der anderen Gäste, die es ja nicht miterlebt hatten, die Geschichte glauben. Wie sollte denn all das vonstatten gehen? Nur die Pensionswirtin Svenja Lohmann erinnerte sich an die Geschichte aus ihrer Kindheit, die sie längst vergessen hatte, von dem goldenen Wagen und den merkwürdigen Wesen, über die sie nie hatte reden dürfen! Aber gab es da einen Zusammenhang? Wie ließen sich diese Dinge bloß erklären? Svenja sprach auch an diesem Abend nicht von der seltsamen Begegnung in ihrer Kindheit. Zu tief hatte sich das Verbot der Eltern darüber zu sprechen damals in ihren Verstand gegraben. Am anderen Morgen setzten die Fahrradtouristen ihre Tour fort, und mit ihnen ging auch die Erinnerung an das wundersame Geschehen im Zauberwald verloren.

Birschi ist der Ballonerfinder der Kobolde. Aber dieses Mal hatte er sich selbst übertroffen. Alle Kobolde schwärmten noch lange von diesem zauberhaften Schauspiel der schwebenden Silberballons über den Köpfen der Fahrradfahrer, von den riesigen Augen der Kinder, die mit offenem Mund staunten, was da über ihnen geschah. Serafin applaudierte Birschi am meisten. Er hatte ja dabei auch in die Seelen der Kinder schauen können. Und das, was er da sehen konnte, das stimmte ihn sehr zufrieden. Alle Kinderseelen waren ganz erfüllt und glücklich von diesem Anblick der Wunderkugeln am Himmel. Es war aber auch eine Glanzleistung, die silbernen Bälle durch die Luft genau auf die Gruppe Menschen hinzusteuern. Der Wind war dabei ja nicht ungefährlich, wie schnell hätten die Ballons davon abgetrieben werden können. Aber Birschi hatte die Sache fest im Griff. Im entscheidenden Moment kniff er seine kleinen blitzenden, Ferkelaugen nicht unähnlichen, Augen zu, seine giftgrünen Locken glätteten sich blitzartig und Birschi schien wie in einer anderen Welt zu sein. Und genau in diesem Moment kamen die Ballons herangeschwebt. Erst in dem Augenblick von Erikas Husten erwachte Birschi aus seiner Trance, öffnete wieder seine Augen und seine Locken waren geringelter als jemals zuvor. Die Ballons aber waren damit verschwunden.

Jetzt warten wir auf neue Geschichten vom Serafin und seinen Koboldfreunden. Jeder ist aufgerufen sich zu melden, es zu berichten, wenn ihm dort draußen im Zauberwald etwas wundersames widerfahren ist.

André Steinbach

Der einfältige Sohn

Vor langer, langer Zeit lebte ein Bauer mit seiner Frau in einem kleinen Dorf. Die Frau bekam noch im späten Alter einen Sohn, so dass der Bauer und seine Frau schon alt waren, als dieser erwachsen war. Der Sohn war sehr einfältig und leichtgläubig.

Eines Tages betrachtete die Frau wieder einmal ihren Sohn, der wie immer etwas Dummes angestellt hatte und dachte bei sich ‚vielleicht wäre er nicht mehr so dumm und töricht, wenn er heiraten würde. Da mein Mann und ich schon alt sind und wir nicht mehr lange leben werden, wäre es schon besser, wenn wir ihm eine Frau suchten so lange wir noch leben, denn wer soll sich sonst um ihn kümmern?‘

Sie überlegte nicht lange, rief ihren Mann zu sich und sprach: „Da unser Sohn jetzt erwachsen ist, sollten wir für ihn eine Frau suchen, vielleicht ist er dann auch nicht mehr so töricht und benimmt sich wie ein Mann!"

„Ja, Frau, das stimmt," sagte der Bauer und fügte hinzu „es ist jetzt wohl an der Zeit ihn zu verheiraten, da wir jederzeit sterben können."

Am nächsten Tag brachen beide bei Tagesanbruch auf ins nächste Dorf und arrangierten eine Heirat. Sie nahmen auch gleich die junge Frau mit zu sich in ihr Dorf. Schon kurz darauf wurde der alte Bauer sehr krank und starb, so dass nur noch seine Witwe, der Sohn und die Schwiegertochter im Haus lebten.

Aber die Schwiegertochter wollte nicht mehr im Dorf ihres Mannes leben und sagte zu ihm eines Tages: „Wir können so auf Dauer nicht weiterleben. Was hältst du davon wenn wir in mein Dorf gehen und dort die Felder bestellen?" Der Sohn überlegte nicht lange und antwortete: „Ja, das wäre gut, lass uns in dein Dorf gehen, so wie du es gesagt hast."

Schon bald nachdem sie fortgegangen waren, starb die Mutter und als beide im Dorf der jungen Frau lebten, wurde diese sehr krank. Ihr Körper war mit Furunkeln übersät und sie lag zu Bett. Der junge Bauer war sehr traurig und fragte sie „Was hast du für eine Krankheit?" Doch seine Frau antwortete nicht und es ging ihr immer schlechter. Er ließ einen Arzt rufen, der sie untersuchte und ihr eine Salbe zum Einreiben gab.

Der junge Bauer rieb seine Frau jeden Tag mit dieser Salbe ein, doch ihr Zustand wollte nicht besser werden. Da sagte er zu seiner Frau: „Hier kann dir wohl kein Arzt helfen. Es ist besser wenn wir zurück in mein Dorf gehen und dort einen Arzt um Rat fragen. Die Medizin hier ist nicht gut." Seine Frau stimmte zu und beide gingen zurück in das Dorf des jungen Mannes.

Unterwegs trafen sie einen Mann, der einen Bullen hinter sich her zog. Der junge Bauer wurde neugierig und fragte: „Wo willst du mit dem Bullen hin?" Da erwiderte der Mann: „Ich bringe den Bullen in mein Dorf. Und wo geht ihr beide hin?" Da erwiderte der junge Bauer: „Wir kommen aus dem Dorf meiner Frau, wo wir die Felder bestellten und lebten. Doch meine Frau wurde sehr krank, und ihr Körper ist über und über mit Furunkeln bedeckt. Die Medizin dort konnte ihr nicht helfen und jetzt gehen wir zurück in mein Dorf, um dort bessere Medizin zu bekommen."

Der Mann merkte, dass der junge Bauer sehr einfältig war und sagte zu ihm: „Lass mich mal nach deiner Frau sehen. Ich verstehe etwas von Medizin." Als der junge Bauer dies hörte, freute er sich sehr und zeigte ihm die Furunkel auf dem Körper seiner Frau. Der Mann besah sich die Stellen genau und sagte: „Das sieht aber nicht gut aus. Es gibt keine Medizin, die hier helfen kann. Die Furunkel werden noch mehr und mehr werden."

Als der junge Bauer dies hörte, wurde er sehr traurig und dachte ‚was soll ich mit einer kranken Frau? Es wäre besser, wenn ich sie loswerden würde.'

Dann sagte er zu dem Mann: „Was hältst du davon wenn du mir den Bullen gibst und ich gebe dir dafür meine Frau?" Als der Mann dies hörte, freute er sich, denn das war genau das was er hören wollte und er erwiderte: „Gut wenn du mir deine Frau gibst, gebe ich dir dafür meinen Bullen." Dann gab er dem jungen Bauer seinen Bullen und nahm die junge Frau mit, die weinte. Der junge Bauer aber war sehr froh über den Tausch und als er mit dem Bullen am Strick in sein Dorf gehen wollte, riet ihm der Mann: „Sei aber vorsichtig mit dem Bullen. Er hat gerade getrunken und sein Magen ist voller Wasser."

Der einfältige junge Bauer sah sich den Bullen an und band ihm ein Tuch um den Leib. Er dachte so könne dem Bullen nichts passieren. Und ganz langsam setzte er seinen Weg in sein Dorf fort.

Unterwegs traf er auf einen Mann der eine Axt bei sich trug. Als dieser den jungen Bauer und den Bullen mit einem Tuch um den Leib sah, musste er lachen und fragte ihn: „Warum hast du denn deinem Bullen ein Tuch um den Leib gebunden?" Da antwortete der junge Bauer: „Sein Magen ist voller Wasser, darum muss ich vorsichtig mit ihm umgehen."

231

Der Mann lachte wieder über solch einen Unsinn und wollte schon seinen Weg fortsetzen, als der junge Bauer hinter ihm her rief: „Was hast du aber da über deiner Schulter?" Da erwiderte der Mann: „Das ist meine Axt." „Was kannst du mit deiner Axt machen?" fragte der junge Bauer erstaunt. Jetzt bemerkte der Mann wie dumm der junge Bauer wirklich war und erwiderte: „Mit dieser Axt kann man viele Arbeiten verrichten. Wenn du mit ihr in den Wald gehst und ihr etwas zu essen und zu trinken gibst, so wird die Axt für dich viele Bäume fällen, damit du das Holz dann in der Stadt verkaufen kannst. Sie erledigt alle Arbeit für dich, und du selbst brauchst nichts dafür zu tun."

Als er dies hörte, dachte der einfältige Bauer im Stillen: „Wie gut doch diese Axt ist. Wie gerne hätte ich sie!" Dann sagte er zu dem Mann: „Wenn ich dir den Bullen gebe, würdest du mir dann die Axt lassen?" Der Mann lächelte und erwiderte: „Na gut, ich würde dir die Axt für den Bullen tauschen, selbst wenn dessen Magen voll Wasser ist."

Der junge Bauer war sehr froh, dass er den Bullen mit so viel Wasser im Magen loswurde. Er gab dem Mann den Bullen und ging mit der Axt über der Schulter weiter den Weg in sein Dorf. Er hatte nichts davon erfahren, dass auch seine Mutter gestorben war und wurde sehr traurig, als er dies von seinen Nachbarn erfuhr.

Am nächsten Morgen ging er schon sehr früh mit der Axt in den nahen Wald. Nachdem er ein schönes Plätzchen zur Rast gefunden hatte, lehnte er die Axt an einen Baum und sagte: „So, Axt, ich werde hier warten, geh jetzt und fälle mir Bäume!"

Doch die Axt blieb am Baum gelehnt und machte keinerlei Anstalten sich zu erheben um Bäume zu fällen. Der einfältige junge Bauer wunderte sich, dass die Axt sich nicht anstellte Bäume zu fällen und an der Stelle am Baum gelehnt blieb, wo er sie gelassen hatte. Da dachte er bei sich ‚sicher bewegt sie sich nicht, weil sie sehr schüchtern ist und weil ich sie beobachte. Vielleicht ist es besser wenn ich nach Hause gehe, vielleicht fällt sie ja dann für mich die Bäume.' Bevor er zurück in sein Dorf ging, ließ er noch etwas zu essen und zu trinken für die Axt zurück, da es sehr warm war und er dachte wenn die Axt gegessen und getrunken hätte würde sie auch für ihn die Arbeit verrichten.

Er ging in sein Haus, aß etwas und kehrte um die Mittagszeit wieder in den Wald zurück. Als er an dem Platz angekommen war, wo er die Axt an den Baum gelehnt hatte, musste er feststellen, dass sich nichts getan hatte und die Axt sich noch immer an der gleichen Stelle befand. Auch das Essen und das Wasser, das er dort gelassen hatte, war noch unberührt. Der junge Mann wunderte sich sehr, sah die Axt an und fragte sie: „Bist du krank?" Er ging zu der Axt und berührte sie. Da sie die ganze Zeit über in der Sonne gelegen hatte, verbrannte er sich fast die Finger an ihr. ‚Ja‘, dachte er, ‚sie muss wohl krank sein. Sie hat sicher Fieber, denn sie fühlt sich sehr heiß an.‘

So schnell er konnte eilte er zurück in sein Dorf und sagte dem Arzt dort: „Meine Axt lag den ganzen Tag in der Sonne und ist sehr heiß, sie müßte Fieber haben. Bitte geben sie mir eine gute Medizin, damit meine Axt schnell wieder gesund wird."

Der Arzt musste lachen als er dies hörte und erwiderte: „Die beste Medizin für deine Axt ist ein Becken mit kaltem Wasser. Lege deine Axt dort hinein und nach kurzer Zeit schon wird das Fieber verschwinden."

Der junge Mann war sehr froh, als er dies hörte, nahm die Axt und legte sie in ein Becken mit kaltem Wasser. Schon nach kurzer Zeit fühlte sich die Axt wieder kalt an und er sagte zu sich ‚vielleicht sollte ich die Axt so kurz nach ihrer Krankheit nicht arbeiten lassen.‘ Er lehnte die Axt daheim an die Wand und wollte am nächsten Tag wieder in den Wald gehen.

Doch am nächsten Tag wurde der einfältige Bauer plötzlich sehr krank und bekam Fieber. Sein ganzer Körper glühte und er sagte zu sich ‚ich weiß jetzt, welche Medizin hier hilft. Ich muss nicht wieder den Arzt damit belästigen.‘

Dann schleppte er sich zu einem Teich in der Nähe des Dorfes, legte sich ins Wasser und blieb so lange dort liegen, bis sein Körper vor Kälte zu zittern begann. ‚Gut, dachte er sich, jetzt habe ich kein Fieber mehr!‘ und er ging zurück ins Dorf. Aber in der Nacht fühlte er sich sehr elend und starb kurz darauf an Schüttelfrost und Fieber.

Ernst Bliem

Wolfszauber

In einem fernen Märchenland ist zu einem Bauern mit Ställen, satten Wiesen und Getreidefeldern einmal ein Wolf, der sprechen konnte, gelaufen. Der Bauer hat ihn von klein auf aufgezogen und sagte damals „Das Wolfsjunge wird einmal ein zünftiger Hofhund und Bewacher meines Gutes" und alle halfen ihm dabei, die Bäurin und die Magd, die Knechte auch und die Kinder. Seine Frau sagte „Wird ein starkes Stück Arbeit, aber es wird sich dann auszahlen." Sie fütterten ihn und gaben ihm das Beste zu den Mahlzeiten, der Bauer brachte dem kleinen Wolf persönlich das „Fressi, Fressi" und viel Milch. Jetzt war er noch klein und sah aus wie eine niedliche Katze. Alle bewunderten ihn und sagten: „Der soll einmal ein guter Behüter werden und sie bastelten für den Kleinen vorsorglich eine kleine Holzhütte für dann, wenn er größer wäre. Und erhofften einen ausgewachsenen „Hofwolf" der den Feinden das fürchten lehre, nicht aber dem Briefträger, denn das wollten sie ihm schon beibringen und ihn zähmen. Der Wolf hatte weiße Pfoten und beim Hatscherln hatte er den Schweif nach unten und er deutete das als gutes Zeichen. Überall sah es aus wie in einer Wildnis nur der Wölfli fühlte sich wohl in Menschennähe und nahm sich viel vor und seine jugendlichen Instinkte übernahm er auch von Menschen und ist ganz bescheiden geblieben, trotz der reichen Kost. Er erhielt auch einen Namen und hieß Moughli nach dem ersten Zugeherruf. Da waren aber Zweifel, dass er zusehens verhätschelt wurde und etwa zu dick würde, aber er zerstreute das und hüpfte auf und tollte herum. Als er größer wurde, begann er überall und jeden zu beschnuppern, aber irgendwie kamen ihm die Gerüche dann nicht mehr seltsam vor. Er bekam dann Fleisch, und sein Fell wurde voll und zeugte von großer Gesundheit. Die weißen Pfoten gaben ihm ein friedfertiges Outfit und als er bei Nacht den Mond anheulte glaubten alle, der wird doch nicht ein Mondanbeter und probierten das Geheul bei Tag und bei der Sonne aus, da sie dem „Neuen" alles nachmachten nur mit dem Unterschied von Zivilisationserscheinungen. Sie nahmen ihn voll in die Familie auf und versorgten ihn mit neuen Sachen. Spielsachen nahm er aber nicht. Zwar den Ball, den er zusehends kennenlernte und seine Tücken. Bei Regenwetter stimmte er alle traurig und bei Sonnenschein munter. Doch jetzt genug von diesem Nesthäkchen und als er größer wurde und über Stufen hinaufkam, gab jemand acht dass sein Rückgrat grad bliebe und er sich nicht verletzte. Nun ist er ein großer, sagen wir, hundeähnlicher Köter gewesen und er siedelte in die Hundehütte, weil er sonst zu wild wurde, er konnte nicht mehr beredt agieren und schaute oft lange auf die Felder und den nahen Wald. „Das macht er uns allen nach und dem Bauer. Die Hühner und Gänse ließ er in Ruhe und wurde also kein Fuchs. Als ihm der Knecht einmal eine Kette zeigte, zog er den Schwanz ein und winselte. Der Knecht sah daran, dass das Anketten noch zu früh wäre. Sie ließen ihn aber am Hof, und er hatte ein schönes Aufwachsen. Die Hühner und Gänse am Abend in den Stall weisen konnte er schon bald, und ihn störte auch das Gackern und Schnattern nicht. Zu fressen hatte er genug und reichlich und er revanchierte sich dafür, dass er nicht viel bellte und heulte. Nur der Mond fiel ihm häufig auf, denn der hatte meist eine Sichel und der Vollmond glänzte rötlich und er vermutete einen Ofen und kam ihm nicht zu nahe, denn er hatte Angst, er würde sich verbrennen. Jagen brauchte er nicht, nur wenn er keine Mahlzeit bekam. Da lernten sie auf dem Hof daraus und gingen manchmal auch umher und das Gefühl sagte dem Gesinde, dass sie zum Arzt gehen mußten wegen irgendetwas anderem, das keimte und wenn es am Hof unruhig gewesen ist, rasselte er und da trat Schweigen ein. Das Leben am Bauernhof muß gelernt sein, denn es ist nicht leicht zu begreifen, seit den vielen Änderungen nach der Kindheit.

Der Wolf ahnte und gestikulierte wie ein Instinkttier die ganzen Geheimnisse der Leute, blieb aber doch auffällig für so manchen genauer schauenden Besucher. Sie wollten ihn umtaufen, weil er nicht mehr auf den kindischen Namen hörte und sträubte die Mähne, wenn der neue Briefträger kam und manchmal auch bei gefühlsmäßig Vorgesetzten.

Als der junge Wolf alt genug gewesen ist, durfte er in den Stall und sah stundenlang den Schweinen beim Fressen zu. Man dachte zuerst, das ist Freßneid, derweil bekam er dann Intelligenzzuwachs und interessierte sich für Zaubervorstellungen, die er am Hof und mit dem Jäger in der Wildnis anwenden könnte. Als der Knecht zu zaubern anfing, hatte er einen sicheren Zuseher in eben dem Hauswolf. Eines Tages ist es wieder einmal so weit gewesen, da ist der Knecht in einem magischen Kabinett gewesen und das Dortige wurde sein Vorbild.

Er machte viele Übungen in diesem Metier, und seine Geschicklichkeit in Zauberkunststücken gefiel allen sehr, die regnerischen Tage aufzumuntern, da man auch lachen konnte und einen Aplaus machen konnte. Sie holten Moughly, und der sah aufmerksam zu. Der Knecht zauberte zwei farbige Kugeln aus den Ärmeln, und alle Zuschauer freuten sich und so mancher durchschaute das bis zu einen gewissen Grad. Und die andern taten, als frugen sie den Wolf, der zuerst Gefahr gewittert hat, schnupperte ungläubig am Knecht herum und dann bellte er erfreut, als wäre dieser ein Leittier. Das nächste Kunststück benötigte lange Fingerhüte und der Knecht absolvierte das fehlerlos. Moughly besah dann seine Pfoten, so als wollte er sagen: „Ich kann das nicht, aber da kennt man sich aus" und beschnupperte dann die Hände des Magiers. Der Knecht wiederholte dieses Spiel und der Wolf kam und diesmal tat er ebenso, wie er zuvor gesehen hatte und ging dann an seinen Platz, eine Matte, zurück, legte sich darauf und das Maul auf seine Vorderbeine und sah abwechselnd auf die Bühne und dann auf seine weißen Pfoten, und der Knecht gab ihm dann Keks, die er auch irgendwie hervorzauberte oder nur so tat. Der Künstler nannte die Geschicklichkeitskünste „Palmage".

Am darauffolgenden Tag nahm der Bauer den Moughly auf das Amt mit, zu dem er mußte wegen der Markierung einer angekauften Wiese. Er nahm den Wolfshofhund mit, wegen der Exotik und der Sicherheit und dass er einmal zur Abwechslung andere Leute sehen konnte. Vor dem Amtsraum putzte sich das Herrl die Schuhe am Tackerl ab und der Wolf machte das ebenso mit seinen weißen Pfoten, was er schon vorher des öfteren probiert hat. Das Bauerle sagte im Hineingehen „Also, darum hat er das gemacht." „Wie meinen", sagte der Beamte, weil er das gehört und gesehen hatte. „Wie gehts dem Hund"? Und das Bäuerle „Ja, dem gehts gut und er hat noch niemandem etwas getan und tut auch nichts, ich weiß das." In der nächsten Woche wurde der Wolf wieder aufs Feld mitgenommen und die Magd sagte: „Der hat's schön" und dann die Frage „Ist das zur Bewachung von uns, oder zu was anderem?" Der Bauer sagte: „Dieser Hund braucht nur ein anderes Betätigungsfeld. Gehen wir Pilzesuchen im grünen Wald, dort sind welche."

Er legt dem Wolf die Leine an, und den mitgenommenen Beisskorb ließ er liegen und führte und sie gingen zum gemeinsamen Schwammerlsuchen. Nach einem Stück Weges sagte er zum Wolf „Such, such meine Pilze such, such. Der Wolf zog an der Leine und der Bauer ließ ihn frei laufen und sie gingen im Abstand durch den Forst. Sie gingen zu den alten Schwammplätzen. Der Wolf schnupperte an den Pilzen und winselte und tat dann erfreut, so als wollte er sagen: „Der ist giftig, der nicht." Der Bauer nahm's ihm ab. So ging das, bis sie das ganze Pilze-ABC durchhatten, und der Wolfshund hatte immer recht.

„Seid ihr wieder da, habt ihr was gefunden?", fragte die Magd, als sie vergnügt zurückkamen. Jedoch der Wolf schien viel aufgeweckter zu sein, seit er im Wald war Pilzesuchen und er legte sich nach einem Sprint nicht mehr am Feldrand zur Ruhe, sondern tollte weiter herum und sah gelegentlich zum Wald hinüber. Er war ein gescheiter Wolf und hatte viel Natur im Blut.

Am späten Nachmittag holten der Bauer und sein Knecht das Gras für die Kühe und Ziegen, und sie besprachen, was sie noch an Arbeit verrichten müßten und ließen den Wolf vorauslaufen. Dabei kam Rotkäppchen des Weges, und es wiederholte sich das Märchen. Die Instinkte Moughlis hatten die Oberhand gewonnen.

Hans-Jürgen Gaiser

Als der Uhu noch klein war

(Frei nach den Gebrüdern Grimm)

Vor vielen, vielen Jahren lebte in einem großen, dunklen Walde ein kleiner Uhu mit seinen Eltern. Im Frühsommer war er flügge geworden, und so durchstreifte er die Gegend um sein Uhunest in immer größer werdenden Kreisen. Er war sehr neugierig, und er entdeckte immer wieder neue Schluchten und Bäche, Höhlen und Lichtungen. Viele Tiere des Waldes lernte er kennen, den Fuchs, die Rehe, die Wildschweine, die Hasen und natürlich die Mäuse, von denen er schon manche geschlagen und verspeist hatte. Und er rätselte auch darüber, was das für ein merkwürdiger Zweibeiner war, der da in dem kleinen Häuschen wohnte, am Rande der hinteren Lichtung an dem kleinen See, gleich bei den vielen Beerensträuchern. Das muß ein Mensch sein, hatten ihm seine Eltern gesagt, ein altes Weib, den langen Haaren nach zu schließen. Hüte dich vor ihr, denn sie ist unberechenbar und ein Feind aller Tiere, ja der ganzen Natur. Da der kleine Uhu neugierig war, beobachtete er das Weib häufig. Je länger er sie beobachtete, desto unsympathischer wurde sie ihm. Sie lief krumm und bucklig durch den Wald und kicherte ständig vor sich hin. In einem riesigen Ofen neben ihrer Behausung tat sie etwas sehr gefährliches; sie machte nämlich Feuer. Feuer, das fürchteten alle Tiere, auch der kleine Uhu. Und dann etwas ganz gemeines: sie stellte Fallen auf, und arme Hasen, die sich darin verfingen, mußten stundenlang Todesängste ausstehen, bis dieser schreckliche Mensch kam, sie aus der Falle nahm und in einen großen Sack steckte. Ihr könnt Euch denken, was mit den Hasen geschah. Dieses Weib tötete sie, zog ihnen das Fell ab und briet sie über dem Feuer. Daß Tiere andere Tiere töten, um sie zu verspeisen, das war dem kleinen Uhu klar, aber sie vorher zu quälen und über dem gefährlichen Feuer anzubrennen, so wie das der Mensch tat, das war einfach fürchterlich. Sollte das Weib sich doch von den Beeren, Wurzeln und Nüssen ernähren, wenn sie schon zu langsam und zu ungeschickt war, um ihre Beute zu fangen. Eigentlich war dieses Weib gar nicht zum Überleben fähig, denn sie sah auch noch sehr schlecht. Das bemerkte der kleine Uhu sofort, denn sie wagte sich nachts höchstens bei Vollmond in den Wald. In den dunklen Nächten blieb sie stets in ihrem Häuschen verborgen.

Eines Abends im Spätsommer war helle Aufregung im Walde. Alle Tiere erzählten sich, daß noch zwei andere Zweibeiner in den Wald eingedrungen seien. Diese zogen lärmend kreuz und quer daher und riefen ständig, ob denn da irgend jemand wäre. Natürlich waren da viele Tiere, aber die fühlten sich nicht angesprochen. Als es dämmerte, setzten sich die beiden auf der Lichtung auf einen umgestürzten Baumstamm. Der eine Zweibeiner, es mußte ein Weibchen sein, den langen Haaren nach zu schließen, umarmte den anderen und fing an zu schluchzen. „Ach Hänsel, ob wir jemals wieder aus diesem Walde herausfinden werden? Ich habe solche Angst." Und der andere Zweibeiner, der offenbar Hänsel hieß, antwortete: „Gretel, hab' keine Angst. Es ist Sommer. Jetzt bleiben wir die Nacht über erst mal am Rande der Lichtung gut geschützt hinter diesem Baumstamm. Morgen, wenn es wieder hell wird, werden wir schon etwas zu essen finden. Irgendwo wachsen Walderdbeeren und Schlehen. Und dann suchen wir einen Bach, gehen an ihm entlang, bis er in einen Fluß fließt. Wir folgen dann diesem Fluß und treffen bestimmt auf eine Stadt, denn die Menschen bauen die meisten Städte an einem Fluß." Und Hänsel streichelte die Gretel und gab ihr einen Kuß: „Versuch' jetzt zu schlafen, Gretel. Wir brauchen morgen unsere Kräfte."
Dem kleinen Uhu, der dies Geschehen aufmerksam beobachtet hatte, gefielen die beiden, trotz ihres Lärmens im Wald. Denn offenbar wollten sie hier gar nicht bleiben sondern hatten sich nur verlaufen. Auch hatten sie keinen Tieren nachgestellt, so wie das alte Weib, sondern wollten sich von Beeren ernähren. Irgendwie mußte er ihnen helfen. Er wollte sie schon ansprechen, da bemerkte er, wie dort hinten das fürchterliche Weib ihr kleines Häuschen verließ und sich langsam näherte. Da es eine Vollmondnacht war, ging sie wieder im Wald umher, um Reisig zu sammeln. Sie mußte die Stimmen von Hänsel und Gretel auch gehört haben, denn sie kam genau auf sie zu.
„So, wen haben wir denn da?" krächzte sie mit ihrer hohen schrillen Stimme. Hänsel und Gretel fuhren aus ihrem Halbschlaf auf und erschraken zu Tode. „Keine Angst, ich tu' Euch nichts", sprach das Weib. „Ihr müßt doch nicht die Nacht im Freien zubringen, Kinder. Kommt mit mir und schlaft in meinem Häuschen. Dort habt ihr es schön warm.", lockte sie mit Engelszungen.
Hänsel und Gretel fürchteten sich vor der Alten. Sie war ihnen unheimlich. Aber es ging irgend eine Macht von ihr aus, die sie nötigte mitzukommen. „Ihr bekommt auch gleich etwas zu essen von mir. Ich habe Pfefferkuchen für meine kleinen Gäste gebacken, ja!" Da Hänsel und Gretel schrecklichen Hunger hatten, überwanden sie ihre Bedenken voll-

ends, und sie gingen erst zögerlich, dann bereitwillig der Alten nach und betraten ihr Häuschen.

Der kleine Uhu vergaß ganz, auf Mäusejagd zu gehen, so sehr interessierte ihn, was jetzt geschehen würde. Er setzt sich auf die große Buche neben dem Haus und guckte und lauschte.

Nach einer Weile schlich die Alte wieder aus dem Häuschen. Hänsel und Gretel waren drin geblieben. Wahrscheinlich schliefen sie jetzt, sie waren vorher ja schon so müde. Kichernd schlurfte das Weib zu ihrem Schuppen und schleifte viel Holz zum Bratofen. Der kleine Uhu ahnte nichts gutes. Bald würde sie wieder ein Feuer machen und wieder ein armes Tier anbrennen. Aber es kam noch schlimmer.

Das Weib fuhr mit einer Schubkarre zur Tür des Häuschens hinein. Nach wieder einer Weile kehrte sie zurück, und auf der Schubkarre lag schlafend Hänsel. Sie brachte ihn zu einem Stall, der verdeckt hinter dem Bratofen aufgestellt war. Bisher hatte der kleine Uhu den Käfig noch gar nicht bewußt wahrgenommen, denn er war sehr klein. Und nun lud sie die Schubkarre aus, das heißt, sie schüttete Hänsel regelrecht in den Käfig hinein. Kaum war er drinnen, wobei er natürlich aufgewacht war, verschloß die Alte hurtig die Stalltür mit einem großen Schlüssel. Hänsel schrie lauthals und rüttelte an den Stäben, aber das machte dem Weibe gar nichts aus: „Hihihi, habe ich dich erwischt. Jetzt wirst du ganz viel zu essen bekommen, daß du schön dick und rund werden wirst." Bei dem Tumult erwachte auch Gretel und trat aus dem Häuschen heraus. Sie fand Hänsel im Käfig kniend vor, die alte Hexe kreischend davor triumphierend, und stürzte auf sie ein, um sie mit ihren Fäusten zu traktieren, ahnend, daß sie ganz Übles im Schilde führte. Aber die Hexe drohte ihr sogleich: „Wenn du nicht brav bist und tust, was ich sage, dann kommt dein Hänsel nicht wieder lebend aus diesem Käfig heraus. Denn ich bin die, die den einzigen Schlüssel zu diesem Käfige hat. Geh jetzt, und hole Brot und Wasser aus meiner Speisekammer." Gretel sah ein, daß sie der Hexe an Kräften unterlegen war, und tat wie ihr geheißen.

Das alles mußte der kleine Uhu mit ansehen. Er wollte sich schon fast die Augen zuhalten ob solcher Bosheiten. Er hatte die Alte noch nie gemocht, aber jetzt hasste er sie. „Ich muß Hänsel so bald wie möglich befreien", sagte er vor sich. „Aber wie soll ich das machen? Ich selbst bin noch zu klein, um gegen diese große alte Hexe zu kämpfen. Ich muß mir eine List überlegen." - „Ja, ich hab's", fiel ihm ein. „Das Weib läuft krumm und bucklig und sieht außerdem schlecht. Das wird ihr den Garaus machen. Aber Gretel muß mir dabei helfen.

Lautlos, wie Uhus das perfekt beherrschen, flog er um das Hexenhaus herum und setzte sich an das Fenster der Speisekammer, darin Gretel gerade war.

„Hallo Gretel, ich bin der kleine Uhu", flüsterte er. Gretel war sehr überrascht, den kleinen Kerl neben sich reden zu hören. Aber sie fand das nicht beunruhigend, nach all dem, was zuvor schlimmes geschehen war. „Hallo", antwortete sie ihm verdutzt, „was willst du denn von mir?" „Ich will euch helfen", entgegnete der kleine Uhu, „ich habe euch schon den ganzen Tag beobachtet und alles mit angesehen, was diese alte Hexe mit euch getrieben hat." - „Wie willst du uns denn helfen?", fragte Gretel. - „Die Hexe ist ungelenk und halb blind", raunte der kleine Uhu. „Das müssen wir ausnutzen. Du mußt Hänsel ein Stöckchen geben, welches er anstatt seines Fingers der Alten hinstreckt, wenn sie fühlen will, ob er an Gewicht zugenommen hat. Sie wird den Unterschied nicht sehen können und sich nach ein paar Tagen wundern, warum Hänsel trotz der Mast noch immer nicht dicker geworden ist. Dann muß sie den Käfig aufsperren, um genauer nachzusehen. In dem Moment, wenn sie sich in den Käfig hineinbeugt, muß Hänsel schnell herausspringen, und wir schubsen mit vereinten Kräften die Hexe in den Käfig hinein." - „Und dann?", wollte Gretel wissen. - „Und dann stapeln wir den ganzen Holzhaufen, den die Hexe angesammelt hat, um den Käfig herum auf und zünden ihn an. Dann wird dieser fürchterlichen Alten widerfahren, was sie seit all den Jahren den Tieren zugefügt hat. Sie wird verbrennen. Und die Tiere des Waldes sind sie los und können wieder aufatmen. Keine gemeine Fallen wird es mehr geben. Und das wichtigste, was euch beide anbelangt: Hänsel wird wieder frei sein. Schließlich werde ich euch den Weg aus dem Wald heraus zeigen."

Gretel faßte ihren ganzen Mut zusammen, und der Plan wurde drei Tage später in die Tat umgesetzt. Die Hexe verbrannte lichterloh, und viele Waldtiere beobachteten das Schauspiel aus sicherem Versteck heraus. Der kleine Uhu begleitete die Kinder bis an den Waldesrand. Kurz bevor Hänsel und Gretel sich vom kleinen Uhu verabschiedeten, durften beide ihn noch einmal streicheln. „Was du für schöne weiche Federn hast!", bewunderten sie den kleinen Uhu. Dieser war ganz stolz auf seine gute Tat und seine Leistung. Beide Kinder winkten ihm noch einmal zu, als sie aufs freie Feld hinausmarschierten, und Gretel hatte Tränen in den Augen. Der kleine Uhu flog mit einem Gefühl innerer Größe und Stärke nach Hause.

„Wo hast du dich den ganzen Tag bloß herumgetrieben?", schalt die Uhu-Mama ihr Junges. „Was soll bloß aus dir werden?"

„Was willst du denn einmal werden?", fragte der Uhu-Papa seinen Sohn.

„Wenn ich einmal groß bin", antwortete der kleine Uhu, „werde ich Menschenberater werden."

Und so kam es, daß der Uhu den Menschen mit seiner Weisheit eine große Hilfe wurde.

Annie Erlenburg

Es war einmal Joseli

Joseli gehorchte. Sie war überhaupt von allen Feen die gehorsamste Fee, die man im ganzen Feenland je gesehen hatte. Wenn man ihr sagte, dass sie die Fenster mit Quellwasser putzen solle, so ließ sie alles stehen und liegen und begann sofort mit ihrer Arbeit. Niemals hörte man auch nur ein böses Wort von ihr, ein Murren oder Meckern, niemals widersprach sie einer anderen Fee.

Joseli gehorchte, ja, aber wenn man ihr sagte, sie solle die Fenster putzen, so putzte sie das, was sie unter einem Fenster verstand. Und ein Fenster bestand für Joseli aus dem Kirschholzrahmen in dem die Glasscheiben steckten, nicht jedoch aus den Glasscheiben selbst. Wenn der Vater, sein Name war Guliso, zu seiner Tochter sagte, sie solle doch bitte das Unkraut jäten, so sah man Joseli tagelang nicht mehr, weil sie annahm sie müsse das Unkraut des ganzen Feenlandes jäten. Und, ja, wenn man ihr sagte sie solle ins Bett gehen und schlafen, so schlief sie tagelang und nächtelang und wochenlang. Wenn der Vater ihr dann nicht irgendwann gesagt hätte, sie solle wieder aufstehen, so würde Joseli jetzt wahrscheinlich immer noch schlafen.

Die anderen Feen schüttelten einfach nur den Kopf und manchmal mussten sie über Joselis Dummheit einfach nur lachen. Aber, eigentlich war Joseli gar nicht dumm, sie war eben nur sehr gehorsam und es fiel ihr schwer, sich selbst Gedanken zu den Dingen dieser Welt zu machen. Sie war beliebt und sie war freundlich und sie gehörte mit ihrem seltsamen Verhalten einfach irgendwie zum Feenland dazu.

Eines Tages sagte der alte Guliso mit einem leeren Korb in der Hand zu seiner Tochter, sie solle Beeren im Wald pflücken gehen. Und wohlwissend um Joselis Gepflogenheiten fügte er seiner Bitte noch hinzu, dass Joseli nur einen einzigen Korb voll reifer Beeren pflücken solle. Sie solle die unreifen und überreifen am Busch hängen lassen. Sie solle sich beeilen und bei Einbruch der Dunkelheit wieder zu Hause sein. Joseli nahm den Korb und ging.

Auf dem Weg in den Wald kam sie an den Behausungen der anderen Feen vorbei. Sie überquerte den kleinen Waldbach über den eine hölzerne Brücke führte und ging in den Wald hinein. Joseli verfolgte konsequent ihren Weg, schaute nicht rechts und nicht links und nicht zurück, ja sie schaute noch nicht einmal geradeaus, sie schien wie immer geistesabwesend vor sich hin zu starren.

Als sie ein ganzes Stück gelaufen war, erblickte sie Erdbeeren. Gleich daneben sah sie Sträucher mit Brombeeren und weiter hinten saftige Himbeeren. Da überkam es Joseli wie einen Schauer. Sie wollte gehorchen, ihrem Vater die Beeren bringen, aber sie hatte vergessen den Vater zu fragen welche Art von Beeren sein Wunsch waren. Verzweiflung machte sich in Joseli breit. Hektisch schaute sie von einer Beerensorte zur anderen. Schweiß. Joselis Herz stach. Sie hatte Angst. Sie spürte, dass sie das erste Mal in ihrem Leben eine eigene Entscheidung zu treffen haben würde und nach ihren eigenen Gedanken handeln müsse. Es war als hätte ihr Geist sein Leben lang geschlafen und nun wurde sie jäh aufgeweckt. Sie beschloss zurück zu ihrem Vater zu laufen, sie rannte und rannte, verlor unterwegs ihre kleine Filzmütze und kam nach einer Weile mit aufgescheuerten Knien und gänzlich außer Atem vor dem Hause ihrer Eltern an. Ihr Vater öffnete die Tür. Joseli sagte kein Wort, und blickte zu Boden.

Der Vater hob mit seinem Zeigefinger vorsichtig das Kinn seines Mädchens und lächelte sie herausfordernd an. Aber er schwieg. Stotternd brachte Joseli ihre Frage nach der Art der Beeren heraus, welche denn ihr Vater wünschte, und der Mann antwortete, dass sie zurück in den Wald laufen und sich selbst für eine entscheiden solle.

So rannte Joseli zurück in den Wald zu den Beeren und überlegte, welche sie wohl nehmen wolle und entschied sich für die Himbeeren. Sie pflückte einen ganzen Korb, ließ die unreifen und überreifen hängen und machte sich kurz vor Einbruch der Dunkelheit auf den Heimweg, obwohl sie schon Stunden zu vor mit dem Sammeln fertig gewesen war. Plötzlich hörte Joseli ein knackendes Geräusch hinter einer großen Eiche. Ein Mensch! Joseli würdigte ihm keines Blickes und ging weiter ihrer Wege, bis zu dem Moment indem der Mensch sagte, dass Joseli stehen bleiben solle. Und da Joseli gehorsam war und jeden Befehl ausführte und nicht wagte, ihren eigenen Kopf auch nur annähernd durchzubringen, blieb sie stehen. Eine große weiße Hand, die viel größer war als Joseli selbst, schnappte nach ihr und umfasste ihre Taille. Meterhoch schwebte Joseli über dem Waldboden und blickte in das blaue Auge eines Menschen. Joseli schrie nicht, da sie niemand darum bat. Joseli rief nicht um Hilfe, da niemand dies von ihr verlangte und sie fing auch nicht an zu weinen oder sich gar zu wehren. Der Mensch begutachtete seinen Fund sehr genau und steckte ihn schließlich in seine Manteltasche, die so groß zu sein schien wie das Haus in dem Joseli wohnte.

Mittlerweile war es dunkel geworden im Feenland und der Vater Guliso rutschte unruhig auf seinem Stuhl hin und her und irgendwann stand er auf und ging vor die Tür. Joseli war nicht pünktlich gekommen und jeder andere Vater dieser Welt hätte sich Sorgen gemacht. Jeder andere Vater hätte nach seiner Tochter gesucht. Doch Guliso wusste, er brauche nicht zu suchen; er wusste, er brauche sich nicht mehr sorgen; er wusste, er würde seine Tochter niemals wieder sehen und so stiegen ihm Tränen in die Augen und füllten sein Herz mit Schmerz bis ein greller Schrei aus seinem Munde kam von dem alle Feen des gesamten Feenlandes aufgeschreckt wurden. In Scharren kamen sie angerannt und bildeten um Guliso einen großen Kreis. Am Boden lag die Mutter Joselis und weinte jämmerlich. Niemand fragte, was geschehen sei, jeder wusste, dass Joseli zugestoßen war, was jede Fee und jeder Elf des Landes immer befürchtet hatte. Sie wussten seit Joselis Geburt, dass ihre höfliche, gehorsame und schüchterne Art ihr eines Tages zum Verhängnis werden würde. Sie hatten immer gehofft, dass Joseli irgendwann lerne, sich über die Dinge dieser Welt selbst Gedanken zu machen und dass sie sich irgendwann traue auch einmal ein paar Schritte rechts und links des Weges zu gehen ohne das sie dazu aufgefordert wurde.

So begannen die Feen des Feenlandes ihre sanftes Klagelied, denn sie waren zu vornehm um lauthals zu klagen, sie wollten die Tiere des Waldes nicht erschrecken. Aber sie klagten lange. Sehr lange. Und hörten niemals auf damit, und klagen bis heute, denn Feen sind unsterblich.

Manchmal, wenn es kalt ist und es stark regnet, kann man in den Wäldern das Klagelied der Feen hören. Aber nur, wenn man genau hinhört. Joseli wurde nie wieder gesehen.

Manfred H. Freude

Die kleine Marschmusik

Es war an einem so wunderschönen Tag wie heute, ich erinnere mich noch genau. Es war sonnig und draußen zwitscherten die Vögel. Ich stand in meinem kleinen Zimmer vor einem wunderschönen Einweckglas. Darinnen war es bunt und voller glitzernder, brillant schillernder Kugeln und Wasser und einem Karussell und einem Seepferdchen. Ich stand auf, ging zum Tisch, stieg auf den Stuhl, auf eine umgedrehte Tasse und dann stieg ich in dieses Einweckglas. Ich glitt immer tiefer bis zu dem Seepferdchen, das darin schwamm. Diesem legte ich ein herrlich silbernes Zaumzeug an. Ich stieg auf den Rücken des prächtigen Pferdchens und wir drehten uns im Kreise. Dazu spielte eine himmlische Marschmusik und das Seepferdchen schwamm im Kreis und immer auf und ab, zu dieser Musik. Wir schwammen nun schon so einige, na ich kann nicht mehr sagen, wie lange Zeit; da verstummte plötzlich diese schöne Musik. Über uns glänzte die Sichel des leuchtenden Mondes in das Glas. Wir hielten an, und zu uns trat ein feingekleideter, attraktiver Zirkusdirektor. Ich bin dieser Klavierspieler, sprach er uns an. Ich spiele hier in diesem Paradies nun schon seit fünfundzwanzig Jahren. Heute auf den Tag sind diese fünfundzwanzig Jahre vorbei und ich höre nun auf zu spielen. So sprach der Pianist zu uns. Dann verneigte er sich kurz vor uns, mit ausgebreiteten Armen, als verneige er sich vor dem gesamten Publikum. Langsam und leise begann es zu schneien. Der Schnee rieselte langsam unter Wasser unaufhörlich und bevor er aber den Boden erreichte schmolz er und war verschwunden. Der Pianist stieg dabei hinauf und verschwand aus dem Glas. Ich aber, und das müssen sie mir bitte verzeihen, ich blieb dort in jenem Elysium, und vielleicht, vielleicht wenn sie dieses wunderschöne Glas erblicken, dann sehen sie mich, wie ich auf dem Rücken dieses Seepferdchens meine Kreise ziehe. In meinem Kopf aber trage ich immer diese wunderschöne Melodie dieses großartigen Pianisten.

Anke Puhlmann

Das Kind im Wind

„Laßt mich nicht allein!", schrie Sausewind eingesperrt im Treppenhaus Blumenweg 20, doch die Frühlingsstürme brausten weiter und hörten ihn nicht mehr. Nur Elena, die nicht größer war als ihre Ohren, schüttelte sich vor Kälte. Sausewind hatte sie fast umgeweht als sie die Haustür schließen wollte. Mit einem Krachen war die Tür ins Schloß gefallen und das ganze Haus hatte gebebt. Nun glaubte sich Elena sicher und Sausewind war gefangen. Sie konnte ihn nicht sehen, denn er war blau wie das Treppengeländer, grün wie die Treppenstufen und rosa wie die Wand. Sausewind hielt nichts von Ordnung und brachte der Elena den Schal durcheinander. Sie strich ihn vergeblich glatt und hatte das Gefühl, nicht allein zu sein, doch Oma Krauses Tür war geschlossen. Es war Mittag und um diese Zeit schlummerte die alte Frau friedlich. Herr Krüger mit seinen zwei Hunden, Muttis Verehrer war verreist und Elenas Mutter arbeitete um diese Zeit in einer Grünanlagenfirma am Rande der Stadt. Vati hatte eine neue Freundin und kam nur am Wochenende. Wer also zerwühlte ihr die Haare und drückte sich so eng an sie, das ihr kalt und warm zugleich wurde. Wer pfiff dieses Lied vor sich hin, das Vati immer summte, wenn sie auf seinem starken Arm schaukelte: „Hui, Hui, Hui, Hui."
Sausewind sah Elenas Falten auf der Stirn, die sie immer bekam, wenn sie scharf nachdachte und wollte sich bemerkbar machen. „Laß mich raus!",bat er und ließ den Blumentopf von der Fensterbank auf den Boden krachen. „Rumps, Klirr.", machte es und Elena stand vor einem Scherbenhaufen. Sie verstand die Windsprache nicht und bückte sich die Scherben aufzuheben. Ungeduldig fegte ihr Sausewind unter den Mantel bis Elena schimpfte und sich zu ihm umdrehte, aber niemand war zu sehen. Irgendetwas war heute anders als sonst. Langsam ging sie die Treppenstufen hinauf zur Wohnung: „Trapp, Trapp, Trapp." Sausewind folgte ihr und zwickte ihr in die Füße. Elena dachte an Krokusse und Schneemänner. Die Krokusse ließen in diesem Jahr auf sich warten. Sausewind war berufen sie zu bringen und nur Elena konnte ihm helfen, wieder frei zu sein, um das zu tun. Er zwickte weiter und blies heftiger. „Hau, Hau, Hau.", dröhnte es im Treppenhaus. Elena lief schneller und bekam ein rote Nase, rot wie eine Erdbeere. Sausewind zwickte sie in die

Wangen als sie die Wohnungstür öffnete, aber noch immer verstand sie die Windsprache nicht. Denkt ihr, die Geschichte wäre nun zu Ende, weil Elena in der Wohnung ist und sich am Ofen wärmt. Da habt ihr euch getäuscht. Sausewind war ihr gefolgt. Nun war er grün wie die Tapete in der Wohnstube, braun wie der Schaukelstuhl in der Ecke, gelb wie die Regale an der Wand und schwarzweiß wie der Stapel Papier von Muttis selbsterfundenem Liebesroman.

„Laß mich raus!", bat er Elena wieder. Das hieß in der Windsprache: „Zisch, Zisch." Elena verstand immer noch nicht. Da wurde Sausewind doch wütend und blies mitten in den Stapel Papier auf dem Wohnzimmertisch. So bekamen die engbeschriebenen Seiten Flügel. Das L von Liebe knisterte böse als es auf Elenas Kopf landete. Die Seite 1 vom Anfang und die Seite 2 der Fortsetzung wurden getrennt. Sie flogen in entgegengesetzte Richtungen. Elena war ratlos, und hetzte von einer Ecke in die andere, um die Blätter aufzufangen. Wenn das Mutti sah. Sausewind lachte, was für ein schönes Durcheinander. Elena hockte unglücklich auf dem Boden und versuchte die Blätter zu sortieren, aber nun fehlten Buchstaben an der einen Stelle und an der anderen Stelle waren sie zuviel, wie bei Herz, das nun mit drei z geschrieben war. Gleich würde Mutti kommen und vor Schreck zu Stein erstarren. Sausewind blies noch einmal kräftig: „Hui, Hui, Hui." Elena horchte auf und war mucksmäuschenstill, so das man hören konnte wie sich die Buchstaben stöhnend ordneten. Aus dem Wort Liebe wurde nun Triebe, aus Geborgenheit Blütenkleid.

Statt: „Liebling, komm nach Hause geschwind!", las Elena nun „Frühling bringt der Sausewind." Elena schlug sich mit der Hand an die Stirn. Plötzlich hatte sie begriffen und entdeckte Sausewind überm Fernsehschrank.

„Hat die aber eine lange Leitung", brummte Sausewind, doch Elena verstand jetzt die Windsprache und wurde böse, weil sie den Wind unverschämt fand.

„Hau bloß ab!", schimpfte sie und öffnete das Fenster. Sausewind schlüpfte nach draußen und wurde goldgelb wie die Sonne, weil er gerade richtig kam, die letzten Schneewolken zu vertreiben. Als Elenas Mutter an der Tür klingelte war wieder Ruhe und Ordnung eingekehrt. Ihr Roman wurde ein Bestseller, wegen der schönen Verbindung von Natur und Liebe. Nur die Rechtschreibung wurde kritisiert. Das war im Sommer, als Sausewind längst in seinem Landhaus im Norden Urlaub machte. Er konnte nicht zur Rechenschaft gezogen werden.

André Steinbach

Die alte Frau und der Bär

Vor langer Zeit einmal lebte eine alte Frau in einem dichten Wald. Sie sammelte Kräuter und auch sonst so manches, was der Wald hergab. Ihr Häuschen war zwar klein, aber gemütlich und sie fühlte sich wohl in ihrer Abgeschiedenheit. Sie liebte den Geruch des Waldes und die Tiere des Waldes, die ihr hin und wieder einen Besuch abstatteten. Schon manch krankes Tier hatte sie schon gefunden, mit zu sich ins Haus genommen und gepflegt, bis es wieder gesund war und zurück in den Wald gehen konnte. Nur ganz selten besuchte sie das nächste Dorf, wo sie dann auf dem Markt Pilze, Beeren und auch Kräuter feilbot. Dies beschieh ihr ein bescheidenes Auskommen, zumal sie sehr anspruchslos war und sich fast ausschließlich vom Wald und ihrem kleinen Garten in der Nähe des Hauses ernärte. Sie kümmerte sich um einige Ziegen, eine Kuh und ein paar Hühner. Im Dorf hatten die Kinder Angst vor ihr und man raunte sich heimlich zu, dass sie hexen könne und man mit ihr vosichtig sein müsse, wolle man sich nicht plötzlich als Hase, Fuchs oder Wildschwein im Wald wiederfinden.

Die alte Frau wusste, dass man heimlich hinter ihrem Rücken tuschelte, aber trotzdem kauften die Dorfbewohner gerne die von ihr gesammelte Beeren oder Pilze, zumal sie nicht viel dafür nahm und ihre Ware stets sehr frisch war. Man sagte sogar im Dorf, sie könne mit den Tieren sprechen und die Tiere des Waldes hätten keine Scheu vor ihr. Sie würden sie ständig in ihrem Häuschen besuchen und das wäre auch der Grund, warum sie nur selten ins Dorf käme. Die Tiere seien ihr lieber als die Menschen.

Die Dorfbewohner, die regelmäßig in den Wald zum Jagen gingen, trauten sich nicht in ihre Nähe, aus Angst sie könne sie verhexen. Hin und wieder verschwanden Kinder im Wald, weil sie sich verlaufen hatten und auch dies schob man auf die alte Frau. Sie hätte die Kinder verhext, die dann als Tiere im Wald lebten. Eines Tages, die alte Frau war wieder einmal auf Pilzsuche, hörte sie ein klägliches Jammergeschrei in einem nahen Gebüsch. Erst dachte sie, es sei ein Kind, das sich im Wald verlaufen habe, doch dann als sie näher kam, sah sie ein Bärenjunges, das kläglich nach seiner Mutter rief. Es schien verletzt zu sein, da es sich nicht aufrichten konnte und zusammengerollt zwischenden Sträuchern lag. So ein armes kleines Ding, dachte die alte Frau, stellte ihren halb gefüllten Korb mit Pilzen ins Gras und ging auf das Bärenjunge zu. Als dieses die alte Frau sah, blickte es sie flehend an und begann erneut jämmerlich zu schreien. Ich muss etwas unternehmen, dachte die alte Frau, hob das Bärenjunge auf ihren Arm und streichelte es zärtlich. Sie schaute sich um, aber von einer Bärin war weit und breit nichts zu entdecken. Langsam beruhigte sich das Bärenjunge in ihren Armen. Sie hob ihren Pilzkorb wieder auf und machte sich auf den Heimweg. „So, jetzt werde ich wohl für dich sorgen müssen," sagte sie zum Bärenkind, das in ihrem Arm eingeschlafen war.

Für heute hatte sie genügend Pilze gesammelt. In ihrem Haus legte sie das Bärenjunge zunächst auf ihr Bett und deckte es mit ihrer warmen Daunendecke zu. Das Bärenkind war nicht aufgewacht und schlief ruhig weiter. Ich muss schnell Milch zubereiten, bevor es wieder aufwacht, es wird dann sicher großen Hunger haben, dachte die alte Frau und schickte sich an ein Fläschchen Milch für das Bärenjunge zu bereiten. Dann überlegte sie sich, wo sie denn das Bärenkind unterbringen könne. Draußen lauerten zu viele Gefahren, sie musste es also hier in ihrem Haus behalten. In einer kleinen Kammer, die sie ausräumte, bereitete sie dann aus Stroh ein Lager für das Bärenjunge. Als sie mit ihren Vorbereitungen fertig war, nahm sie das schlafende Bärenkind und legte es auf das Stroh und deckte eine Decke darüber.

Als das Bärenjunge aufwachte, gab ihm die alte Frau Milch zu trinken und von nun an begleitete es sie überall hin. Es hing wie ein kleines Kind an ihrem Rockzipfel und sie behandelte den kleinen Bären auch so als sei es ihr eigenes Kind. Sie erfreute sich an den Späßen und Tollereien und beide wurden unzertrennlich. Mit der Zeit entwickelte sich das Bärenjunge zu einem prächtigen jungen Bären. Häufig begleitete er die alte Frau auf ihrer Suche nach Kräutern, Beeren und Pilzen und sie verwöhnte ihn mit allerlei Leckereien.

Im Dorf wunderte man sich, weil man die alte Frau immer seltener auf dem Markt sah. Doch dann eines Tages kam sie zurück und hatte ihren Schubkarren voll beladen mit Beeren, Kräutern und Pilzen. Und, die Dorfbewohner konnten es nicht glauben, neben ihr lief ein kräftiger junger Bär, der ihr brav wie ein Hund folgte. Die Dorfbewohner waren zu sehr verdutzt über diesen Anblick, als Angst vor dem Bären zu bekommen und als sie dann feststellten, dass der junge Bär sehr friedlich war und nicht von der Seite der alten Frau wich, nahm man es hin, dass, wo immer die alte Frau auch auftauchte, stets ihr Bär sie begleitete. Man gab ihr den Namen „Bärenfrau" und alle zollten ihr Respekt. Niemand tuschelte mehr hinter ihrem Rücken oder nannte sie gar eine Hexe. So gewöhnte man sich langsam an den Anblick der beiden und an den Markttagen saß der Bär friedlich neben der alten Frau, bis sich beide wieder auf den Heimweg machten.

So gingen die Monate dahin und eines Tages wurde die alte Frau krank. Sie konnte sich nicht mehr von ihrem Bett erheben und der Bär wusste nicht, was er tun sollte. Er saß neben dem Bett und leckte ihre Hand, holte Essen und Trinken herbei, legte sich neben das Bett auf den Boden und wurde sehr traurig. Als die alte Frau dies sah, bekam sie großes Mitleid mit dem Bären und sagte zu ihm: „Du wirst jetzt bald alleine für dich sorgen müssen, ich bin alt und werde nicht mehr lange leben. Doch du solltest dir eine hübsche Bärin suchen, damit du nicht alleine bist, wenn ich gestorben bin." Als der Bär dies hörte, begann er zu jammern und zu klagen. Dann, als sie dies Wehgeschrei hörte, sagte sie zu dem Bären: „Du bist der Einzige, der mir jetzt helfen kann. Ich weiß nicht was mir fehlt, aber du musst alleine ins Dorf gehen und von dort den Arzt herbei holen, damit er mir eine Medizin geben kann. Meine Kräuter würden mir jetzt nicht helfen." Sie schrieb auf ein Stück Pappe in großen Buchstaben: Bitte helft mir, ich brauche einen Arzt! Und dann hängte sie das Pappschild dem Bären um den Hals. Dieser zauderte nicht lange und rannte so schnell er konnte ins Dorf, um Hilfe zu holen.

Da im Dorf jetzt jeder ihn kannte und auch wusste, dass er niemanden ein Haar krümmen würde, gab man ihm etwas zu fressen und zu trinken und las die Botschaft auf seinem Pappschild. Im Dorf gab es einen Arzt, und der wurde schnell herbeigeholt. Als er die Nachricht auf dem Pappschild las, packte er seine Instrumente und einige Arzneien in seine Tasche und machte sich zusammen mit dem Bären auf den Weg zu dem Häuschen der alten Frau. Der Bär lief voraus aber nicht zu schnell, so dass der Arzt ihm gut folgen konnte. Als sie an dem Haus der alten Frau angekommen waren, öffnete der Bär die Tür und er und der Arzt betraten das Zimmer wo die alte Frau in ihrem Bett lag. Als diese den Bären und den Arzt in seiner Begleitung sah, begann sie zu lächeln und streichelte den Kopf des Bären. „Ich danke Ihnen, Herr Doktor, dass Sie gekommen sind und auch keine Angst vor meinem Bären hatten. Ich fühle mich sehr schwach und kann mich nicht vom Bett erheben," sagte sie mit leiser Stimme. Der Arzt untersuchte die Frau, gab ihr Medizin und sagte zu ihr: „Liebe Frau, ich bin gerne gekommen Ihnen zu helfen. Sie haben in dem Bären einen wirklichen Freund. Es wird ihnen sicher schnell besser gehen, aber sie müssen sich schon noch einige Zeit schonen. Ich werde in drei Tagen nochmals vorbeikommen, um nach Ihnen zu schauen. Diese Medizin hier wird ihnen schnell helfen. Sie haben Glück gehabt, dass es keine Lungenentzündung ist. Ich werde meine Frau schicken, die Ihnen etwas zu essen und zu trinken bringen wird. Sie können richtig stolz auf Ihren Bären sein. Er war ein echter Helfer in der Not."

Dann verabschiedete sich der Arzt von der Frau, kraulte das Fell des Bären und fügte hinzu: „Meine Frau wird Ihrem Bären eine Extraportion Honig mitbringen, das hat er sich wohl verdient." Dann verließ er das Haus der alten Frau und begab sich auf den Heimweg. Im Dorf aber erzählte man sich Wunderdinge von dem Bären und man munkelte sogar, dass es kein echter Bär sei sondern ein verzauberter Mensch. Die alte Frau wurde bald wieder gesund und lebte noch lange Jahre glücklich mit ihrem Bären in ihrem Haus im Wald.

Ricarda Schubert

Herr Peterich – Der Mäusemann

Es gab einmal Herrn Peterich –
der ärgerte sich gar fürchterlich.
Warum? – das sollst du gleich erfahren
mit allen, die beteiligt waren:

1. Das Fräulein Lilly Maus

„Hallo, du Fräulein Lilly-Maus,
du kennst dich offensichtlich aus.
Wo geht's denn hier zur Speisekammer? –
Und überhaupt – Was soll der Katzenjammer?"

„Ach, Herr Mause-Peterich,
mir geht's ganz einfach fürchterlich.
Mein Zahn, der schmerzt und pocht gar sehr,
und Käse, den gibt's auch nicht mehr."

„Sag doch nur, was ist geschehen?
Ich kann ja gar kein Loch erspähen?
Gibt's denn hier kein Käse mehr,
sind denn alle Kammern leer?

Die Lilly-Maus zu Peterich spricht:
„Ein neues Loch ist nicht in Sicht.
Hab ich doch beim Loch durchbohren
meinen besten Zahn verloren.

Hilf mir in diese Kammer rein
und mach für uns das Loch allein,
dann kannst du deinen Hunger stillen
und mir einen Wunsch erfüllen."

„Vom Arbeiten halte ich nicht viel,
allein das Fressen ist mein Ziel.
Darum sag mir doch, du gute Maus,
wie weit ist es noch zum nächsten Haus?"

Das hat sich Lilly schon gedacht
und Fräulein Maus denkt mit Bedacht:
In diesem Haus nur der was kriegt,
der sich nicht in Faulheit wiegt:

„Geh in die nächsten Felder naschen,
vielleicht kannst du ja dort erhaschen,
wonach dir deine Habgier ist
und du dich fett und rundlich frisst."

Von dannen zieht der Peterich
und ist zugleich sehr ärgerlich.
Nun muss er sich gar sehr beeilen,
er möchte hier nicht mehr verweilen.

2. Die Feldmaus Lisa

Wie Fräulein Maus ihm nun geraten,
flitzt Peterich jetzt durch den Garten,
vorbei an Huhn und Pferd und Schwein,
aufs freie Feld – da muss was sein.

Er trifft die Feldmaus Lisa nun
und meint, jetzt kann er endlich ruhen.
„Hallo, Lisa, sage mir,
wo hast du Mäuschen dein Revier?"

„Ach, Peterich, komm hilf nur schnell,
ich muss die Kleinen retten - auf der Stell`.
Der Kater schleicht hier um die Ecken,
ich muss die Kinder neu verstecken."

„Ich habe Hunger, keine Zeit,
würde gern sonst helfen - tut mir leid.
Soll dein Mann das tun für dich,
diese Arbeit ist zu schwer für mich."

Und Lisa sagt dem Peterich dann:
„Gefressen wurde doch mein Mann
vom Kater Philipp - dort im Haus,
drum müssen wir ganz schnell hinaus."

„Ja, wenn das so ist, glaube mir,
dann ist es besser, ich gehe fort von hier.
Vielleicht hilft dir Herr Liesegang,
der ist jung und stark mit schnellem Gang."

Und weiter flitzt der Peterich
und ärgert sich ganz fürchterlich,
Jetzt hat er so viel Zeit verloren,
wo er das Fressen doch hat auserkoren.

3. Die weiße Maus Felix

Er rennt und rennt - schon ist es Nacht -
allein der Mond hält einsam Wacht.
Er findet nirgendwo ein Leckerbissen
und ist vor Hunger hin- und hergerissen.

Doch halt: „Was sehe ich denn da?
Bin ich meinem Ziel jetzt nah?" –
Einen Speicherboden Peterich sieht –
noch ahnt er nicht, was gleich geschieht.

Er kann das Korn schon riechen,
vorsichtshalber wird er kriechen
und hört ganz plötzlich aus der Kammer
ein grauenvolles Wehgejammer.

Er schleicht sich vor und ist ganz leise,
da sieht er eine Maus, die weiße.
Der Peterich ist jetzt verbittert
und der Felix spricht und zittert:

„Mein Schwanz steckt in der Falle fest,
die Schmerzen geben mir den Rest.
Bitte, Peterich, so hilf mir doch
und verschwind mit mir durch dieses Loch."

„Wie soll ich helfen dir sodann,
wenn doch die Falle wieder schnappen kann?"
Ich muss jetzt erst mal etwas essen,
denn meine Kräfte sind bemessen."

Und wieder rennt der Peterich
und ärgert sich ganz fürchterlich.
Er bleibt jetzt stehen und sieht schnell
ein kleines rundes Karussell.

4. Die Atempause

Eine Atempause, die muss sein
und setzt sich in den Stuhl hinein.
Der Magen knurrt, die Beine schwer,
jetzt kann auch Peterich nicht mehr.

Ein Nickerchen kann jetzt nicht schaden,
dann muss das Essen eben warten.
Doch plötzlich wird er wach gerüttelt,
das Karussell – oh, je, - es schüttelt.

Nun geht's ihm überhaupt nicht gut,
das Drehen bringt ihn jetzt in Wut.
Und als das Karussell dann steht,
er torkelnd jetzt vom Rummel geht.

Am Waldrand macht er erst mal Rast,
sein leerer Magen ist ihm Last.
Er lehnt sich an den großen Baum
und find zugleich zum schlechten Traum.

5. Der Traum

Das Fräulein Lilly fällt ihm ein
und der verlorene Zahn.
Ach, wie war er doch gemein,
er kann sein Handeln nicht bejahen.

Wie es der Lisa jetzt wohl geht
und ihren kleinen Kindern?
Ob Liesegang ihr wohl zur Seite steht
und Kummer konnt verhindern?

Der Felix, diese weiße Maus,
ob er sein Schwanz gerettet?
Ist er aus der Falle raus
oder noch daran gekettet?

So träumt er einen tiefen Traum
und wünscht, er hätt geholfen.
Im Traum, da weint der Peterich
und ärgert sich gar fürchterlich.

6. Die Rettung

So findet ihn die Lilly-Maus:
Herr Peterich sieht wahrlich krank jetzt aus.

Die Lisa und der Liesegang -
mit Kindern kommen sie den Feldweg lang.

Gekommen ist auch Felix nun:
„Wie kann ich helfen, was kann ich tun?"

Sie alle bringen Peterich
jetzt ins Versteck nach Teterich.
Sie pflegen alle ihn gesund,
denn seine Beine sind sehr wund.

7. Die Erkenntnis

„Ach, Peterich, ach, Peterich,
wir sind zwar alle ärgerlich,
doch helfen wir dir in der Not
und bringen Käse dir und Brot."

Und Peterich, er weint jetzt sehr,
er sagt DANKESCHÖN und noch viel mehr:

„Ihr Mäuschen hier, ich hab euch lieb
und möchte bei euch bleiben.
Ich helfe auch, so gut ich kann
und werd die Not vertreiben."

8. Epilog

Alle schauten sich nun an,
ob man Herrn Peterich wohl trauen kann?
Stets war er nur auf sein eigenes Wohl bedacht,
hat nie an andere, nur an sich selber stets gedacht.

258

Sollte man Peterich noch eine Chance geben?
Was meinst du?
Die Mäuse werden lang noch überlegen.

Ricarda Schubert

... was auch immer du wirst ...

Nina ist sechs und geht in die Schule
und ihr Lehrer ist der nette Herr Kuhle.
Sie lernt Rechnen, sie lernt Schreiben,
und alles soll in ihrem Köpfchen bleiben.

Herr Kuhle erzählt den Kindern viel,
von Gestern und Heute und was ihm gefiel.
Aus seiner Kindheit konnte er berichten
und kannte die tollsten Rennfahrergeschichten.

Doch eines Tages im Unterricht -
Herr Kuhle von seinem Beruf als Lehrer spricht.
Er wollte nun von den Kindern erfahren,
welchen Beruf ihre Eltern wohl haben.

„Mein Vater ist Arzt", sagte Tim da ganz laut,
„... und meiner Pilot"- ergänzte die Edeltraut.
„Meine Mutter heilt Tiere im Zoo" -
„... und meine ist Buchhalterin in Papas Büro."

Und schon war in der Klasse ein Durcheinander,
denn alle redeten sie nicht nacheinander,
sondern jeder plapperte einfach drauf los
und Herr Kuhle sagte jetzt rigoros:

„Kinder, Kinder, erst in drei Tagen,
da habt ihr noch Zeit, eure Eltern zu fragen.
Erst am Montag, da will ich es wissen;
nun schaut nicht so traurig und so verbissen."

Dann gingen die Kinder und auch Nina nach Hause
die Schule, die hat nun erst einmal Pause.
Sie wartete, bis die Mutter kam
und sie wie immer in die Arme nahm.

„Mama, was machst du eigentlich im Büro
und warum ist Papa als Reporter mal traurig, mal froh?"
„Ach Kind" - sprach die Mutter - „ich hab keine Zeit,
geh bitte zur Oma, sie weiß über alles Bescheid."

So ging sie zur Urgroßmutter geschwind,
denn diese freute sich auf ihr Enkelkind.
„Oma sag mir, was macht die Mama den ganzen Tag?
Hattest du auch einen Beruf und welchen? sag!"

„Ich hatte keinen, meine Nina-Maus,
denn wir waren überall und nirgends zu Haus.
Wir erlebten den Krieg und mussten fliehen
und oft über Land und Städte ziehen."

Und als eine Träne in Ninas Auge schoss,
da nahm sie die Oma auf ihren Schoß.
„Nun sei doch nicht traurig, ich erzähle von mir
und wenn du gut zuhörst, dann hilft es dir:"

„Ich habe elf Kinder geboren,
habe drei Brüder und zwei Söhne im Krieg verloren.
Dann starben noch zwei meiner Mädchen ganz klein,
Clara an Fieber, an Masern mein Marialein.

Es folgte das Hoffen, Warten und Bangen,
denn in Russland waren noch Söhne gefangen.
Werden sie einst nach Hause kommen? -
so flehten wir Frauen benommen.

Der Krieg ging zu Ende, der Alltag war schwer,
Kinder wollten Essen, der Magen war leer.
So lernten wir vieles und manches perfekt,
was meinst du, wie viel Kraft da in einem steckt."

Hm, Nina hörte zwar geduldig zu,
doch was hatte das mit Berufen zu tun?
Die Oma sah Nina lächelnd an,
als sie wieder zu erzählen begann:

„Nun lass mich dir von einem Beruf erzählen,
wo dich keine Vokabeln quälen,
einen Beruf, der so viele in sich vereint
und der, der es mag, ihn niemals verneint."

So erzählte die Oma immer weiter,
von Berufen, die man kennt und einem Pferd ohne Reiter.
Und Nina hörte Stunden lang zu
und kam bis zum Montag nicht mehr zur Ruh.

„Ach Oma, oh, Oma, ich habe dich so lieb" -
und Nina sich die Tränen aus ihren Augen rieb -
so aufgewühlt war sie von dem Gehörten,
dass sie die anderen nur noch störten.

„Jetzt habe ich dir von einem Beruf erzählt,
der wohl der schönste ist auf dieser Welt,
der weinend und oft lachend macht" -
und Oma streichelte Nina sacht.

„Ich werde es den Kindern erzählen
und vielleicht werde auch ich einen solchen wählen."
Nina war glücklich, dass es die Oma gibt,
weil sie ihr alles sagte und so sehr liebt.

Dann endlich, die Woche begann -
und Nina sich auf Omas Worte besann.
Ein jedes Kind konnte nun erzählen
und jedes einen anderen Beruf erwählen.

Dann war endlich Nina dran
von einem Beruf zu erzählen, der so geheimnisvoll begann.
Sie sprach ihn nicht aus, den die Oma ihr nannte,
sie wollte, das jedes Kind ihn von selbst erkannte.

Sie formte die Worte zu einem Gedicht,
wie die Oma es lehrte - ein Lächeln in ihrem Gesicht:

„Es gibt einen Beruf, der hat ganz viele Namen,
eine Berufung und so manchem Kosenamen."
Und als Nina so zu erzählen begann,
schloss sich ein Murren und Kichern gleich an.

Ein Blick zu Herrn Kuhle bestärkte sie jetzt
und schon fuhr sie fort - doch ein wenig verletzt:

„Sie kocht uns unsere Lieblingsspeisen
und ist als KÖCHIN hoch zu preisen.
Sie säubert die Schuhe und die Klos
und ist als PUTZFRAU ganz famos.

Sie ist bei Hausaufgaben die LEHRERIN
und beim Essen servieren die KELLNERIN.
Als VERPACKERIN ist sie geübt -
wenn es auf Reisen geht, ist niemand betrübt.

Sie ist SCHNEIDERIN für Mädchen und Knaben
und bekämpft mit Erfolg die Küchenschaben.
Sie ist als FINANZBERATER ein Genie,
macht alle satt und beklagt sich nie.

Als GÄRTNERIN in Haus und Garten
muss niemand auf Gemüse warten.
Als HAUSHÄLTERIN hat sie sehr viel Wissen
und aus Gänsefedern macht sie Kissen.

Sie ist PSYCHOLOGIN, wenn die Seele erkrankt
und SCHIEDSRICHTER bei Kämpfen, wenn ein Geschwisterchen zankt.
Und hin und wieder kommt es vor,
steht sie als FUSSBALLSPIELER auch im Tor.

Sie HEILT unser Bauchweh ganz ohne Arznei,
ihr liebendes Herz, das hilft uns dabei.
Sie ist KRANKENSCHWESTER, wenn die Wunden bluten
und SCHLÄCHTER bei Enten, Tauben und Puten.

Als MÄRCHENERZÄHLER kennt sie genau
die Geschichte vom Fischer und seiner Frau,
Als SÄNGERIN sie uns beglückt,
wenn das Bettchen in die Nähe rückt.

Sie ist WASCHFRAU und FLICKFRAU, sie ist DEKORATEUR,
sie ist BÄCKER, KONDITOR und auch oft FRISEUR -
sie arbeitet für jeden so ganz ohne Lohn
und ist, wenn es darauf ankommt, auch LEXIKON."

„So vieles gibt es, was sie noch kann;
sie steht als Frau jeden Tag ihren Mann."
Und bevor Nina die letzten Worte ihrer Oma sprach,
wusste sie, dass keiner mehr sie unterbrach.

- Nina holte Luft -
„die Oma sagte zu mir:"

„Ich danke dem Herrn noch heute dafür,
dass ich ein solches Glück erfuhr,
denn das Schönste, das der Herrgott erschuf
ist die Mutter - ich war MUTTER von Beruf.

Nun war es still, mucksmäuschenstill,
weil jeder jetzt gerne alleine sein will.
Es wagte kein Kind mehr was zu sagen,
kein Lachen, kein Murren, kein Stöhnen, klein Klagen.

Auch der Lehrer war von diesem Vortrag gerührt,
weil man die Wärme in jedem Worte spürt.
So viele wollen heute nach den Sternen greifen
und Träume und Wünsche mit Geld nur begreifen.

Herr Kuhle war es, der nun die Stille unterbrach,
denn jeder dachte über das Gesagte noch nach:
„Nina, sag Dank deiner Oma von mir,
wir danken ihr alle herzlichst dafür.

Und wenn sich auch heute die Zeiten geändert haben
und wir andere Berufe zum Ziele haben -
so galt damals und gilt auch noch heute,
wählt einen Beruf, der Spaß macht und Freude.

Es gilt - und das macht alles andere so nichtig -:
Nicht, was du bist, nein, wer du bist, ist wichtig."

Hans-Jürgen Gundlach

Kurt und Konrad

(frei nach James Thurber)

Da war ein Biber-Brüderpaar,
von denen Konrad älter war
als Kurt, des Konrads kleiner Bruder,
der faul war und ein lock´res Luder.

Er schwamm herum und niemals nagte
er Holz, weil ihm das nicht behagte,
er spielte mit den Bibermädchen,
an jedem Tag ein Tet-a-Tetchen.

Bis er sich dann verlieben tat
und jene Biberin umwarb,
auf die auch schon sein Bruder hoffte,
und deshalb derb mit diesem zoffte.

Die Biberin entschied sich für
den Konrad, denn der hätte ihr
doch schon so manchen Biberdamm
gebaut und klotze richtig ran,

wogegen Kurt es zu nichts brächte
und nur an sein Vergnügen dächte,
an Essen, Schlafen, Schwimmen, Spielen
mit Leuten, die ihm so gefielen.

Doch Konrad machte sehr bald schlapp:
Er kaute seine Zähne ab,
Er wurde depressiv und krank,
starb bald, und das war nun der Dank.

Sein Bruder aber kennt kein Leiden,
Er ist steinalt und spielt in Freuden
mit Biberweibchen Blinde Kuh
und schaut den fleißigen Bibern zu.

Wer so ein Biber-Männchen ist
und lieber Bibermädchen küsst,
als dumme Dämme zu errichten
und Zeit und Zähne zu vernichten,
der wird vom Bibervolk beneidet,
weil er mit Fleiß den Schweiß vermeidet.

Hans-Jürgen Gundlach

Der Bär, der sich besann

(frei nach James Thurber)

Da war ein Bär, der gerne trank,
er wurde davon zwar nicht krank,
gewöhnte es sich aber an,
soff täglich, nicht nur dann und wann.

Er wankte nachts sehr spät nach Haus,
zog Bären-Hemd und -Hose aus
und dabei hörte man ihn stöhnen
in tiefsten, bärenstarken Tönen.
Dann stieß er noch die Lampe um,
und drückte Jalousien krumm,
als er sich gegen diese lehnte,
weil er sich schon im Bette wähnte,
und zwar auf einem Bettgestell,
bedeckt mit einem Bären-Fell,
das er für die Matratze hielt,
was weiter keine Rolle spielt.
Das Fensterglas zersplitterte,
und die Familie zitterte ...
Dann ließ er Wanken, Schwanken sein,
fiel auf den Bauch und schlief dort ein.

Die Bären-Kinder, sehr verschreckt,
die hatten sich im Schrank versteckt,
und Bären-Frau war sehr bekümmert,
dass sich sein Zustand noch verschlimmert.

Bis eines Tags er sich besann,
das Saufen ließ, und er sodann
Gesundheit auf die Fahne schrieb
und jede Art von Sport betrieb.

Lud er ins Haus sich Gäste ein,
dann sollten sie auch Zeugen sein,
zu welcher Sportlichkeit es führt,
wenn Bär Enthaltsamkeit probiert:
So stand er Kopf, lief auf den Händen,
schlug Rad und schwang die Bären-Lenden
und dabei hörte man ihn stöhnen
in tiefsten, bärenstarken Tönen.
Dann stieß er noch die Lampe um
und drückte Jalousien krumm,
als er sich gegen diese lehnte,
weil er sie für Matratzen wähnte.
Das Fensterglas zersplitterte,
und die Familie zitterte...
Er übertrieb die Turnerein,
fiel auf den Rücken und schlief ein.

Die Bären-Kinder, sehr verschreckt,
war´n wieder mal im Schrank versteckt.
Und Bären-Frau war sehr bekümmert,
dass sich sein Zustand noch verschlimmert.

Weiß nicht, was du für besser hältst,
ob du nach vorn oder rückwärts fällst.
Ob auf dem Bauch, ob auf dem Rücken -
du liegst und musst dich nicht mehr bücken.
Warum bei allem Tun und Treiben
nicht gleich auch auf dem Teppich bleiben?

Hans-Jürgen Gundlach

Der Frosch, der wie ein Stier sein wollte

(frei nach Phaedrus)

Ein Frosch, ein doch recht kleines Tier,
beklagte seine Schmächtigkeit,
beneidete den großen Stier
um seine Mächtigkeit.

So blies er kräftig in sich rein
und schwoll zu Schweinegröße an.
Er wollte noch viel größer sein
und blieb am Pusten dran.

Bis dieser Riesengummiball,
als jemand ihn berührte,
mit einem riesengroßen Knall
am Ende explodierte.

Es ist in manchen Lebensphasen
nicht gut, sich derart aufzublasen
mit nichts als mit viel heißer Luft,
die dann mit viel Geräusch verpufft.

Wolfgang Kiehl

Ordnungszwerge

- eine alte Geschichte neu erzählt -

Zwerge in dem Alltagsleben
Hat es früher oft gegeben,
manche waren richtig böse,
and're laut, mit viel Getöse,
mancher half bei Schwierigkeiten,
oder Freude zu bereiten ...

Heute sind die meisten Zwerge
lange über alle Berge,
doch die Ordnungszwerge blieben:
Strenge gibt es und die lieben,
wann sie kommen oder gehen
weiß man nicht, kann sie nicht sehen,
und es können diese Scheuen,
uns teils ärgern, teils erfreuen ...

Ordnungszwerge, die erscheinen,
nur bei Kinderlein, den kleinen.
Dass sich Ordnungszwerge rühren,
kriegen zwar nur die zu spüren
die nicht richtig Ordnung halten,
so dass dann die Zwerge walten ...

Manchmal ist nach kurzer Pause,
so ein Ordnungszwerg im Hause,
wenn er kommt, dann sieht er immer
gründlich in das Kinderzimmer,
ist es aufgeräumt und sauber,
bleibet alles ohne Zauber,
denn nachdem er das gesehen,
kann er wieder weitergehen,
manchmal lässt er in der Wohnung
auch was Kleines als Belohnung ...

Traurig sind die Ordnungszwerge
über ganze Spielzeugberge,
die nicht wo sie hingehören,
sondern da, wo sie recht stören,
statt in Fächern oder Schränken,
noch auf Boden, Tischen, Bänken,
oder reingestopft in Eile
eine Reihe falscher Teile:
Puzzlesteine, Puppenkleider,
Baustein - durcheinander leider ...

Niemals werden sie verstehen,
müssen sie ein Zimmer sehen,
wo das Spielzeug schlecht behandelt,
Wände, Möbel, gar verschandelt ...

Kann ein Ordnungszwerg entdecken
liederliche Spielzeugecken,
Reste von so manchen Spielen,
die dem Kinde gut gefielen,
und dann aber glatt vergessen,
vor dem abendlichen Essen,
muss dass gar nicht übel enden,
kann sich noch zum Guten wenden,
drängt es ihn, sich zu bewegen,
alles richtig wegzulegen,
das Kaputte heil zu machen,
schön zu ordnen alle Sachen ...
Damit folgt er seinem Triebe
ausgeprägter Ordnungsliebe,
und er freut sich selbst am meisten,
kann er diesen Beitrag leisten,
so hat man am nächsten Morgen
eitel Freude, keine Sorgen ...

Trotzdem sollte man mitnichten,
auf das Aufräumwerk verzichten,
denn nicht alle Zwerge denken
uns mit Ordnung zu beschenken,
welche folgen bösem Zwange

und vor ihnen sei man bange:
was herumliegt, rasch und leise
nehmen sie's mit auf die Reise ...
Spielzeug, was da rumgeschmissen,
kann man dann durchaus vermissen,
und was einmal weggenommen
ist nicht oft zurückgekommen ...

Eines aber dient dem Troste,
was den Ordnungszwerg erboste,
ist dann selten noch zu rügen,
ein Besuch tut meist genügen
weil die Kinder, die besuchten,
es mit Ordnung dann versuchten ...

Du aber, braves Kindelein,
kannst völlig ohne Sorgen sein,
denn hat ein Kind bevor es träumt
all' seine Sachen aufgeräumt,
dann war noch nie, wenn es erwacht,
vom Ordnungszwerg was fortgebracht ...
Ordnungsmängel zu verhindern
treibt es Zwerge nur bei Kindern,
niemals bei den großen Leuten
was hat das wohl zu bedeuten?

Kirsten Eh

Geisterstunde

Dunkel, dunkel, Geisterstunde. Von
Graebern schweben Gestalten tanzen,
tanzen im Kreise, im Kreise zu
alten Weisen fluestern sie
leise, leise, leise.

Nachtblaue Kuehle umhuellt sie wie
Seide, schuetzende Schwaerze wie
Samt der Nacht. Bleiche Lippen
laecheln weise – weise, so weise
am Rande der Nacht. Doch

Hoer! das Fluestern,
hoer! das Klagen,
hoer! das Zweifeln,
hoer! das Fragen.

Leben, kurze ewige Reise,
vergangen, verkannt, vertan.
Waere was gewesen, gewesen
was waere wenn nicht gewesen
waere, was gewesen war?

Dunkel, dunkel. Gedanken
schwanken, munkeln, wankeln,
tanzen im Kreise, im Kreise zu
alten Weisen fluestern sie
leise, leise, leise.

Jadwiga Nehls

Die drei Brüder und der Königsvogel

Vor vielen, vielen Jahren lebte mal ein Erbherr. Der hatte drei Söhne; die
zwei älteren hielten sich für klug, den jüngeren Bruder nannten sie den
Dummkopf. Aber der dritte Bruder war gar nicht so dumm, wie seine
älteren Brüder und die anderen Hausbewohner es meinten. Ihr Vater war
steinreich. Er war Besitzer von großen Landflächen und eines riesigen
Obstgartens. Mitten im Obstgarten wuchs ein Birnbaum, der goldene
Früchte trug.
Eines Tages erfuhr der Königsvogel, dass dort goldene Birnen wachsen
und fing an, sie aus Vaters Obstgarten zu stehlen. Nach einiger Zeit kam
der Vater schwermütig nach Hause und sprach zu seinen drei Söhnen:
„Liebe Söhne - ich habe eine schlechte Nachricht, von Zeit zu Zeit
kommt in unseren Obstgarten der Königsvogel und stiehlt unsere goldenen Birnen. Zusammen mit der Dienerschaft, habe ich versucht, ihn
zu fangen, aber ergebnislos. Er entwischte uns," sagte der kummervolle
Vater - zu seinen drei Söhnen .
„Vater, erlaubt mir, ich will versuchen, den Vogel zu fangen „- rief der
erste der drei Brüder, der sich für klug hielt.
„Gut, mein Sohn", antwortete der Vater, „geh in den Obstgarten, dort
wo der goldene Birnbaum wächst und fang den Königsvogel, der unseren goldenen Birnen holt."
Also ging der eine von den drei Brüdern ,der sich für klug hielt ,in den
Obstgarten hin ,wo der goldene Birnbaum wächst ,um den Königsvogel
zu fangen, der ihnen die goldenen Birnen weg holte. Er legte sich unter
den Birnbaum und wartete auf den Vogel. Aber der Vogel kam längere
Zeit nicht. Vom langen Warten wurde er müde und schlief endlich unter
dem Birnbaum ein. Spät in der Nacht kam der Vogel heran geflogen,
stahl die goldenen Birnen und flog wieder weg.
Am nächsten Tag ging der Vater in den Obstgarten und traute seinen
Augen nicht. Sein Sohn schlief in aller Ruhe unter dem Birnbaum. Er
regte sich so auf, dass er einen Stock nahm und seinen Sohn durch prü-
gelte. Dann sprach er zu ihm: „Du Taugenichts, du hast versprochen,
den Königsvogel zu fangen und jetzt schläfst du hier unter dem Birnbaum."
Dann kehrte der Vater ganz traurig nach Hause zurück und sprach zu

seinen zwei übrigen Söhnen", ach ich armer, was soll ich jetzt tun? Euer Bruder hat den Königsvogel nicht gefangen", sagte der betrübte Vater. „Mach dir keine Sorgen, Vater", sagte der zweite Sohn, der sich für klug hielt. „Erlaube es mir, in den Obstgarten zu gehen und den Königsvogel zu fangen." „Gut", willigte der Vater ein. „Geh, mein Sohn in den Obstgarten und fange den Königsvogel, der uns die goldenen Birnen stiehlt."

Also ging der nächste Bruder, der sich auch als klug hielt, in den Obstgarten, um den Königsvogel zu fangen. Er legte sich unter den Birnbaum und wartete. Aber der Vogel kam längere Zeit nicht. Vom Warten wurde er müde und schlief endlich unter dem Birnbaum ein. Spät in der Nacht kam der Vogel heran geflogen, stahl die goldenen Birnen und flog wieder weg. Am nächsten Tag ging der Vater wieder in den Obstgarten und traute seinen Augen nicht.

Sein Sohn schlief in aller Ruhe unter dem Birnbaum. Er war so aufgeregt, das er einen Stock nahm und seinen Sohn verprügelte. „Du Taugenichts, du hast mir versprochen, den Königsvogel zu fangen und jetzt schläfst du hier unter dem Birnbaum! Das ist die Lehre für das nächste Mal!"

Der Vater kehrte wieder ganz traurig nach Hause zurück, und wusste nicht, was weiter zu tun wäre.

Dann aber sprach er zu seinem dritten Sohn: „ Ach, ich Armer, ich Armer was kann ich noch tun? Deine Brüder haben den Königsvogel nicht gefangen. Er wird wieder in den Garten kommen und die goldenen Birnen weg holen."

„Mach dir keine Sorgen, Vater", sagte der dritte, der jüngste Sohn. „Lass mich in den Obstgarten gehen und den Königsvogel fangen."

Nach einer Weile antwortete der Vater: „Ach, du Dummer, deine Brüder konnten den Königsvogel nicht fangen und du willst es tun? Na gut, wenn du darauf bestehst, dann gehe in den Obstgarten", sagte er zu dem dritten Sohn.

Also ging der jüngste und zugleich letzte von den drei Söhnen in den Obstgarten, um den Königsvogel zu fangen. Er kletterte auf den Birnbaum und wartete bis der goldene Vogel kam, die goldenen Birnen zu stehlen .Er wartete, und wartete, eine längere Zeit. Da kam plötzlich der Vogel heran geflogen und begann die goldenen Birnen zu fressen. Der Junge streckte die Hand aus, um den Vogel zu fangen. Schon hatte er ihn in der Hand, als dieser sich durch eine schnelle Bewegung der Flügel empor schwang und im letzten Augenblick aus den Händen entwischte.

In der Hand blieb nur eine goldene Feder, die er dem Vogel ausreißen konnte.

Er stieg schnell vom Baum herunter und lief ins Haus, um dem Vater die goldene Feder, die er in der Hand hielt, zu zeigen. „Vater, Vater", rief der Junge vor Freude. „Schau, ich habe den goldenen Vogel gefangen," und zeigt ihm die Feder, die er dem Goldvogel ausgezupft hat. Der Vater schaut auf die Feder, die der Junge in der Hand hielt, lachte und sagte: „Ach, du Dummkopf, das ist doch gar nicht der Königsvogel, sondern nur die goldene Feder, die du ihm ausgezupft hast. „Das machte den jüngsten Sohn traurig und er ging weg.

Der Vater blieb besorgt. Nach einiger Zeit kamen zum Vater, die zwei älteren Brüder, die sich für klug hielten und sagten: „Vater, lass uns in die Welt gehen, wir suchen das Königsschloss und fangen den Goldvogel. Gib uns Pferde für die Fahrt und Verpflegung für den Weg .Wir werden uns Mühe geben, den königlichen Vogel zu fangen."

„Gut", sagte der Vater, „nehmt, was ihr braucht und macht euch auf den Weg."

Also nahmen die Söhne, was notwendig war, und begaben sich auf die Reise.

Bald danach kam der jüngste Sohn mit der Bitte und sprach: „Vater, lass mich auch mein Glück versuchen, ich will auch los in die Welt, um den Vogel zu suchen." „Ach du Dummkopf", antwortete der Vater, „du kannst den Goldvogel nicht fangen".

Aber der Sohn hörte nicht auf zu bitten: „Vater, gib mir für die Reise den alten Gaul und etwas Nahrung. Das reicht mir."

Nach gewisser Zeit erlaubte der Vater auch dem dritten Sohn, sich auf den Weg zu machen, nach dem Goldvogel zu suchen. Der jüngste Sohn freute sich sehr, schmiegte vor Glück seinen Vater mit ganzer Kraft an sich und dankte ihm herzlich. Dann stieg er auf seinen alten Gaul und begab sich in die Welt, um nach seinen beiden Brüdern und den königlichen Palast mit dem Goldvogel zu suchen.

Er ritt und ritt einen langen Weg, der durch einen dunklen Wald führte. Nach einiger Zeit begann ein kühler Wind zu wehen und plötzlich tauchte vor dem Jungen aus dem dunklen Wald ein großer, grauer Wolf auf. Aber es war kein gewöhnlicher Wolf, sondern ein Zauberer, der sich in einen Wolf verwandelt hatte und jetzt mit menschlicher Stimme zu ihm sprach: „Bube, gib mir was zu essen. Seit einigen Tagen hatte ich nichts im Mund und bin sehr hungrig." „Ich würde dir gern etwas geben, lieber Wolf, aber das, was ich für die Reise bekam, habe ich schon längst aufgegessen und jetzt habe ich nichts mehr, was ich dir geben könnte", antwortete der Junge. „Wenn du schon alles aufgegessen hast", antwortete der Wolf, „dann gib mir dein Pferd zu fressen."

„Ach lieber Wolf", sagte darauf der Junge, „das Pferd brauche ich, denn ich muss zum Königspalast kommen, um den Goldvogel zu fangen, der die goldenen Birnen meines Vaters stiehlt."

„Mach dir keine Sorgen," sagte der Wolf-Zauberer, „wenn du mir dein Pferd zu fressen gibst, helfe ich dir, den Goldvogel, den du suchst zu finden."

Der Junge war damit einverstanden. Nachdem der Wolf seinen Hunger gestillt hatte, setzte er den Jungen auf seinen Rücken und raste zum Königsschloss. Der Tag brach schon an, als sie sich der Schlossmauer näherten. Dann nahm der Wolf seine menschliche Gestalt wieder an und sprach zu dem Jungen: „Denke daran", warnte er ihn, „dass du den Vogelbauer nicht berührst, obwohl er dir sehr gefallen wird, denn er ist aus Gold gemacht und mit edlen Steinen verziert. Nimm aber den Vogel vorsichtig aus dem Bauer und kehre schnell zurück. Wenn du aber den Bauer mitnimmst, dann weckst du die ganze königliche Dienerschaft, denn am Käfig ist eine Klingel angebracht und an der Klingel ist eine Schnur angebunden, welche zum königlichen Palast führt. Beim Rütteln des Käfigs, machst du soviel Lärm, welcher die königliche Dienerschaft weckt. Dann fangen dich die Diener und bringen dich zum König hin. Du wirst dann seine Befehle vollbringen müssen."

„Lieber Wolf, mach dir keine Sorgen", antwortete der Junge, „ich tue alles so, wie du es mir gesagt hast."

Er machte sich auf den Weg, den königlichen Vogel zu fangen. Er kam in den Stall und traute seinen Augen nicht. Im Stall stand ein schönes weißes Pferd mit herab hängenden Goldmähnen und einem goldenen Schwanz. Neben dem Pferd an der anderen Wand, hing ein goldener Käfig mit kostbaren Kleinoden und in dem Käfig ein goldener Vogel, der wunderschön sang. Der Junge war so hingerissen von diesen Wundertätigkeiten, dass er die Warnung des Wolfes vergaß und den Vogelbauer von der Wand abzuziehen versuchte. Aber ohne Erfolg, denn er war gut angebracht. Beim Rütteln begann die Klingel zu läuten und weckte die ganze Dienerschaft. Die Diener fassten den Jungen und brachten ihn zum König.

„Was machst du in meinem Palast?", fragte der König

„Verzeih, oh König, dass ich deine Gastfreundschaft verletzt habe .aber mein Vater sandte mich in deinen Palast, damit ich den Goldvogel fange, der unsere Birnen stiehlt."

„So, so", antwortete der König, „du sollst alles haben, was du willst unter der Bedingung, das du meine Tochter aus der Gewalt der Räuber befreist. Sie wurde von ihnen entführt und wird von ihnen gefangen gehalten."

„Gut, mein König;" sagte der jüngste der Brüder und war mit dem Vorschlag des Königs einverstanden. Dann kehrte er zu seinem Freund, dem Wolf zurück und erzählte ihm alles, was passiert war. Der Wolf-Zauberer hörte ihn an und sagte: „Gut Junge, ich helfe dir die Prinzessin zu befreien. Setze dich auf meinen Rücken. Wir werden die Räuberhöhle schon finden." Sie machten sich auf den Weg.

Nach einiger Zeit, als sie schon eine längere Strecke und ein Stück Wald hinter sich gelassen hatten, tauchten vor ihnen Berge auf. Dann standen sie plötzlich vor der Räuberhöhle. Sie versteckten sich und warteten, bis die Räuber sich auf die Jagd begaben. Aber einen Räuber ließen sie zurück. Er sollte die Prinzessin bewachen. Darauf hatten die Beiden nur gewartet .Unauffällig schlichen sie in die Höhle, überwältigten den Räuber und befreiten die Prinzessin. Der Zauberer wurde wieder zum Wolf und machte sich mit dem Jungen und der Prinzessin auf den Rückweg. Sie beeilten sich sehr, weil sie mit der Verfolgung durch die Räuber rechneten. Nach einigen Stunden kamen sie zum Palast. Der König freute sich sehr, als er seine Tochter sah und drückte sie herzlich an sich. Er war sehr beglückt.

Er dankte dem Jungen für die Befreiung seiner Tochter und hielt all seine versprechen. Er gab dem Jungen die Prinzessin zur Frau und ließ eine glänzende Hochzeit feiern. Als Mitgift gab er dem Jungen das Pferd mit der goldenen Mähne und dem goldenen Schwanz, den goldenen Käfig nebst Vogel, der so schön sang. Alle waren glücklich.

Nach einiger Zeit, wollte der jüngste Sohn wieder zu seinem Vater zurückkehren. Er ging also mit seiner Frau zum König, um sich zu verabschieden. Während der Rückfahrt waren alle sehr fröhlich. Seine Frau sang freudig auf dem Pferd mit dem goldenen Schwanz und der goldenen Mähne. Das Pferd schnaubte fröhlich und der Vogel zwitscherte süß. Sie hatten schon den halben Weg hinter sich, als wieder der Wolf vor ihnen stand.

Er sprach zu ihnen: „Wisse Junge, wenn du an die Kreuzung kommst, findest du zwei Wege. Der eine führt nach rechts, der zweite nach links. Fahre nach rechts, nicht nach links, „warnte er ihn." Wenn du die andere Richtung nimmst, könntest du deine Brüder treffen. Sie würden dir alles missgönnen, was du erreicht hast und könnten euch Schaden antun."

„Gut!", sagte der jüngste Bruder, verabschiedete sich von dem Wolf und machte sich wieder auf den Weg. Er kam an den Scheideweg, bagatellisierte die Warnung des Wolfes und wählte den Weg, auf dem seine Brüder zurückkehrten. Nachdem er eine Meile hinter sich hatte, traf er auf seine älteren Brüder. Als diese sahen, welches Vermögen er mit sich führte, erschlugen sie ihn und seine Frau. So groß war ihr Neid. Dann nahmen sie ihm alles weg und fuhren zum Haus ihres Vaters. Dem Vater sagten sie die Unwahrheit und freuten sich über dessen Lob. Aber das Pferd schnaubte nicht mehr und auch der Vogel blieb stumm. Alle waren sehr niedergeschlagen. Der Vater wunderte sich sehr.

Der Wolf ahnte, dass seinem Freund etwas Schlimmes zugestoßen sein könnte. Deshalb lief er zur Stelle zurück, wo sie sich getrennt hatten. Er nahm den linken Weg. Nachdem er ein Stück gelaufen war, fand er die leblosen Körper seiner Freunde. Der Wolf-Zauberer sprach ein Zauberwort und es kam eine weiße Taube heran geflogen, die sich ihm auf die Schulter setzte. Der Zauberer nahm sie in die Hand, band ihr ein Fläschchen um den Hals und sagte zu ihr: „Fliege mein weißes Täubchen, hinter sieben Berge und sieben Flüsse, und hole das Wasser des Lebens für meinen Freund." Und die weiße Taube flog über sieben Berge und sieben Flüsse bis sie zur Zauberquelle kam. Dort nahm sie das Wasser des Lebens und kehrte damit zurück.

Der Zauberer nahm die Flasche mit dem zauberhaften Wasser und goss sie den Freunden in den Mund. Gleich danach öffnete der jüngste Bruder seine Augen und fragte verwundert: „Was ist passiert, mein Freund? Warum bist du bei mir?"

„Kannst Du dich denn an nichts erinnern?" sagte der Zauberer und erzählte ihm alles. Erst nach einer Weile erinnerte sich der Junge an alles. Er dankte seinem Befreier für die Rettung. Danach machten sich alle auf den Weg zum Vater, denn dem hatten sie einiges zu erklären. Als sie zu Hause ankamen, wunderten sich die zwei älteren Brüder, dass der Jüngste noch lebt. Sie hatten nicht damit gerechnet ihn noch mal zu sehen. Als der Vater ihn sah, begrüßte er ihn samt seiner Frau und seinem Begleiter .

Er sprach folgendes: „Schau mal, mein Sohn, was für ein Vermögen deine Brüder nach Hause gebracht haben."

„Vater, das ist nicht wahr", wies ihn der jüngste Sohn zurück. „Das ganze Vermögen gehört mir. Wenn du mir nicht glaubst, frag meinen Freund. Er hat mir dabei geholfen, das Vermögen zu erlangen. Er hat mir und meiner Prinzessin das Leben gerettet, denn meine Brüder nahmen uns das Leben und beraubten uns. Der Wolf bestätigte alles, was der jüngste

Bruder erzählt alles. Nachdem der Vater die Wahrheit erkannt hatte, vertrieb er seine bösen Söhne aus dem Haus. Die Prinzessin freute sich sehr, dass sie ihren Liebsten wieder hatte. Der Vater veranstaltete ein großes Fest und alle waren sehr glücklich und zufrieden und lebten noch lange Zeit zusammen

Inhalt

282

Autorinnen und Autoren

Bettina Bechtloff, geboren 1973 in Celle, kaufmännische Angestellte, schreibt Gedichte, Märchen und Kurzgeschichten. Bisherige Veröffentlichungen: Gedichte in „Ein Zeichen von dir" und „Oktoberstille" (Engelsdorfer Verlag)

Reiner Borner wurde am 13.10.1955 in München geboren. Seit Jahren schon ist er auf spirituellen Pfaden unterwegs, ein Suchender, ständig bemüht, den Sinn des Lebens zu erfassen, hinter den Vorhang zu blicken, der uns von dem Unsichtbaren trennt. Aufgrund einer chronischen Erkrankung setzte er sich schon früh mit esoterisch/philosophischen Themen auseinander. Er hat bereits mehrere Bücher mit Texten, Gedichten und Kurzgeschichten veröffentlicht. Sein neues Werk „Angstfrei leben" ist als e-book bei „new-ebooks.de" erhältlich.

Mario Bossert wurde 1984 in Nördlingen, kurz hinter der bayrischen Grenze, geboren. Im Alter von zwölf Jahren entdeckte er die Liebe zum Schreiben und verfasste erste Texte, die zunächst im literarischen Niemandsland herumdümpelten. Erst einige Jahre später gelangen ihm kleine Erfolge in Form von Beteiligungen mit Gedichten und Kurzgeschichten an verschiedenen Anthologien.

Dagmar Buschhauer, freischaffend, geboren 1952 in Bochum, lebt heute auf einem kleinen Dorf in Mecklenburg Vorpommern. Die vielseitige Autorin ist verheiratet und hat zwei erwachsene Kinder. Zu ihren Werken gehören Märchen, Fabeln und Erzählungen, Kurzgeschichten und Gedichte. Sie schreibt Berichte für Amtsblatt und Tageszeitung und ist Herausgeberin eines Jahresheftes. Veröffentlichungen in verschiedenen Verlagen u.a. bei der renommierten Brentano - Gesellschaft der Frankfurter Bibliothek.

Willi Corsten ist 1939 im Rheinland geboren und lebt heute im Spessart. Seine Kurzgeschichten, Gedichte, Satiren und Märchen wurden in Rundfunk und Fernsehen, in Hörbüchern, Kinderbüchern und in rund 120 Anthologien veröffentlicht, u.a. im Rowohlt Verlag. Er ist Mitherausgeber einiger Taschenbuchausgaben und schrieb die Bücher: Behüte deinen Traum; Rabenland; Wildes Verlangen und Hempels Bosheiten. Mail: Willi.Corsten@t-online.de (Willi Corsten, Am Kallmuth 1, 97855 Triefenstein/Homburg)

Kirsten Eh, geboren 1962 in Koeln, BWL-Studium, Kontakterin in verschiedenen internationalen Werbeagenturen, lebt seit 2002 mit Mann und drei Kindern in Thailand, schreibt Gedichte, veröffentlicht seit August 2006, bisher in verschiedenen Anthologien und Bänden von Dorante Edition.

Andreas Erdmann, geboren am 1962 in Solingen, Dipl. Sozialpädagoge, Studium der Germanistik, Sprach- und Literaturwissenschaften, freier Mitarbeiter bei einer Tageszeitung, 2004 veröffentlicht: „Gethsemane. Blumen zum Unaussprechlichen" (Lyrik und Kurzprosa), Preise u. a. 1998 Heinz-Risse-Literaturpreis, 2003 Literaturpreis der Bayreuther Festspielnachrichten, 2005 Literaturpreis des Bergischen Geschichts-Vereins, etwa 200 Veröffentlichungen von Erzählungen, Kurzgeschichten und Gedichten in Anthologien und Zeitschriften

Annie Erlenburg wurde 1981 in Herford geboren. Sie veröffentlichte Gedichte und Kurzgeschichten in Anthologien. Seit dem Jahre 2004 ist sie freiberuflich tätig und verdient ihr Geld mit Auftragskompositionen für Film und Fernsehen, Kompositionsseminaren, klassischem Klavierunterricht und Konzerten.

Bianca-Maria Feser-Zimmer, 1956 in Frankfurt a. M. geboren, Rechtsanwältin, schreibt seit ihrer Kindheit. Die Gutenachtgeschichten, die sie ihrem kleinen Sohn immer erzählte, schrieb sie irgendwann auf. So entstanden viele Kobold-und Elfengeschichten. Seit einiger Zeit schreibt sie aber auch Gedichte und Kurzgeschichten für Erwachsene.

Thomas Franz, 1977 in Haiger geboren, zog 2002 nach Frankfurt am Main. In seiner Freizeit ist er schriftstellerisch tätig. Bisher sind von ihm der Gedichtband „Der erste Augenblick" und das Theaterstück „Hals- & Beinbruch" erschienen.

Hans-Jürgen Gaiser, geboren 1952 in Heidenheim/Brenz, Studium der Luft- und Raumfahrttechnik an der Universität Stuttgart mit dem Abschluss Diplom-Ingenieur. Arbeit bei einem bekannten Stuttgarter Automobilhersteller auf den Gebieten CAD und Berechnung, Visualisierung. 1981 Heirat und 1983 Geburt des Sohnes. Danach Wechsel des Arbeitgebers und des Arbeitsgebietes: Internationale Beratung und Koordination, Betreuung eines Intranet-Portals, Information, Knowledge und Skill Management. In einem Verein engagiert, in welchem Kunst und Humor gepflegt und das Banner der Freundschaft hochgehalten wird, und dort auch die Liebe zur Lyrik und zum Schreiben von Texten überhaupt entdeckt. Gedichte und Kurzgeschichten erschienen bei diversen Verlagen und Literaturzeitschriften. Arbeit an einem Roman.

Hans-Jürgen Gundlach, geboren 1939; wohnt in Meinersen bei Gifhorn; pensionierter Realschullehrer (Geschichte, Englisch) und Schulleiter einer Haupt- und Realschule (1981-2002); Lehrbuchautor, Gedichtbände „Ins Blaue gebellt" (2001), „Fliegen mit den Beinen auf dem Boden" (2003); Mitarbeit/Leitung in/von Schreib- und Literaturwerkstätten, Lesungen, div Veröffentlichungen in Anthologien, schreibt autobiographische Prosa, gesellschaftskritische Gedankenlyrik, „Schmunzelballaden", Fabeln, Liebes- und Naturlyrik, Preisträger von Literaturwettbewerben.

Angelika Haymann, geboren 1953 in Alveslohe in Schleswig-Holstein. Lebt mit ihrem Mann in Norderstedt bei Hamburg, hat zwei Töchter und zwei Enkelkinder. Sie schreibt vorwiegend Kindergeschichten, Lyrik und Fantasy und kann auf zahlreiche Publikationen in Anthologien zurückblicken. 2006 erschien ihr erster Roman „Fallstricke".
E-Mail: haymann.a@arcor.de Website: angieswelt.beep.de

Eve Herzogenrath wurde 1939 in Köln geboren. Sie veröffentlichte bisher zahlreiche Gedichte und mehrere Kurzgeschichten in Anthologien.. Für ihr Gedicht „Mit diesem Kind darfst du nicht spielen" erhielt sie den ersten Preis bei Poeticus und für das Gedicht „Kater Pieter" den ersten Preis in Journal für die Frau. Eve H. war lange als Pflegedienstleiterin tätig. Ihre Hobbys sind Schreiben, Malen, Literatur, Kunst, Klassische Musik und Sport.

Monika Jarju, geboren 1956, Diplom-Ingenieurin, lebt in Berlin, Veröffentlichung von Gedichten in verschiedenen Lyrik-Anthologien und Literaturzeitschriften

Wolfgang Kiehl, geb. 1938 in Berlin, bis 2003 als Arzt im öffentlichen Gesundheitsdienst, jetzt medizinjournalistisch tätig, langjähriger Herausgeber einer Fachzeitschrift; lebt in Zepernick bei Berlin; verheiratet, zwei Töchter, 5 Enkel; Veröffentlichung von Buchbeiträgen, Schriften und Gedichten zu verschiedenen Themen.

Walter Kiesenhofer, geboren 1947 in Oberösterreich. In der blumigen Aufbruchstimmung der Endsechziger studierte er einige Semester Philosophie, Publizistik, Theologie, Mathematik und Chemie. 1992 versagten beide Nieren ihren Dienst. 1999 spendete ihm seine Gattin Rosa eine ihrer beiden gesunden Nieren, nachdem sie ihm dreißig Jahre zuvor schon ihr Herz geschenkt hatte. Er gestaltet die Zeitschrift „Diaplant" für die Selbsthilfegruppe in seinem Bundesland und arbeitet als „Österreichkorrespondent" für ein deutsches Fachmagazin mit. Hauptberuf ist aber Großvater.

Gert W. Knop, (Pseudonym André Steinbach) Jahrgang 1943, in Darmstadt geboren. Nach einem Studium der Grafik an der Freien Akademie/Werkkunstschule Mannheim, folgte ein Wechsel zur tropischen Agrarwirtschaft an der Gesamthochschule Kassel, OE 21, Witzenhausen. Postgraduiertes Studium an der University of Edinburgh, Schottland. Während seiner langjährigen Tätigkeiten in Chile, Israel, Sri Lanka, Papua Neuguinea und Vanuatu entstanden zahlreiche Gedichte, Zeichnungen und Kurzgeschichten. Michotouchkine-Preis (1. Preis für Grafik) 1992 in Port Vila, Vanuatu. PITCO-Preis (1. Preis für Grafik), Port Vila, Vanuatu, 1993.

Siegfried Kyek geboren 1941 in Berlin, lebt in Kaufbeuren/Allgäu, Werkzeugmachermeister i.R., Heilpraktikerausbildung, Bücher: „Kaufbeurer Profile" (1999), „Meine Kinderzeit im Krieg" (2001). Beteiligungen: „Sagenhafte Märchen" (2004), „Wintermärchen" (2005), „Ein Zeichen von dir" Liebesgedichte (2005), „Süßer die Glocken nie klingen" (2005). Mitglied im „Autorenkreis Allgäu". Lesungen zu verschiedenen Anlässen und Themenbereichen.

Eva Liesenberg, geboren 1985 im Harz, studiert Ägyptologie und Ur- & Frühgeschichte in Göttingen. In der Freizeit schreibt und veröffentlicht sie seit einigen Jahren Gedichte. Nach Fertigstellung eines Kinderbuchmanuskriptes arbeitet sie nun an einem Roman. www.sarisand.de.vu

Ingrid Linnenberger, Geburtsjahr 1953, ist Mutter von vier Kindern und Großmutter. Sie lebt im Saarland, Kreis Saarlouis. Die jüngste Tochter, elf Jahre alt ist eine kritische Leserin ihrer Kindergeschichten. Aus gesundheitlichen Gründen schulte sie um zur Kauffrau für Bürokommunikation. Vor 25 Jahren begann sie Geschichten für ihre Kinder zu schreiben. Es folgte eine Zeit voller Turbulenzen in ihrem Leben. Zum Schreiben kam sie nicht mehr. Vor ungefähr vier Jahren entdeckte sie wieder ihre Leidenschaft. Sie schreibt Geschichten, Gedichte für Kinder, Erwachsene. Veröffentlichungen von Geschichten in einem Märchenbuch aus dem mg Verlag, Geschichten für Kinder unter www.kinderbuchindividuell.com und eine Weihnachtsgeschichte im Dr. Ronald Henss Verlag.

Kurt May wurde 1940 in Komar/Tschechien geboren, wohnt in Langeln am Harz, ist verheiratet und hat bis zum Sommer 2005 als Lehrer gearbeitet. Von ihm wurden bisher Gedichte, Fabeln, Satiren, Aphorismen und Kurzgeschichten in Literaturzeitschriften und Anthologien abgedruckt.

Imke Ochwat wurde 1963 in der Freien und Hansestadt Bremen geboren. Seit 1986 sesshaft in München und als Bankangestellte tätig. 1994 der besseren Hälfte (nach einer Kennenlernphase von nur acht Monaten) schon das Ja-Wort gegeben. 1995 folgte die Geburt der Tochter. Leser mit ihren eigenen Gedichten oder auch Kurzgeschichten/Erzählungen zu erfreuen gibt ihr ein gutes Gefühl. Bisherige Veröffentlichungen: Gedicht in „Ein Zeichen von dir und Windflüchtig" Engelsdorfer Verlag.

Bernhard Ost, 1942 in Köln geboren, wohnhaft in Erkrath bei Düsseldorf. Praktizierender Gynäkologe - im Vorstand verschiedener medizinischer Vereine. Zahlreiche Fachveröffentlichungen. Nebenberuflich Maler seit vielen Jahren mit zahlreichen namhaften Ausstellungen im In- und Ausland und mehreren großen Kunstmessen. Seit Juli 2004 Mitglied der IGdA (Interessengemeinschaft Deutschsprachiger Autoren e.V.) Veröffentlichung von Gedichten und Kurzgeschichten in versch. Anthologien.

Anke Osterhues, geboren 1981. Studium der Pädagogik, Germanistik und Religionswissenschaft an der WWU Münster seit 2002. Im kommenden Jahr steht voraussichtlich der Studienabschluss (Magister) an. Ich schreibe seit der Grundschule Geschichten, seit dem 13. Lebensjahr auch Gedichte. Habe an mehreren Schreibwettbewerben teilgenommen.

Bisherige Veröffentlichungen: Drei Gedichte in dem Band „Erinnerung an Licht II".

Anke Puhlmann, geboren 1968 in Eisenhüttenstadt und lebt in Fürstenwalde. Ausbildung als Agrotechnikerin und später Agraringenieur. Leitet eine Kunstarbeitsgemeinschaft an einer Grundschule und einen Malkurs für Kinder in der Kulturfabrik Fürstenwalde sowie eine Schreibwerkstatt. Sie erhielt mehrere Preise bei Wettbewerben für eigene Texte.

Sibyl Quinke, 1952 in Freiburg geboren, schreibt seit Jahren als freie Mitarbeiterin Artikel für ein lokales Magazin. Mit der Zeit hat sie ihre Liebe zu Märchen und Lyrik entdeckt. Ihre Beiträge wurden in verschiedenen Anthologien veröffentlicht und bei Lesungen dargeboten, wobei eines ihrer Gedichte mit einem Preis bedacht wurde. Sibyl Quinke arbeitet als promovierte Naturwissenschaftlerin und lebt in Wuppertal.

Ricarda Schubert, geboren 1955 in Strausberg, Chefarztsekretärin, 2 erwachsene Kinder, lebt in Nordrhein-Westfalen, schreibt seit dem 14. Lebensjahr Gedichte und Kurzgeschichten. Gedichte veröffentlicht in der Bibliothek deutsprachiger Gedichte (2005 und 2006), im Band der Brentano-Gesellschaft der Frankfurter Bibliothek (2007) und in dem Band „Mehr Rote Schuhe Band II" (2007) sowie in „Momente & Landschaften. Kurzprosa und Gedichte" (2007). Ein Weihnachtsmärchen von ihr wurde nominiert durch das Literarischen Forum der Meister-Akademie zu Husum und Glückstadt und wird im Dezember 2007 publiziert in dem Band „Wunderbare Weihnachtswelt".

Ingeborg Schnöke, geboren 1948 in Dessau, Fernstudium Belletristik von 1998 - 2001 an der Axel-Andersson-Akademie Hamburg, Fernstudium Lyrik von 2005 - 2006 Bibliothek deutschsprachiger Gedichte, Veröffentlichungen eigener Erzählungen und Gedichte in diversen Anthologien und Kinderzeitschriften

Marena Stumpf, geboren 1949 in Marburg/Lahn. Vierzig Jahre lebte sie in Berlin und zog drei Kinder groß. 1991 kehrte sie mit ihrem Mann nach Hessen zurück. Hauptberuflich ist sie als Sachbearbeiterin tätig. 2005 erschien, im Noricum-Verlag, ihr erster Roman, „Safari der Gefühle". Für ihre drei Enkel schreibt sie gerne Kindergeschichten. 2007 erschien ihr erstes Kinderhörbuch, „Das kleine Schäfchen-Wölkchen" und kurz darauf wurde im DeHoltes Verlag das gleichnamige Buch veröffentlicht.

Mail: StumpfMarena@aol.com (HP www.marenas-musenstuebchen.my-designblog.de

Dennis Ullrich, im Jahre 1978 in Suhl/ Thüringen auf die Welt gekommen. 1995 schloß er seine schulische Laufbahn mit der Fachhochschulreife ab, konnte in der anschließenden Zeit dem jugendlichen Leichtsinn frönen. Zu der Zeit begann er zu schreiben und konnte erste wichtige Erfahrungen sammeln. Im Jahr 2000 landete er über einige Umwege in München, wo er sechs Jahre als Produktionsprüfer in der Messtechnik eines großen Stahlkonzerns tätig war. Seit Sommer 2006 wohnt er in Maastricht und will sich der Herausforderung stellen, als freier Autor zu arbeiten ...

Esther Wäcken, 1968 in Bückeburg/ Niedersachsen geboren und dort aufgewachsen. Seit Herbst 2000 lebt sie mit ihrem Mann und ihren zwei Söhnen in Espelkamp/ NRW. Schon immer las sie leidenschaftlich gern und dachte sich selbst Geschichten aus. Im Herbst 2004 wurde ihr erstes Buch veröffentlicht: „Der Wert des Lebens", ISBN 3-935232-20-9, ist eine Sammlung von 9 Kurzgeschichten über das Leben, die Liebe, Abenteuer und Außersinnliches. Nähere Informationen zum Buch und Presseberichte gibt es unter www.wagner-verlag.de, Autorenhomepage: www.eldakrieger.de

In den Vorstädten

Gedichte

Marina Roth, Lothar Schuh
Klaus-Dieter Mund u.v.a.

Dorante Edition

In den Vorstädten

Gedichte

Marina Roth, Lothar Schuh, Klaus-Dieter Mund u.v.a.

244 Seiten, Juli 2006, 14,80 €

Trügt der Anschein? Wer wohnt in den Vorstädten? Es kann etwas passieren. Über Schuld wird zu reden sein. Andere Autoren thematisieren die sozialen Kürzungen, die inzwischen Schlag auf Schlag kommen. Gedichte über philosophische Gedanken und Landschaften sind im Band zu finden. Schachfiguren kommen in den Blick. Wer entscheidet über mein Schicksal? Bin ich Bauer oder König? Und was wäre ein Band ohne Liebesgedichte? Geborgenheit wird gesucht, Kerzenschein. Auch hören wir Zukunftsmusik.

Leseproben: www.literaturpodium.de
Bestellung: Literaturpodium, Köpenicker Str. 11, 15537 Gosen,
gedichte@literaturpodium.de

Daniel Rosner
Christel Tarras
Ines Heckmann

Momente
Landschaften

Dorante Edition

Momente & Landschaften

Kurzprosa und Gedichte

Daniel Rosner, Christel Tarras, Ines Heckmann u.v.a.

232 Seiten, 2007, 14,20 €

In diesem Band vereinen sich Momentaufnahmen über Landschaften und Natur in kurzen Texten und Gedichten. Vor uns ausgebreitet wird die Sicht auf Feuerland. Wir nehmen Einblick in eine russische Stadt kurz vor Sibirien. Vorgestellt werden einige Impressionen aus Amsterdam und Paris. Viele Beiträge konzentrieren sich auf die Natur hierzulande. Ausflüge an Nord- und Ostsee sind vertreten, aber auch Berglandschaften kommen nicht zu kurz.

Leseproben: www.literaturpodium.de
Bestellung: Literaturpodium, Köpenicker Str. 11, 15537 Gosen,
gedichte@literaturpodium.de

Spät schlagen Türme Alarm

Gedichte

Hans-Jürgen Gundlach, Wolfgang Wurm, Christina Feldmeier, Alexander Frey u.v.a.

260 Seiten, 2006, 15,40 €

Möven haben es bequem: Sie brauchen keinen Asylantrag stellen. Auch sonst ist vieles einfacher, wenn man den freien Flug beherrscht. Ein anderes Gedicht berichtet über das Urlaubstreiben hinterm Deich an der Nordseeküste. Man erfährt, Schreibtische müssen nicht ausschließlich der Büroarbeit dienen. Erörtert werden einzelne Bruchstücke vergangener Zeiten in der DDR. Gefragt wird nach einem neuen System, in dem die Türme rechtzeitig den Ton angeben. Wie kann man in Afrika einen Bausparvertrag abschließen? Von einem Ochsenschicksal wird in Reimen berichtet und das der Eisbär nun rot gelistet wurde. Ein Essay über Gesundheit, Körper und Geist schließt den Band ab.

Leseproben: www.literaturpodium.de
Bestellung: Literaturpodium, Köpenicker Str. 11, 15537 Gosen,
gedichte@literaturpodium.de

Das Land Ohnegleichen

Erzählungen

Lore Tomalla, Karin Heinrich, Bernd Kurt Goetz u.v.a.

220 Seiten, 2006, 13,80 €

Dieser Erzählband enthält recht unterschiedliche Autoren und vielfältige Themen. Einige behandeln die schwierigen Lebensbedingungen nach dem zweiten Weltkrieg auf dem Land und mit welchen Tricks oder Vorgehen man einen vollen Magen bekam. Andere Erzählungen berichten über Jugendstreiche und welche Verwicklungen Wurfgeschosse auslösen können. Mehrere Handlungen spielen sich am und auf dem Meer ab, so wird erzählt von Versuchen das Segeln zu lernen und wie ein Kind an der Nordsee verschwindet. Eine musikalische Verbindung der ganz besonderen Art stellt eine Autorin vor und wie dies Menschen aus unterschiedlichen Ländern verbinden kann. Wir erfahren von einer Krankengeschichte mit glücklichem Ausgang. Ein Blind-Date der besonderen Art kann man erleben. Das Land „Ohnegleichen" entdecke jeder selbst.

Leseproben: www.literaturpodium.de
Bestellung: Literaturpodium, Köpenicker Str. 11, 15537 Gosen,
gedichte@literaturpodium.de

Erich Fromm als Vordenker

„Haben oder Sein" im Zeitalter der ökologischen Krise

Rainer Funk, Marko Ferst, Burkhard Bierhoff u.a.

Leseproben:
www.umweltdebatte.de

Edition Zeitsprung, 2002, 224 Seiten

Als Psychotherapeut, Sozialwissenschaftler und Philosoph gehört Erich Fromm zu den wegweisenden Gestalten des 20. Jahrhunderts. Er ist ein prominenter Diagnostiker der Krisen der westlichen Welt, ein Kritiker unseres konsumistischen Lebensstils und von gesellschaftlichen Zuständen in denen nicht der Mensch sondern das schnelle Plusmachen im Mittelpunkt steht. Die Werte des Seins wollte Fromm über denen des Habens angesiedelt wissen. Die Beiträge setzen sich mit seinen Ideen und Vorschlägen auseinander.

Bestellung: M. Ferst, Köpenicker Str. 11, 15537 Gosen, marko@ferst.de

Literaturpodium

Bei uns können Sie Ihre Gedichte, Erzählungen, Romane oder Ihr Sachbuch veröffentlichen. Sowohl einzelne Gedichte lassen sich publizieren oder auch mehrere Autoren können einen Gedichtband zusammen herausbringen. Dies gilt analog für Erzählungen u.a. Die Bücher werden gegenseitig mit Anzeigen beworben und im Internet mit Leseproben präsentiert.

Mehr Informationen unter:

www.literaturpodium.de

Literaturpodium, Köpenicker Str.11, 15537 Gosen (bei Berlin)

Juniland

Gedichte

Monika Jarju, Werner Pelzer, Hans-Jürgen Gaiser u.v.a.

Juniland
Gedichte

Monika Jarju, Werner Pelzer,
Hans-Jürgen Gaiser u.v.a.

Dorante Edition

284 Seiten, 2007

Berichtet wird über die Teeträume junger schwarzer Männer unterm Baobab, überladene Boote landen an Europas Südküste an, immer mehr gehen auch unter. Der Band enthält auch viele humorvolle Gedichte, zumeist gereimt. Warum geht „Isidor" ins Literaturcafe? Zubereitet wird ein pikanter Frühlingswortsalat. Etliche Gedichte widmen sich Natur und Landschaft. Der Ausblick vom Dornbusch-Leuchtturm auf der Ostseeinsel Hiddensee kommt zur Sprache.

Aktuelle Bücher

Monika Jarju, Werner Pelzer, Hans-Jürgen Gaiser u.v.a.
Juniland. Gedichte (284 Seiten)
Hans-Jürgen Gundlach, Wolfgang Wurm, Christina Feldmeier, Alexander Frey
u.v.a.
Spät schlagen Türme Alarm. Gedichte (260 Seiten)
Dörte Herrmann, Marco Kriescher, Wolfgang Wurm u.v.a.
Wortlese. Gedichte (268 Seiten)
Norbert Suchanek, Udo Osieka, Rotraud Sarker u.v.a
Erinnerung an Licht. Gedichte. Band I (284 Seiten)
Marina Roth, Lothar Schuh, Klaus-Dieter Mund u.v.a.
In den Vorstädten. Gedichte (244 Seiten)
Marko Ferst
Umstellt. Sich umstellen. Gedichte (160 Seiten)
Rainer Funk u.v.a.
Erich Fromm als Vordenker. „Haben oder Sein" im Zeitalter der ökologischen Krise (224 Seiten)
Franz Alt, Rudolf Bahro, Marko Ferst
Wege zur ökologischen Zeitenwende. Reformalternativen und Visionen für ein ökologisches Kultursystem (340 Seiten)
Daniel Rosner, Christel Tarras, Ines Heckmann u.v.a.
Momente & Landschaften. Kurzprosa und Gedichte (232 Seiten)
Lore Tomalla, Karin Heinrich, Bernd Kurt Goetz u.v.a.
Das Land Ohnegleichen. Erzählungen (220 Seiten)
Britta Benz, Li-Chien Young, Chantal Drozd u.v.a.
Nachtball. Gedichte (164 Seiten)
Christine Eisel, Anke Ames, Hermann Wischnat u.v.a.
Sehnsucht nach Griechenland. Gedichte (168 Seiten)
Jessica Seitz
Durch deine Sprache... 18 kleine Werke mit Liebe zu den Großen. Gedichte (52 Seiten)
Alexander Frey
Silvester auf Ex. Heiter, satirische Gedichte (104 Seiten)
Sebastian Balcerowski
Lichtwege und Träume. Gedichte (92 Seiten)
Marko Ferst
Republik der Falschspieler. Gedichte (erscheint 2007)

Leseproben: www.literaturpodium.de Bestellung: Literaturpodium, Köpenicker Str. 11, 15537 Gosen, gedichte@literaturpodium.de